A POLÍTICA DOMESTICADA

Fernando Lattman-Weltman

A POLÍTICA DOMESTICADA
Afonso Arinos e o colapso da democracia em 1964

ISBN 85-225-0507-1

Copyright © Fernando Lattman-Weltman

Direitos desta edição reservados à
EDITORA FGV
Praia de Botafogo, 190 — 14º andar
22250-900 — Rio de Janeiro, RJ — Brasil
Tels.: 0800-21-7777 — 21-2559-5543
Fax: 21-2559-5532
e-mail: editora@fgv.br — pedidoseditora@fgv.br
web site: www.editora.fgv.br

Impresso no Brasil / *Printed in Brazil*

Todos os direitos reservados. A reprodução não autorizada desta publicação, no todo ou em parte, constitui violação do copyright (Lei nº 5.988).

Os conceitos emitidos neste livro são de inteira responsabilidade do autor.

1ª edição — 2005

Revisão de originais: Luiz Alberto Monjardim

Revisão: Aleidis de Beltran e Fatima Caroni

Capa: Studio Creamcrackers

Foto de capa: gentilmente cedida por Afonso Arinos de Melo Franco Filho

Ficha catalográfica elaborada pela Biblioteca
Mario Henrique Simonsen/FGV

Lattman-Weltman, Fernando.
    A política domesticada : Afonso Arinos e o colapso da democracia em 1964 / Fernando Lattman-Weltman. — Rio de Janeiro : Editora FGV, 2005.
    260p.

    Inclui bibliografia.

    1. Ciência política. 2. Franco, Afonso Arinos de Melo, 1905-1990. — Discursos, ensaios e conferências. I. Fundação Getulio Vargas. II. Título.

CDD — 320.981

Para Cris, Clara e Lia,
três mulheres maravilhosas
que eliminaram qualquer possibilidade
de tédio em minha vida.

Também os primeiros cristãos sabiam muito bem que o mundo é governado pelos demônios, e quem se dedica à política, ou seja, ao poder e força como um meio, faz um contrato com as forças diabólicas, e pela sua ação se sabe que não é certo que o bem só pode vir do bem e o mal só pode vir do mal, mas que com freqüência ocorre o inverso. Quem deixar de perceber isso é, na realidade, um ingênuo em política.

Max Weber, *A política como vocação*

Assim, o que constitui a essência da *Bildung* é claramente não a alienação como tal, mas o retorno a si mesmo — o que pressupõe a alienação, certamente.

Hans-Georg Gadamer, *Verdade e método*

Mas pode ser que essa instituição e esse desejo não sejam outra coisa senão duas réplicas opostas a uma mesma inquietação: inquietação diante do que é discurso em sua realidade material de coisa pronunciada ou escrita; inquietação diante dessa existência transitória destinada a se apagar sem dúvida, mas segundo uma duração que não nos pertence; inquietação de sentir sob essa atividade, todavia cotidiana e cinzenta, poderes e perigos que mal se imagina; inquietação de supor lutas, vitórias, ferimentos, dominações, servidões, através de tantas palavras cujo uso há tanto tempo reduziu as asperidades. (...) Mas, o que há, enfim, de tão perigoso no fato de as pessoas falarem e de seus discursos proliferarem indefinidamente? Onde, afinal, está o perigo?

Michel Foucault, *A ordem do discurso*

Sumário

Prefácio — Crônica de uma crise vocacional   11

1. Introdução — Afonso Arinos: sujeito e sujeito da investigação   13

2. De príncipes, estadistas e "homens-farol", ou: quando as elites degeneram   34

3. De caudilhos e caudilhismo: urgências da moral e limites da política   60

4. Da ordem, do movimento e do progresso social: aventuras e desventuras da agência política   126

5. Memórias da domesticação moral e intelectual da política   189

6. Conclusão — dilemas do liberalismo romântico, ou: "falando, eu era um militante"   224

Bibliografia   238

Anexo — Cronologia de acontecimentos políticos e dos discursos e textos de Afonso Arinos citados   245

Prefácio — Crônica de uma crise vocacional

A força do texto de Fernando Lattman-Weltman sobressai, logo de início, em suas preferências epigráficas. Como um aviso ao leitor, sem perder a função originária de exibir as premissas do narrador, Max Weber é logo mobilizado por meio da advertência de que "o mundo é governado pelos demônios". Sábia prescrição, à qual sucede o corolário: dedicar-se à política significa devotar-se "ao poder e à força como um meio" e, dessa forma, realizar um "contrato com forças diabólicas". E o que é pior, a dura crença realista a respeito do carácter árduo e áspero da política pertence a um mundo no qual opera um perene efeito de confusão causal: "não é certo que o bem só pode vir do bem e o mal só pode vir do mal (...) com freqüência ocorre o inverso".

De Max Weber, portanto, Fernando Lattman-Weltman recolhe os fragmentos da sua própria ontologia política pessoal. Por meio da escolha de Afonso Arinos de Melo Franco, como seu tema, Weltman convida-nos a imaginar uma associação singular, ocorrida na própria biografia de seu personagem: a da imersão na política, concomitante ao "retorno de si mesmo", para evocar a bela imagem de Gadamer. Aventura pública e risco, por um lado. Em outra parte, a obsessão da *Bildung*, a crença em uma excelência privada, em tudo alheia à *política como vocação*.

Em outros termos, ao tema rodriguiano da *vida como ela é*, associa-se o da *inclinação romântico-intelectual*, ou da identidade entre *biografia* e *formação*. Na letra do ex-maldito Carl Schmitt, em sua evocação de Malebranche e Geulincx, um exemplo de *ocasionalismo*: percorrer os meandros do mundo, vivenciando-o como um conjunto de ocasiões para manifestação da genialidade ou do juízo pessoal e não-compartilhado. O mundo, pois, não passa de uma *ocasião*. Como compatibilizar os aspectos tensos dessa vocação cruzada? Não seria o caso de indicar a presença de uma bizarra vocação, marcada por insolúvel crise vocacional?

Em cuidadosa pesquisa, apresentada em prosa mais do que amigável, Fernando Lattman-Weltman evita a um só tempo a crônica descritiva, sem descurar o tratamento histórico, e a perspectiva do julgamento do personagem, sem eximir-se de indicar impasses e derrotas. São os próprios termos de Afonso Arinos que sustentam a chave da análise. Em um dos muitos momentos de sua atuação político-parlamentar tratados no texto, Afonso Arinos manifesta a tensão entre as duas identidades: "Não tive desde logo a percepção do que eu representava dentro do partido. Depois descobri: eu era um camarada que não tinha nenhuma influência nas decisões propriamente políticas. Era um ornamento de tribuna. Era um homem que servia para falar as coisas, por isso é que fiquei sete anos na liderança e ninguém me tirou".

12 ▼ A Política Domesticada

O drama ultrapassa em gravidade o quadro pintado por Tocqueville ao falar da *política literária*, nas *Lembranças de 1848*. Aqui o ânimo literário já se revela supérfluo e ultrapassado pela política real. É o que demonstra a identidade entre *saber falar as coisas* e *servir como ornamento*. Mais do que isso, e tal se apresenta nas conclusões do livro, o momento literário, na trajetória de Arinos, corrige e compreende o momento político. O que se revela é uma biografia na qual o negativo pode ser posto em posição de alteridade e como base para a afirmação do entendimento. Triunfo da literatura, porém incapaz de represar ressentimento e amargura.

O drama do *político literário* define, ainda, o objetivo central do livro de Fernando Lattman-Weltman: trata-se, afinal, de "falar de uma forma específica de engajamento existencial (...), a qual podemos chamar de o *intelectual-político*. Uma forma de vida que concretamente incorpora o *métier* do político, conseguindo até, eventualmente, ser razoavelmente bem-sucedida na difícil tarefa de manutenção do equilíbrio ético aludido, mas que, em certo sentido, fracassa por tentar a todo custo subordinar esta práxis aos imperativos estéticos de uma superior identidade de intelectual. Ou, dito de outro modo: por não poder suportar sem ressentimentos a 'consciência do mal', intrínseca à política".

A respeito da tensão mencionada, Lattman-Weltman traz-nos a memória, registrada pelo próprio Afonso Arinos, de uma fina observação crítica de San Tiago Dantas, adversário, amigo e vizinho na rua Dona Mariana: "Já reparei que você só pode pensar de pena na mão, ou instalado na tribuna; elaborar e compor são para você atos conjuntos. No fundo não sei bem se você faz o que pensa ou pensa o que faz".

Os termos de Afonso Arinos estão presentes no texto de Lattman-Weltman na precisa consideração da dialética entre *ordem* e *movimento,* proposta pelo primeiro, e pela organização temática do próprio livro. São os movimentos de Afonso Arinos que se manifestam nas análises do *Ancien Régime* brasileiro — celeiro de estadistas —, do desastre civilizatório do *caudilhismo* — mácula associada à modernização entre nós — e do tema do *progresso social,* no qual se insere a antinomia ordem *versus* movimento.

Ao fim, mais do que a análise de um discurso "reacionário", temos a descoberta de um ator "neurotizado pelo idealismo", sempre a diluir e a redefinir os espasmos de um mundo áspero no plano da abstração moral e no de sua autoconstrução como observador ilustrado. Os traços antipolíticos dessa construção são claramente postos pelo livro: uma permanente aversão ao conflito atravessa toda a percepção da vida política. O anacronismo tocquevilliano é, aqui, evidente: diante do movimento, da sede de progresso das massas, pouco se pode esperar da *estética do estadista*. Esta acaba por revelar-se tal qual é: uma forma simbólica da dura materialidade política do partido da ordem. No limite, não há *crise vocacional* ou ambiguidade política: trata-se de uma *única política*. Isso aprendemos com Fernando Lattman-Weltman e com seu belo e indispensável livro.

Renato Lessa
Professor do Instituto Universitário de Pesquisas
do Rio de Janeiro (Iuperj) e diretor-presidente do
Instituto Ciência Hoje

1. Introdução — Afonso Arinos: sujeito e sujeito da investigação

> A questão é que a inteligência é alada, e a política,
> mesmo a revolucionária, é pedestre.
>
> *Afonso Arinos de Melo Franco*[1]

Em seu insuperável ensaio de 1918 sobre a "Política como vocação", ao caracterizar o predomínio das forças "demoníacas" sobre o exercício do *métier* — onde "o resultado final da ação política mantém com freqüência, e às vezes regularmente, uma relação totalmente inadequada e por vezes até mesmo paradoxal com o seu sentido original"[2] —, Max Weber postulou o imperativo, para o político, de colocar-se inteiramente a serviço de uma causa maior, sabendo, ao mesmo tempo, que a grande maioria das chances estará contra ela.

Com isso Weber pôde circunscrever a questão ética fundamental da política, ou, em suas palavras, "o etos da política como *causa*". "Que vocação pode a política realizar, independentemente de suas metas, dentro da economia ética total da conduta humana? Qual é por assim dizer o ponto ético onde a política se sente à vontade?"

Sua resposta de então, perfeitamente "desencantada", Weber parece ter encontrado numa complementação problemática de uma "ética dos fins últimos" com uma "ética da responsabilidade". Complementação cujo balizamento especificamente político, contudo, se daria pela sujeição desse agente eticamente comprometido, de forma consciente e *sem ressentimentos* — o "apesar de tudo" a que se refere Weber —, ao domínio diabólico das forças políticas, sempre "envoltas na violência": "Somente quem tem a vocação da política terá certeza de não desmoronar quando o mundo, do seu ponto de vista, for demasiado estúpido ou demasiado mesquinho para o que ele lhe deseja oferecer. Somente quem, frente a tudo isso, pode dizer 'Apesar de tudo!' tem a vocação para a política".

Embora muito distantes do contexto particularmente dramático em que Weber proferiu esse discurso, sabemos quão problemáticos permanecem não só esse balanço entre as diferentes formas de compromisso ético, mas também, talvez ainda mais visivelmente, a incorporação, pelos atores concretos, dos pré-requisitos vocacionais do tipo-ideal weberiano do político.

---

[1] 1965a:75.

[2] Weber, 1982:140. Todas as citações seguintes se referem a esse mesmo texto.

Com efeito, essas exigências ao político se tornam ainda mais dificilmente atualizáveis quando lembramos que a política não apenas comporta uma enorme diversidade de formas de executantes — tal como o próprio Weber nos demonstra no mesmo ensaio, ao distinguir entre os que vivem "da" e "para" a política, e ao fazer desfilar rapidamente os variantes tipos históricos de sua sociologia[3] —, como também, e isso é o mais decisivo, sua prática nunca se dá em estado "puro", e sim imbricada em todo o complexo de relações sociais, num comércio com todas as redes de significação e diferenciação cultural, e em diálogo com as mais variadas formas de produtividade existencial. Esferas de vida que, evidentemente, possuem suas próprias escalas de exigência e hierarquias valorativas.

Assim, o precário equilíbrio ético demandado se veria constantemente desafiado quando confrontado com as expectativas, por exemplo, da religião ou mesmo de doutrinas políticas sistemáticas, utópicas ou ideológicas.

Aqui, entretanto, quero falar de uma forma específica de engajamento existencial que se vê defrontada com a problemática de Weber — e que, obviamente, em certos aspectos também o compreenderia —, a qual podemos chamar de o *intelectual-político*. Uma forma de vida que concretamente incorpora o *métier* do político, conseguindo até, eventualmente, ser razoavelmente bem-sucedida na difícil tarefa de manutenção do equilíbrio ético aludido, mas que, em certo sentido, fracassa por tentar a todo custo subordinar esta práxis aos imperativos estéticos de uma superior identidade de intelectual. Ou, dito de outro modo: por não poder suportar sem ressentimentos a "consciência do mal", intrínseca à política.

O que se segue, portanto, é um estudo sobre uma particular *vocação de intelectual-político*, que se realiza através da prática de uma particular forma de produção discursiva, quer dizer, *retórica*, num determinado *contexto* histórico, político, social e cultural.

A vocação, no caso, é a que de algum modo foi incorporada por Afonso Arinos de Melo Franco; a produção discursiva em questão é um conjunto de suas principais intervenções parlamentares e políticas, além do conjunto de memórias em que essas intervenções foram reelaboradas; e, finalmente, o contexto em que essa vocação e essa produção se efetivaram foi, basicamente, o do chamado intervalo democrático que se estendeu de 1945 a 1964.

Afonso Arinos (1905-90) exerceu alguns dos mais estratégicos postos da vida política brasileira ao longo desse período. Membro de tradicional e influente família da política mineira — filho de Afrânio de Melo Franco, irmão de Virgílio de Melo Franco, neto de Cesário Alvim[4] —, assumiu a cadeira de deputado federal em 1947,

---

[3] Ver a definição de Weber (1982:113 e segs.) dos literatos humanistas, dos mandarins chineses, da nobreza cortesã, dos gentis-homens ingleses, dos juristas etc.

[4] Afrânio de Melo Franco foi deputado federal por Minas Gerais, ministro da Viação e das Relações Exteriores (do Governo Provisório da Revolução de 1930) e embaixador brasileiro na Liga das Nações. Além de revolucionário em 1930, Virgílio foi deputado federal por Minas e constituinte em 1934. Cesário Alvim, foi deputado-geral por Minas e presidente da província do Rio de Janeiro durante o Império e, já na República, governador de Minas, ministro da Justiça e prefeito do Distrito Federal (Abreu et al., 2001).

pela União Democrática Nacional (UDN) de Minas Gerais.[5] Logo ao chegar foi indicado por Prado Kelly, líder de seu partido, para a Comissão de Justiça da Câmara, sob a chefia de Agamenon Magalhães, onde teve a oportunidade de relatar pareceres sobre importantes projetos e emendas de reforma e aperfeiçoamento político-institucional.

Na legislatura seguinte, em 1951, foi guindado à posição de vice-líder e já no ano seguinte assumiu a liderança de seu partido e da oposição na Câmara, onde participou da chamada "banda de música", ala de parlamentares — onde figuravam os "bacharéis" da UDN Aliomar Baleeiro, Adauto Lúcio Cardoso, Bilac Pinto, Milton Campos e outros — que sistematicamente se opôs ao segundo governo de Getúlio Vargas (1951-54). Nessa posição, Afonso Arinos teve importante participação nos debates políticos que se travaram nos anos críticos de 1953, 1954 e 1955, seguindo como líder da oposição durante o governo Juscelino Kubitschek.

Em 1958, elegeu-se senador da República, pela UDN do Distrito Federal, apoiado por Carlos Lacerda, tendo obtido uma votação (400 mil votos) recorde para a época.

Nos anos 1960, porém, sua atividade política principal deslocou-se do Parlamento para a diplomacia. Foi ministro das Relações Exteriores no curto período do governo Jânio Quadros (janeiro a agosto de 1961) e participou, como representante brasileiro, dos principais eventos de nossa política externa durante o período parlamentarista que se seguiu à renúncia de Jânio e à crise da posse de João Goulart na presidência da República (1961) e que se encerrou com o plebiscito de 1963.

Sua intensa atividade política, parlamentar e diplomática foi acompanhada durante o período por constante produção intelectual, da qual fazem parte discursos e pareceres legislativos, ensaios publicados em periódicos, obras historiográficas e memórias (além de toda uma produção jurídica, lírica e de crítica literária que não será aqui abordada).

Na verdade, a carreira intelectual de Arinos de muito precedeu a sua estréia no Parlamento brasileiro. Já aos 25 anos de idade publicou seu primeiro livro[6] e dois anos depois foi designado consultor jurídico da delegação brasileira à Conferência Internacional de Desarmamento de Genebra, na Suíça.

Logo em seguida, porém, conseguiu obter atenção da crítica com o lançamento de seu primeiro trabalho de análise política, *Introdução à realidade brasileira* (1934). A este se seguiram os ensaios *Preparação ao nacionalismo — carta aos que têm 20 anos* (1935) e *Conceito de civilização brasileira* (1936). Com esses livros Arinos teve sua imagem de jovem intelectual rapidamente estabelecida.[7]

---

[5] Antes disso, disputou a eleição para a Assembléia Nacional Constituinte de 1946, obtendo somente a primeira suplência da bancada mineira da UDN. Mesmo assim, ainda chegou a assessorar alguns dos constituintes.

[6] *Responsabilidade criminal das pessoas jurídicas* (1930).

[7] E, como veremos adiante, de certo modo marcada para o futuro, por força do conteúdo dessas obras. Conteúdo que não será aqui abordado diretamente, mas apenas referido em suas implicações para a trajetória posterior do autor.

16 ▼ A Política Domesticada

Nos anos que precederam sua posse na Câmara, Arinos ainda publicaria cerca de 12 outros volumes.[8] Além disso, assumiu o cargo de consultor jurídico do Banco do Brasil, foi professor de história do Brasil na Universidade do Distrito Federal e em cursos promovidos pelo governo brasileiro e pelo Conselho da Universidade do Brasil no exterior, sendo também nomeado, em 1946, professor do Instituto Rio Branco.

Mais tarde, entre outros encargos e honrarias, tornou-se professor catedrático de direito constitucional da Faculdade Nacional de Direito da Universidade Federal do Rio de Janeiro e da Faculdade de Direito da Universidade da Guanabara, e imortal da Academia Brasileira de Letras (em 24 de janeiro de 1958, em disputa com João Guimarães Rosa), não cessando com isto, de modo algum, a sua produção intelectual.[9]

Recortei como fonte primordial para esta pesquisa a produção discursiva intelectual e política de Arinos inserida no intervalo que começa em 1947 — ano de sua posse como deputado federal por Minas Gerais (na suplência de Milton Campos, eleito então para o governo daquele estado) — e termina em 1966, ao completar-se o seu mandato no Senado Federal.

O recorte temporal é acrescido de uma limitação espacial que privilegia apenas, como já mencionado, a produção discursiva mais diretamente referida à vida política, em sentido amplo.

Desse modo o conjunto principal de fontes aqui utilizado é formado por uma seleção de: a) discursos proferidos nas tribunas da Câmara e do Senado (55 documentos); b) artigos publicados na revista *Digesto Econômico*, da Associação Comercial de São Paulo (num total de 47); c) livros publicados pelo autor ao longo do período, entre os quais os três volumes da vasta biografia de seu pai, Afrânio de Melo Franco, *Um estadista da República* (1955);[10] o volume intitulado *Pela liberdade de imprensa* (1957); a coletânea *Presidencialismo ou parlamentarismo* (1958), co-editada com Raul Pilla; a coletânea *Evolução da crise brasileira* (1965b), com artigos publicados no *Jornal do Brasil* ao longo dos anos que antecederam e se seguiram à crise de 1964; e por último, mas não menos importante, o conjunto de memórias publicadas em sua maior parte no período privilegiado: *A alma do tempo* (1961a), *A escalada* (1965a), *Planalto* (1968) e *Alto-mar, maralto* (1976), além do depoimento pres-

---

[8] Alguns deles premiados, como o *Prefácio às cartas chilenas* (1940), pela Academia Brasileira de Letras.

[9] Que chegou a contar com cerca de 14 outros títulos (até 1965), e à qual, inclusive, deve ser acrescida a praticamente constante colaboração do autor para com jornais e revistas sob a forma de pequenos ensaios e críticas literárias.

[10] Embora essa obra faça referência a períodos da história brasileira muito anteriores, a incluí no conjunto principal não apenas por ter sido escrita, em grande parte, e publicada no período de meu interesse, mas também por sua importância auto-referida na biografia (e na própria identidade) do autor e por conter motivos e elementos valorativos de interesse para a argumentação que desenvolvo.

tado por Arinos ao Cpdoc no início da década de 1980.[11] Este último conjunto, embora transcenda em seu conteúdo o período delimitado, é decisivo para a caracterização dos investimentos vocacionais do autor e seus significados políticos.

A definição do intervalo como um todo — à parte seu significado histórico próprio, já, de certo modo, consensual — procura nuançar, portanto, o período em que o autor condensou de modo mais evidente e historicamente relevante, em sua biografia, as condições de *intelectual* e *político*. Ou seja: foi marcadamente nesse período que Arinos teve de conciliar as pressões diversas, muitas vezes conflitantes e contraditórias, de um lado, da situação do intelectual — inserido em debates de natureza teórica e/ou acadêmica, pretensa e freqüentemente comprometido com padrões de juízo abstratos, realidades filosóficas últimas, valores éticos de pretensão universal e/ou transcendente etc. — e de outro, da inserção política concreta de representante eleito e membro destacado de uma agremiação partidária, às voltas com cálculos políticos circunstanciais e a defesa de interesses particulares e, freqüentemente, contingentes.

Desse modo, a *vocação* é compreendida aqui como uma configuração de motivações psicológicas de um indivíduo que de algum modo toma forma ao longo de sua trajetória existencial e que se expressa, tanto discursiva quanto praticamente — se podemos estabelecer essa distinção, mesmo que apenas para fins analíticos e descritivos —, na autodefinição de uma *identidade existencial*, mesmo que eventual e restritivamente qualificada em termos exclusivamente profissionais, ocupacionais, político-partidários, ideológicos etc. Ou seja: a vocação de um indivíduo é, por assim dizer, o lugar ou o papel social e/ou cultural que esse indivíduo se atribui no espaço-tempo histórico e social, e cuja manifestação se dá através de sua práxis profissional, ocupacional ou política.[12]

Tal como a palavra implica — em suas versões de origem protestante —, a idéia de vocação articula a identidade pessoal do indivíduo com o atendimento a um *chamamento* exterior — e eventualmente anterior — a ele, com a efetivação de algum imperativo exterior que se impõe ao indivíduo, seja a origem ou a natureza atribuída a esse chamamento de caráter especificamente religioso — tal como na versão clássica — ou não. Assim o conceito é definido, de acordo com sua terminologia alemã original (*Beruf*), por Goldman (1988:3):

> Aqui, vocação deve ser compreendida não no sentido cotidiano ordinário da contemporânea sociedade industrial alemã, como "ocupação" ou "profissão", mas sim no seu significado mais antigo, essencialmente religioso, como "chamamento" ou "vocação", um significado que encontrou seu lar nos ideais de certos setores da burguesia após a Reforma.

---

[11] Camargo et al., 1983.

[12] É claro que é perfeitamente possível acrescentar à nossa lista outras formas de expressão vocacional, tal como no sentido aludido. Vou me ater às já fornecidas por razões de ordem puramente econômico-argumentativas. De qualquer modo, como nos mostra Harvey Goldman (1988:13) em seu estudo sobre os significados da idéia de vocação para Weber e para Thomas Mann, "podemos caracterizar a vocação como um mediador entre o trabalho mundano e o chamado de Deus".

18 ▾ A Política Domesticada

A vocação de um indivíduo se apresenta então sempre como uma espécie de *resposta* existencial individual, ou pessoal, a um chamamento, a uma "pergunta" exterior, posta, por assim dizer, por uma entidade transcendente (ou transcendental) ao indivíduo, que a ele se sobrepõe e lhe atribui valor, identidade, qualidade e singularidade:

> a vocação não é natural (...) a vocação é um fardo, imposto ao extremo às capacidades nativas. Por essa razão, aquele que adere à vocação deve persistir rigidamente, disciplinadamente, e dessa persistência ele extrai sua auto-estima, assim como se revigora para a execução de suas incumbências.[13]

Não se trata aqui, obviamente, de qualquer exploração de caráter ontológico, ou de qualquer tentativa de fundamentação teórico-substantiva, seja em termos sociológicos ou históricos, do fenômeno da vocação, tal como a digressão concèitual até aqui desenvolvida pode dar a entender. Absolutamente.

A determinação do "tipo-ideal" de vocação até aqui levada a efeito, sem nenhuma pretensão de exaustão, deve-se apenas à intenção de sua utilização como ferramenta para a caracterização e compreensão das *motivações* existenciais mais amplas de uma determinada práxis intelectual e política, assim como para a caracterização e compreensão de seu *contexto* específico de efetivação, o qual — postos em suspensão todos os possíveis determinantes ontológicos, "reais", do fenômeno, sejam eles mundanos ou transmundanos — pode ser considerado a razão de ser de sua incorporação e investimento existencial individual. Desse modo, tais motivações e tal contexto constituiriam, por assim dizer, a pergunta para a qual a vocação seria a resposta.[14]

Evidentemente, ambos — motivações e contexto — podem conter a mais variada gama de conteúdos, oferecendo a cada indivíduo um determinado leque de alternativas vocacionais mais amplo ou reduzido, conforme as diferentes circunstâncias históricas e sociológicas, alternativas que também podem se complementar, se contrapor ou se excluir, seja de modo não problemático ou mesmo imperceptível, seja de modo até mesmo agonístico.

No caso particular de Afonso Arinos de Melo Franco, parece-me que as possíveis pressões vocacionais de seu contexto geral de socialização e inserção social e existencial nem sempre chegaram a se manifestar de forma tão dramática e, *grosso modo*, tenderam a lhe oferecer um conjunto razoavelmente amplo de alternativas que, por sua vez, se apresentavam, em geral, em grande medida complementares.

---

[13] Goldman, 1988:190.

[14] E embora não se trate aqui, evidentemente, de se fazer uma biografia de Arinos, não há dúvida de que todo o esforço pode se inserir numa tendência interpretativa que implique, como sugere Luiz Costa Lima, uma "redignificação do biográfico", a qual resultaria "tomar-se agora a vida indagada como sintoma de posições socioculturalmente possíveis de serem assumidas" (*V Colóquio Uerj — Erich Auerbach*, 1994:137).

Desse modo, por exemplo, nosso autor pôde, sem maiores dificuldades, exercer as práticas da literatura, da crítica, da ensaística, da historiografia, da consultoria jurídica e, por último, mas não menos importante, da política parlamentar e da diplomacia, alcançando em todos esses campos, inclusive, grande sucesso e prestígio pessoal.

Mesmo assim, contudo, à parte uma certa fluidez de fronteiras entre esses ramos de atividade — e certa superficialidade de alguns de seus rituais próprios de consagração e reprodução —, o seu desempenho, por parte de Arinos, não deixou de constituir, para ele, fonte de tensões e angústias de caráter pessoal, como também não deixou de explicitar — já agora para nossa interpretação — contradições de caráter político e existencial mais amplas.

Com efeito, o próprio empenho, diligência e seriedade com que Arinos procurou exercer os seus ofícios, o caráter de *missão* que a eles muitas vezes atribuiu, enfim, o modo como vivenciou sua *vocação*, ou suas *vocações*, não apenas nos informam sobre o caráter imperativo dos eventuais chamamentos a que essas vocações (cor)respondiam — o que basta, por ora, para caracterizar a sua historicidade e natureza social *sui generis* —, mas também podem nos auxiliar na compreensão de determinadas tensões mais transcendentes entre tais manifestações vocacionais. De modo geral, entre as que se referem à vida intelectual, por um lado, e à vida política, por outro.

Algum tempo depois de concluir a biografia de seu pai, um projeto que consumiu mais de 10 anos de sua vida e que se constituiu nos três volumes de *Um estadista da República*, Arinos deu início à redação de suas memórias pessoais.[15] Publicadas em quatro volumes, as memórias mesclam diversas temporalidades, construídas de forma solta, em geral ao sabor do fluxo das lembranças, à maneira de um diário contemporâneo e rememorativo, contendo, porém, escritos do passado, fragmentos de oratória parlamentar e de projetos e pareceres legislativos, poesias do autor e de outras fontes, citações e documentos de variada espécie.

Com elas o autor pretendia fazer não historiografia, e sim literatura: "síntese de lembranças arrumadas ao acaso, como um ramo de flores, e não um repositório de fatos e documentos rigorosamente organizado".[16] Ou dito de outro modo: o que explicitamente estava em primeiro plano para ele, ao escrevê-las, não era a reconstituição dos fatos ou sua explicação, nem muito menos a polêmica ou a prédica política, mas sim o simples desnudamento de sua experiência pessoal e a exposição de seus motivos e eventuais atitudes, de acordo com suas inclinações estilísticas próprias e com os ritmos próprios e afetivamente determinados de sua memória (res-

---

[15] Entre as obras de cunho memorialístico que lhe serviram de modelo ou inspiração o autor listou as *Confissões* de Santo Agostinho, as *Memórias* de Saint-Simon, as *Confissões* de Rousseau e as *Memórias de além-túmulo* de Chateaubriand (Melo Franco, 1961a:3).
[16] Melo Franco, 1965a:326.

peitada, é claro, uma certa convenção cronológica, mesmo que, como já expus, esta fosse freqüentemente subvertida por intercalações e *flashbacks*).[17]

Assim, os volumes foram intitulados, respectiva e cronologicamente: *A alma do tempo, A escalada, Planalto,* e *Alto-mar, maralto.* O primeiro compreendia os anos de infância e juventude, até a entrada na vida política parlamentar; o segundo continha a trajetória de Arinos desde o Congresso até o convite para o Ministério das Relações Exteriores de Jânio; e o terceiro se encerrava com o fim de seu mandato no Senado, já após a derrocada do regime de 1946.[18]

De maneira geral, porém, o projeto memorialístico como um todo trai esse visível desejo do autor de subordinar toda a sua experiência existencial — em particular a política — ao crivo esteticista e estetizante de um projeto literário que se afirma justamente (entre outros aspectos) por explicitamente dissociar-se da estilística historiográfica — marca de sua obra anterior — e por inserir a experiência e a práxis política, sem maiores destaques ou privilégios formais que não a sua própria e natural freqüência biográfica, no fluxo geral de acontecimentos afetivamente privilegiados pelo autor. Em suas palavras, em fiel observância à sua "força interior fluindo sem tormentas, sem tormentos, independente de mim, força de que sou simples depositário e que, por saber disto, não procuro negar, de que presto contas com o fato de deixá-la fluir. A palavra escrita e falada".[19]

Assim, a trajetória especificamente política de Arinos, embora decisiva para a organização discursiva e para a economia interna da obra — de modo que, inclusive, configura as principais divisões e influencia até certo ponto a própria nomenclatura dos volumes —, não pode ser dissociada nem privilegiada nas memórias diante da totalidade da experiência emocionalmente relevante para o autor/biografado. A vocação privilegiada por ele em suas memórias, ou seja, em sua obra mais explícita e decisivamente auto-referida, é portanto a literária, e não a política (a despeito de todo o estratégico peso narrativo desta última para a própria práxis literária em seu exercício auto-referido).

É como se, afinal, o Arinos político fosse na verdade o protagonista da ficção de si mesmo que o Arinos literato construiu em suas memórias, no exercício de sua vocação mais autêntica: "a verdade é que tudo o que sinto de mais espontâneo e natural no meu espírito tende a considerar intelectualmente e mesmo literariamente a vida. (...) O direito e a política podem conformar-me segundo um modelo utili-

---

[17] Embora um certo caráter de crônica, contido nas memórias, fosse claramente explicitado. No preâmbulo do primeiro volume, Arinos (1961a:2) se refere ao projeto nos seguintes termos: "Na verdade quero fazer dele, tanto quanto em mim estiver, uma obra de literatura e não de história. Mas, por outro lado, tenho o desejo de fixar, com a relatividade humilde que se pode emprestar ao significado deste verbo, pessoas e personalidades que conheci e de quem me aproximei; fatos e episódios que assisti ou de que participei".

[18] O quarto volume dizia respeito ao período seguinte, em que Arinos havia se recolhido inteiramente à vida privada, mas ainda se referindo ao momento político brasileiro de início dos anos 1970 e incluindo rápida lembrança da conjuntura de 1965.

[19] Melo Franco, 1976:146.

tário. Mas, deixado a mim mesmo, reintegro-me no meu mundo natural que é o da literatura".[20]

Com efeito, é freqüente nas memórias a explicitação, por Arinos, do caráter de certo modo exterior e exteriormente imposto que a carreira política tinha — ou teve, ou acabou tendo — para ele. Descendente de uma árvore genealógica repleta de políticos, Arinos muitas vezes se referiu à pratica política como uma espécie de encargo ou dever que a ele fora incumbido, como herança de seus antepassados e, mais especificamente, de seu pai: "eu era o oitavo do meu sangue que, entre o Império e a República, vinha representar o povo mineiro na casa do povo brasileiro", nos diz ele ao relembrar os dias que antecederam sua posse na Câmara dos Deputados.[21] De modo um tanto menos problemático, a vocação propriamente intelectual era percebida também como herança (ao lado do etos senhorial e altivo incorporado pelas gerações suas ascendentes): "era, autenticamente, uma família senhoril; de senhores mineiros, bem entendido, modestos, sem luxos nem riquezas, mas senhores. Isto é, gente simples, mas altiva, incapaz de sofrer qualquer humilhação para subir na vida. O que os diferenciava, talvez, de outros grupos familiares no mesmo gênero, existentes no estado, era a ininterrupta tradição intelectual que fazia da literatura, na nossa casa, uma coisa comum, uma conversa de todo dia. A literatura nos acompanhava desde a Colônia".[22]

Mais até: sua entrada na política é explicitamente atribuída à influência de seu irmão, Virgílio — o único outro Melo Franco de sua geração a envolver-se profundamente nos acontecimentos políticos do período —, que cedo diagnosticara em Afonso o dom da oratória, da capacidade retórica, que a ele, Virgílio, faltaria.[23]

A própria construção da auto-identidade de Arinos se manifesta, recorrentemente, em clara referência, oposição e/ou complementaridade às qualidades e defeitos de Virgílio:

O próprio do homem de pensamento é a dúvida, a comparação, a aceitação dos contrários. Em mim esta é a atitude natural do espírito. Diante de uma situação esforço-me por entender os argumentos do meu adversário, e, não raro, depois da posição tomada, brotam dentro de mim mesmo razões que a abalam no meu próprio julgamento. Não sei se a isto chamam hesitação, mas, no meu entender não o é, senão que tendência natural do aprimoramento reflexivo.

Em Virgílio, como em todos os homens fortemente inclinados à ação, a firmeza na posição aumentava à medida que os obstáculos se sucediam.[24]

---

[20] Melo Franco, 1961a:5-6.
[21] Ibid., p. 427.
[22] Ibid., p. 22.
[23] "Todos nós temos de passar pelo Parlamento — disse-me ele — e você não deve escapar a esta tradição da nossa gente" (Ibid., p. 418).
[24] Ibid., p. 293.

22 ▼ A Política Domesticada

Logo em seguida a esse trecho de suas memórias, Arinos se utiliza, para tornar mais clara essa diferença, de exemplos que poderíamos considerar paradigmáticos para esta análise, opondo não exatamente o homem de idéias e o de ação — como ele opera nesse momento —, mas sim duas formas modelares de articulação entre o intelectual e o político:

> Ocorrem-me aqui dois pensamentos, um de Montaigne, outro de Maquiavel, que mostram exatamente essa diferença de espírito entre o homem de pensamento e o de ação.
>
> Falando ambos de guerra, Montaigne observa, não me lembro em qual dos *Ensaios*, que um general vitorioso deve sempre deixar uma esperança de salvação no inimigo vencido, para evitar que ele, levado pelo desespero da conservação, não se entregue senão depois de lutar furiosamente, com maior custo e até com risco para o vencedor.
>
> Já Maquiavel sustenta tese oposta. Segundo ele o golpe que o príncipe deve assestar no seu inimigo deve ser sempre de tal natureza que o liquide, impedindo-o, para todo o sempre, de se recuperar e tentar a vingança.
>
> Parece-me que esta oposição de julgamentos espelha bem a diferença entre o contemplativo, como eu, e o participante, como Virgílio.[25]

A perspectiva de Montaigne, no caso — que Arinos associa a si e ao espírito mais contemplativo —, seria aquela que vê a luta como transitória e capaz de superação por um ato reflexivo, ou seja: a rendição do inimigo pela tomada de consciência da inevitabilidade da derrota e, conseqüentemente, da inutilidade de se manter em risco. Ela evidentemente pressupõe a possibilidade não apenas de alguma identidade de cálculo entre os eventuais adversários, como também do estabelecimento de um mínimo de confiança mútua (sem a qual seria pouco provável a opção pela rendição e autocolocação do perdedor à mercê do vencedor e de sua justiça). Já a de Maquiavel — mais própria aos homens de ação, como Virgílio — parece partir justamente de premissas opostas, ou ao menos de que não é possível, nem razoável, se fiar na misericórdia do inimigo. O que, por outro lado, implica também atribuir maior transitoriedade à paz, e não à guerra.[26]

Assim, a polaridade estabelecida por Arinos entre contemplação e ação, e que lhe permite diferenciar seu temperamento e identidade diante do irmão, a rigor parece dizer muito mais respeito às diferentes premissas que norteariam possibilidades distintas — e, em certas circunstâncias, opostas e excludentes — de posicionamento ético, estético e existencial diante do fenômeno da hostilidade, política e/ou guerreira.

---

[25] Melo Franco, 1961a:293.

[26] Entre outros, esse aspecto do pensamento de Maquiavel, principalmente em oposição às tradições políticas clássicas e medievais dos *mirroirs des princes*, é desenvolvido por Michel Senellart (1989:42).

Ao assumir a identidade "contemplativa" — *à la* Montaigne —, Arinos não apenas distinguiu-se estética e existencialmente de seu irmão, mas também circunscreveu os limites e os valores a que a política (ou a guerra) forçosamente deveria obedecer para ele.

Desse modo, a vocação especificamente política de Arinos é sempre apresentada com uma exterioridade tão demarcada, como uma imposição familiar tão distanciada, que, a rigor, talvez seja impróprio o uso do termo para sua caracterização.

A forma como esta foi por ele assimilada e seu desempenho levado a efeito, porém, nos leva novamente à idéia de missão e nos conduz a inserir a sua efetivação — tal como no projeto memorialístico como um todo — no quadro de uma vocação intelectual mais ampla, esta sim mais decisiva e profundamente incorporada pelo autor, e onde a política, a literatura e as demais "vocações" de Arinos se encontravam, recebendo também dessa matriz os seus parâmetros fundamentais.

Ou seja: se nas memórias, mais especificamente, o caráter literário auto-atribuído à obra subordina e circunscreve o político em sua economia estética, na produção discursiva de Arinos, em seus termos mais amplos e gerais — e incluindo agora também sua práxis retórica mais evidente, seus ensaios, pareceres e intervenções parlamentares —, o projeto existencial do autor se afirma em maior amplitude, incorporando indissociavelmente, entre outras, tanto a literatura quanto a política, na efetivação de uma vocação intelectual que a tudo pretende submeter seu crivo ordenador e construtivo.

Imposta ou espontânea, a práxis política, uma vez incorporada e assumida em sua própria dignidade e mesmo em sua própria especificidade, não pode deixar, contudo, de se subordinar aos imperativos de uma vocação intelectual que assim é, ao mesmo tempo, ação e contemplação, intervenção e crítica, ética e estética.

O político Arinos não se resume, ou se restringe, a defender ou a atacar este ou aquele ponto de vista, esta ou aquela linha de conduta; ele traz para essa defesa ou ataque todo um peso conceitual de palavras e de teorias, todo o exército de dados e informações que se façam necessários (ou um pouco mais do que isso), todo o poder das formas discursivas persuasivas, a retórica, enfim, em uma de suas mais completas, abrangentes e exaustivas versões, ao menos em nossa história parlamentar mais recente.

Aqui se poderia levantar a questão: quais os custos especificamente políticos dessa subordinação?

Do ponto de vista dos rendimentos estritamente pessoais que a competência discursiva e/ou ritualística pôde trazer a seu oficiante — poderíamos talvez dizer, seu "valor de troca" —, não há dúvida de que a prática retórica de Arinos foi mais do que bem-sucedida. Através do uso das palavras, escritas ou oralmente, ele construiu uma sólida, profícua e sempre ascendente carreira de intelectual. Erigindo, inclusive, uma reputação parlamentar que mesmo após sua morte, e até os nossos dias, se mantém inabalável.[27] Ou seja: na esfera mesma de sua principal atuação como

---

[27] Recentemente o Senado Federal reeditou uma série de discursos que teriam marcado época. Arinos recebeu lugar de destaque na antologia, com a reprodução de seu famoso discurso proferido a 13 de agosto de 1954, durante a crise final do segundo governo Vargas (e do qual muito se falará adiante) (Brasil, 1998).

24 ▼ A Política Domesticada

político, Arinos obteve como orador praticamente todas as consagrações possíveis (foi só mesmo em função de tal talento que, segundo ele, pôde exercer o papel de líder de bancada e de oposição por tão longo e tão importante período):

> Não tive desde logo a percepção do que eu representava dentro do partido. Depois descobri: eu era um camarada que não tinha nenhuma influência nas decisões propriamente políticas. Era um ornamento de tribuna. Era um homem que servia para falar as coisas, por isso é que fiquei sete anos na liderança e ninguém me tirou.[28]

No que respeita, porém, ao impacto imediato de sua intervenção retórica, quer dizer, na efetiva influência que suas prédicas exerceram no encaminhamento dos processos políticos e na conformação de seus resultados, principalmente nas principais questões institucionais de fundo ou na formulação de alianças e soluções políticas para os momentos de crise — o cerne de sua volumosa produção discursiva —, o sucesso de Arinos foi muito menos visível.[29] O que poderíamos chamar, portanto, de efetivo "valor de uso" de suas idéias e intervenções foi, talvez infelizmente, muito mais escasso.

Assim, se poderia dizer que a subordinação recorrente de toda a sua práxis política aos ditames de uma certa razão intelectual produziu resultados díspares e contraditórios que, de um modo ou de outro, marcaram sua trajetória existencial e o desempenho de sua vocação (ou vocações).

Mais agudamente, nos apontam os dramáticos limites seja da retórica política, seja da imaginação política — mesmo que "aladas" pela inteligência — diante da economia política concreta, e as pedras de seu caminho.

De tal modo que — como parece ser da natureza da política — a própria e possível "correção" das interpretações históricas e políticas de Arinos sobre o Brasil de seu tempo, suas heranças e perspectivas — mesmo quando brilhantemente expostas pelo autor nos diversos suportes e meios que lhe foram então oferecidos —, pode obviamente não ter exercido maior influência ou pode não ter tido qualquer relação necessária com o encaminhamento político efetivo de crises e conjunturas.

De qualquer modo, ao longo dos cerca de 20 anos em que ocupou as tribunas da Câmara dos Deputados e do Senado, Afonso Arinos teve a oportunidade de se manifestar sobre praticamente todos os itens da agenda pública nacional, intervindo em praticamente todos os principais debates, participando de praticamente todas as graves crises políticas que marcaram o primeiro e rápido intervalo democrático de nossa história republicana.

Na freqüente condição de líder de bloco partidário e, mais significativamente ainda, da oposição, Arinos teve assim o privilégio de ascender à tribuna pratica-

---

[28] Camargo et al., 1983:126-127.

[29] À parte, é claro, a aprovação de determinados projetos de lei — como o que tomou seu nome — e o bem-sucedido encaminhamento parlamentar de determinadas questões, como, por exemplo, na primeira rejeição da emenda parlamentarista, de 1949, ou na defesa do ameaçado mandato de Carlos Lacerda em 1957. Ver Melo Franco (1965a:418, 420-421).

mente sempre que o desejou, manifestando não apenas o seu posicionamento e opinião, mas também, a princípio, os de seus liderados:

> Sempre fui, na UDN, o sujeito que eles mandavam falar. Não quero dizer que me dirigissem no que ia falar, mas se serviam de mim como porta-voz. Nunca fui dirigente do partido, nunca tive nenhuma influência na sua direção. Mas também nunca me insubordinei. Eu era o homem que falava. Mandavam-me para a tribuna e lá eu me servia, dizia o que queria.[30]

Freqüentemente, também, essa sintonia — Arinos/bancada — seria posta em questão, seja *in loco* e imediatamente, por eventuais dissidências internas à UDN e/ou às oposições, seja *a posteriori* — e mais uma vez, freqüentemente —, nas memórias e depoimentos em que o autor (re)enquadrou e deu sentido a tais atos e a tais conjunturas (enquadrando, caracterizando, historiando também a si e a seus pares e interlocutores).

Aqui, porém, o que interessa primordialmente é fazer sentido do tipo de política, do tipo de ordem política e social que o autor intentou criar ou construir, de que tipo de imaginação política se nutriu e que (re)produziu. Não cabendo, portanto, questionar o grau de representatividade de sua liderança ao longo de todo o período, nem delimitar até que ponto seu discurso era efetivamente representativo ou congruente com o de seus liderados, ou de uma média destes (ou até que ponto, por exemplo, o discurso de Arinos representava a "natureza" udenista, ou de uma fração da UDN, a "banda de música", os "bacharéis" etc.).

Do mesmo modo, também não se trata aqui de meramente assinalar que espécie de interesses Arinos defendia discursivamente, qual sua radicação social e/ou econômica, que espécie de eleitorado ele "representava" etc.

Interessa-nos muito mais, enfim, compreender que espécie de *leitorado* cultivou. Nesse sentido, é importante ressaltar que em nenhum momento desse período em que lhe franquearam tais tribunas foram elas únicas e bastantes para a produção dessa discursividade. Durante todo esse tempo Arinos expôs suas idéias também através de artigos de periódicos e livros. É claro que muitas vezes essa produção extraparlamentar era constituída apenas de reproduções de intervenções originárias da tribuna política, revistas e republicadas. Longe de corresponder a qualquer forma de mera repetição ou escassez de argumentos, a republicação dos discursos de Arinos, no entanto, me parece muito mais indicativa de uma certa crença no poder e na vida mesma da palavra — ou, mais de acordo com sua imagética, no poder e na vida das "idéias" — e de um esforço do autor em transcender os marcos, tanto físicos quanto conjunturais, e ainda simbólicos, do Parlamento. Um esforço por atingir um público (de elite) mais amplo e ao mesmo tempo ficar a salvo de qualquer (pré)juízo que pudesse tolher a recepção de seu discurso por conta das inevitáveis conotações de imediatismo e parcialidade a que estão sujeitos os discursos parlamentares, por definição discursos partidários, contra ou a favor de algo, de al-

---

[30] Camargo et al., 1983:146.

guém.[31] Tratava-se, portanto, de dotar tais discursos de maior publicidade, maior perenidade, e de "despartidarizá-los", ao menos um pouco.

Por outro lado, o simples fato de ter sido tal esforço recompensado com a republicação, com a franquia de novas "tribunas" — com as franquias e prerrogativas próprias que regiam, à época, o discurso intelectual legítimo, o discurso político e ideológico erudito —, é por sua vez indicativo do sentido de "liderança" intelectual que Arinos procurou exercer e efetivamente exerceu paralelamente e para além de sua liderança parlamentar específica.

Não farei, portanto, qualquer distinção inicial entre o tipo de discurso — se proferido no Congresso, se especificamente composto para impressão etc. —, tratando-os igual e indistintamente, a princípio, como obras destinadas à persuasão, à formação de consensos, à construção da realidade.

Desse modo, selecionei, do vasto conjunto de intervenções do autor, citações e trechos que ao mesmo tempo considero significativos para uma aproximação do universo imagético e doutrinário de seu discurso — privilegiando temas e questões que se reiteram e que parecem sintetizar o sentido político e ideológico que norteou sua atividade política — e que, por outro lado, inserem o ator/autor em sua conjuntura, ou seja, ilustram as problemáticas e desafios que se apresentaram à sua reflexão, discrição e engajamento.

A esse respeito se pode dizer, em linhas gerais, que a obra de Afonso Arinos aqui recortada reitera e constitui dramaticamente os seguintes temas básicos:

▼ a nostalgia e o resgate dos valores e dos *mores* do nosso "antigo regime", ou seja, de uma era aristocrática da vida política e parlamentar brasileira que teria se desenvolvido e atingido seu ápice no período do Império, prosseguindo já conturbadamente na Primeira República, se perdendo nas convulsões e transformações dos anos 1920 e 1930, e sobrevivendo apenas minoritariamente, à época do autor, nos melhores quadros políticos (situados, evidentemente, em sua maioria, na oposição — tanto político-partidária quanto ideológico-intelectual — ao novo *status quo*, pós-1930); essa nostalgia e esse resgate assumiam freqüentemente a forma de uma espécie de invocação da figura ideal do "estadista", da liderança política providencial, dotada das qualidades pessoais e da consciência histórica necessárias à realização das grandes tarefas nacionais;

▼ a denúncia e a caracterização do fenômeno do "caudilhismo", que veio literalmente pôr fim àquela era de ouro da vida política brasileira — à maneira de uma "infecção" ou "doença infantil",[32] trazida das repúblicas vizinhas do continente — e que se caracterizaria pelo rompimento do polido jogo político parlamentar legal e tradicional pela irrupção da figura do caudilho, que se assenhoraria per-

---

[31] E para além, é claro, dos movimentos rotineiros de valorização do seu capital intelectual.

[32] A caracterização é de Joaquim Nabuco, e Arinos faz uso reiterado dessa imagem. Nabuco, com seu *Estadista do Império*, é o modelo explícito de Arinos na confecção de sua obra maior, a biografia de seu pai.

sonalisticamente do poder, com maior ou menor apoio (demagógico) nas massas, mas sempre sustentado pela força das armas; o que implica também a definição secundária do fenômeno como traduzindo a intervenção indevida dos militares na política;[33]

▼ a crença no (ou o recurso desiderativo ao) poder motor do fenômeno do *progresso social*, que se caracterizaria pela crescente aspiração da igualdade e da justiça sociais, por parte das massas, e pela tomada de consciência de que os valores da democracia representativa, liberta de suas limitações de caráter doutrinário liberal-econômico, do *laissez-faire* — expressos nas precondições políticas mínimas da "liberdade de crítica ao poder", "liberdade de disputa legal pelo poder" e "institucionalização da investidura do poder" —, não apenas não constituiriam impedimento a esse progresso, como também, na verdade, seriam seus pré-requisitos.

Assim, o diagnóstico do autor para o drama nacional se caracterizaria justamente pela contraposição desses princípios e raciocínios claros (e esclarecidos) a comportamentos e discursos concretos míopes — tanto moral quanto racionalmente falhos — que tanto acometiam as massas, em seu justo porém irrefletido desejo por igualdade, quanto as elites ou algumas de suas parcelas mais poderosas, ou bem demagógicas e irresponsáveis ou bem reacionárias e insensíveis. No limite, esse choque de interesses e de miopias ou, dito de outro modo, esse déficit de consciência histórica e de moralidade poderia levar o país ao caos e à guerra civil, ou à tirania, mais ou menos totalitária, apesar de todas as forças e inexorabilidades do progresso social e político, tal como se delineavam então na prosperidade das nações mais desenvolvidas do bloco ocidental e no espetáculo de idealismo revolucionário nacionalista que animava os países em luta contra o colonialismo e o subdesenvolvimento.

Havia, portanto, ao menos uma escolha a ser feita pelo Brasil. E isto não apenas possuía a dimensão trágica de que se estava então optando entre um possível paraíso e um possível inferno, mas também investia o ator privilegiado do universo ideológico de Arinos — as elites, a *intelligentzia*, o político, o intelectual, o intelectual-político, o estadista — de uma grande responsabilidade e de um papel decisivo e estratégico. O Brasil precisava, acima de tudo, de lideranças *virtuosas*.

Minha argumentação implicará, inevitavelmente, a crítica desse conjunto discursivo, a sua caracterização como forma narrativa particular e datada, que procurava "dar conta" de uma determinada situação, de uma determinada distribuição de poder, de uma determinada correlação de forças. Enfrentando-as com recursos retóricos que ao mesmo tempo favorecessem a produção de um consenso mínimo para a ação e arregimentação de forças alinhadas (ou alinháveis) ao *ator* político em questão — ou, novamente, seu "valor de uso"—, e que, no entanto, também pre-

---

[33] "Militarismo é governo de uma casta; o caudilhismo político é um governo que se apóia na força armada, mas não é propriamente militarista" (Melo Franco, 1965a:259).

28 ▾ A POLÍTICA DOMESTICADA

servassem o capital simbólico, a estatura moral e a legitimidade intelectual do (mesmo) *autor* em questão ("valor de troca"). Uma ordem de poder e uma ordem de produção retórica que, obviamente, não necessariamente se apresentavam a "ambos" (ator e autor) da mesma forma, com as mesmas ênfases e implicações que hoje estabeleço e priorizo.

Desse modo, se para Arinos o grande motor da potencialmente perigosa evolução política brasileira à época podia ser descrito em termos de uma contradição básica entre a "ordem" e o "movimento", quer dizer, entre um conjunto de valores tradicionais de apego à liberdade liberal e à racionalidade jurídica e, de outro lado, o desejo pela igualdade e pela justiça social, e sendo essa contradição de tal natureza que só poderia ser sanada a contento através da intervenção lúcida, consciente e responsável das elites esclarecidas — fosse essa intervenção de caráter institucional, político, militar ou simplesmente moral —, para a crítica que empreendo aqui, *a posteriori*, as descrições e seus sentidos para o próprio esforço do ator político/autor intelectual serão forçosamente outros.

À chave dialética de Arinos, ordem *versus* movimento, cuja resultante seria: ou a) subversão revolucionária e imprevisível da ordem pelo movimento (comunismo); ou b) restauração artificial, reacionária e instável da ordem à custa do movimento (ditadura "latina" repressiva); ou ainda c) nova ordem social e democrática (conforme o padrão dos "países de mais elevada civilização"), é possível se opor uma visão, evidentemente reducionista, em que muito antes de corresponder a forças históricas tão amplas, a "ordem" e o "movimento" seriam a pura e simples expressão de correntes políticas, mais ou menos contingentes, em luta naquela quadra da vida brasileira. Correntes e facções muito claramente localizadas e personificadas, cujos significados poderiam ser, acredito, talvez mais rentavelmente situados num quadro de contradições políticas onde se chocavam, de um lado, uma "ordem" oligárquica de raízes históricas mais profundas, deslocada do poder e ainda inabilitada para o novo jogo político e eleitoral aberto com a democratização de 1945/46, mas ainda senhora de poderosos recursos econômicos, sociais e simbólicos (sem mencionar todo um repositório de identidades e recursos ideológicos); de outro, um "movimento" talvez não menos oligárquico, mas claramente identificado com a nova fisionomia do Estado, senhor dos principais canais de acesso a esse mesmo Estado e favorecido pelas mesmas e novas regras de disputa.

Uma das chaves para a compreensão das motivações básicas do discurso de Arinos estaria, portanto, na particular configuração institucional da época e na específica correlação de forças que ela implicava e, até certo ponto, reproduzia. O sistema partidário criado após o Estado Novo trazia a marca desse período anterior nas suas três principais agremiações: o Partido Social Democrata (PSD), que seria o "herdeiro das interventorias" de Vargas, o Partido Trabalhista Brasileiro (PTB), ligado à "máquina" sindical estadonovista, e a União Democrática Nacional (UDN), frente cujo ponto de convergência era a oposição frontal ao "ex-ditador". Além disso, Vargas havia estabelecido, ao longo do Estado Novo, uma nova forma de relação imediata com as massas através de sua política trabalhista e do aparato propagandístico do regime deposto. As condições de disputa política e eleitoral dentro da lei, portanto, para a oposição ao "caudilho sulino" se mostrariam, em geral, as mais adversas.

Mesmo assim, ainda que majoritariamente derrotadas pelas urnas, essas correntes e facções da "ordem" puderam se impor na luta política e pressionar os grupos do "movimento", através da mobilização de seus recursos econômicos, seus quadros, sua forte penetração nos quartéis e seu praticamente incontestado domínio sobre a imprensa "livre" e alguns dos mais novos e poderosos meios de comunicação de massa.

Ao fazê-lo, porém, colocaram em risco o regime ao qual juravam fidelidade e que supunham ter erigido justamente contra o "caudilho" e sua corte, contra a nova ordem por ele instaurada quando de sua longa e transformadora passagem pelo poder. Instalava-se então uma relação de amor e ódio, de investimento e ressentimento, de profunda ambigüidade entre os defensores da "democracia autêntica" e a nova ordem política. A qual supunham ter sido erigida à sua imagem e semelhança, mas que — fundamentalmente após a vitória eleitoral de Vargas em 1950 — se conspurcara, se desvirtuara e se voltara contra si.[34]

Desse modo, o quadro referencial do debate político e ideológico à época se caracterizaria, entre outros aspectos, pela presença de motivos e argumentos recorrentes relativos à autenticidade e à perfeita caracterização do regime democrático representativo recém-instaurado e seus desvios ou deturpações: é a época dos "legalismos", dos "golpismos", dos "populismos", dos "regimes de exceção". Ou de debates constitucionais sobre os estatutos da "maioria absoluta", do *impeachment*, da incompatibilidade entre o funcionamento legal de determinados partidos e a ordem democrática, ou ainda dos próprios "golpes" e "revoluções" etc.

Nessa configuração a inserção de Arinos tornava-se particularmente problemática, pois em vista de sua origem familiar e da tradição política à qual pretendia estar filiado, expressa na nostalgia de um "antigo regime" parlamentar, o seu discurso se comprometia reiteradamente com os princípios e autores — Rui Barbosa, Assis Brasil — de um "liberalismo doutrinário"[35] cujo pilar era o respeito à legalidade e a crença no poder institucionalizante e naturalmente regenerador da lei. Sua condição de líder e "bacharel" da UDN ou, de modo ainda mais profundo, de defensor realista da "ordem" fazia, porém, com que sua práxis não raro se aproximasse de um "autoritarismo instrumental".[36] Quer dizer: da preconização de intervenções políticas de caráter institucional supraconstitucional — ou anticonstitucional — para repor a ordem nos seus devidos termos, nos seus devidos trilhos, "naturalmente" mais autênticos e evolucionários.

Por outro lado, o seu engajamento permanente num certo papel de "intelectual", com a adesão explícita aos valores do distanciamento crítico, da tolerância, do escrutínio conscencioso dos argumentos adversários, da busca constante de uma

---

[34] Essa ambigüidade seria a marca fundamental da UDN, de acordo com vários autores. Ver, por exemplo, Benevides (1979) e Picaluga (1980).

[35] Definição que nos é dada por Wanderley Guilherme dos Santos (1978:97).

[36] Ibid., p. 103.

sustentação objetiva e desapaixonada para o debate etc., estabelecia limites e criava dificuldades — ou ao menos alguns mal-entendidos — para a preservação e a defesa de lealdades políticas e sociais fundadas em bases não tão racionais ou universalizáveis, com as quais também estava, de um modo ou de outro, comprometido.

As relações entre Arinos, "sua" bancada e seus "mandantes", por assim dizer, seriam desse modo marcadas por tensões recorrentes, cujos melhores indícios talvez sejam as diversas dicotomias e distinções conceituais, mais ou menos sofisticadas, que o autor construía, no sentido de especificar e justificar suas posições e atitudes. Assim, por exemplo, ele nos adverte sobre as diferenças entre o conservadorismo e o reacionarismo, entre o individualismo econômico e o liberalismo democrático, entre o nacionalismo positivo e o negativo, entre o bacharelismo e o jurisdicismo etc.

O significado dessas ambigüidades e constrangimentos não se esgota, porém, em Arinos e se refere a todo um conjunto de contradições possivelmente inevitáveis que se impõem ao discurso, com resultantes individuais por certo muito distintas e de significados éticos e/ou políticos igualmente diferenciados, mas de certo modo inerentes à interpenetração de "províncias de significado" economicamente assimétricas, como são, possivelmente, as da política e as das "idéias".

Nesse registro, a importância, ou melhor, o significado do pensamento político de Arinos se desloca inteiramente de seu conteúdo ou possível originalidade enquanto "obra" — seja do ponto de vista da teoria política, sobre instituições ou sistemas políticos, seja do ponto de vista do direito constitucional, ou ainda da história política ou econômica brasileira, todas elas disciplinas para as quais o autor contribuiu — para a condição de "documento" de época.

Sendo assim, trata-se também, com esta investigação e reconstrução narrativa, por outro lado, de se fazer uma espécie de sociologia histórica (ou historicizada, ou, ainda, historicista) desse "tipo", partindo do pressuposto de que as contradições e ambigüidades de Arinos seriam indicativas, também, de uma situação sociológica mais recorrente que o transcenderia: a do intelectual originário de setores da elite, com formação e etos bacharelescos, "naturalmente" direcionado para a ocupação de postos de prestígio, para o gozo de privilégios e prebendas, e para alguma forma de exercício de (algum) poder. E que, inserido no contexto relativamente rarefeito da competição intelectual local de uma sociedade fortemente hierarquizada e elitista, ideológica e culturalmente dependente de modelos importados de intelecção,[37] súbito se vê às voltas com grandes processos de transformação histórica que podem pôr em xeque não apenas as bases políticas e econômicas que lhe deram origem e que lhe dão sustentação, mas igualmente os valores e símbolos a elas correspondentes.

Da conjunção desse desafio — político e social —, dessa inserção existencial prévia, que inclui todo um capital simbólico e uma trajetória afetiva particulares, e

---

[37] Competição intelectual que evidentemente possuiria sua própria canônica discursiva e seus próprios critérios específicos (e potencialmente formais e idiossincráticos) de avaliação de desempenho e relevância.

dessa decisiva mediação de um "campo" intelectual próprio, com suas questiúnculas e rivalidades particulares, redundam determinada prática e determinado resultado argumentativos: aqueles em que se reitera o papel do intelectual e do político sério, moral e consciente, que, de acordo com um modelo clássico, deve se desdobrar no esclarecimento, no desvelamento e na condução normativa da política e suas instituições, num esforço teórico e prático cujo balizamento se dá, *a priori*, pelo apelo ao "interesse nacional", à "vontade geral", à "razão", ou outro horizonte transcendente, acima do cálculo particular. Um intelectual-político que, privilegiado por sua formação, deve no entanto voltar-se das "luzes" do espírito cultivado, descendo à "caverna" da política, ajudando assim a preservar e efetivar a prática de tais valores elevados, em especial as tradições e instituições que os corporificam, em um mundo conturbado pelo desejo iconoclasta — compreensível, porém míope e irrefletido — da igualdade e da justiça social, a qualquer preço.

Nesse sentido, se poderia dizer que o autor convive, o tempo todo, com uma espécie de drama tocquevilliano, que se constitui pela consciência ao mesmo tempo do apego, tanto afetivo quanto racional, a valores "aristocráticos" — ou ilustrados — e do risco que esses valores correriam por força de necessidades históricas que conduziriam o processo político inexoravelmente no sentido de uma igualdade cada vez maior. O que daria à sua obra um caráter indubitável de reação — mesmo que não necessariamente "reacionário", a se adotar a especificação do autor — e de enfrentamento da questão que, acredito, parecia tomar de assalto a imaginação política da época: a da novidade representada pela entrada das massas na política brasileira.

Na versão de Arinos, entretanto, a contradição entre a liberdade e a igualdade ganha talvez outros contornos pela preservação de uma crença ou esperança — melhor talvez seria dizer pensar desejante — no poder das elites construtivas brasileiras, sempre chamadas à razão pelo intelectual. Elites que, no entanto, se mostram pouco dignas de tal crédito, a julgar pelo próprio juízo do autor e pelos rumos efetivos (às vezes totalmente divergentes) que as propostas feitas por ele tomaram nas mãos daquelas.

Por outro lado, para além — ou aquém — de todas essas "determinações" sociológicas, políticas e históricas específicas, tal crença sempre reposta, e sempre frustrada, na *virtù* das elites refere-se também a dimensões existenciais outras que marcaram a sua trajetória e que seguramente dizem respeito a problemas mais amplos de ordem ética que, como Weber nos sugere, seriam intrínsecos ao exercício da vocação do político.

Isto implica, portanto, fazer o inventário também das derrotas ou fracassos desse autor. Desse conjunto fariam parte, por exemplo, as dificuldades na recepção — principalmente junto a seus próprios (ex)correligionários — dos sentidos da chamada "política externa independente" que patrocinou como chanceler de Jânio, a derrota política e plebiscitária do parlamentarismo — ao qual aderira por desencanto com o presidencialismo brasileiro —, os rumos que o regime instaurado em 1964 (com seu apoio) acabou por tomar, e por último, mas não menos importante, sua tentativa "jurisdiscista" de preservar o direito, em meio à "crise" que este vivia então, mediante o sacrifício do "individualismo econômico" em prol da institucionalização de uma democracia liberal mínima, com planejamento e (alguma) socialização econômica.

É como "ideólogo", portanto, como intelectual que prescreve normativamente para a sociedade, que Arinos parece ter conhecido os seus maiores dissabores. E assim, em sua obra talvez possamos encontrar um dos casos mais expressivos de recalcamento do que chamaríamos de um desejo intelectual-construtivista, pelos limites e constrangimentos concretos impostos pelo jogo do poder e pelos compromissos de classe e estamento nele implicados.

De modo que, inclusive, o estranhamento do intelectual Arinos diante dos rumos da política de seu tempo não se resume às dificuldades especificamente udenistas — expressas em derrotas ou cisões políticas —, mas envolve a própria práxis política *per se*, na medida em que esta teima em resistir e em não se conformar a eventuais ditames esteticistas.

Ao reconstruir a trajetória de uma produção discursiva e politicamente *virtuosa*, poderei falar não apenas das contradições de uma época, mas também de uma situação sociológica — para não dizer "existencial" — mais recorrente e que, acredito, se define justamente em função das formas de institucionalização problemática da discursividade sobre o poder (o que também equivale às formas de institucionalização problemática do poder sobre o discurso).[38]

Compreende-se desse modo por que embora se fale tanto *de* Arinos, a rigor o que mais se fará é falar, o tempo todo, *através* dele. E assim, inclusive, encontramos na sua própria produção (1961a:168-169) uma ótima definição do que aqui pretendo fazer, graças a ele:

> Na criação literária, a fixação dos tipos e caracteres humanos obedece, a meu ver, a dois sistemas, que nada impede possam fundir-se, em certas obras.
>
> Um desses sistemas visa menos o sentimento do escritor do que o meio social que ele procura descrever. O tipo humano aparece, então, como expressão desse meio, no qual se insere. É menos um indivíduo do que um símbolo, embora animado por traços colhidos na realidade individual.
>
> Na literatura interessada *(engagée)*, principalmente na que visa à crítica ou reforma da sociedade ou das instituições sociais, encontramos, freqüentemente, esses personagens que o escritor não retira de dentro de si, nem mesmo, no sentido imediato, de dentro da vida; mas que arma como expressão de um mundo que defende ou combate, ou de certas idéias a que deseja dar a inigualável força da emoção.

Sendo assim, para levar a efeito esta proposta vou me dedicar, nos próximos três capítulos, aos três tópicos principais do discurso político de Arinos, tal como explicitados acima, a saber: o estadista, o caudilhismo e o progresso social (ou a dicotomia entre a "ordem" e o "movimento").

---

[38] De certo modo expressa nesta sentença de Foucault (1996:10): "o discurso não é simplesmente aquilo que traduz as lutas ou os sistemas de dominação, mas aquilo pelo que se luta, o poder de que queremos nos apoderar".

Por fim, concluirei esta investigação com uma exploração dos sentidos existenciais maiores que nortearam toda essa práxis discursiva — tal como elaborados pelo autor em suas memórias e depoimento — e com uma caracterização sintética dos principais elementos esteticistas e implicações político-existenciais da retórica e da autoconstrução discursiva da vocação intelectual-política de Arinos.[39]

---

[39] Considerei por bem incluir no anexo uma cronologia que permitirá ao leitor situar com maior precisão os contextos em que se produziram — ou foram republicados — os discursos do autor.

2. De príncipes, estadistas e "homens-farol", ou: quando as elites degeneram

> *Je suis né gentilhomme. Selon moi, j'ai profité du hasard de mon berceau, j'ai gardé cet amour plus ferme de la liberté qui appartient principalement à l'aristocratie dont la dernière heure est sonnée. L'aristocratie a trois âges successifs: l'âge des supériorités, l'âge des privilèges, l'âge des vanités: sortie du premier, elle dégénère dans le second et s'eteint dans le dernier.*
>
> Chateaubriand, *Mémoires d'outre-tombe*

O imaginário político, literário e existencial do discurso de Afonso Arinos, ao longo de todo o período democrático — se não em toda a sua extensão —, foi indubitavelmente dominado pela figura do "estadista" e seus diversos "avatares" ou sucedâneos.

Não apenas sua obra historiográfica máxima — os três volumes da biografia de seu pai, Afrânio de Melo Franco, *Um estadista da República* —, mas todo um conjunto de ensaios, discursos e panegíricos proferidos e publicados durante esses anos, procura resgatar e fixar os traços desse ideal de homem público brasileiro que, apesar de teoricamente tão raro e tão necessário, pôde ser vislumbrado pelo autor — ao menos, e não menos significativamente, no passado — em personagens como José Bonifácio, Bernardo Pereira de Vasconcelos, Joaquim Nabuco, Rodrigues Alves, Afonso Pena, Rui Barbosa ou Pandiá Calógeras.

Evidentemente, em primeiro lugar, a evocação do estadista corresponderia a um movimento desiderativo básico de qualquer forma de discursividade política, referido à nomeação e/ou localização, no tempo e no espaço, do ator principal do jogo político. Como toda forma de discurso normativo sobre a prática política, o de Arinos também tem de atribuir a algo, ou alguém, o dom, o ônus e/ou a prerrogativa de ativar preferencialmente a esfera do confronto de interesses, conduzindo-o para um novo arranjo ou patamar (mesmo que o novo seja apenas a reordenação do já existente ou passado).

Se, contudo, em outros registros ideológicos o agente da política poderia ser uma entidade humana coletiva impessoal, ou mesmo um ser supra ou sobre-humano, no discurso de Arinos o papel de protagonista se consubstanciava em personagens de carne e osso, mesmo que, possivelmente, esse ator assumisse proporções sociais mais amplas, ou que sua emergência passasse a se colocar como uma urgência, uma ausência e, portanto, um problema a enfrentar.[40] De qualquer modo, porém, serão sempre qualidades e valores humanos que legitimarão, por assim dizer, a eleição desses estadistas — seja pelo autor, seja pela história[41] —, assim como somente essas propriedades poderão garantir o seu sucesso. Da mesma maneira, serão as fraquezas e corrupções humanas os principais obstáculos à emergência dos eleitos e à consecução dos fins supostos em sua eleição.

Não surpreende, pois, que a construção do estadista muitas vezes tome, em Arinos, a forma do panegírico. Sem dúvida, esse tipo de narrativa se constituía num gênero muito comum, de resto perfeitamente tradicional, tanto do ponto de vista da literatura didática e/ou propagandística quanto nas práticas jurídicas e, mais freqüentemente ainda, parlamentares. Assim, nada mais natural que um catedrático do direito público, um jurista e legislador, apto ao exame das jurisprudências, do espírito das leis e suas origens e tradições, um parlamentar cioso da palavra e do repositório de sabedoria pública e exemplos da história do Brasil fizesse largo uso de um recurso tão possivelmente persuasório e didático como o de perfilar as personalidades nacionais paradigmáticas.[42]

Com efeito, longe de se diminuir com essas exibições de erudição acadêmica ou "bacharelesca", Arinos parecia particularmente apto no desempenho dos gêneros mais convencionais, como o panegírico, conseguindo dotar de significado e utilidade retórica o que em outras mãos, ou vozes, soaria possível ou mesmo inevitavelmente provinciano e supérfluo (mesmo que seu estilo "enxundioso" fosse, muitas vezes, objeto da crítica e da mordacidade de rivais e adversários).[43]

Na economia interna do discurso de Arinos, porém, as caracterizações e, a rigor, as idealizações dessas grandes figuras históricas pareciam desempenhar um papel mais importante e central (do que a simples e inequívoca capacidade do autor para se desincumbir de quaisquer compromissos de ordem ritualística social e/ou profissional). A recorrência e o zelo com que essas biografias foram levantadas, o cuidado, o respeito e a coerência com que esse legado foi reunido, a similitude de

---

[40] E sem menosprezar, também, como veremos, o papel da Providência na emergência do estadista.

[41] O que, em geral, vem a dar no mesmo.

[42] Na verdade, essa prática se situava perfeitamente dentro da tradição da retórica clássica, tal como estabelecida, pelo menos desde Quintiliano, na descrição do orador como alguém especialmente treinado para fazer o bem através do uso adequado das palavras: "uma pessoa que internalizou tudo de melhor da cultura, e que pode aplicar esta sabedoria no foro público, influenciando seus concidadãos a pensar e a agir em questões particulares de acordo com sua herança comum. Num sentido muito concreto, o orador clássico servia como uma voz da continuidade cultural" (Halloran, 1976:235).

[43] No terceiro volume de suas memórias (1968:281), Arinos faz menção ao termo "enxundioso", utilizado em crítica feita a ele por colunistas (não nomeados) de O Globo, em nota referente ao término do seu mandato no Senado, no início de 1967.

36 ▼ A POLÍTICA DOMESTICADA

atributos com que foram dotados e eleitos esses estadistas nos colocam diante de um esforço de construção simbólica de algum modo relevante para seu autor.

Nesse panteão seguramente podemos reconhecer, ao mesmo tempo, o resgate de uma *época* e de uma *herança*, a construção de uma *linhagem*, a valorização de uma *tradição* e, por fim mas não menos importante, a definição de uma *identidade*, tanto individual quanto coletiva.

O resgate dos "estadistas" por Arinos se insere num processo historiográfico e ideológico de construção de um passado nacional que, se não exatamente "idílico", ao menos se destacaria do presente pela vigência privilegiada de certas condições culturais e de determinados valores éticos,[44] tanto estes quanto aquelas referentes à ordem social oligárquica (e, até 1888, escravocrata) brasileira, politicamente organizada em torno da monarquia constitucional, no Império, e posteriormente da República (concluindo-se tal "antigo regime" com as convulsões das décadas de 1920 e 1930). Tais condições e valores teriam permitido à nossa vida pública se desenvolver então de forma mais harmônica e profícua (além de certamente mais elegante), ao menos com o concurso providencial desses próprios e mesmos estadistas, cujo advento se dá, ou se deu, segundo o autor (e de um modo sociologicamente coerente), em função do próprio ambiente que os formou, e vice-versa.

Num primeiro olhar, o estadista, tal como reiteradamente invocado por Arinos, seria a simples encarnação, em nosso contexto histórico e seus personagens, das idealizações acerca das virtudes do príncipe, tal como nos manuais clássicos do Renascimento. Esse objeto do desejo político, tão tradicional e antigo quanto possivelmente perene, poderia ser caracterizado como o homem público que apresentaria em sua pessoa e biografia os atributos aristocráticos da coragem e temperança políticas, da capacidade de liderança, da competência intelectual, da desambição pessoal e da posse de um espírito de sacrifício pelo bem comum.

Com efeito, são vozes do passado e da tradição que Arinos invoca para conferir autoridade aos critérios de eleição em sua relação de estadistas brasileiros:

> Pascal dizia que as virtudes dos homens não se apresentam nas expressões do seu maior esforço, nos momentos de sua ação mais convulsiva; que, ao contrário, a virtude dos homens se afirma, precisamente, na continuidade dos seus feitos comuns, na coerência de sua linha habitual, na segurança do seu comportamento uniforme.[45]

Permanência, coerência, previsibilidade. Virtudes igualmente tradicionais — ou conformes às virtudes próprias, ou reputadas, à ordem tradicional — são enfatizadas no elogio a Rodrigues Alves, no centenário de seu nascimento, em discurso

---

[44] "Muitas vezes tenho perguntado a mim mesmo se é esta tradição parlamentar, transmitida de homens a homens, geração após geração, desde 1823, e sempre subsistente apesar das poucas interrupções, que faz o Brasil tão diferente dos vizinhos da América. O Brasil do arranjo, do 'jeito', da combinação. O Brasil hábil, plástico, improvisador. O Brasil cordial e incruento. O Brasil tão gostosamente brasileiro" (Melo Franco, 1965a:53).

[45] Rodrigues Alves. *Digesto Econômico*, ago. 1948, p. 103.

proferido por Arinos na tribuna da Câmara.[46] A essas virtudes o autor acrescenta, como corolário, o sentido providencial que atribui às intervenções do homenageado ao longo de sua trajetória, celebrando,

> aquela estrela, aquele destino, aquela sorte de estar sempre, na oportunidade adequada e no momento adequado, ao serviço de seu país, pois entre as virtudes do homem de Estado está, seguramente, esta: a do destino.[47]

Glória e posteridade, portanto, seriam os apanágios desses eleitos pela Providência, para cuja eleição, porém, outras virtudes mais humanamente acessíveis e cultiváveis teriam aberto caminho. O panegírico tem sempre sentido moral e função pedagógica:

> Cinqüenta anos, para o homem público, é o momento em que a experiência já sofreu os arroubos, mas ainda não matou as esperanças; em que a força já se contém mas ainda não se economiza; em que a eloquência modera a paixão para ganhar em autoridade; em que o poder de arrebatar cede à capacidade de persuadir; o momento, enfim, em que as personalidades privilegiadas deixaram de ser deslumbrantes, para ser grandes.[48]

O personagem histórico agora é Joaquim Nabuco, o "advogado do Brasil". Os sentidos morais, o otimismo da crença na congruência entre o comportamento virtuoso e o sucesso pessoal, e, conseqüentemente, o caráter exemplar da descrição, porém, são rigorosamente os mesmos:

> A crença religiosa reconquistada pacificara-lhe a alma, dissipara qualquer travo de amargor no monarquista decaído, e lhe trouxera, acima de tudo, aquele misto de segurança intelectual e de tolerância humilde que só a fé pode trazer. Segurança intelectual que liberta o homem do terror, do desespero e das mesquinhas paixões; tolerância humilde que o faz compassivo com o erro alheio e, por isto mesmo, mais amado e mais feliz.

> Um homem da importância de Nabuco, num país pobre de homens como o nosso, não poderia ficar sem aplicação, posto à margem porque o Império se findara.

> A vida continua, apesar das formas ou rompidas estas, e os regimes de governo são formas.[49]

---

[46] O presidente Rodrigues Alves era avô da esposa de Arinos, Ana Guilhermina (Anah) Rodrigues Alves Pereira, e foi objeto — em período posterior ao recortado aqui — de um vasto estudo histórico por Arinos.
[47] Rodrigues Alves. *Digesto Econômico*, ago. 1948, p. 103.
[48] Joaquim Nabuco, o advogado do Brasil. *Digesto Econômico*, ago. 1949.
[49] Ibid. p. 86.

As qualidades do estadista, portanto, embora tradicionais e por todos apreciadas, não se encontrariam reunidas em um só homem com freqüência, apesar de que em um homem somente podem elas se apresentar com toda sua força e inteireza. Com o vigor próprio e superior das formas concretas da vida.

Com efeito, a concretude e a historicidade de que a imagem é dotada por Arinos dão ao seu panteão de eleitos, à sua linhagem, um caráter perfeitamente coerente e permanente, sem que as formas contingentes e transitórias de exercício da virtude política — ou seja, o jogo e o confronto das facções, as oscilações de posição, as opções ideológicas e programáticas, o câmbio das palavras de ordem e das bandeiras de luta etc. — comprometam a integridade moral do constructo, nem reduzam os sentidos de sua evocação à pura, simples e eventual legitimação de quaisquer formas particulares de governo ou doutrinas políticas mais abstratas.[50]

Evidentemente se poderia objetar que a concretude das evocações teria por fim dissimular o uso retórico e oportunista que deles faria o autor com o fito de defender posições ou propostas muito específicas e igualmente contingentes. Daí por que a cada momento, ou uso, um conjunto mais ou menos diverso, mas certamente *ad hoc* de virtudes públicas, poderia ser invocado, nos diferentes avatares à disposição do retórico, para defender ou atacar esta ou aquela proposta, grupo, pessoa ou política.

Trata-se de uma objeção perfeitamente razoável e sensível, sem dúvida. Nada disso, porém, exclui ou consegue dar conta do sentido do uso *dessas* formas específicas de legitimação, de valorização, de práticas e posições, e não de *outras*. Quer dizer: os possíveis fins últimos de Arinos ao utilizar-se de panegíricos não são tão relevantes aqui (ao menos por enquanto) como a escolha dos meios (se é que se trata, afinal, de "meios").

Assim, de um lado, há mais do que simples manipulação localizada de um conhecimento histórico. Em primeiro lugar, há propriamente a prevalência atribuída ao histórico diante do simples ou formalmente racional. A prevalência daquilo que efetivamente se deu (ao menos para a realidade da memória coletiva), pela conjunção de forças e causas reais — mesmo que irrecuperáveis —, diante do que pode ser a mera construção arbitrária do espírito. A prevalência do movimento e do drama dos homens reais em seu meio concreto, no seu "mundo da vida", diante da abstração e desencarnação dos modelos e doutrinas.

Em segundo lugar, há obviamente também, na referência ao patrimônio histórico, a evocação ou a atualização ritualística de uma herança, cultural e afetiva, que de muito transcende o "oficiante" e que o conecta à comunidade de seu público.

Finalmente, há que se mencionar o elemento de congruência entre a descrição dos estadistas, suas trajetórias concretas, seus avanços e recuos, seus desafios, derrotas e vitórias, e por último, mas não menos importante, o desfile de suas diversas qualidades, por um lado, e a concepção moral do processo histórico, por ou-

---

[50] Embora seja bastante possível que essa forma de imaginação e de proselitismo simbólico-político se preste melhor à defesa de certo tipo bem específico de posição política.

tro.[51] Ou seja: sendo o conflito político decidido, em última análise, pela escolha dos atores, pelo exercício de seu livre arbítrio, são portanto as qualidades morais dos indivíduos os elementos decisivos — ao menos os que se podem mobilizar independentemente, em grande medida, dos desígnios da Providência ou das imposições do tempo — e que urge cultivar ou resgatar, quando não, pura e simplesmente, (re)criar.

Desse modo, e por outro lado incorporando à nossa reflexão o elemento retórico privilegiado pela objeção ou ressalva acima exposta, é evidente que a entronização simultânea da *virtù* — que transcende suas atualizações e variedades — e da história — que recorta e determina os sentidos singulares em que se dão as várias atualizações dessa *virtù* — permite ao autor dotar sua ação discursiva de recursos estéticos, de capacidade mobilizadora, de capitais que, aparentemente alheios e possivelmente autônomos diante do jogo político imediato, ganham nele, porém, novos sentidos praxiológicos e pragmáticos. Em primeiro lugar, dotando-o — o jogo político — de todos os seus sentidos éticos e/ou estéticos mais conspícuos, para além do reducionismo da mera física dos interesses (sem deixar de mencionar, pura e simplesmente, todo o seu charme e grande parte de seu interesse). E isso justamente porque tais recursos estéticos o fazem em legitimação e investimento simbólico do próprio jogo político e de suas propriedades características de interpelação, mobilização, identificação, articulação e acomodação — mais ou menos precária — de interesses, mais ou menos contingentes.

No panegírico e em outras formas correlatas de estetização retórica da política, tal como mobilizados, à época, por Arinos, poderíamos localizar então mais do que simples e vazias formas rituais (coisa que eles também sempre puderam — e continuam podendo — ser). Seriam também índices de uma sociabilidade política, de uma institucionalidade, de uma cultura, em que a esfera política era perpassada por tradições, valores e formas discursivas de outras esferas, às quais também instilava os seus próprios fluidos e substâncias. Índices, portanto, de um estado de interpenetração das artes e competências, de discursos e poderes, de uma não demarcação de fronteiras e campos, de um livre ou pouco regulamentado comércio entre as esferas.

Desse modo, ora o que se exalta nas encarnações do estadista são a coerência e a adesão firme e destemida a determinadas idéias e princípios; ora, ao contrário, o elogio se faz à capacidade adaptativa e transigente, à adequação às imposições do "tempo". Ora o que se cobre de elogios é a representatividade social do líder, o seu dom de preservar os *mores* e tradições de seu grupo ou da sociedade em sentido mais amplo; outras vezes é justamente a sua originalidade e o seu poder de superação da estreiteza dos quadros de ação e pensamento vigentes.

O estadista pode ser moderado ou ousado, realista ou romântico, reformista ou conservador. Não importa. O que define sua eleição, em última palavra, será sempre o caráter virtuoso de sua intervenção, o qual, como vimos — apesar de ape-

---

[51] "Tal como a lei, a moralidade é constantemente desenvolvida através da fecundidade dos casos individuais" (Gadamer, 1994:38).

lar sempre para uma certa, ou mínima, dose de transcendência, sem a qual, inclusive, o efeito retórico não ganharia eficácia política —, não pode nunca deixar de se referenciar à conjuntura histórica que a contém.

Aqui, portanto, estamos ainda num nível possivelmente genérico de idealização da prática política. As categorias básicas são as clássicas — e ao menos aparentemente menos engajadas —, referidas às oposições entre ator e circunstância, eterno e transitório, indivíduo e coletividade, liberdade e necessidade, teoria e realidade, ser e pensar etc. A elas corresponderiam virtudes, freqüentemente contraditórias porém não necessariamente excludentes entre si, como determinação e maleabilidade, firmeza de princípios e tolerância, independência e responsabilidade, idealismo e realismo, iniciativa e paciência, coragem e astúcia etc.

Outras qualidades, porém, parecem mais permanentes na construção do ideal. A desambição pessoal, o ascetismo do homem público, aliado ao compromisso permanente com princípios e valores mais elevados — que podem evoluir e mudar mas nunca se ausentar —, são atributos que possuem, ao mesmo tempo, um maior peso estratégico e um maior sentido discriminativo. Estão obviamente relacionados à identificação do autor e seu grupo e à determinação das linhas demarcatórias do campo de aproximações e oposições em que se inserem, à construção dos atributos definidores da cisão política básica entre aliados e adversários, amigos e inimigos.[52]

Assim, a presença dessas qualidades distintivas e discriminantes permite elevar o estadista a um nível de excelência ao qual não poderia ascender apenas pelo exercício da sensibilidade política e do realismo (coisa de que qualquer *troupier* da política, como diria Arinos, qualquer simples e amoral carreirista, é perfeitamente capaz).

Há, de fato, todo um sentido ético ao qual se subordina a política e diante da qual ela não passa, efetivamente, de um conjunto de meios. Continuamos, portanto, de acordo com as tradições aristocráticas clássicas da *virtù* do príncipe, num registro que poderíamos perfeitamente chamar de pré ou antimaquiavélico.[53]

---

[52] "A distinção especificamente a que podem reportar-se as ações e os motivos políticos é a discriminação entre *amigo* e *inimigo*. Ela fornece uma determinação conceitual no sentido de um critério, não como definição exaustiva ou especificação de conteúdos. (...) Em todo caso, ela é independente, não no sentido de um novo âmbito próprio, mas na maneira em que não se fundamenta nem em alguma das demais oposições [bom e mau, belo e feio etc.], nem tampouco em várias delas, e nem a elas pode ser reportada". Além disso, segundo Schmitt, "os conceitos de amigo e inimigo devem ser tomados em seu sentido concreto, existencial, não como metáforas ou símbolos, não misturados e enfraquecidos mediante noções econômicas, morais ou outras, e menos ainda psicologicamente, como expressão de sentimentos e tendências, num sentido privado-individualista. Eles não constituem contraposições normativas nem 'puramente espirituais'". E assim, "inimigo é um conjunto de homens, pelo menos eventualmente, isto é, segundo a possibilidade real, *combatente*, que se contrapõe a um conjunto semelhante. Inimigo é *hostis*, e não *inimicus* no sentido lato" (Schmitt, 1992:51, 54-55).

[53] Ver Skinner (1981:36).

Desse modo, uma das características básicas do estadista é a capacidade de representar o que há de mais elevado no espírito de um povo ou uma época, dando a esses valores um corpo e uma voz, muitas vezes traduzindo, com sua práxis, ou explicitando verbalmente, o que de outra forma poderia permanecer implícito ou pré-consciente:

> Com efeito, sou dos que entendem existir no ser humano qualquer coisa que chamarei de permanente, para evitar a repetição da palavra eterno. São esses traços de permanência do humano dentro do efêmero das gerações que conseguem identificar-se com certos aspectos do pensamento e do sentimento de cada geração, aspectos que não são mais do que apresentações temporárias, apresentações sucessivas daquela parte irredutível do homem.
>
> Quais foram, em Nabuco, quais eram no tempo de Nabuco esses traços residuais, esses traços expressivos do humanismo no Brasil? Eram, precisamente, aquelas qualidades que o fizeram defensor intransigente e acalorado do que então se chamava o individualismo e o liberalismo. Individualismo e liberalismo, no tempo de Nabuco e na terra de Nabuco, representavam, exatamente, o que havia de mais significativo no homem brasileiro.[54]

Assim, as qualidades pessoais de Joaquim Nabuco, naquilo que possuíam de mais humano e permanente — ao menos em termos nacionais, brasileiros —, se consubstanciam, na prática política, historicamente situada, se não numa doutrina política sistemática — coisa que Arinos repudiava —, ao menos num estilo de se conduzir na vida pública, na adesão a determinados princípios, no caso os do liberalismo e do individualismo do século XIX, tal como absorvidos e reproduzidos — ao menos no nível dos costumes políticos — pelas elites nacionais.

A caracterização do liberalismo e do individualismo como estilos de conduta e vida pública, contudo, não minimiza nem muito menos esgota, de modo algum, os seus sentidos e conteúdos éticos. Estamos aqui num registro imaginativo tipicamente conservador, onde o costume e a adesão a ele possuem toda uma dignidade, toda uma legitimidade, consistindo afinal em partes organicamente articuladas de uma forma de vida que deveria sua existência a uma história concreta, ao acúmulo de conhecimentos empíricos, de esforços e de investimentos parciais de várias gerações, e não a qualquer capricho ou arbitrariedade de caráter meramente especulativo.[55] Trata-se,

---

[54] O humanismo de Nabuco. *Digesto Econômico*, set. 1949, p. 106-107.

[55] De acordo com Arinos (1968:23), "o tradicionalismo não se confunde com o conservadorismo, que pode ser uma posição viva e, de certa forma, progressista, como na Inglaterra. O tradicionalismo é um conservadorismo de hábitos mentais e não de idéias vivas". Em seu clássico estudo sobre o pensamento conservador, Karl Mannheim (1959:95-101) distingue "tradicionalismo" e "conservadorismo" de modo bastante similar ao sugerido por Arinos (embora com implicações sociopolíticas bem distintas): assim, se o tradicionalismo seria um fenômeno cultural de caráter praticamente universal — "tradicionalismo significa uma tendência a se aferrar a padrões vegetativos, a velhas formas de vida que podemos bem considerar como sendo razoavelmente onipresentes e universais" —, o conservadorismo seria uma "estrutura mental objetiva" e historicamente bem delimitada: "tradicionalismo pode converter-se em conservadorismo somente numa sociedade na qual a mudança ocorre por meio de conflitos de classe: somente numa sociedade de classes".

portanto, de formas testadas, reconhecidas e consagradas de se conduzir no mundo, responsáveis, à sua medida, pela manutenção de uma certa ordem, de uma certa familiaridade, de uma certa previsibilidade e segurança, enfim, de um chão comum, propício ao desenvolvimento das mais elevadas capacidades humanas.[56]

Com efeito, mesmo quando nos fala em progresso, em esclarecimento e em "típico" liberalismo, Arinos em momento algum opõe essas entidades ao cultivo de bons hábitos, princípios e procedimentos de caráter tradicional. Nada mais distante do "seu" liberalismo e do seu individualismo do que qualquer forma de racionalismo radical e iconoclasta, qualquer forma de materialismo, de mecanicismo, de pura física social, "mãos invisíveis", ou produção de virtudes públicas a partir do exercício de vícios privados:

> Referia-me ao individualismo e ao liberalismo de Nabuco, como expressão verdadeira do humanismo do século XIX. O individualismo de então — e esta é uma palavra nova, posta em circulação pelo ilustre Alexis de Tocqueville — era uma doutrina essencialmente liberal, uma doutrina essencialmente evolutiva, transformadora, progressista. Não se confundia com o personalismo, com o egoísmo, com o sibaritismo, com o hedonismo, com todas as formas de apropriação do meio pelo homem, para seu desfrute e seu prazer. (...) O individualismo, como filosofia política, como construção jurídica do século passado, era uma manifestação de crença nas possibilidades de aprimoramento e de evolução do homem; era, por conseqüência, uma representação do humanismo (...) não tomado como escola literária, (...) não significando aquele movimento artístico e intelectual, em que renasceram e floresceram as preciosidades da Antigüidade clássica nos séculos XIV e XV, mas do humanismo como atitude filosófica, do humanismo como escola de valorização moral e de respeito jurídico aos direitos do homem. Eis o que no século passado era significado pelo individualismo, e esse se completava pela escola do liberalismo jurídico, de que Nabuco foi, realmente (...) o mais alto representante no Brasil, pela sua tolerância, pela sua piedade, e também por aquela virtude incomparável, que é a felicidade pessoal. A felicidade para o homem é uma espécie daquela graça que Pascal declarava ser o signo da preferência do Senhor. O homem feliz é o que não tem ódios; o homem com a trajetória venturosa de Nabuco não sente as rajadas de cólera destrutiva, que não enodoam, que não envilecem, mas perturbam a memória de alguns de seus maiores contemporâneos.

---

[56] "A ciência de construir o bem-estar da nação, ou de renová-lo, ou reformá-lo, não se aprende como qualquer outra ciência experimental, *a priori*. Nem tampouco uma curta experiência poderá instruir-nos sobre essa ciência prática; porque os feitos reais das causas morais nem sempre são imediatos. (...) Sendo, portanto, a ciência do governo, tão prática em si mesma e dirigida para a solução de questões igualmente práticas, uma ciência que requer experiência — ainda mais experiência do que aquela que um indivíduo pode adquirir durante a vida, não importa a sua sagacidade ou capacidade de observação — é com infinita precaução que se deve aventurar a derrubar um edifício que vem, há séculos, respondendo toleravelmente bem aos propósitos da sociedade, ou a construí-lo novamente sem ter à vista modelos e moldes cuja utilidade tenha sido comprovada" (Burke, 1982:90).

Era o liberal típico, sem ódios, sem intolerâncias, sem fanatismo, sem sectarismo, e com esta outra dádiva miraculosa de ventura, que é a desambição — sem ambições.[57]

Poder-se-ia, talvez, referir o individualismo aqui decantado ao idealismo alemão, ao liberalismo de Kant e seus seguidores. Sem dúvida que provém dessa matriz de pensamento a defesa do "estado de direito", abraçada e explicitada com freqüência por Arinos, assim como outros temas relativos ao progresso moral humano e à evolução do direito.

Por outro lado, poderíamos também, com riscos idênticos, creditar o liberalismo humanista, atribuído por Arinos a Nabuco, à corrente inglesa de pensamento individualista do século XIX que teve em John Stuart Mill um de seus grandes representantes e particular defensor do livre desenvolvimento do potencial humano individual.[58] Com efeito, no individualismo de Stuart Mill é possível encontrar uma série de aspectos — como a valorização, mesmo que utilitarista, de tradições e instituições legadas pelo passado, a defesa intransigente da liberdade política e do direito irrestrito à autodeterminação individual, o desejo por maior justiça social aliado ao temor diante do potencial tirânico da equalização democrática etc. — que se coadunam perfeitamente com o tipo de liberalismo e/ou humanismo que Arinos privilegiava na práxis de seus estadistas.

Se quiséssemos definir, no entanto, uma filiação filosófica mais clara para o discurso de Arinos aqui privilegiado,[59] provavelmente concluiríamos que o seu crivo imagético e desiderativo — para além (ou aquém) das eventuais permutas de conteúdo filosófico e doutrinário que se permita fazer — segue muito mais de acordo com toda uma tradição conservadora de pensamento que mesmo quando diz inovação quer dizer reforma, quando diz liberdade quase sempre lhe agrega o necessário complemento e contraponto da (eterna) vigilância, e quando diz progresso quer dizer evolução e continuidade.

Com efeito, o universo valorativo que ressalta da construção do panteão de estadistas de Arinos parece ser mais bem caracterizado pela noção de "conservadorismo iluminista" de que se serviu Pocock para definir as correntes de pensamento evolutivas e anti-revolucionárias que se desenvolveram na Inglaterra após as guerras civis e religiosas do século XVII e em contraposição imediata ao impacto e à influência das revoluções americana e francesa. Em linhas gerais, a marca constitutiva desse tipo específico de conservadorismo seria a conjunção harmônica de uma preocupação primordial com a manutenção da ordem política e social existente, assim como dos valores tradicionais a ela consagrados, de par, contudo, com uma

---

[57] O humanismo de Nabuco. *Digesto Econômico*, set. 1949, p. 107-108.
[58] Ver Mill (1947).
[59] O que não é de modo algum o objetivo deste livro.

perspectiva racionalista, desapaixonada e permeável à evolução prudente e à inovação cultural e política moderada.[60]

Fossem quais fossem os seus conteúdos mais permanentes, o humanismo — que Arinos identifica em Nabuco — permitiu ao nosso autor, de qualquer modo, manter intacta e coerente sua linhagem moral de estadistas sem descurar das imposições da *Fortuna* ou do "Tempo".

O que poderia ser lido como um tipo de tradicionalismo, cultivado por Arinos em sua evocação, se complica, portanto, pelos sentidos que parece atribuir à história, os quais não se restringiriam, de modo algum, a uma possível e simples revivescência da noção também clássica da *historia magistra vitae*, da história mestra dos homens.[61] Ou seja: a história não se apresenta aqui somente como um repositório de experiências, de juízos morais sobre as escolhas dos homens, de lições empíricas extraídas *ex post facto* para o uso prudente dos governantes e seus súditos. Além disso, ela se pretende dotada de um sentido, direcionada para um *telos*, mais ou menos imanente, que ao delinear sua trajetória circunscreve a ação não somente em vista do conhecimento legado pelo passado, mas também a avalia em função do futuro.

Por isso a celebração dos valores éticos presentes na práxis dos estadistas autênticos não se pretende resumida à reprodução de um sentido moralista estático — de um conjunto atemporal de valores —, mas, pelo contrário, procura revesti-los de qualidades cronológicas, quer dizer, relativas ao crivo discricionário da história acerca do que é velho e novo, do que é atrasado e o que é *moderno*.

Nesse registro a idéia de progresso passa a coincidir com a própria noção de moralização: ser moral é, também, estar em sintonia com o avanço histórico. Sem dúvida nenhuma, em seus meandros e mistérios, para além de nossa compreensão, a história possui seu sentido e este deve ser, ao fim e ao cabo, bom. Mesmo que a teleologia não se explicite com toda a clareza, ou que o curso imediato ou mais aparente dos acontecimentos a contrarie, eventualmente. O real é, de algum modo, racional.

A aposta no poder moral do *telos* histórico imanente, e da capacidade providencial do estadista para revelá-lo, aparece, por exemplo, em toda a sua força — literária — na saudação que coube a Arinos fazer a De Gaulle em sua visita ao país e, particularmente, ao Congresso:

> Sois um daqueles homens que a história elege, em cada século, para simbolizar, no traçado de uma vida, o destino inevitável de um povo. A força misteriosa que anima e pro-

---

[60] Assim, de acordo com Pocock (1989:103), "o que chamei de Iluminismo conservador — isto era uma metáfora, cuja reificação não deve nos tentar — implicava propostas de se lidar com o fanatismo religioso, e, num outro sentido, com a antiga virtude, ao supor processos históricos de modernização em que ambos se converteriam em códigos de comportamento social palatáveis ao governo soberano e à autodisciplina civil. Estes eram conhecidos como códigos de maneiras e de polidez, e estavam associados com complexos processos de desenvolvimento na história da sociedade humana".

[61] Ver Koselleck (1990).

tege os escolhidos pela história é esta, de exprimir as tendências predominantes do seu meio e de sua época, mais do que lhes imprimir diretrizes pessoais. Sei que ao dizer-vos isto contrario a opinião mais corrente no vosso país e fora dele, segundo a qual construíste a França de hoje à vossa imagem, quando na verdade o que fizestes foi identificar, despertar e reunir, pelas vossas idéias e pela vossa ação, as forças adormecidas dos franceses. Às vezes, personalidades dominadoras, como a vossa, aparentam conferir seu próprio molde à vida coletiva, marcando o social com os traços do individual. Mas a precariedade das construções que empreendem termina, sempre, por se revelar. Quando não existe correspondência entre a ação do homem e a realidade do tempo, a obra histórica não vai além da vida do seu protagonista. (...) Outro é o vosso caso, senhor presidente. A vitória da vossa vida deve-se ao fato de que ela pôde reunir os melhores elementos da realidade francesa, que existiam submissos ou esquecidos. Vossa obra traz em si a semente do futuro, porque ela, na mutação necessária da história, representa aquele instante de eternidade, que é a verdade do tempo, no incessante caminho dos homens. (...) A história baseia-se no real, mas o espírito é elemento da realidade. Hegel foi uma das leituras da vossa juventude; nele talvez tivestes aprendido, desde cedo, esta presença inafastável do espírito no fundo de toda ação histórica. (...) Quando chegastes à Inglaterra, depois de perdida a batalha da França, dissestes: "eu assumo a França". Como seria isto possível, se a França estava do outro lado do mar, vencida e humilhada? O que assumistes, então, foi a idéia da França, e esta idéia, sempre idêntica a si mesma, para os que amavam a França em todo o mundo, era, de fato, a expressão mais forte, naqueles dias, da realidade francesa. O tremendo potencial do exército invasor, a quebra da resistência, a submissão dos governantes de Vichy, tudo isso era material, mas não era real. A realidade estava convosco, senhor presidente, e era a idéia da França.[62]

As marcas do idealismo alemão voltariam a se fazer presentes. Assim como na referência anterior ao kantismo, porém, é preciso ter cautela na assimilação dos sentidos da menção a Hegel e à sua linguagem — a "idéia" da França, "sempre idêntica a si mesma" etc. E isto embora possivelmente a filosofia política hegeliana e mais ainda sua ontologia — sua "filosofia da vida" — pareçam bem mais próximas e assimiláveis ao Arinos político, literário e, principalmente, existencial, do que, por exemplo, o idealismo transcendental kantiano.[63]

---

[62] Saudação, em nome do Congresso, ao general Charles De Gaulle (14-10-1964). In: Camargo et al., 1983:361.

[63] Embora aqui também as tensões não seriam negligenciáveis. Basta pensar nas dificuldades que Arinos teria em incorporar a elegia hegeliana do Estado como "razão em ato"; esta não me parece muito compatível nem com seu apreço pelo costume, nem com seu declarado liberalismo humanista. Por outro lado, as afinidades de Arinos com o pensamento hegeliano poderiam perfeitamente se dar a partir do papel desempenhado neste pelo seu conceito de "devir histórico", que evolui sempre de forma concreta, de acordo com o espírito dos povos, unificando assim as noções-chave de "história" e de "humanidade", tão importantes para as vertentes do conservadorismo e do romantismo do século XIX, que, como veremos, ecoam ambas no universo discursivo de Arinos (ver Schmitt, 1986:59). Seja como for, não faz muito sentido tentar estabelecer aqui uma radicação filosófica ou doutrinariamente mais profunda e consistente para o pensamento de Arinos (por maior que aquela possa eventualmente ter sido).

46 ▼ A Política Domesticada

O que importa enfatizar aqui é a profunda representatividade atribuída ao estadista autêntico e seu poder de revelar ao seu povo sua própria identidade e destino. Assim, uma das mais fundamentais virtudes do estadista é o dom da presciência, sua capacidade de "engastar-se" na história e ao mesmo tempo superá-la — mesmo que instintivamente —, seu dom de alçar-se acima do comum dos mortais e antever os sentidos da dinâmica histórica.

A presciência do estadista seriam traços, por exemplo, de um estadista como Bernardo Pereira de Vasconcelos:

> É que havia nele esse misterioso destino das inteligências criadoras, que é o de se acorrentar e de se prender à verdade das idéias, colocando-as ao serviço do povo, mas o de nunca se oferecer aos aplausos fáceis da popularidade. (...) Numa época em que ainda a mentalidade dominante do Brasil se cevava nos mingaus digestivos dos praxistas coimbrães, época em que as nossas idéias habituais não passavam muito além dos estreitos limites do absolutismo pombalino, já o grande mineiro descortinava aos seus companheiros de geração, em lufadas de ar puro e em jatos de luz reveladora, todas as novas idéias que se agitavam no mundo.[64]

Há na sua liderança, portanto, sempre um forte caráter transcendente. O estadista, em sua práxis, é capaz de transcender os seus próximos e contemporâneos tanto no plano sincrônico quanto no diacrônico. Ele transcende os que se situam mais imediatamente ao seu lado por ser capaz de abraçar a defesa de um interesse mais amplo que — e possivelmente até oposto — o de sua eventual radicação social. Ao mesmo tempo, transcende os marcos temporais imediatos ao enxergar à frente e prever os desdobramentos do que pode permanecer ainda em estágio embrionário.

Essa capacidade ganha um sentido ainda mais excepcional, contudo, porque a tarefa do estadista, por ser política, nunca é de todo previsível, muito pelo contrário, e os desafios que porventura dela lhe advenham podem ser da mais variada espécie. O conhecimento histórico que lhe pode valer, com todos os seus sentidos, potenciais e recursos, seja de reconhecimento ou antevisão, não poderá jamais prescindir da atenção e da dedicação total às máximas relativas à dualidade clássica entre a *virtù* e a *Fortuna* (por menos feminina e instável que esta se mostre): terá de ser sempre acrescido de uma particular sensibilidade política, de um particular dom para o enfrentamento do imprevisto, do ambíguo e do multifacetado:

> O que caracteriza a compreensão política dos homens de Estado a que nós, estudantes de ciência política e de direito constitucional chamamos atuação política, é precisamente aquela capacidade de resolver os problemas cuja soluções não estejam impostas pela lei. Quando a solução dos problemas está prevista em leis aplicáveis, então a decisão desses problemas não tem nada de política; é uma decisão puramente de rotina administrativa. Mas quando há várias maneiras de se encarar a situação que diz respeito às decisões do poder, quando há diversos modos de encontrar-se uma solução para uma crise complexa, e essas maneiras não estão previstas, não estão configura-

---

[64] Bernardo Pereira de Vasconcelos. *Digesto Econômico*, jun. 1950, p. 56-57.

das, não estão capituladas, não estão dispostas obrigatoriamente em textos legais, então é que a solução é chamada muito adequadamente, política, porque é uma solução na qual se compõem aquelas virtudes de prudência e de arrojo, de cautela e de discernimento, de conhecimento dos fatos e de presunção daquilo que ainda não existe, a fim de que, pela seleção desses diversos valores, pela integração desses diferentes elementos, possa o homem de Estado tomar aquela decisão que, então, se chama política, por ser decisão que não está imposta e que não está prevista em nenhuma lei.[65]

O *métier* do político é, definitivamente, uma arte. É matéria de experiência, sensibilidade e invenção, de frieza e cálculo associados ao engajamento afetivo e emocional, de compromisso com idéias ou valores. É ofício para espíritos observadores, interessados, diligentes e, principalmente, criativos. E não há ciência exata que lhes baste ou assegure. É preciso sólida formação espiritual, com base no conhecimento dos homens, suas paixões e motivos, sua inconstância e suas crenças mais profundas e arraigadas. É preciso, portanto, o conhecimento da história e a capacidade de manipulação de todo tipo de saberes — empíricos, teóricos, tradicionais, eruditos. Só assim pode o estadista fazer a própria história e transcender à mera repetição, à mera rotina administrativa, além de colocar-se acima das limitações e das imposições facciosas mais imediatas e particularistas:

> Há (...) duas formas de se ser historiador. Há a maneira de se urdir ou de se restabelecer ou restaurar, na trama do conhecimento de cada geração, a interpretação e a restituição da verdade dos tempos passados e é, então, propriamente a tarefa dos historiadores. Mas, há uma outra forma de se fazer história, que esta, sim, é peculiar aos políticos, aos homens de Estado, àqueles que, de qualquer forma, partilham ou participam de uma atribuição do poder político. Esta forma é a de levantar não uma interpretação do passado porém uma visão do presente e uma construção para o futuro. É esta, a meu ver, aquela faceta do historiador, isto é, do estadista que tem faltado nas manifestações até agora veiculadas sobre a crise que, sem dúvida alguma, atravessa o nosso país. E a meu ver isso tem ocorrido porque temos sempre — ai de nós! — mercê das nossas convicções e até mesmo das nossas paixões, porque as convicções quando profundamente esposadas, quando sinceramente vividas, não se distanciam, nem se diferenciam muito das paixões, temos todos (...) levados pelas nossas convicções e pelas nossas paixões e até mesmo pela nossa experiência parcial dos acontecimentos a que assistimos e que vivemos, procurado apresentar à nação aspectos que se me afiguram parciais dos acontecimentos, esquecidos de que só uma visão global, uma visão de conjunto desta mesma conjuntura poderá propiciar atmosfera que facilite o encontro de uma solução para o impasse em que, se ainda não chegamos, não tardaremos muito a chegar.[66]

A necessidade de algum tipo de transcendência expressa no imperativo de obtenção de um ponto de vista "global", de criação de uma "atmosfera" propícia ao

---

[65] Reabertura da questão militar e as ameaças à oposição. *Anais da Câmara Federal,* 19 nov. 1958, p. 788.
[66] Ibid., p. 786-787.

entendimento, estabelece ao mesmo tempo, portanto, a superior dignidade da figura do estadista — ser da política que é capaz, contudo, de transcendê-la em seu nível mais faccioso e imediato — e a dramaticidade (ou mesmo tragicidade) de seu advento ou, o que será sempre mais provável, sua ausência, sua não-emergência.

Assim, quando o movimento desiderativo e construtivo se dá a partir da eleição e do recorte historiográfico sobre o passado (e sua suposta concretude), a política e seus coeficientes de indeterminação podem ser idealmente controlados através, como vimos, da domesticação — ao mesmo tempo (e indissoluvelmente) teórica, política e literária — tanto da *virtù* quanto da *Fortuna*. Uma se depura pela sujeição à ética; a outra pela afirmação otimista da crença na Providência. A história, tal como manipulada e investida pelo autor, é tanto o meio quanto o produto dessa operação.

Quando, porém, o mesmo desejo tem de se projetar para o presente imediato, ou para o futuro próximo — como é, sem dúvida, o caso do trecho citado —, a invocação do estadista e a mesma domesticação da *virtù* e da *Fortuna* assumem formas muito mais (obviamente) retóricas e ideológicas. Amplia-se e expõe-se mais dramaticamente (ou tragicamente) a tensão entre o componente idealista intrínseco ao movimento desiderativo e as idiossincrasias e contradições — no limite, insolúveis — das formas e trajetórias concretas de vida. O que antes, no recurso ao passado, poderia contornar-se e acomodar-se mais facilmente, com os artifícios e recursos plásticos próprios à teorização e à abstração historiográficas.

Assim, o ideal do estadista que em Arinos, digamos, se recicla é, sem sombra de dúvida, o de um ser da política, e os traços com que seu retrato é composto possuem evidentes implicações políticas, mais ou menos contingentes. No entanto, é talvez muito mais (como veremos) o produto de um desejo *sobre* a política.

Tais qualidades, no entanto, conquanto digam respeito à eleição individual do príncipe pela Providência, à relação que, por sua *virtù*, estabelece com a *Fortuna* — no caso, evidentemente, uma *Fortuna* que pouco parece lembrar uma deusa caprichosa e imprevisível — não se restringem, porém, a dons exclusivamente individuais e personalizados.

A construção estilística do estadista de Arinos não se resume de modo algum ao desfile de seus avatares concretos e localizados na história. Fosse assim, inclusive, não teríamos nós[67] maior interesse nessa coleção de efemérides, nessa performance de erudição histórica e capacidade retórica.

Essas qualidades do estadista são antes as de uma *elite*, que uma elite pode, deve e precisa ter. Em primeiro lugar, se poderia evidentemente dizer que é somente no bojo de uma elite virtuosa que poderia vicejar uma vocação de estadista apta ao desempenho dessas altas funções e ao cumprimento desse destino providencial (apto, inclusive, a transcender a visão e o interesse imediatos dessa mesma elite).

---

[67] Primeira pessoa do plural que, provavelmente, incluiria Arinos também.

Em segundo lugar, se as funções destinadas ao estadista são tão desafiantes, e as qualidades que ele precisa possuir são tão firmes e variadas, fazendo inclusive com que o seu advento seja tão raro e digno de nota, é sem dúvida razoável estender a um corpo coletivo tanto a possibilidade de encontro do conjunto de atributos necessários a um único indivíduo quanto as expectativas pela sua efetivação.

De qualquer modo, seja uma elite o possível sucedâneo de um estadista, seja este o fruto esperado da virtude daquela, o que importa é que tanto uma quanto o outro possuem a mesma responsabilidade diante do desejo e seus possíveis fins.

É justamente aqui, portanto, que a idealização do estadista e seu sentido providencial começam a apresentar suas tensões mais agudas, com a exacerbação dos seus elementos de caráter utópico (ou ideológico) mais evidentes.[68] É no enfrentamento com o sentido estratégico do papel das elites que a ativação dos atributos do líder irão se mostrar mais urgentes do que nunca, em que sua eventual não-emergência irá detonar o alarme da incongruência entre o desejo e sua efetivação, entre o que é e o que deveria ser. De que, portanto, há algo de errado no paraíso.

Pois se o estadista não se apresenta, se malgrado a Providência — e sua bondade intrínseca e permanente — o seu caminho ao exercício do poder legítimo se encontra desviado ou mesmo interditado, se seus atributos não podem se efetivar, repondo a ordem em seus eixos ou a história em sua trajetória ascensional, é porque a virtude perde seu vigor em meio à elite, esta descura de suas tradições e responsabilidades. Outras máximas podem ganhar o seu favor e seu empenho, afastando-a da trajetória da glória e da posteridade, em benefício do egoísmo, da ambição desmedida e imediatista, do acirramento e desregramento da competição intramuros. A aristocracia despe-se de seus mais nobres adereços — seus *mores*, deveres e legítimas prerrogativas, sua *herança* — e degenera em oligarquia.

Assim, no elogio a Nabuco e a Rodrigues Alves, Arinos fixa a grandeza e a dignidade das elites brasileiras de outrora (qualidades em destaque, principalmente, se comparadas às de outros momentos históricos):

> A 15 de novembro daquele ano de 1902, Rodrigues Alves chegava ao governo, cercado do seu fulgurante quadro de auxiliares. A República atingia a um momento de verdadeiro esplendor.
>
> Feliz aquela geração brasileira, cujos homens mais representativos tinham esta alta, esta generosa capacidade de admirar, e compreendiam que o apoio leal e recíproco eleva a todos, enquanto a luta e a competição insidiosas de uns contra outros a todos prejudica, e também ao país, que se vê privado da colaboração de seus melhores filhos.[69]

O sentido moral e político mais imediato da evocação reiterada ao estadista — para além dos rituais e do comércio entre as esferas da pólis e das "arcadas" — pode ser sintetizado neste endereçamento: Arinos apela a seus pares, apela à elite. Apela para que retorne ao leito seguro de suas tradições, para que retome os valores de

---

[68] Ver Mannheim (1986).

[69] Joaquim Nabuco, o advogado do Brasil. *Digesto Econômico*, ago. 1949, p. 94.

50 ▼ A Política Domesticada

suas linhagens e para que neutralize, expurgue as práticas impróprias e indignas da grandeza de suas responsabilidades.

Ao fazê-lo, portanto, constata, caracteriza e dimensiona os sentidos e elementos da estrutura dramática — se não exatamente, ainda, os personagens da trama — que se desenrolava então na vida brasileira.

Com efeito, já no elogio a Pandiá Calógeras, de 1947, Arinos situa o início do processo de dissolução de nossa aristocracia e de conturbação do regime nas vicissitudes da República. Comentando a importância da obra *As minas do Brasil e sua legislação*, do antigo (e civil) ministro da Guerra do governo de Epitácio Pessoa, ele sai em defesa da prática parlamentar na instituição do Poder Legislativo:

> Ainda aqui seu propósito era o de facilitar a tarefa legislativa, e diante de monumentos como este livro não nos resta senão sorrir diante das audaciosas afirmativas do (sic) que pretendem apresentar os congressos brasileiros como ajuntamentos ilícitos de palradores dissipados e imbecis. Quem matou entre nós o Legislativo foi o Executivo. Isto é, o Legislativo Federal se abastardou na medida em que o Executivo Federal, através da República, foi intervindo cada vez mais estreitamente na sua composição e na sua atuação. O processo eleitoral pouca influência teve nisto, porquanto nunca o Legislativo foi mais alto, mais digno, mais eficiente que no tempo em que a base eleitoral era mais ignara, isto é, no tempo do Império, desde o seu início. A razão é que os Imperadores e os Regentes se esforçavam por governar de acordo com as Câmaras, mas num acordo que não significava a sujeição destas. Com a República isto também sucedeu enquanto os seus chefes trouxeram a mentalidade do Império. Não é à toa que a última grande geração da Câmara foi o famoso "jardim de infância", do tempo de Afonso Pena. Não se veja, aqui, nenhuma afirmação de monarquismo, pois sou não só republicano como anti-monarquista convicto. Desejo apenas salientar aquela verdade tão picantemente enunciada por Nabuco, segundo a qual a República, no espaço talvez longo de adaptação e criação do seu próprio equilíbrio, haveria de trazer ao Brasil "muitas moléstias infantis", específicas do Continente, e das quais o Império o tinha preservado".[70]

Sem dúvida que teria havido causas institucionais para a degenerescência de nossos costumes políticos. As "moléstias infantis específicas do continente", da referência a Nabuco, dizem respeito ao que Arinos chama de caudilhismo latino-americano, à interferência militar na política, e à exposição do Poder Executivo nacional aos riscos do mandonismo personalista e da própria ditadura, que o advento da República teria permitido. O republicano, antimonarquista e (ainda) presidencialista Arinos não deixa de fazer menção aos problemas históricos de institucionalização enfrentados pela República desde o seu nascedouro. Do mesmo modo, não deixa (ao menos por enquanto) de demonstrar também algum tipo de confiança em sua capacidade, mesmo que lenta, de "adaptação e criação de seu próprio equilíbrio".

De qualquer maneira, porém, o efeito político mais significativo e preocupante do processo institucional de ruptura da ordem anterior — além das conseqüentes ex-

---

[70] História econômica: Calógeras. *Digesto Econômico*, nov. 1947, p. 61.

tinções do Poder Moderador e da separação que existia no Império entre chefia de Estado e chefia de governo (para não falar nada, ainda, do próprio fim do regime Parlamentar) — parece ser o de instalação de uma nova forma de competição intra-elites. Competição acirrada pela instabilidade e indefinição dos traços do novo regime, e a abertura para oportunismos e aventuras políticas que talvez não fossem sequer concebíveis no bojo de um sistema como o das últimas décadas do Império, razoavelmente estabilizado e dotado de acessos limitados e regulados ao poder.

Abertas assim as portas para uma luta de poder mais desregrada, estimuladas as ambições e afrouxados os controles normativos tradicionais sobre a corrupção entre os grandes, tornam-se mais dramáticos e urgentes a questão dos valores e o imperativo da ética política. As qualidades da elite, sua "mentalidade", suas tradições aparecem assim como únicos freios capazes de conter os apetites e aplacar as paixões desenfreadas pela súbita mudança das regras do jogo e pelas próprias, imprevisíveis e muitas vezes duras conseqüências dos seus resultados parciais.

Com efeito, malgrado a superação das turbulências ditatoriais da fase inicial da República, com a lenta estabilização ao longo dos governos civis, de Prudente de Moraes, Campos Sales e, principalmente, Rodrigues Alves, outros desafios se apresentariam em nosso horizonte, colocando à prova as elites e suas capacidades de desempenho político e moral:

> No último período de governo, de 1912 a 1916,[71] era um novo Brasil que se apresentava ao mundo. Problemas de toda a ordem se acumulavam no horizonte. A morte de Afonso Pena como que marcara ponto nítido, um divisor de águas na política republicana. Novas questões surgiram, novas crises espoucaram, novas dificuldades sobrevieram, principalmente aquelas que diziam respeito à moderação dos costumes políticos, à transigência com os adversários, à mansidão nos hábitos do governo e também à ordem pública, no que ela tem de mais significativo.[72]

A degenerescência dos costumes políticos da elite seria assim um dos mais conspícuos e graves indicadores da crise profunda por que passava, a partir de então, o país. E a sua primeira conseqüência nefasta se verificaria na dissolução da "ordem pública".

Assim, o apelo às elites, seu elogio e sua crítica, o chamamento às suas responsabilidades e, conseqüentemente, a legitimação de seus privilégios e prerrogativas não podem deixar de se referir também, mesmo que negativamente, a uma determinada concepção de *povo*, ou de um específico papel político para este, mesmo que totalmente passivo.

Como vimos, no "abastardamento" do Legislativo — ocasionado por ingerência do Executivo — não há responsabilidade maior atribuída a ele, ou às suas camadas que compunham o eleitorado (assim como esta também não havia nos momentos de glória do Parlamento imperial, pois que então "a base eleitoral era mais ignara").

---

[71] Trata-se do governo de Rodrigues Alves em São Paulo.
[72] Rodrigues Alves. *Digesto Econômico*, ago. 1948, p. 109.

Na verdade, quanto ao povo, pode-se dizer que ele aqui se apresenta num papel decerto não equivalente, mas talvez eqüidistante, com relação à elite, ao da própria Providência. A ele caberia apenas, em sua natural sabedoria e simplicidade, reconhecer os seus líderes autênticos, mirar-se em seus exemplos, deixar-se guiar por eles no seu destino de paz e prosperidade.[73] Se mantido, portanto, ao abrigo das manipulações, se não induzido ao erro e ao desvio, o povo, se e quando porventura chamado ao referendo e à legitimação da política, o fará, também, providencialmente, elegendo a virtude e seus agentes.

A rigor, a virtude seria o elemento de ligação, o fio condutor da síntese comunitária humana que conectaria a Providência, a elite e o povo. Se virtuosas, as elites podem pleitear tanto a eleição providencial quanto o reconhecimento, mesmo que instintivo, do povo.[74]

Assim, por exemplo, no elogio fúnebre a Octávio Mangabeira, de 1961, Arinos nos dá elementos para a caracterização desta harmonia tripartite:

> Eleito deputado constituinte, vimo-lo reagrupar, restaurar, refazer as tradições oposicionistas do nosso Legislativo, essas tradições que se instalaram na primeira Constituinte Imperial de 1823, as tradições que prosseguiram em todo o tempo do Primeiro e Segundo reinados, que vieram pela República, e que tinham sido suprimidas nos onerosos anos da ditadura no Brasil. Teve de recompor esse aparelho democrático, que é uma imposição parlamentar, (...) porque a intransigência, a pugnacidade, a agressividade de Octávio Mangabeira nunca o fizeram desviar, deslizar ou fazer descer os debates parlamentares abaixo do nível em que o colocou a nossa gloriosa tradição democrática. Vimo-lo sempre nos momentos dos mais acérrimos dissídios, das mais fragorosas batalhas no cenário do Palácio Tiradentes, tratar com a cortesia, circunspecção e elegância com que se impunha a seus adversários e ser por eles tratado da mesma maneira. (...) No seu governo, a popularidade nunca se mostrou e se tisnou com as máculas da demagogia.

> Soube ele se fazer popular até o íntimo do coração baiano, até as extratificações (sic) mais humildes das populações da Bahia sem jamais ceder, sem jamais se curvar, sem jamais se prestar às campanhas demagógicas da intrujice e do ódio.[75]

O juízo popular, portanto, não se deixaria enganar pelas aparências, não se deixaria mistificar pelas artimanhas da demagogia, nem pelos artifícios de uma pos-

---

[73] Ver, por exemplo, a análise de Carl Schmitt (1986:68) sobre esse tema recorrente — da pureza do povo, de sua ingenuidade — no romantismo político do século XIX (e alhures).

[74] Por outro lado, esse elo virtuoso também predisporia a verdadeira elite em relação ao povo. Ao descrever as qualidades de seu irmão Virgílio — que, como já mencionamos, teve influência direta no seu destino político —, Arinos (1961a:292) nos diz que ele, "aristocrata de estirpe e instinto, amava, por isto mesmo, o povo, e desprezava as falsas elites sociais do dinheiro e da convenção. Na verdade, como tantas vezes já se disse, a verdadeira aristocracia, de sangue ou de temperamento, encontra-se muito mais próxima do povo do que dos grupos arrivistas e improvisados".

[75] Octávio Mangabeira. *Digesto Econômico*, jan. 1961, p. 48.

sível engenhosidade ideológica. Se o estadista não se afasta das melhores tradições, não descura dos princípios mais venerados, não desvia dos padrões de conduta mais consagrados, ele certamente tem seu reconhecimento no coração do povo. Mesmo nos momentos mais difíceis sua crença não se abala.

A denúncia da dissolução dos liames tradicionais que unificariam a elite, da introdução, em seu meio e em seu conjunto de práticas, de elementos estranhos, de *rationales* e motivos alheios à dignidade própria à *res publica*, ou contrários ao seu humanismo, traduzir-se-ia freqüentemente, no discurso de Arinos, na defesa da atividade parlamentar, mais especificamente, e da atividade política, em geral, num quadro de instabilidade, de questionamento de valores, de subversão ou solapamento da ordem, de acirramento da incerteza e da insegurança:

> Temos que restaurar a dignidade desta expressão! Temos que reconsiderar a importância desta função! Temos que respeitar a magnitude deste destino do homem que faz da sua profissão a política ou da política a sua profissão!

> Estamos muito habituados, sr. presidente, com a linguagem dos egressos das ditaduras, que dizem que a política profissional é um mal para os povos e o mal é pensar assim, e o mal é este: é dizer, é pensar que isto representa a verdade! Não há político, não há estadista, com espírito público, que não seja o devotamento completo de uma vida, de uma alma, de uma inteligência e de um ser ao fenômeno político.

> Desconfio daqueles que dedicam à política as sobras do seu tempo de ganhar dinheiro! Desconfio daqueles que pensam que as soluções do Estado dependem, exclusivamente, dos técnicos! Octávio Mangabeira é o exemplo da grandeza, da integridade, do despojamento, da dedicação de um político profissional. Nele o que respeito é isto: nunca foi mais nada, nunca quis ser mais nada, nunca teve nada senão isto: o ardor da vida política, o amor da vida política, a contemplação dos fenômenos políticos, a dedicação pela coisa pública. (...)

> Mangabeira foi a integridade, Mangabeira foi a combatividade, Mangabeira foi a oratória fulgurante, Mangabeira foi, na sua expressão total, singela e absoluta, o político profissional da Primeira e da Segunda República.[76]

Desse modo, seja o povo o juiz ou o avalista, cabe às elites optar entre ou a ordem e a evolução harmônica ou o caos e a anarquia. São elas os efetivos atores. Só elas possuem o privilégio do arbítrio e, conseqüentemente, o seu ônus. Mesmo que, para isso, seja preciso atualizar a virtude de acordo com os novos imperativos da hora:

> Temos, portanto, hoje, nós, para quem os problemas se apresentam sob faces diversas, para quem a história se mostra muitas vezes de catadura convulsa, de catadura amea-

---

[76] O fecho do discurso nomeia, por paráfrase, a personagem e paradigma antitético do estadista: "Para mim, católico, ele saiu do tempo para entrar na eternidade! Para mim, brasileiro, ele sai da vida, realmente para entrar na história do seu país" (*Digesto Econômico*, jan. 1961, p. 49-50). Deixemos, contudo, essa personagem para o próximo capítulo, que a ela será, em grande medida, dedicado.

çadora (...) temos de encontrar na composição de nossos dias, na trama atual de nossa vida, aquela parte do eterno, aquela parte correspondente e compatível com a eternidade do homem, que, em Nabuco, se afigurara e se apresentara sob as formas do individualismo liberal. (...)

Os problemas divergem, as soluções têm que ser arrancadas ao sofrimento de nossa experiência sucessiva, mas existe em nós, como existia nele e naqueles que labutaram e sofreram antes dele, algo de permanente, algo de continuamente ligado à personalidade humana e que devemos pôr em jogo para a solução de nossas lutas, mas não devemos sacrificar em hipótese alguma nas nossas reivindicações.[77]

Se quiséssemos então resumir os traços do estadista poderíamos valer-nos do resgate feito por Arinos da trajetória de José Bonifácio de Andrada e Silva e seus significados. Com efeito, nesse discurso de 1963, o conjunto de atributos necessários à efetivação da personagem parece atingir a melhor relação entre síntese e completude de todo o conjunto de discursos aqui analisado:

Se quisermos fazer retrato fiel psicológico e histórico de José Bonifácio, não teremos mais do que empregar estas três tintas: o realismo, a moderação e o progresso.[78]

Com as "três tintas" Arinos pinta o retrato de seu príncipe, enfatizando, como vimos, ao mesmo tempo, a sensibilidade especificamente política do estadista, a sua sujeição ao "tempo" e a seu sentido ético.

Logo em seguida encontramos a temática específica da história e do papel que nela pode desempenhar a autonomia do indivíduo:

A grande vida de José Bonifácio de Andrada e Silva suscita, de maneira inevitável, o exame da controvérsia tradicional da historiografia, que tem por objeto resolver qual o fator preponderante no curso dos acontecimentos, se o homem, se o tempo. (...)

A opinião de José Bonifácio era (...) a de que a história é uma resultante complexa, um meio termo em que influi, equilibradamente, o dínamo das personalidades mais eminentes, mas que esse dínamo, decisivo para a criação das forças de transformação social, por sua vez, funciona de maneira adequada quando enquadrado, engastado, quando homogeneamente colocado no contexto de sua época.[79]

Os sentidos do realismo político de José Bonifácio — e de qualquer estadista — são então explicitados. Nesse momento ressalta a capacidade de se querer e de se propugnar, em meio ao universo do desejável, somente aquilo que seria possível:

Como ministro e constituinte, José Bonifácio diz o seguinte, na sessão do dia 23 de maio de 1823, palavras que também mostram a tese que sustento quanto à sua permanente capacidade de se adaptar à realidade ambiente: "o povo do Brasil quer uma

---

[77] O humanismo de Nabuco. *Digesto Econômico*, set. 1949, p. 108-109.
[78] José Bonifácio. *Digesto Econômico*, set. 1963, p. 96.
[79] Ibid., p. 90-91.

Constituição, mas não quer demagogia nem anarquia... Queremos uma Constituição que nos dê aquela liberdade de que somos capazes, aquela liberdade que faz a felicidade do Estado, e não a liberdade que dura momentos e que é sempre a causa e o fim de terríveis desordens (...).

Nesse momento, José Bonifácio exprimia os seus sentimentos de moderação raciocinada e experiente, em face da sublevação amotinada daquilo que poderíamos chamar as esquerdas da Constituição de 1823.[80]

Realismo que, portanto, já incorpora como um de seus elementos a própria moderação. Antes disso, porém, faz-se menção aos elementos propriamente realistas de cautela e desconfiança diante das fórmulas puramente abstratas ou das armadilhas da mera retórica:

> Mas José Bonifácio sabia duas coisas: primeiro ele sentia talvez mais do que sabia, que o liberalismo constitucional era uma doutrina racional mas não histórica. Era uma doutrina emanada da tradição racionalista da Enciclopédia, mas não fundada na experiência dos homens públicos. Conseqüentemente, o liberalismo constitucionalista das Cortes de Lisboa, que aparentemente representava o progresso ideológico para nosso país, no fundo, era uma capa para a manutenção do colonialismo.

> As Cortes estavam tão divorciadas de nós, tão distanciadas da realidade brasileira, que aquela liberdade outorgada pelas Cortes e proclamada pelos deputados portugueses nas tribunas de Lisboa — repito — era puramente formal.[81]

Mais vale ao estadista, portanto, o realismo expresso no uso e valorização dos costumes, instituições e recursos humanos, sociais e culturais já existentes, não se fazendo nunca tábula rasa do passado, nem deixando as veleidades e vaidades intelectuais assumirem o proscênio da ação política, em presunçosas tentativas de refundação do real a partir de projetos intelectuais abstratos:[82]

> José Bonifácio pressentiu e percebeu que o nome dos Braganças e sobretudo a capacidade de improvisação do povo brasileiro eram instrumentos hábeis para instituirmos, em nosso país, um regime flexível, um regime adaptável, um regime ajustável, como a monarquia constitucional que não vinha mais das páginas dos livros franceses e sim do suor da experiência inglesa. (...)

> Vemos aí o homem integrado na sua época, a capacidade do líder, a presença da força intelectual, da força de vontade, da força moral, mas não desligado dos acontecimentos de seu tempo.[83]

---

[80] José Bonifácio. *Digesto Econômico*, set. 1963, p. 97.

[81] Ibid., p. 98.

[82] Temos, no trecho que segue, em particular, uma preciosa amostra dos recursos pedagógicos e laudatórios — ou todo o poder de sedução — que possui o discurso histórico-literário-panegírico em suas contruções *ex post facto*.

[83] José Bonifácio. *Digesto Econômico*, set. 1963, p. 98.

56 ▼ A POLÍTICA DOMESTICADA

Assim, por outro lado, ao realismo do estadista, como vimos, corresponderia também o reconhecimento popular, mesmo que — ou precisamente porque — "instintivo":

> Vemo-lo decidir, vemo-lo escolher, vemo-lo intervir entre erros e divergências e indicar a solução sempre melhor, porque de acordo com sua opinião a solução sempre melhor é aquela que mais condiz com os dados fugazes da realidade. Vemo-lo, nesta oportunidade, assenhorear-se de um poder que não foi raptado pela violência, mas que lhe foi entregue num momento de conturbação e desordem, pela adesão instintiva e incontrolada do povo, desejoso de uma liderança realmente forte — e quando digo liderança realmente forte, quero dizer liderança moderada, porque fortes só são as lideranças moderadas.[84]

A moderação, portanto, é praticamente uma virtude simétrica à do realismo. Uma conduz à outra, e ambas ao exercício da prudência, virtude política tradicional por excelência. Se, contudo, o realismo enfatiza as qualidades de adequação do estadista ao seu meio e a seu tempo, quaisquer que sejam estes, a moderação parece mais propícia à caracterização de suas qualidades pessoais, de seu senso de dignidade e de nobreza (mesmo que não especificamente estamental), de seu pertencimento à uma aristocracia humana ciosa de suas prerrogativas e responsabilidades diante do vulgo:

> A outra faceta marcante, determinante, expressiva, simbólica, poderíamos dizer, da personalidade pública de José Bonifácio de Andrada e Silva é o que chamei a sua moderação.[85]

Segue-se então, com todas as ressalvas e especificações necessárias, a descrição da moderação de José Bonifácio. Uma moderação modelar, porque simultaneamente intelectual e política:

> Ora, aqueles que têm o hábito do estudo da história e aqueles que têm a atenção voltada para o comércio dos homens, que praticam as relações humanas, sabem muito bem que a moderação intelectual pode coexistir freqüentemente com a impulsividade temperamental. José Bonifácio era um imoderado, era um temperamental, era um violento, e às vezes mesmo (...) chegava a parecer um energúmeno. Mas esse aparente energumenismo de José Bonifácio estava determinado por fatores causais de sua personalidade: o orgulho andradino, o sentimento de superioridade sobre os homens de seu tempo que ele não proclamava porque era modesto. Há aqui outra aparente contradição, mas o orgulho não é incompatível com a modéstia. A vaidade, sim, é uma atitude de espírito dos imbecis, incompatível com a modéstia. O orgulho é uma espécie de reação do conhecimento do seu próprio valor e pode coexistir, perfeitamente, com a modéstia. O vaidoso é sempre um idiota; o orgulhoso freqüentemente é um homem de gênio. José Bonifácio era um orgulhoso, e um temperamental. Mas era um mode-

---

[84] José Bonifácio. *Digesto Econômico*, set. 1963, p. 95.
[85] Ibid., p. 99.

rado raciocinante, moderado nas suas atitudes políticas, um pausado e prudente nas linhas de sua conduta pública.[86]

Finalmente, no progressismo encontramos o conjunto de qualidades ao mesmo tempo históricas e éticas do estadista:

> Progressista, ele o foi pela sua função científica, pela sua adesão aos princípios gerais do direito público e da política do seu tempo. Pelo seu sentimento de solidariedade humana, pela sua modéstia, pela sua simplicidade, pelo seu patriotismo e pelo seu desprendimento. Aquele orgulhoso, aquele aristocrata, aquele violento era, de fato, um homem desprendido, materialmente, desinteressado dos bens da fortuna. Vivia asceticamente.

> De resto devemos salientar este traço naquela grande geração e mesmo na que se lhe seguiu.[87]

A esses atributos especificamente explicitados e enumerados pelo autor acrescentam-se, ao longo do retrato, outras importantes prerrogativas existenciais do estadista. Trata-se dos dons indispensáveis da transcendência e da presciência do líder. Através deles situa-se acima e em eqüidistância das facções, vislumbrando, mais além, os sentidos mais amplos da luta política e os conteúdos do interesse público geral:

> Veremos, em breve, que a mesma resistência implacável e invencível ele ofereceu, também, em face dos agrupamentos vociferantes das direitas reacionárias do seu tempo e colocou-se naquela posição que correspondia verdadeiramente ao homem cuja trilogia espiritual, há pouco procurei definir: realismo, moderação e progresso. Enfrentando mais uma vez os dentes arreganhados da demagogia, dizia José Bonifácio de Andrada e Silva, em 5 de setembro de 1823, na famosa entrevista que concedeu a Drumond, redator do *Tamoio* (...): "uma liberdade justa e sensata, debaixo das formas tutelares da monarquia constitucional, único sistema que poderia conservar unida e sólida essa peça majestosa de arquitetura social, desde a Prata até o Amazonas".

> Essas palavras, altas com o recuo de século e meio, são, por assim dizer, lugar comum hoje (...).

> Acontece, porém, que José Bonifácio dizia isso no período de ebulição, no período de fermentação, no período de ventania e tormenta, dos acontecimentos vivos. E ele pressentia então, e ele declarava então, e ele exprimia com singeleza rigorosa (...).[88]

Com efeito, a transcendência é o objetivo final de toda a autêntica práxis da "razão de Estado" por homens como o "patriarca". E, do mesmo modo, o de toda a evocação de seus espíritos. Graças a ela essas trajetórias e seus conteúdos passam a

---

[86] José Bonifácio. *Digesto Econômico*, set. 1963, p. 99.
[87] Ibid., p. 102.
[88] Ibid., p. 97.

valer também para a delimitação do comportamento político virtuoso em outras (ou quaisquer) circunstâncias. Válido tanto para o Brasil de ontem quanto para o de Arinos. A história se reveste então de todas as sua propriedades:

> Aquilo que me parece (...) digno da atenção da nossa geração, no momento em que cultuamos a memória de José Bonifácio, é o dever de situarmos o Patriarca no quadro da sua época e de extrairmos das suas ações e reações — ações fortes e reações fortíssimas — aqueles ensinamentos que são, verdadeiramente, a razão de ser da história como ciência, a razão de ser da história como ética, a razão de ser da história como regra de conduta política.[89]

Assim, o sentido político específico dessa atualização, a razão de ser do investimento na história e seus recursos, a oportunidade da evocação do estadista, do "homem-farol", como não poderia deixar de ser, nos é dada, obviamente, pelas urgências próprias ao presente:

> Aí está a figura do homem que manifestou a sua poderosa intuição progressista na administração interna do Brasil. (...) e José Bonifácio era inimigo nato das abstrações, era o acomodador das idéias às condições de seu tempo e não podia sujeitar-se à pior de todas as ditaduras, que é a chamada ditadura da razão, a ditadura do raciocínio, a ditadura do pensamento abstrato desligado da realidade. (...)

> De um lado havia uma espécie de revolucionarismo abstrato com o qual ele não pactuava; do outro lado, uma espécie de reacionarismo plutocrático e conservador, com o qual tampouco pactuava. Esses dois grupos, revolucionarismo teórico e reacionarismo econômico, se juntaram para derrubá-lo a 15 de julho de 1823. (...)

> Terminarei dizendo que José Bonifácio faz parte do grupo de homens que poderemos chamar "os homens farol". Do fundo da morte, da escuridão do passado, ele lança sobre as ondas escuras do presente as suas chicotadas de luz. No estudo da sua vida podemos acompanhar os clarões do seu exemplo.

> Pertencemos a uma mesma nau que é este país; estamos dentro da mesma tripulação que é a nossa geração. E a nossa geração está se confrontando com problemas semelhantes àqueles que ele enfrentou.[90]

Os sentidos conjunturais específicos que teriam marcado a evocação a José Bonifácio, proferida nos idos de 1963, serão melhor explorados adiante.[91] Por enquanto, a título de conclusão provisória, cabe enfatizar, portanto, que a construção que Arinos faz do "príncipe", ou seus sucedâneos, corresponderia não à invocação de um demiurgo criador de Estados, mas sim à nostalgia de uma aristocracia acometida de praticamente irreversível dissolução e/ou degenerescência.

---

[89] José Bonifácio. *Digesto Econômico*, set. 1963, p. 91-92.
[90] Ibid., p. 104-105, 107.
[91] Mais especificamente no capítulo sobre a "ordem" e o "movimento" no discurso de Arinos.

Nessa atualização de uma tradição político-desiderativa tão célebre e recorrente estaria presente, portanto, não a famosa justificação dos *meios* em função de um *fim* maior, mas sim a simples idealização de meios específicos que seriam por si mesmos ética, histórica e esteticamente bons e autojustificáveis para a consecução de fins que não careceriam de melhor ou maior caracterização, podendo inclusive permanecer no terreno de vagas imagens de harmonia, paz, evolução e prosperidade social. Visto que não passam, tais fins, de meros possíveis e prováveis resultados marginais da pura e simples performance e reprodução dos meios, por si só indicativas da boa manutenção da ordem e da harmonia.

Reitero aqui o que já disse com respeito ao caráter eminentemente conservador da evocação do estadista por Arinos. Apesar da aposta reiterada no sentido moral da história e seu progresso — que, inclusive, como veremos, terá profundas implicações em outros aspectos de sua produção discursiva e mesmo em sua prática política —, no que respeita mais especificamente ao aspecto propriamente *político* desta história, o seu desejo é quase sempre reativo. É quase sempre voltado para a restauração de um mundo ameaçado em seus fundamentos vitais, mesmo que no nível das formas a inovação possa ser bem aceita e até desejada. Um mundo ameaçado, portanto, naqueles elementos tanto éticos quanto estéticos aos quais a política *deveria* se subordinar.

É o desejo pelo estadista, por sua emergência, ou pela regeneração da elite que o subsume, muito mais um desejo *sobre a política*, um desejo de normatização desta, de domesticação de seus potenciais disruptivos e corruptíveis.

Voltemos, porém, à trama, segundo a dramaturgia de Arinos. Desçamos a um nível talvez mais concreto, identificando melhor os personagens e o enredo.

3. De caudilhos e caudilhismo: urgências da moral e limites da política

A dissolução da ordem aristocrática brasileira, de acordo com Afonso Arinos, não apenas tem seu começo assinalado na linha do tempo, como também o seu fator de desencadeamento e aceleração é claramente definido e caracterizável: trata-se do fenômeno do caudilhismo. Do mesmo modo, o personagem que o sintetiza e nomeia é perfeitamente conhecido. O caudilho é, por assim dizer, a antítese do estadista.[92]

Como vimos, a construção do ideal de estadista, malgrado variações conjunturais ou possíveis indefinições de caráter filosófico mais profundo, reitera a imagem de uma certa hierarquização entre os reinos da moral e da política, com o predomínio — se não de fato, com certeza de direito — da primeira sobre a segunda. Mesmo a ausência efetiva e eventual de moralidade não invalida ou altera os termos da equação, de sorte que a política, por si só, a despeito de todas as suas peculiaridades e das virtudes próprias a seu exercício, não teria o dom de fundar ou restaurar a ordem, ou de corrigir e equilibrar o rumo natural da evolução histórica. Embora imprescindíveis, as artes da política são insuficientes, quando não inúteis ou, pior ainda, deletérias, se não postas sob a soberania da ética e a vigilância do costume. Não havendo moral não há virtude e, portanto, nenhuma esperança, também, para a política.

Ademais, a política, além de sua incompletude e dependência diante da necessidade da emergência do estadista e, conseqüentemente, diante da moral, não pode, por seus próprios meios, fundar a moralidade. Esta tem de estar, portanto, em

---

[92] Assim como no caso do estadista, aqui também estamos diante de uma personagem de longa trajetória e notoriedade, que remonta seguramente às próprias origens do pensamento político, mas cuja formulação mais próxima do sentido moral aqui aludido talvez pudesse ser encontrada na teoria medieval da razão de Estado, comprometida com a necessária supremacia da lei moral cristã. Assim, o caudilho seria facilmente reconhecível na figura do tirano, tal como descrito, por exemplo, por um tratadista medieval como João de Salisbury, de acordo com a reconstituição que de sua obra é feita por Michel Senellart (1989:28): "O tirano, portanto, é uma figura puramente negativa (poderíamos dizer, o não-príncipe). A autoridade da lei é nele substituída pela potência do desejo; e o exercício da justiça, pela simples utilização da força. É tirano, numa palavra, aquele que abusa de seu poder em função de fins pessoais".

posição de anterioridade em relação à política, sua institucionalidade e sua capacidade de intervenção e criação sobre o real.

Assim, a ênfase na necessidade do estadista e a denúncia de sua ausência, no registro em que se apresentam no discurso de Arinos, implicariam, inicialmente, a atribuição de uma certa irrelevância relativa às formas políticas diante do poder (ou da ausência) da moral, principalmente quando esta se reveste de sentido histórico e teleológico. Ou seja: não há forma ou institucionalidade política que possa, por si só, facilitar a emergência da virtude moral. Esta se constitui, por assim dizer, numa espécie de variável independente do jogo político, ao qual também atribui (ou renega) sua própria legitimidade.

Com isso, a caracterização inicial do caudilho é de feitio acentuadamente personalista, e ele se apresenta, basicamente, como um ser da política — freqüentemente bem aparelhado para o seu jogo —, mas decididamente imoral (ou amoral). Pinheiro Machado e, principalmente, Getúlio Vargas são, no discurso de Arinos, os avatares brasileiros mais notáveis desse personagem antitético, cujas ambigüidades e metamorfoses devem muito pouco, porém, às que já mencionamos com relação à "tese", quer dizer, o estadista.

Evidentemente, Getúlio não poderia deixar de ser o antagonista por excelência de todo o investimento discursivo de Arinos ao longo do intervalo democrático. Não apenas por tudo aquilo que Vargas representou para a política brasileira da época (e dos períodos históricos que imediatamente lhe antecederam e mesmo dos que se lhe seguiram), mas também por todo o conjunto de interações e interlocuções pessoais que envolveram os dois personagens, com toda a gama de significações que a relação entre ambos guardou para a trajetória política e discursiva de Arinos.[93]

Antes de penetrar nos meandros desse embate, contudo, é preciso adiantar que, diferentemente do que a princípio ocorre na construção do estadista, na denúncia do caudilhismo, que Arinos levará a cabo por todo o período, e na elaboração de seus traços históricos específicos, é possível localizar uma importante inflexão — mesmo que não necessariamente contínua e ininterrupta — relativa à já mencionada tensão entre a moral e a política. Trata-se de uma nítida passagem da personalização da antítese — o caudilho — para o privilégio de uma forma mais sistêmica de desvio político — o caudilhismo — a qual, inclusive, aponta para uma influência mais direta da pólis (e suas formas) sobre a moralidade pública. Essa nova

---

[93] Getúlio e Afrânio de Melo Franco foram companheiros de conspiração e de luta na Revolução de 1930, tendo o segundo ocupado a pasta das Relações Exteriores durante toda a primeira parte do Governo Provisório (de 1930 a 1933). Mesmo depois de colocados em campos opostos — a partir do episódio da interventoria mineira, em 1933, quando Getúlio preteriu Virgílio de Melo Franco em favor de Benedito Valadares —, eles mantiveram uma relação cordial. De acordo com o próprio Arinos (1955, v. 3, p. 1406), "Getúlio apreciava e estimava Melo Franco. Sempre deu demonstrações desses sentimentos". Em outro trecho de suas memórias (1961a:154), ele inclui também seu irmão Caio no círculo de relações afetivas de sua família com Vargas.

62 ▼ A POLÍTICA DOMESTICADA

e peculiar valorização da política se traduzirá mais claramente na denúncia do fracasso do sistema partidário republicano, da usurpação militar das atribuições deste, desembocando tudo, afinal, na condenação inapelável do presidencialismo.[94]

A política domesticada: a evolução histórica (moral) e os desvios caudilhistas do presidencialismo brasileiro

Em um primeiro momento, como vimos, o começo da degenerescência da ordem aristocrática brasileira, que poderia ter se iniciado com as vicissitudes de formação da República — com a ingerência do Executivo no Legislativo —, ainda não aparecia predominantemente relacionado a variáveis meramente institucionais (já que o processo eleitoral "pouca influência teve nisto", e a República ainda teve futuro "enquanto os seus chefes trouxeram a mentalidade do Império".[95]

Assim, a produção político-discursiva de Arinos ao longo dos anos que se seguiram à sua posse como deputado federal por Minas Gerais — a partir de 1947 — reitera a sua adesão e sua confiança na evolução do que poderíamos chamar de um "conservadorismo iluminista". De acordo com essa forma de se pensar a política, a ordem pública possui uma certa naturalidade e se coaduna com os interesses básicos dos indivíduos, desde que se possam manter vivos na pólis os costumes mais adequados, e desde que, principalmente, as elites cumpram com seus papéis históricos, tornando-se dignas da eleição providencial e do reconhecimento popular.

Naquele momento, em particular, essa perspectiva parecia (re)encontrar na palavra democracia o nome ideal para as suas imagens mais ou menos utópicas de ordem e harmonia política. Democracia que acabara de se consagrar mundialmente na vitória sobre o nazifascismo.

Datam desse período uma série de artigos publicados na revista *Digesto Econômico* e alguns pareceres na Comissão de Constituição e Justiça da Câmara, em que o autor ao mesmo tempo manifesta o seu otimismo e sua confiança nas formas da democracia recém-instaurada, expressas na nova Constituição, sua crença no poder construtivo e no caráter evolutivo da ordem legal, e seu desprezo pelos críticos dessa mesma institucionalidade e seu futuro.

Assim, em artigos publicados nos últimos meses de 1947, Arinos defende a atividade parlamentar e os partidos políticos. O aniversário da morte de Pandiá Calógeras e o resgate de sua produção intelectual dão ensejo, como vimos, a uma pequena digressão sobre a dignidade do Congresso e sobre as vicissitudes do Legislativo em suas relações com o Executivo na República.

Já num artigo subseqüente, "Democracia e partidos", Arinos constata o que considera um "alarmante crescimento da onda antipartidária, em vários países, inclusive no Brasil, onde com tantas dificuldades nos estamos adaptando às

---

[94] Sem alterar, contudo, os termos básicos da equação entre moral e política.
[95] História econômica: Calógeras. *Digesto Econômico*, nov. 1947, p. 61.

práticas da democracia".[96] Fazendo primeiro uma referência ao caso francês — onde o "degaullismo" e o comunismo estariam pondo em xeque a legitimidade dos partidos —, o autor passa em seguida a trabalhar com uma dicotomia que oporia a ditadura à democracia, pela definição de qual o principal problema a ser enfrentado por tipo de regime político. O desafio próprio à democracia seria o do "governo", ou seja, implementar políticas e extrair resultados concretos sem o sacrifício das liberdades de crítica e oposição. Já para as ditaduras as dificuldades se encontrariam permanentemente na manutenção do "poder" e na sua transmissão.

Exemplos desse dilema são então fornecidos, não por acaso os da União Soviética e do Estado Novo brasileiro, onde, mais especificamente:

> Pouco a pouco Vargas foi-se enleando no cipoal, foi-se atolando no lodaçal inevitável que é a crise de poder das ditaduras, no momento supremo da sucessão na chefia do Estado. A série de interesses espúrios que se criam em torno ao ditador, qualquer que ele seja, é uma força terrível que lhe obscurece a visão e lhe impede de dar uma solução inteligente ao problema capital do regime.[97]

Vargas aparece aqui inteiramente neutralizado, como que a simples título de exemplo, e num papel que é muito menos o de agente privilegiado — embora negativo — da política do que o de sujeito da forma por excelência mais corrupta de regime, a ditadura. Esta, por sua vez, não guarda maiores especificidades culturais e históricas — a despeito de suas mazelas próprias —, consistindo apenas, a rigor, na negação de toda forma de legitimidade política, na síntese de todas as perversões e disfunções que podem acometer o Estado e o exercício do governo, "qualquer que seja" o ditador. Daí a superioridade da democracia e a necessidade do livre jogo partidário, que, apesar de tudo, ainda não pareciam bem compreendidas à época:

> Com a espantosa versatilidade que nos caracteriza voltamos, agora, a entrever, para os problemas nacionais, soluções fora da Constituição, em vez de procurarmos edificar o que ela planejou. Porque uma Constituição não é uma obra, mas uma planta, um plano de obra.
>
> A nossa, seguindo os inevitáveis pendores da época, incorporou os partidos políticos ao mecanismo constitucional, deu-lhes cidadania jurídica, em vez de ignorar-lhes a existência como era hábito nas antigas Constituições.
>
> Por conseqüência, combater os partidos não é apenas investir contra o que há de mais assente e mais puro na doutrina democrática, mas contrariar a letra e o espírito da nossa Constituição.

---

[96] Democracia e partidos. *Digesto Econômico*, dez. 1947, p. 54.
[97] Ibid., p. 56.

É abandonar a democracia e marchar para a ditadura; é lançar todo o esforço da política nacional no problema do poder, com suas crises periódicas, em vez de concentrá-lo nos problemas de governo, que lhe são específicos e que pesam sombriamente, neste momento, sobre o futuro nacional.[98]

Tratava-se, portanto, de preservar e aprimorar a ordem política, já devidamente (re)assentada, pela redemocratização e pela nova constitucionalização, num patamar mais equilibrado, elevado e legítimo de desempenho.

A defesa da ordem instituída e a crença na sua evolução irão se manifestar então com respeito ao próprio sistema presidencialista, alvo de tentativas de substituição. Em junho de 1948 é publicado artigo em que o presidencialismo é retratado como instituição de sólidas raízes em nossas tradições, descendente direto do melhor "espírito" de nossa monarquia constitucional.

No início do texto Arinos procura desarmar as possíveis resistências que se faziam exatamente a qualquer forma de associação entre a monarquia e o presidencialismo:[99]

A verdade, porém, (e verdade quase elementar para os estudiosos das fontes da organização republicana brasileira) é que, no regime presidencial que adotamos, o chefe de Estado representa muito historicamente a figura de um rei sem coroa, e isto não apenas no Brasil, mas rigorosamente nos termos da instituição do mesmo regime pelos Estados Unidos.[100]

São então brevemente recapitulados os desdobramentos históricos e intelectuais que conduziram ao estabelecimento do presidencialismo norte-americano, que nos serviu (e a Arinos, no texto) de modelo.

Ao nos deslocarmos para a trajetória brasileira, mais especificamente, somos informados de que o aspecto fundamental da razão de ser do nosso presidencialismo, contudo, parece estar situado na questão da defesa de um Executivo forte, construtivo e legalizado:

ao adotar a forma presidencial, a República brasileira não veio propriamente ensaiar um regime desligado das nossas práticas e tradições. Veio, muito ao contrário, continuar um sistema de Poder Executivo forte, que desde a Colônia sempre tínhamos conhecido, através de governadores gerais de capitanias e de vice-reis.

O Brasil é isto mesmo: é o poder forte. A nossa evolução, o nosso aperfeiçoamento não tem sido, nem talvez deva ser, no sentido de enfraquecer o poder, mas naquele que foi a grande lição da vida de Rui Barbosa: no do fortalecimento da lei ao lado da força do poder.

---

[98] Democracia e partidos. *Digesto Econômico*, dez. 1947, p. 56.

[99] E que, inclusive, se teriam feito notar na recepção polêmica, à época, de uma obra não citada (possivelmente *Sua Majestade o presidente do Brasil: um estudo do Brasil Constitucional (1889-1934)*, de Ernest Hambloch), que, explicitamente, estabeleceria a associação.

[100] Anotações sobre o presidencialismo brasileiro. *Digesto Econômico*, jun. 1948, p. 111.

Leis respeitadas não enfraquecem o poder, antes dão-lhe mais substanciosa autoridade. Porém evitam que ele degenere em tirania. Para mim esta é a grande cruzada que devemos ter em vista, nesta fase da história da República. Não combateremos contra o poder mas pela lei. Combateremos para legalizar, cada vez mais, um poder forte.[101]

Não haveria contradição, desse modo, entre a adoção de um legalismo liberal e a ação de um Executivo forte. Haveria em nossa história uma continuidade de exercício de uma ação construtiva, civilizatória, por parte das elites. Pelo contrário, a evolução, o aperfeiçoamento naturais desse consórcio, dessa ação entre pares, se dariam sem maiores problemas na sua ascensão a um estágio de fixação básica — constitucionalidade — e consolidação — aceitação e incorporação — das chamadas regras do jogo. Da tradição à legalização haveria portanto uma perfeita continuidade.

Todo o sentido do momento histórico, para Arinos, com a derrocada da ditadura e do nazifascismo, e com a reconstitucionalização, se encontraria assim caracterizado, ao mesmo tempo, como *restauração* de uma tradição — Executivo forte, apto ao governo construtivo — e como *evolução*, *aperfeiçoamento* dessa mesma *ordem*: constitucionalização, legalização, legalismo.

Assim, em meados de 1948, não cabia mais "combater o poder", mas simplesmente "combater para legalizar, cada vez mais, um poder forte".

A confiante definição da questão do "governo" como o foco principal da democracia — pressupondo, portanto, a resolução natural, via legalismo partidário, dos processos de passagem do poder — permite à argumentação de caráter institucional de Arinos, nesse seu período inicial de vida parlamentar, um tom distinto do utilizado nos panegíricos que analisamos anteriormente. Um tom mais objetivista, na reiteração de uma espécie de "razão de Estado", com uma atenção maior para formatos e sistemas políticos, e para o papel e o significado das instituições.[102]

É claro que em nenhum momento esse temário irá prescindir da figura do estadista, nem, muito menos, perderá de vista os seus conteúdos e fundamentos de ordem moral. Mas o que assim passa ao proscênio — uma vez que as questões de fundo político, as questões relativas ao "poder" teriam sido resolvidas — é o tema da

---

[101] Anotações sobre o presidencialismo brasileiro. *Digesto Econômico*, jun. 1948, p. 113.

[102] Narrando o surgimento de uma "razão de Estado" antimaquiavélica na obra do jesuíta Giovanni Botero, ainda no século XVI, Senellart (1989:74) caracteriza o modo pelo qual a sua "arte de governar" se opõe ao oportunismo do príncipe fundador de Estados de Maquiavel, sem, contudo, retornar aos argumentos moralistas teocráticos da Idade Média: "Aumentar a população, intensificar sua atividade, proteger a indústria e encorajar o comércio exterior a fim de aumentar o estoque monetário, tais são os preceitos formulados por Botero. É em torno deles que se organiza o contra-discurso da razão de Estado, tão distante do idealismo virtuoso quanto do cinismo brutal. Discurso *positivo*, na medida em que, mesmo se opondo ao realismo maquiaveliano, também fala do real".

"governamentalidade": da administração do interesse público, dos problemas da população e seu bem-estar, das necessidades da economia nacional.[103]

O presidencialismo brasileiro era objeto, porém, de desprestígio por parte de forças políticas inseridas no mesmo campo, dito liberal, de Arinos.

Arinos se contrapõe a estas, em defesa da manutenção do sistema, no parecer que dá, em março de 1949, na Comissão de Constituição e Justiça da Câmara, ao projeto de emenda constitucional de Raul Pilla que propunha a adoção do parlamentarismo.[104]

No longo parecer, com mais de 100 páginas, Arinos elabora toda uma eloqüente argumentação em favor do que chama de "evolução construtiva das instituições políticas" — inspirado nas experiências inglesa e norte-americana —, em contraposição a uma inquietação e um reformismo que caracteriza como tipicamente latinos, os quais se definiriam pela busca incessante e abstrata da fórmula ideal, antes de se testar e ao invés de se aprimorar as formas e os sistemas políticos vigentes.

Longe de corresponder a uma crença efetiva no poder fundacional da política — coisa que se poderia argumentar em favor do parlamentarismo, cuja liberdade, no dizer de Arinos, se sustenta especificamente no jogo político[105] —, o movimento em prol da emenda se revestiria, de acordo com ele, de características especificamente reativas, voltadas para a neutralização de possíveis resultados do pleito que iria se travar no ano seguinte. Ou seja: contra o livre desenrolar do jogo político de então e de determinados, ou prováveis, desdobramentos seus.

Arinos coloca-se então em franca oposição a essa interpretação pessimista (ou alarmista) do momento histórico — mesmo sem exatamente discordar da apreciação quanto à fonte de tais temores — e, coerentemente, defende o presidencialismo de acordo com uma concepção acerca das dimensões da política e da real importância relativa de suas formas.

Pelo contrário, é justamente o quadro de incertezas que se apresentava a todos que deveria desencorajar, segundo ele, todo o tipo de precipitação e aventura reformista, ainda mais em função de dificuldades que seriam, a seu ver, meramente transitórias. Assim, comenta, de início, a inoportunidade da emenda e a compreensível, embora equivocada e injustificada, atitude de seus colegas e, no caso, adversários:

---

[103] O tema da "governamentalização do Estado" como o principal aspecto da política estatal moderna a partir do século XV — em oposição ao da "estatização da sociedade"— foi elaborado por Foucault em aula depois convertida em artigo (A governamentalidade. In: Foucault, 1995) e posteriormente reelaborado no estudo de Senellart já mencionado.

[104] Parecer do relator da Comissão Especial da Câmara dos Deputados, deputado Afonso Arinos de Melo Franco, sobre a emenda parlamentarista, de 29 de março de 1949. In: Melo Franco e Pilla, 1958.

[105] E que, como veremos, será por ele mesmo lembrado mais tarde, quando de sua conversão à reforma do sistema de governo.

a nosso juízo, o momento escolhido não foi feliz, visto que a atualidade brasileira se apresenta toldada de dúvidas e apreensões, não só pelas vacilações inevitáveis no processo de adaptação do aparelho do Estado às normas da legalidade democrática, depois de tantos anos de ditadura, como também porque tal situação geral se vê ainda agravada pelo delicado problema do termo coincidente de todos os mandatos executivos e legislativos, desde a União Federal ao mais remoto município. (...)

De qualquer forma, as causas de agitação política e de imperfeição no funcionamento das instituições acima apontadas, embora de caráter transitório, são suficientes para gerar uma atmosfera geral de incerteza e pessimismo, apta a conquistar, para a emenda parlamentar, o voto favorável de muitos ilustres colegas, cheios de patriotismo e boa-fé, os quais, no entanto, em ambiente menos carregado de dificuldades eleitorais (que nunca se repetirão tão sérias) e mais propício ao debate desapaixonado das teses doutrinárias jurídicas e políticas, e ao exame circunspecto da adaptabilidade dos dois sistemas — o presidencial e o parlamentar — às condições objetivas do nosso povo, da nossa história, da nossa economia e da nossa civilização, talvez se situassem em posição diferente da que agora ocupam.

Manifestamos, pois, francamente, o nosso receio de que o momento atual, escolhido pelos nobres apresentantes da emenda, imponha a muitos, como solução de emergência para uma crise transitória, a emenda que vai transformar de *fond-en-comble* a organização tradicional de nossa vida republicana, com as mais profundas repercussões. As histórias de outros povos, tanto quanto a nossa, não são avaras de exemplos semelhantes.[106]

Mais adiante, porém, o relator usa de maior ironia para caracterizar as motivações dos parlamentaristas. Trata-se, provavelmente, menos de intenção ofensiva do que uma pequena liberdade de estilo, ou deslize, inserida no contexto argumentativo privilegiado pelo autor, onde as razões de fundo estrutural se sobrepõem confiantemente e se pretendem capazes de subordinar e dimensionar as motivações mais circunstanciais e epidérmicas:

Referindo-se à súbita simpatia manifestada pelo parlamentarismo por um grande jornal carioca, em 1917, escreve Manuel Duarte:

"A verdade é, entretanto, que a parte da opinião publica e jornalística que se mostra adepta do parlamentarismo não o faz senão por espírito oposicionista. Como os governos, entre nós, são presidenciais, a maneira radical de combatê-los é propugnar o advento de um regime em que a figura do chefe do Estado, que agora centraliza todos os ataques, desmaie e se amesquinhe diante de outro poder."

Muitos parlamentaristas de 1949 se devem reconhecer neste retrato. Páginas adiante acrescenta o escritor outras considerações aplicáveis ao momento presente:

"Seria pouco sério negar que o parlamentarismo ganha entre nós, de vez em quando, um ou outro prosélito. Sentindo-se em minoria, os seus adeptos combatem e apostolizam, mantendo o que, com atualidade, se poderia chamar a iniciativa estratégica, en-

---

[106] Melo Franco e Pilla, 1958:5-6.

quanto os adversários formam talvez um campo entrincheirado onde aparentemente dormem o sossegado sono traiçoeiro dos que se sentem em posições inexpugnáveis. E, dessa grossa população descuidada de presidencialistas, muitos dos quais apenas por imitação e comodismo, mas sem convicção, lá de vez por vez desgarra um que vai professar o credo heterodoxo e que então, mais do que os velhos, se encarniça na peleja pelas novas idéias. São os que se podem, sem impropriedade — sejam eles embora os cismáticos — denominar cristãos novos."[107]

Curiosamente — principalmente se cotejado à freqüentemente manifesta nostalgia de Arinos pelo nosso "antigo regime" —, um outro ponto da argumentação parlamentarista que, de acordo com ele, mereceria reparo imediato seria o que consistiria num certo e indevido saudosismo do parlamentarismo imperial:

> Quando dizemos, assim, que o Império gozou de duradoura estabilidade das instituições devido ao regime parlamentar, formulamos uma inverdade, ou antes, duas. Primeiro, porque tal estabilidade não existiu de fato, pelo menos nos termos em que os saudosistas o proclamam. Segundo, porque, ainda que tivesse existido, não teria sido por causa do sistema parlamentar, que nunca praticamos verdadeiramente.[108]

Com efeito, a definição do sistema político imperial como parlamentarista é sistematicamente refutada pelo relator, com base, fundamentalmente, na análise dos atributos e significados do Poder Moderador, marca distintiva do constitucionalismo imperial brasileiro.

Assim, a superioridade que Arinos atribui à sua interpretação se deveria a uma melhor compreensão dos sentidos históricos do nosso presidencialismo, o que implica o elogio à continuidade de eficiência administrativa entre o presidencialismo e as formas de Executivo anteriores:

> As origens do presidencialismo brasileiro podem ser encontradas na nossa própria tradição colonial e imperial, de governos caracterizados por um Executivo forte. Para não ir aos governadores-gerais e aos vice-reis, limitamo-nos a observar que a tradição de Pedro I e Pedro II se coadunava muito mais — tenhamos a coragem de afirmá-lo — com os governos americanos que iríamos tomar como modelos, do que com os sistemas europeus, que conhecíamos literariamente e só praticávamos de nome.

> E, se desejarmos estender o campo desta investigação histórica, chegaremos facilmente à conclusão de que o presidencialismo brasileiro entronca não apenas na tradição nacional como na mais autêntica tradição continental.

> Aquelas condições sociológicas que observadores europeus, desde os antigos, da categoria de um Tocqueville, ou de um Bryce, até os modernos, da importância de um Laski, lobrigaram como justificativas do sucesso presidencial nos Estados Unidos não são peculiares aos povos do hemisfério boreal do Continente.

---

[107] Melo Franco e Pilla, 1958:41-42.
[108] Ibid., p. 23.

São, respeitadas as diferenças naturais, peculiares à civilização do Novo Mundo. Porque, embora nós, americanos, sejamos descendentes de várias culturas européias, a verdade é que as imposições do povoamento e da colonização, no meio da grande diversidade de elementos, imprimem, para certos efeitos, à civilização continental em alguns aspectos, inclusive políticos, "algo de intensamente peculiar que a distingue, conjuntamente do resto do mundo".[109] (...)

O trono brasileiro foi muito menos europeu do que habitualmente se supõe. Teve forma européia e matéria americana. Foi uma espécie de presidência vitalícia, como se pensou em fazer, aliás, nos Estados Unidos. (...)

Há nisso tudo um determinismo continental, uma imposição natural da transplantação da cultura européia para o Novo Mundo, a qual sofreu as adaptações impostas pela nossa economia e a nossa evolução social.

Não será através da fórmula que lograremos escapar à órbita da civilização continental. O presidencialismo brasileiro foi muito mais uma continuação do que uma revolução.[110]

Estamos aqui, portanto, num registro argumentativo muito distinto dos panegíricos, onde o estadista de Arinos obtém seus contornos mais evidentes. Aquele tom mais obviamente moralista é aqui substituído por um discurso de acento muito mais caracteristicamente racionalista e objetivista, cujas propriedades pedagógicas parecem de outro feitio, se não de outra natureza.

Nossa tradição de Executivos fortes não se explica mais e não é mais simplesmente creditada à clarividência e à iniciativa de nossas lideranças, mas sim a um verdadeiro determinismo do meio e das condições da colonização. Sem dúvida que a política, através do poder criativo do Estado — e seus intérpretes —, constrói a nação; mas a realidade ecológica, cultural e social se sobrepõe inapelavelmente às formas da política.

E assim, e nao menos significativamente, a intervençao desse determinismo é fundamental para a configuração de nossa identidade histórica, de nossa especificidade continental, para o nosso americanismo. Longe de se constituir em motivo de lástima, nossa condição americana, ao menos nesse momento, é digna de orgulho. É valorizada em função da grandeza épica do processo civilizatório levado a efeito em todo o continente, obra do esforço, do engenho e do poderio político de nossos antepassados.[111]

De modo que, inclusive, os eventuais desvios ditatoriais de nossa trajetória não comprometeriam o sentido eminentemente administrativo contido no elogio à força do Executivo. Trata-se, portanto, de dois fenômenos totalmente distintos — governo forte, ditadura — e sem qualquer relação ou interdependência necessária.

---

[109] Arinos cita aqui um livro seu publicado em Buenos Aires em 1943, sob o título *Política cultural pan-americana*.

[110] Melo Franco e Pilla, 1958:25-26.

[111] Com efeito, nossos problemas especificamente políticos começariam, de acordo com o autor, quando ao nosso americanismo acrescentamos o distintivo prefixo "latino".

Além disso, possuiria o presidencialismo, em particular, os seus próprios mecanismos de defesa contra os abusos do poder pessoal:

> Os críticos tinham exagerado descompassadamente as afirmações sobre os excessos de autoridade e sobre as práticas ditatoriais. Tinham afirmado que um Executivo enérgico é incompatível com o governo republicano. Mas tinham esquecido as vantagens da unidade de comando, de energia e rapidez do poder; assim como tinham esquecido que a Federação era o freio necessário aos excessos do presidencialismo, era a defesa e a garantia da liberdade; como, também, que a temporariedade dos mandatos e a responsabilidade do presidente (*impeachment*) diminuíam consideravelmente os riscos do seu autoritarismo. (...)

> De fato, o federalismo brasileiro, tão importante para o equilíbrio do regime presidencial, seria também mais um dos fatores impeditivos e incompatíveis com a adoção do parlamentarismo.[112]

O ponto fundamental do argumento segue, porém, o da precedência das imposições sociais e históricas sobre as simples formas institucionais da política. Principalmente agora, na nova era de rápidas transformações culturais e econômicas, num mundo convulsionado por revoluções, novas identidades nacionais e crescentes reivindicações por maior justiça social:[113]

> A verdade é que os sistemas de governo nada são, nada representam, em nada influem no drama do mundo atual. Felizes os tempos em que a eles poderíamos atribuir a responsabilidade do mau e do bom.

> De nossa parte, pelo menos, é com a mais firme, a mais sincera convicção que sustentamos ser o problema de regime, hoje, dos menos relevantes na teoria do Estado. Este problema formal acha-se imensamente superado pelos que dizem respeito à distribuição da propriedade, ao amparo ao trabalho, e à manutenção da liberdade individual concomitantemente com o inevitável dirigismo administrativo.[114]

São as virtudes de equilíbrio, capacidade de estabilização política, proteção, privilégio e estímulo da esfera propriamente administrativa do governo, portanto, que fazem, entre outras, a superioridade do presidencialismo. A esse respeito, inclusive, ressalta o papel específico do Poder Judiciário no regime de separação de poderes, que, de fato, estaria ausente ou minorado no sistema parlamentar:

---

[112] Melo Franco e Pilla, 1958:27, 31.

[113] Mesmo que, tal como o texto adiante explicita, ainda caiba algum tipo de nostalgia pelos "tempos felizes" em que, dadas, provavelmente, a estabilidade e a harmonia da sociabilidade privada e/ou cotidiana, as fórmulas políticas tivessem maior relevância para a esfera pública rarefeita e circunscrita às elites.

[114] Melo Franco e Pilla, 1958:40.

Em outras palavras, para o parlamentarismo, a liberdade marcante da democracia é a política, e sua trincheira o Parlamento. Para o presidencialismo a liberdade marcante é jurídica e sua trincheira o Judiciário.[115]

É como se o grande mérito do sistema estivesse exatamente na possibilidade de se proteger a política — ou seu elemento construtivo, agregador — da própria política — ou seu elemento conflitivo, disruptivo. Assim, se ao presidente caberia governar e atender eficazmente às demandas do público, caberia ao Judiciário zelar pela legalidade desse exercício e pelo respeito às regras democráticas, contribuindo assim para a manutenção da abertura e das alternâncias do jogo.

A essas salvaguardas do presidencialismo corresponderia, também, o papel específico atribuído à Constituição, como sistema de "superdireito", regulador e limitador das prerrogativas governamentais, papel que no parlamentarismo seria, com freqüência, acumulado, mais uma vez, às liberdades e encargos do próprio Parlamento.

Evidentemente esse sistema contém seus próprios recursos e soluções. Mas sua inferioridade e inadequação ao caso brasileiro eram, aos olhos de Arinos, por demais evidentes. Principalmente se se levasse em conta o caráter multipartidário da política republicana de então:

> Assim, no parlamentarismo multipartidário, a coligação se impõe. Mas a coligação, como dissemos, é um fenômeno muito mais político do que governativo. Coligação assegura até certo ponto o equilíbrio político, mas retarda e amortece a ação do governo. Isso é a experiência atual dos países como França e Itália. Governar se transforma, como dissemos acima, no trabalho sem dúvida importante, sem dúvida patriótico de manter a paz e a estabilidade políticas. Mas não a eficácia administrativa. E, mesmo politicamente, coligação significa algo que poderíamos chamar, sem paradoxo, a estabilização da instabilidade. É como certos estados de saúde em que o doente "se equilibra" mas não deixa de ser enfermo, infirme, sem firmeza. A fraqueza a longo prazo não se transforma em força.[116]

Ao comprometer assim a iniciativa governamental, o parlamentarismo impediria o combate eficaz às verdadeiras causas da infelicidade popular e do infortúnio do Estado; o combate, enfim, das causas da "doença".

Por outro lado, não faria sentido qualquer tentativa de estabelecimento de implicações necessárias ou mais freqüentes entre o presidencialismo e a ditadura. Muito pelo contrário: o parlamentarismo, sem as salvaguardas do sistema presidencial, como as da separação de poderes, ou do federalismo, é que historicamente teria propiciado um terreno mais fértil à destruição da democracia:

> Uma crítica, no entanto, que repetidamente é feita ao presidencialismo brasileiro precisa ser um pouco mais de perto considerada aqui. Os nossos patrícios parlamenta-

---

[115] Melo Franco e Pilla, 1958:64.
[116] Ibid., p. 81.

72 ▼ A Política Domesticada

ristas, quase que invariavelmente — e é com freqüência que este argumento vem à pena e aos lábios do honrado sr. Raul Pilla —, insistem em que o presidencialismo, entre nós, é o caminho da ditadura, isto é, da subversão da legitimidade política em proveito de um homem.

São os vícios inerentes ao presidencialismo, sustenta-se, que produziram a ditadura de Floriano, as semiditaduras de outros presidentes para desfechar na longa ditadura do Estado Novo.

Ora, a verdade histórica é que também aqui a crítica, feita ao presidencialismo, se equilibra com a crítica, não menos justa, que se pode fazer ao parlamentarismo.

Os dois povos que são o modelo clássico dos dois sistemas, o inglês e o norte-americano, em virtude de circunstâncias históricas especiais, de natureza econômica, religiosa, racial e cultural, tiveram o privilégio de fazer evoluir os dois regimes, através de um engenhoso e lento processo transformativo, no qual as instituições respectivas foram encontrando o segredo do próprio funcionamento, e isso sem nada que se assemelhasse às crises ditatoriais sofridas pelos outros povos.

Mas esse processo de desenvolvimento pacífico se verificou somente, como é mais do que notório, naqueles dois povos. Todos os demais sofreram experiências ditatoriais, porque a ditadura, velha como a civilização, é uma etapa dificilmente evitável em certos momentos. Mais ainda: é de toda justiça salientar-se que as mais tremendas ditaduras modernas se criaram precisamente no ambiente de decomposição dos sistemas parlamentares, quando os povos não se achavam preparados para eles. Negar ou sequer discutir isso é enfrentar a mais ofuscante evidência das evidências.[117]

É a maneira de se lidar com a institucionalidade política, explicitada através de fatores como o respeito aos ritmos da tradição e da cultura, a atenção aos imperativos da história, e o grau de humildade diante das presunções e vaidades da teoria que configurariam então os traços da verdadeira sabedoria política, típica dos povos empiristas e evolucionistas, e não a capacidade de abstração e construção de modelos formais e revolucionários.

Assim, não haveria sentido em tratar, ou condenar, o presidencialismo brasileiro do pós-1946 com visões do passado:

> Comecemos por dizer que falar-se do presidencialismo brasileiro em tese, sem atentar na sua profunda modificação histórica, é um simples absurdo. O general Dutra é presidente da República como foram Campos Sales e Afonso Pena. Mas o presidencialismo brasileiro de hoje tem com o daquele tempo a mesma identidade que o parlamentarismo de Attlee com o de Gladstone, ou o de Queuille com o de Mac-Mahon. Por isso mesmo, repetimos, parece incoerente instaurar-se o parlamentarismo no Brasil com o fundamento em críticas não aplicáveis ao presidencialismo atual, mas ao de 40 anos atrás. (...)

> Antigamente o Executivo, no Brasil, se declarava inteiramente separado do Congresso. No entanto só se elegia deputado ou senador quem apoiasse a política do presi-

---

[117] Melo Franco e Pilla, 1958:73.

dente. Hoje, a Constituição e os hábitos estabeleceram inúmeras ligações entre o Executivo e o Legislativo. No entanto a influência do presidente na eleição dos congressistas é nenhuma, ou quase nenhuma. A situação atual, tanto quanto a anterior, não depende do presidente, mas das condições históricas gerais.

Há meio século uma economia latifundiária, baseada na monocultura agrícola, impunha uma política patriarcal, ou antes, paternalista. (...) Hoje a economia se diversificou imensamente: aumento da população, transporte aéreo, industrialização, policultura rural, subsolo, energia elétrica. Esta diversificação da economia coincidiu, e até certo ponto foi causa da única verdadeira revolução política operada no Brasil, que foi a revolução eleitoral com a instituição dos partidos nacionais, do voto secreto, da representação proporcional, e da Justiça Eleitoral. (...)

Diferenciação econômica, multiplicidade partidária, autenticidade eleitoral, enfraquecimento político do presidente e dos governadores, eis o processo fatal, inevitável que estamos vivendo. Hoje, que estamos no início do sistema, o presidente não faz governadores (foi derrotado em grandes estados), nem deputados, nem senadores. Quem os faz são os partidos nacionais. Quando na política os resíduos do poder pessoal se fazem sentir é por capitulação desnecessária do Congresso.[118]

Toda a crença de Arinos no sentido evolutivo — e, portanto, positivo — da nova institucionalidade política brasileira se apresenta assim na aposta no novo sistema partidário, na moralização das disputas eleitorais, no fim do mandonismo nas políticas local e federal. É o que chama de "revolução eleitoral". O próprio e temível poder pessoal do presidente se encontraria agora limitado pelos partidos nacionais e seu exercício se faria de modo mais complexo e diluído dada a fragmentação das bancadas produzida pelo sistema proporcional e pelo conseqüente multipartidarismo. Uma nova era em que, inclusive, qualquer "capitulação" do Legislativo diante do poder pessoal dos ocupantes do Poder Executivo seria não apenas desnecessária como inaceitável.

Acima de tudo, porém, ressalta a crença no caráter irreversível dessa evolução política por sua subordinação, em grande medida, ao processo de desenvolvimento e diferenciação econômica e social, igualmente irreversível, por que passava o país, tornando mais diversificada e complexa a rede de interesses a se representar na pólis.

Assim, por paradoxal que se apresente à primeira vista, o nosso presidencialismo seria duplamente positivo: do ponto de vista governativo ele o seria, como todo presidencialismo, por garantir um mínimo de cesarismo administrativo. Por outro lado, ao incorporar o voto proporcional e ao enfraquecer o poder especificamente político do presidente, o nosso sistema incorporaria, curiosamente, qualidades de controle e responsabilidade do Executivo que seriam como que apanágios tipicamente atribuídos ao parlamentarismo:

---

[118] Melo Franco e Pilla, 1958:81-82, 84-85.

74 ▼ A POLÍTICA DOMESTICADA

A situação do presidente da República e dos governadores de estados, no Brasil de hoje, neste Brasil de voto praticamente autêntico (não queremos dizer consciente em toda parte) e de representação proporcional, se aproxima mais, politicamente, dos chefes de Estado do parlamentarismo europeu do que do presidente e governadores dos Estados Unidos.

Cingindo-nos ao aspecto federal, as relações do presidente com o Congresso têm de ser na base da coligação, porque nós praticamos um sistema talvez único no mundo: o presidencialismo com representação proporcional, de onde emergiram vários partidos fortes. É uma experiência nossa, que temos de resolver com os nossos próprios elementos.

O presidente foi eleito pelos votos de partidos coligados. Seu antagonista não eleito apoiou-se, também, nos votos de uma coligação de partidos. No Congresso nenhum partido sonha com a maioria do trabalhismo inglês. Como se pode falar em poder pessoal, em poder tirânico do presidente em face desses fatos que estão à nossa vista? (...)

O poder político do presidente é hoje (e não pode deixar de ser) muito relativo. E o será cada vez mais na medida em que formos aplicando melhor o sistema de 1946. Sua responsabilidade não é mais pessoal, mas conjunta, embora não coletiva, com os ministros. Mas o sistema ainda lhe assegura iniciativa, estabilidade e força na administração, que é exatamente o que procuram com desespero os países parlamentares multipartidários.[119]

A evolução política brasileira seria então, para Arinos, ainda nos idos de 1949, um fato incontestável. E por força de circunstâncias históricas amplas — já que, pelo menos aqui, os constituintes de 1946 não são exatamente retratados como estadistas ou demiurgos —, nosso sistema teria alcançado formas superiores inéditas.

Não há praticamente como deixar, inclusive, de se perceber na atribuição de autenticidade ao novo voto, de par com sua possível inconsciência, o desenrolar de um raciocínio tipicamente realista, quer dizer, de aposta na racionalidade imanente do real. Como se o seu desenvolvimento rumo a um novo patamar, a um novo estágio de superioridade ética fosse simplesmente inexorável, a despeito da possivelmente limitada capacidade cognitiva dos agentes individuais que, com seu voto, sua participação, promoveriam, no agregado, a mudança. É como se estivéssemos então, com efeito, sob o império de alguma "astúcia da razão".

De qualquer modo, porém, trata-se, com o parecer, de uma interlocução eminentemente política, entre pares do mundo político, no reino por excelência da deliberação, da escolha, da intervenção. E quaisquer que sejam as convicções ou seus fundamentos, a persuasão é o meio mais adequado para se atingir a concórdia, mesmo que precária e eventual. É preciso, portanto, falar a linguagem do interesse e fornecer os elementos para o seu cálculo (quando não simplesmente induzi-lo):

No Brasil a falta de coligação política geraria a crise, e, se esta fosse muito forte neste momento, geraria o golpe militar, que é a forma latino-americana de se dissolverem

---

[119] Melo Franco e Pilla, 1958:86.

parlamentos. Mas, como nos países parlamentares ninguém quer dissolução, no nosso ninguém quer golpe e com maioria de razão. Por isto mesmo a solução coligacionista é a melhor, porque é a única. (...)

Politicamente [o presidencialismo] é um governo que vive do equilíbrio entre os partidos, e o presidente ou será ditador ou será realmente "de todos os brasileiros". Mas administrativamente pode ser um governo forte, se souber dar ao Ministério a importância nova que ele assumiu, na atual Constituição, e tomar iniciativas, como o Plano Salte,[120] compatíveis com essa responsabilidade conjunta. Ainda por esse lado consideramos o regime vigente o mais adequado às condições atuais do nosso povo.

Parece-nos sinceramente que o decantado poder pessoal só se exercerá no regime de 1946, com infração de todo o sistema constitucional. (...) É a marcha da história. Então o parlamentarismo coexistia com as ditaduras caudilhistas. Hoje o presidencialismo coexiste com a queda do poder político do presidente.[121]

As questões de fundo, no dizer de Arinos, seguem as mais urgentes, e se a tarefa própria aos parlamentares é zelar pelo equilíbrio político através do entendimento e da busca de soluções negociadas e razoáveis, a tarefa do governo é atuar diretamente sobre as causas reais da felicidade ou do sofrimento popular, sobre os fatores que, estes sim, dão consistência aos fundamentos da ordem e da prosperidade ou alimentam os germes da discórdia e da ruína.

O momento histórico, para Arinos, seria então o de construção de uma ordem democrática legal voltada para a promoção da justiça social. A esse respeito, contudo, as formas de governo teriam pouco a dizer, ou a influenciar:

Chegamos a um dos pontos mais interessantes do debate. Costuma-se afirmar que o parlamentarismo é o processo mais apto a construir o socialismo e, como tal, o regime próprio de nosso tempo, em que o mundo marcha para o socialismo.

(...) a solução da questão social não depende do regime de governo, ou antes, tal como o dos regimes de governo, o seu sucesso está condicionado ao complexo histórico-sociológico de cada povo. (...)

No fundo, portanto, o parlamentarismo é a moldura. O quadro, a tela, são os movimentos sociais, livre-cambismo, imperialismo, socialismo, impostos por condições históricas conhecidas, descritas por qualquer manual de economia política, e que são de ordem internacional. O regime tem tanto a ver com a realidade histórica quanto a moldura com o quadro. Esta é a verdade. O mais são afirmações afetivas, subjetivas, emocionais. (...)

Os males e os benefícios sociais — repetimos ainda uma vez — independem de tal ou qual forma específica da prática democrática. Sem dúvida a democracia parece ser, no

---

[120] O Plano Salte foi um plano econômico apresentado pelo presidente Eurico Dutra ao Congresso Nacional em 10 de maio de 1948, e cuja designação se deveu às iniciais dos quatro principais problemas que se propunha a resolver: saúde, alimentação, transporte e energia (Ver Abreu et al., 2001).
[121] Melo Franco e Pilla, 1958:85, 87.

76 ▼ A Política Domesticada

seu conjunto de governo sempre à busca de um equilíbrio entre a lei e a liberdade, a forma mais adequada da vida social. Mas, dentro do seu amplo quadro, não há forma exclusiva que se imponha pelas qualidades intrínsecas. Todas dependem de adaptação ao meio nacional e ao meio histórico.[122]

Cabe, afinal, reconhecer as verdadeiras raízes das nossas principais vicissitudes — como as revoltas, as lutas sangrentas pelo poder local e por último, mas não menos importante, a intervenção militar na vida política nacional —, que seriam devidas a problemas sociais, econômicos e de ordem política mais profunda. Relacionados basicamente aos mecanismos de abertura ou cerceamento da representação dos interesses em transformação — às vezes em processos históricos de longo prazo e maturação — e para os quais a questão do sistema de governo, por si só, pouco ou nada teria a dizer:

> Muitas injustiças (...) se têm feito à República e ao seu regime de governo, como se ele pudesse ser responsável por todos os males. O historiador, habituado a esses estudos, sabe que tais julgamentos são sempre precipitados. (...)
>
> O militarismo republicano (Deodoro, Floriano) não é devido ao presidencialismo. É um legado do Império, que com a guerra do Paraguai fê-lo revelar-se mais agudamente, integrando-nos no quadro continental.
>
> Os críticos do presidencialismo se esquecem desta verdade de que a chamada "questão militar" foi iniciada no Império, e no fundo tem a sua primeira manifestação impressionante na queda de Zacarias, em 1868. O Exército já era então um terceiro partido que cortava com a espada o nó górdio liberal-conservador.
>
> As intervenções federais, as derrubadas às vezes sangrentas dos governos estaduais não representam tampouco — por lamentáveis e mesmo criminosas que tenham sido na República presidencial — fatos isolados, peculiares ao regime. São expressões da velha luta brasileira pelo equilíbrio entre a autoridade central e a liberdade federal. O Rio Grande talou-se e ensangüentou-se no Império e na República. A Bahia foi bombardeada na República e incendiada no Império. As causas não variaram.[123]

Vicissitudes políticas que não se explicam senão conhecidas suas relações profundas com os principais problemas sociais do Brasil de ontem e de hoje. Aos quais, inclusive, a sabedoria e o interesse populares dão maior importância e atenção, mesmo não conhecendo os argumentos e razões dos doutos juristas e legisladores:

> No fundo, para quem examine as coisas na perspectiva que oferecem a história e a sociologia, as raízes do Brasil permanecem. Nosso governo forte vem do Império, nosso drama federal vem do Império, nosso militarismo invasor vem do Império. Os sistemas de governo variavam, mas não os fatos objetivos da política. Logo, aqueles não são os

---

[122] Melo Franco e Pilla, 1958:87-88, 95-96.
[123] Ibid., p. 100-101.

responsáveis por estes. Os responsáveis são outros, e devemos encará-los de frente e não procurar ladeá-los nem evitá-los através de mudanças de rótulos e formas.

Os monstros que temos de abater são outros, que não o presidencialismo. São a miséria, a ignorância, a enfermidade, o isolamento, a improdutividade das massas populares nacionais.

Por trás da cortina das discussões teóricas, que o povo não entende e que não interessam ao povo, aqueles flagelos estão presentes, como uma guarda de espectros.[124]

Em 1952, Arinos foi mais uma vez chamado a relatar e a dar o seu parecer à nova tentativa do grupo parlamentarista, liderado por Raul Pilla, de emendar a Constituição de 1946, mudando o sistema de governo brasileiro.[125]

Se os sentidos gerais da rejeição ao parlamentarismo são aqui mantidos (e repetidos), é possível perceber, contudo, algumas pequenas mudanças.[126]

Começando por recuperar o espírito do parecer anterior, o autor inicia o seu relatório, propriamente dito, chamando a atenção para o modo como a emenda extrapolaria suas atribuições, de modo que deveria, a rigor, se apresentar sob a forma de um projeto completo de nova Constituição, pois que desvirtuaria completamente a Carta de 1946. São em seguida detalhados os inconvenientes da proposta no que se referia, especificamente, aos itens da "autonomia municipal", "separação de poderes", "convocação de suplentes", "composição do ministério" e "papel do Senado".

Desenvolvendo, em seguida, o argumento de que, de certo modo, na prática, cada vez mais os sistemas estariam se assemelhando e de que, portanto, as formas do direito constitucional clássico perderiam importância diante do papel concretamente desempenhado pelos partidos, Arinos contesta a tese de que o sistema parlamentarista permitiria de forma mais simples, rápida e menos traumática a alternância de poder, favorecendo dessa forma, inclusive, a solução de impasses e a governabilidade. O que na prática se estaria observando na experiência histórica, segundo ele, seria a permanente recomposição dos gabinetes dentro de uma mesma maioria que, nos regimes pluripartidários, tenderia a se formar através de frágeis coalizões. Isto implicaria, na verdade, "nem estabilidade, nem mudança de rumos".

No caso brasileiro, inclusive, este quadro se faria,

> com todos os inconvenientes que a nossa menos avançada educação política introduziria no caso, previsíveis desde logo no tipo de transações que os elementos do bloco majoritário seriam levados a fazer, para assegurar o rotativismo dos seus representantes no poder.[127]

---

[124] Melo Franco e Pilla, 1958:101.

[125] O parecer de 1952, ao contrário do anterior, foi voto vencido na Comissão (ver Melo Franco, 1965a:173).

[126] Todas elas devidas, evidentemente, à vitória eleitoral de Getúlio Vargas em 1950 (ver Melo Franco, 1965a:176).

[127] Parecer do relator sobre a Emenda Constitucional nº 4-B/1952 (parlamentarismo). *Anais da Câmara dos Deputados*, 7 nov. 1952, p. 6.

É interessante notar a referência à nossa "menos avançada educação política". Com efeito, os tempos áureos do Parlamento brasileiro aparecem aqui como coisa do passado. Se a nova ordem teria se inaugurado com perspectivas positivas — e, como veremos, elas ainda de algum modo persistem —, a esfera dos costumes políticos parlamentares já (ou ainda) se apresenta suficientemente comprometida para que dela possa advir o impulso principal para a consecução dos altos fins a que se destina a nova democracia.[128]

Já nas "considerações finais" de seu parecer, Arinos volta a argumentar que, se o objetivo da reforma fosse melhor preservar o Poder Legislativo diante da natural avidez do Executivo, o parlamentarismo não seria necessário, pois que o sistema proporcional e o pluripartidarismo já teriam demonstrado a sua capacidade de enfraquecer os presidentes (ou mesmo os primeiros-ministros). Mesmo em se tratando de homens de nítido "perfil autoritário" e apoiados por grandes forças extraparlamentares, como o general Eurico Dutra ou, é claro, Getúlio Vargas:

> o sr. Getúlio Vargas, que veio eleito numa onda de entusiasmo popular que encontra raros precedentes na nossa República, entusiasmo esse, radicado nas camadas menos esclarecidas do povo, facilmente transformável em apoio indiscriminado a quaisquer aventuras personalistas, digamos mesmo, caudilhistas, por parte dos detentores do poder. Não há negar que os democratas sinceros, ao tempo em que se faziam ouvir o tinir das espadas e os rumores surdos das massas fascinadas por uma espécie de irrefletida fé, puderam julgar possível a recaída do país na febre ditatorial. Puderam julgar possível e se prepararam, naturalmente, para a resistência. Mas a história tem a sua lógica, por vezes surpreendente.[129]

No caso em questão, portanto, a "lógica da história" teria se manifestado no enfraquecimento do poder presidencial pela evolução natural do sistema de partidos. E assim, "mesmo" Vargas teria sido forçado a transigir e a buscar entendimento com o Congresso.[130]

Por outro lado, acrescentava Arinos, não seria possível, ou desejável, que o sistema político brasileiro ficasse privado do que chamou seu "centro de estabilidade" — o Poder Executivo presidencial —, função que julgava desempenhada no Império pelo Poder Moderador, "sacrificada" na Primeira República e restaurada graças à Carta de 1946.

---

[128] Com certeza, não terá sido o espetáculo do jogo partidário, antes e depois das eleições de 1950 — em particular o que implicou o fim da coalizão de governo UDN-PSD e que envolveu os membros desta última agremiação, com a "cristianização" de seu candidato, tendo por resultado final a vitória de Vargas — que levaria Arinos a partilhar de muito entusiasmo pela classe política sua contemporânea: "Getúlio fora reconduzido ao governo, em 1951, pela associação de um grande impulso popular com uma magistral, embora amoral, manobra política. A esperança popular desaguara no PTB, a manobra política se situara no PSD" (Melo Franco, 1965a:354).

[129] *Anais...*, 7 nov. 1952, p. 11.

[130] Ibid., p. 12.

À primeira vista, portanto, no parecer em que recomendava novamente a rejeição da emenda parlamentarista, Afonso Arinos voltou a se utilizar de argumentos conservadores para se dirigir primordialmente a interlocutores que, seguramente inseridos no seu próprio campo de atuação política mais imediata,[131] continuavam a se deixar levar, contudo, em sua ótica, por um formalismo inoportuno. E cujo motor, a rigor, seria tanto um zelo doutrinário algo desatualizado — em função da evolução concreta do parlamentarismo no mundo — quanto uma espécie de pânico infundado, pela ameaça personificada no retorno do "caudilho". Ameaça que, à época, curiosamente, julgava institucionalmente contornada pela evolução natural do sistema de partidos — representativo, proporcional e pluripartidário — dentro do próprio regime presidencialista.

A ordem política liberal e harmônica, perfeita e naturalmente enraizada nas tradições brasileiras, renascida após a derrocada da ditadura e defendida por Arinos de modo tão entusiástico e (a princípio) otimista, mostrou-se em pouco tempo, contudo, muito frágil e profundamente marcada, ainda, pelas transformações do Estado Novo.

Em 1953, criticando o projeto de reforma administrativa do governo Vargas, Arinos já parece rever suas concepções sobre o caráter evolutivo da nova ordem, refinando sua análise com nuanças e ressalvas que, preservando o sentido geral de progresso institucional e a conseqüente confiança na sua efetivação, procuram dar conta também, contudo, dos desvios e deturpações que poderiam comprometê-lo. É o próprio fenômeno específico do caudilhismo, em sua (decisiva) versão varguista, que passa a ser desenvolvido histórico-narrativamente:

A partir de 1930 e principalmente a partir de 1937 entramos em fase de governo caracterizadamente pessoal como nunca, antes, conhecera a República, apesar de todos os desvios da sua organização política.

Nos governos pessoais, principalmente nos de tipo caudilhista latino-americano, o problema central, básico, é o da consolidação do poder. Num povo com os traços de cordura do brasileiro, e com a sua formação predominantemente patriarcal, a consolidação do poder pessoal se faria menos em função da criação de um sistema de força terrorista e repressiva (como se deu e se dá ainda em outros países do Continente) do que pela montagem de um amplo aparelho de distribuição de graças.[132]

O caudilhismo é, portanto, forma caracteristicamente personalista e, freqüentemente, ditatorial de exercício do poder. No caso em questão revestiu-se de características próprias ao momento histórico, à cultura política nacional e à índole do caudilho:

---

[131] No caso, o das oposições "democráticas sinceras" — que continham o próprio Pilla e seu Partido Libertador — e que, nas palavras de Arinos, "puderam julgar possível a recaída do país na febre ditatorial", com a eleição, em 1950, de Getúlio Vargas.

[132] Notas sobre o projeto de reforma administrativa. *Digesto Econômico*, abr. 1953, p. 121.

80 ▼ A POLÍTICA DOMESTICADA

Essa política paternalista tornava-se ainda mais sensível pelo fato de coincidir, na história contemporânea, com o grande surto intervencionista do Estado na defesa dos direitos sociais do indivíduo. Este movimento, que se acentuava particularmente em seguida à Primeira Guerra Mundial, atingia o Brasil pouco depois (a reforma constitucional de 1926, bem como leis ordinárias anteriores contêm indícios dessa evolução) mas foi, sem dúvida, em seguimento à Revolução de 1930 que se tornou um movimento consciente. No Brasil ditatorial a legislação trabalhista, coerente com as circunstâncias mundiais, foi poderoso instrumento para a consolidação do poder pessoal através da política paternalista.

Em vez de se fazer temer, como um Rosas no passado ou um Trujillo no presente, o ditador brasileiro, para durar, preferiu fazer-se estimar. Mas para consegui-lo, como de fato o conseguiu — e as eleições de 1950 são a prova irretorquível disto — foi levado a juntar o sábio mecanismo da propaganda moderna a uma formidável centralização administrativa, que fez depender da munificência presidencial, ainda fora do campo da legislação social, grande número de nomeações, a mais rotineira promoção, a mais mesquinha aplicação de qualquer verba federal. Assistimos, então, no decorrer dos últimos 22 anos, a este contínuo estreitamento de uma trama de dependências que, ao mesmo tempo que colocava nas mãos do presidente a vida individual de todos os brasileiros que sejam subordinados do governo ou com ele tenham direta ou indiretamente transações — vale dizer, a maior parte da população ativa do país — por outro lado distanciava enormemente o povo do poder. Este distanciamento se apresentou de duas formas. Foi distanciamento político porque a supressão da vida democrática retirou ao povo qualquer influência na formação dos governos, que se transformaram forçadamente em grupos constituídos ao sabor das próprias conveniências internas desligados da massa e colocados acima delas. E foi distanciamento administrativo, porque havendo somente propaganda, vinda de cima, mas nunca crítica, vinda de baixo, o resultado é que muitos problemas administrativos sérios nem chegaram ao conhecimento do supremo governante.[133]

Vargas e seu estilo próprio de "caudilhismo" são então retratados em suas especificidades, em suas características ditas "paternalistas" e distintivas, mais afeitas, portanto, aos "traços de cordura do brasileiro" e à sua "formação predominantemente patriarcal", inseridos, porém, num "gênero" mais amplo e comum de exercício do poder — os "governos pessoais". Não seria o Estado Novo nada além de uma versão tupiniquim de uma forma corrente e banal de apropriação espúria e pessoal do poder, apenas com características de estilo e propaganda particulares.

Graças ao processo, em grande medida inédito, de centralização política e de crescimento do aparelho de Estado levado a efeito por Vargas de 1930 a 1945, porém, o seu caudilhismo teria tido resultados políticos específicos, consubstanciados na criação de uma gigantesca rede de poder clientelístico submetida a Vargas e ao seu grupo. Como as moedas utilizadas pelo caudilho na criação dessa verdadeira economia política não podem ser de modo algum valorizadas — sob pena de se legitimar o que por definição tem de ser e permanecer ilegítimo —, o argumento se di-

---

[133] Notas sobre o projeto de reforma administrativa. *Digesto Econômico*, abr. 1953, p. 121-122.

rige à denúncia do "sábio mecanismo da propaganda moderna" e da "política paternalista".

Assim, é esse tipo de desvio — o paternalismo — que, inclusive, conspurca o possível sentido progressista da legislação social implementada em sua vigência (além, é claro, de explicar a vitória eleitoral de um ex-ditador, apenas cinco anos após sua deposição).

Nesse momento, porém, dado o objeto em debate, a crítica se concentra na denúncia das responsabilidades prévias de Getúlio e seu grupo pelas mazelas específicas da administração, de certo modo admitidas pelo próprio governo no envio da mensagem propondo a reforma ao Legislativo:

> Premiando ou castigando minuciosamente através de nomeações, promoções, remoções, demissões a civis e militares;[134] fazendo-se necessário aos governos locais ou às empresas privadas através de recursos dados habitualmente menos em obediência a planos gerais do que no propósito de premiar dedicações comprovadas ou fortalecer fidelidades duvidosas; exercendo com aplicação, malícia e paciência, durante longos anos, o papel de distribuidor oficial de castigos e benesses, foi o presidente criando em torno a si um sólido poder que, de repente, se revelou espantosamente inoperante dentro do verdadeiro sentido do poder político, o qual deve se preocupar muito mais com o homem do que com os homens.

> O movimento adquirido a partir de 1930, e agigantado depois de 1937, absorveu toda a primeira fase do novo regime constitucional, inclusive o governo Dutra, que não pôde se desvencilhar do sistema que encontrou.

Todo o aparato de poder desenvolvido por Vargas ao longo do Estado Novo, e todo o seu estilo de exercício desse mesmo poder, conquanto fossem de certo modo funcionais para a manutenção desse poder, não o seriam mais, contudo, para as tarefas governativas específicas da democracia. Esta demandaria uma competência e uma agilidade, em resumo, uma racionalidade administrativa tal que faria com que os mecanismos de consolidação do poder pessoal ditatorial se tornassem não apenas imorais — coisa que sempre e invariavelmente o foram — como também contraproducentes. Como de hábito, racionalidade e moralidade formam, aqui também, um par constante, legitimando-se e valorizando-se mutuamente:

> Não há dúvida que é muito favorável ao povo brasileiro a observação de que, aqui, uma ditadura nunca se conseguiria consolidar pelo terror, mas somente por um amplo movimento de benemerência paternalista.

> Mas esta observação não impede que tenhamos perdido imenso tempo na ditadura e sob a atual Constituição em atividades que não são senão de fachada, em propagandas mendazes, em medidas econômicas contraditórias ou de simples favoritismo a deter-

---

[134] Vale ressaltar que o próprio Arinos fora vítima desse sistema ao ser demitido de seu emprego no Banco do Brasil por sua participação na redação do "Manifesto dos mineiros", documento de oposição ao Estado Novo, de 24 de outubro de 1943.

minadas classes, e, principalmente, em uma centralização monstruosa que não visa à unificação do poder, para a realização de uma obra de governo, mas simplesmente ao monopólio de benefícios públicos, dados em caráter quase caritativo, para sustento de uma posição pessoal de mando.

É contra isso que o próprio governo hoje se levanta, convencido afinal de que o seu poder é excessivo por um lado, o lado pessoal, e muito deficiente por outro, o lado governativo. Parodiando a frase que, no Império, deu lugar a tanta discussão doutrinária, poderíamos dizer que, na República atual, o presidente manda mas não governa. Com a sua surpreendente e proclamada capacidade política de adaptação às circunstâncias, o sr. presidente da República permite, agora, que em seu nome sejam denunciados com justiça atos cuja responsabilidade, em tão alto grau, lhe incumbe.

O esmagamento do presidente pelas tarefas hoje consideradas secundárias só se deu porque, no longo período de consolidação do poder pessoal, tais tarefas tinham, como vimos, primacial importância. O progressivo aniquilamento da autoridade dos ministros, tão desenvoltamente confessada no documento palaciano, é conseqüência necessária do processo acima referido.[135]

Pode-se ver num certo tom irônico que perpassa toda a denúncia, na configuração que Arinos faz do discurso governamental como sendo uma admissão, um reconhecimento — se não obviamente de culpa ou responsabilidade, ao menos do fato de que a administração atual teria se enredado numa espécie de armadilha criada, anteriormente, pelo próprio governante —, pode-se, portanto, ver aqui a crença do autor em estar de posse de uma razão, de estar imbuído de uma consciência mais ampla, de ocupar enfim uma posição intelectual e moralmente superior, que o autorizaria responsabilizar, julgar e prescrever, de acordo com imperativos históricos incontornáveis, expressos na nova ordem política competitiva e na necessidade de obtenção e demonstração de resultados concretos por parte do governo. É como se, a despeito da involução dos costumes políticos e do retorno do caudilho ao poder, com base na propaganda demagógica e na ingenuidade popular, as forças do progresso social e, *pour cause*, institucional, ainda falassem mais alto.

O acento moral, contudo, permanece evidente e preponderante, se não mais pela natural desenvoltura do costume, ao menos (ou ainda mais) pelas imposições da razão histórica:

Do que foi dito se conclui que a legislação brasileira, como também os hábitos administrativos do país ainda não se adaptaram convenientemente à base constitucional reconquistada.

Devemos reconhecer, aliás, que tal adaptação não poderia ser alcançada da noite para o dia. Ela tem de assentar, preliminarmente, na firme e sincera vontade dos governantes, porque é a mente dos homens de governo que anima o texto das leis, de pouco

---

[135] Notas sobre o projeto de reforma administrativa. *Digesto Econômico*, abr. 1953, p. 122-123.

valendo um sistema legal aplicado com resistências ou reservas mentais. A prova de que a lei por si só não altera os hábitos, temo-la ao alcance da mão. A Constituição dá aos ministros responsabilidades definidas, mas os hábitos os transformam, como reconhece o presidente, em figuras inexpressivas.[136]

A advertência quanto à necessidade da "firme e sincera vontade dos governantes" não parecia contradizer, portanto, a confiança de Arinos na força e resistência da nova ordem, no seu impulso ao mesmo tempo restaurador e evolutivo. E embora não houvesse motivos para crer numa mudança de estilo ou motivações por parte do velho presidente, o seu poder desviante parecia, ainda, controlável.

O fato porém é que Getúlio voltara *efetivamente* ao poder — ou seja: de acordo com recursos e mecanismos de poder se não hegemônicos, porém plenamente ativos e eficientes (como, aliás, em certa medida, Arinos bem o reconhece na descrição minuciosa do longo e abrangente processo de construção de certos elementos da máquina varguista).[137] E rapidamente todas as expectativas que o autor poderia ter com relação ao potencial evolutivo e independente do sistema democrático recém-instalado — de acordo com os valores e ideais que preconizava — tiveram de ser, ao menos, postas em suspensão. O relógio da história parecia retroceder, e em pouquíssimo tempo nem os partidos nem a Constituição, embora perfeitamente sintonizada com o "espírito do tempo", pareciam mais capazes de exorcizar, por si só, o fantasma do retorno à ditadura.

Relembrando esse período em suas memórias, Arinos (1965a:258) lamenta as oportunidades perdidas, reduzindo assim as variáveis geradoras da crise final do segundo governo Vargas a um único fator:

> Tinha-se a impressão de que a Câmara superara os ódios e divisões da ditadura. Ainda seria possível o sucesso de um bem conduzido esforço de união política, visando a consolidação da democracia e o progresso do país. Mas a incorrigível ambição de poder pessoal de Getúlio Vargas, reanimada, talvez, no seu declínio físico, pela co-

---

[136] Notas sobre o projeto de reforma administrativa. *Digesto Econômico*, abr. 1953, p. 123.

[137] O que também se torna claro na descrição é o profundo desprezo (se não mesmo menosprezo) que o autor parece nutrir por essa espécie de fenômenos ao mesmo tempo tão básicos quanto corriqueiros da vida política na democracia de massas, que são as chamadas "máquinas políticas". A rigor, esse desprezo não teria nada de fortuito, pois que as máquinas políticas parecem ter surgido justamente em decorrência do processo de massificação da política democrática e em clara oposição ao poder intrapartidário dos "notáveis", ambos movimentos de difícil assimilação para um etos como o de Arinos. Assim, tomando justamente o caso inglês como exemplo, Weber (1982:124) assinala os princípios do movimento: "Essas formas modernas [máquinas] são filhas da democracia, do direito de voto das massas, da necessidade de cortejar e organizar as massas, e desenvolver a maior unidade de direção e a disciplina mais rigorosa. O governo dos notáveis e a direção pelos membros do parlamento cessam".

biça dos grupos de aproveitadores que o cercavam, reascenderia, em breve, o fogo das suspeitas e dissensões, que iriam desembocar no 24 de agosto.[138]

Em fevereiro de 1954, já em meio ao clima de radicalização política que conduziria o país ao desfecho de 24 de agosto, Arinos subiu à tribuna da Câmara para responder ao ataque de Tancredo Neves, ministro da Justiça de Vargas, que negara a existência, naquele momento, de uma oposição digna deste nome.

Logo de saída ressalta a noção acerca da superioridade racional da democracia sobre a ditadura, e das conseqüentes imposições que dela decorrem para a prática política. O que implica falar também das novas qualidades imprescindíveis aos estadistas (e, evidentemente, ausentes em seus adversários):

> Sr. presidente, a democracia é essencialmente um regime que não permite improvisações sem base. Para que se possa, de fato, atingir a uma estatura de homem público, com as responsabilidades do poder federal, necessário se torna um aparelhamento intelectual, um prestígio político, enfim, uma tradição no trato da coisa pública que não podem ser improvisados. Os regimes ditatoriais podem improvisar, pela escolha carismática do poder, estadistas, condutores, responsáveis. No regime democrático, a seleção se processa inexoravelmente na liberdade dos debates, na amplidão dos encontros, afinal de contas, em toda a vibração e fermentação da vida pública.[139]

Mais adiante, o autor responde à acusação de Tancredo — "não há oposição" — descrevendo o governo como carente de qualquer espírito público — numa perfeita antítese ao sentido moral atribuído à figura do estadista — e responsável pelo rebaixamento da política ao puro facciosismo:

> Não há governo, há um conluio, há uma camarilha que se apoderou, neste país, dos instrumentos do poder e que dele se serve para atingir seus objetivos particulares, e para satisfazer suas paixões e seus interesses pessoais. Não pode haver oposição organizada onde não há governo organizado.[140]

A seguir o discurso desemboca no seu alvo preferencial, elaborando a noção de que haveria total incompatibilidade e descompasso entre Vargas e o momento histórico em que ele, novamente, foi guindado ao governo. A própria relação que o ex-ditador tinha com o poder, a íntima e complexa afinidade que possuía com seus

---

[138] Mais tarde, porém, no depoimento prestado ao Cpdoc, Arinos sintetizou o drama do segundo governo de Vargas da seguinte forma: "o fundo da crise do segundo governo Vargas, a meu ver, liga-se ao fato de que ninguém na UDN acreditava que ele não quisesse voltar a ser ditador. Havia o medo da aliança com Perón e a convicção de que o nacionalismo e o trabalhismo de Getúlio eram em si uma ameaça e um veículo para a permanência no poder" (Camargo et al., 1983:140).

[139] Ibid., p. 233.

[140] Ibid., p. 236.

meandros, surge, na ótica de Arinos, em sofisticadas operações conceituais (ou pro-toconceituais) em que os mistérios da personalidade de Vargas são perscrutados e, por fim, definidos, no sentido de sua condenação, se não explicitamente (ou apenas) pela moral, com certeza pela história:

> Esta é de fato a posição, a formação, a inclinação do sr. presidente da República. Sua Ex.ª não mudou, não transigiu, não se amoldou, até hoje não se afeiçoou ao sistema constitucional, por isso já disse eu que Sua Ex.ª está contido, mas não modificado, por isto, já declarei que Sua Ex.ª é um homem de poder mas não de governo. E tão do po-der é Sua Ex.ª, tão indissoluvelmente ligado à paixão do poder que, em momentos em que este poder vacila, em que esse poder entra em risco ou ameaça atravessar fase de colapso, Sua Ex.ª sacrifica aquilo que o poder tem de domínio, passa, transfere, cede, dá em herança a outros o domínio, a ação do poder, para manter, entretanto, as pos-sibilidades de sua existência, a fim de que, superada a crise, transposta a passagem, amainados os ventos, vencida a tempestade, possa Sua Ex.ª então recolher, novamen-te, nas mãos aquele instrumento de domínio e fazer com que se reincorporem aos seus quadros do poder, que é o que Sua Ex.ª deseja, que é aquilo com que Sua Ex.ª so-nha, a atmosfera da qual a sua formação não se pode separar. No momento, ele dis-persa, ou antes, no momento entrega ao nobre ministro da Fazenda atribuições da maior significação, que reproduz, que define, que relata e que louva no seu discurso; mas, no mesmo momento, transfere ao jovem, ao simpático, ao impetuoso e, creio até que bem intencionado sr. João Goulart, outras atribuições de domínio, a fim de que esses ministros, separadamente, dispersamente, exerçam cada qual o domínio que de-ve competir ao poder, de forma a perturbar, a confundir, a obscurecer (...), a fim de provocar então aquelas crises que façam refluir, ao leito comum, os domínios sepa-rados, as atividades dispersas, as iniciativas autônomas, e tudo isso converge para o leito comum de Vargas, para o largo talvez de Vargas, para a pessoa de Vargas, para a continuação de Vargas. Esta a sua posição, mas uma posição superada. Esta a sua pai-xão, mas uma paixão ressequida. Esta a sua esperança, mas uma esperança esmaecida pelos ventos sadios da realidade.[141]

Ressalta na narrativa sobre o suposto cálculo de Getúlio a dicotomia intro-duzida por Arinos entre o poder e o governo. Vargas é um homem do poder, mas não do governo. Este seria apenas um meio subordinado a seus projetos maiores de con-servação do poder, a seu "continuísmo". Assim, o que explica as eventuais contra-dições do governo, expressas, por um lado, na política econômica levada a cabo pelo ministro da Fazenda, Oswaldo Aranha,[142] e, por outro, na política trabalhista, pa-trocinada por João Goulart, além de outras eventuais — e, de fato, freqüentes — am-bigüidades do segundo mandato do "caudilho",[143] seria pura e simplesmente a sua imutável natureza, o seu desmedido apego pelo poder. Não haveria, a rigor, para o governo Vargas, qualquer diretriz maior, qualquer projeto mais amplo, quaisquer fi-nalidades outras que não a mera conservação do poder, o que nas atuais circuns-

---

[141] Camargo et al., 1983:241.
[142] Amigo pessoal de Arinos (ver Melo Franco, 1968:50).
[143] Sobre essas ambigüidades, ver D'Araujo (1982).

86 ▼ A Política Domesticada

tâncias só poderia ser plenamente obtido com um novo sacrifício da nova ordem constitucional. Todo o movimento político originário do Catete seria puro diversionismo, puro jogo de cena, manipulação demagógica da opinião pública e manobra para envolvimento de seus adversários. Voltávamos, de fato, a 1937.

Agora, porém, os desígnios continuístas do ex-ditador não deixariam de encontrar forte resistência. Suas artimanhas já seriam largamente conhecidas e seus movimentos totalmente previsíveis. À certeza da imutabilidade de sua natureza, de seu inevitável deslocamento no sentido do golpe, somava-se a não menos sólida convicção de seu fracasso, da inviabilidade histórica de qualquer projeto golpista por parte de Vargas.

Chegados os idos de agosto e a eclosão da fase terminal da crise, Arinos atinge o que pode ser considerado o ápice de sua carreira de orador. Com os vigorosos discursos que marcaram a intervenção do então líder da oposição no desenrolar da crise — em especial o de 13 de agosto de 1954, intitulado "Mas que é a verdade?", em que explicitamente apela à renúncia de Vargas —, sua produção alcança todo um poder de síntese e expressividade, onde muito mais do que qualquer refinamento teórico, tirocínio analítico e historiográfico, ou simples capacidade retórica e ideológica de arregimentação de forças ou de ofensiva partidária, ressalta todo um engajamento existencial, ao mesmo tempo moral e estético, que nele compromete inteiramente o seu agente ou locutor. Como se às palavras fosse dado todo um poder demiúrgico, de fato excepcional, sem dúvida circunscrito a um momento particular e raro de mobilização emocional coletiva, mas assim mesmo, ou por isso mesmo, capaz — e/ou inteiramente à mercê do desejo — de ativar e direcionar o fluxo das iniciativas, de mover, ou demover, os atores de suas posições prévias, mais ou menos passivas, no sentido de um desfecho, de um desenlace, ou de uma catarse.

Curiosamente, esse apogeu, com todos os desdobramentos que se seguiram aos discursos — mesmo que absolutamente não creditáveis a eles —, deixou suas próprias marcas na trajetória subseqüente do autor. Com efeito, o comprometimento de Arinos no episódio, por força única e exclusiva de sua intervenção discursiva excepcional, por seu completo engajamento estético e moral através da palavra, irá conformar toda a sua produção posterior, assim como sua peculiar relação com os mundos conexos, interligados, porém conflituosos e, até certo ponto, ou em certos momentos, autônomos, da política e da literatura, em suas diversas formas.

Poucos dias após o atentado contra Carlos Lacerda, na rua Toneleros, em que foi morto o major Rubem Vaz, que acompanhava e protegia o polêmico jornalista, Arinos discursa como líder da oposição, fazendo o inventário histórico do legado político de Vargas e apontando, já, a solução da crise na renúncia do presidente.[144]

A trajetória de Vargas seria então, de acordo com Arinos, marcada pelo fracasso, pelo desperdício de todas as chances excepcionais para a realização de uma

---

[144] "Nesse longo discurso, (...) a oposição entrou de chofre no problema, na tragédia, marcando as linhas mestras de uma evolução inexorável. Daí por diante a nossa sorte estava lançada. Novos fatos e circunstâncias poderiam retificar ocasionalmente algum rumo, mas, no essencial, a posição ficava tomada, e não havia como recuar" (Melo Franco, 1968:318).

missão, para a consecução de uma obra política digna de um verdadeiro estadista. É negado ao Estado Novo qualquer significado maior de ordem institucional e histórica, e seu construtor é caracterizado como um político sem perspectivas e sem objetivos que não a pura e simples manutenção do poder.[145] Desse modo, à era Vargas corresponderia, na verdade, a traição dos ideais tenentistas que teriam desembocado na Revolução de 1930. Getúlio teria pois usurpado as bandeiras dos revolucionários, fossem estas liberais ou socialistas, e as manipulado para a realização de seus próprios fins, os quais, a rigor, se resumiriam à pura reprodução dos meios do poder.

Agora, porém, seu tempo estaria esgotado e não haveria mais espaço para suas artimanhas e manobras:

> Afastar-se, licenciar-se, renunciar são coisas que ocorrem nos países democráticos, que têm ocorrido muitas vezes e muitas vezes sido remédio para a solução dos problemas políticos sem remédio. Há, nele, muitas vezes, um coração cansado, um cérebro desencantado, uma alma fatigada por experiências negativas, a consciência de uma carreira que poderia ter sido um grande destino histórico, carreira de um homem a quem foi dado realizar as três grandes revoluções que a República jamais empreendeu — a revolução liberal, a revolução ditatorial, a revolução trabalhista ou revolução social — e que não realizou nenhuma delas, porque não tem o espírito do revolucionário verdadeiro, porque não tem a inclinação e a envergadura do verdadeiro estadista, porque não é senão um amoroso permanente, um cobiçoso constante, um enamorado inalterável do poder, não do poder pelo que ele tem de construtivo, não do poder pela força que representa, de domínio sobre os demais, mas o poder como instrumento, como jogo de instrumentos, como acumulação de processos, como síntese de providências para submeter os outros a si. Esta a meu ver, a chave da personalidade do eminente sr. presidente da República. Sua Ex.ª não tem aquele influxo poderoso do homem nascido para o poder, tanto assim que atira, e abandona, desiste, larga o poder quando em risco a manutenção dos instrumentos desse poder. O que Sua Ex.ª quer é o monopólio dos instrumentos do poder, ainda que do poder não disponha; o que Sua Ex.ª quer é dizer que tem a polícia, ainda que esta esteja inerte e que outras forças sociais estejam muito justamente e muito logicamente atuando em vez da polícia; o que Sua Ex.ª quer é ter aquela máquina, aqueles aparelhos, aqueles contatos, aquela alavanca com que o poder se pode restaurar quando passam as crises, para que passadas essas crises, esquecidas na memória volúvel dos homens, mais volúvel do que a escrita do mar sobre as areias, mais volúvel do que a sombra, do que o risco do pássaro nos céus, para que, depois de ter na memória vulnerável dos homens, desaparecido os derradeiros resquícios da última revolta, o poder se restabeleça, pela utilização de seus instrumentos e o domínio das personalidades se renove, pelo restabelecimento desse poder.

---

[145] Comentando o golpe de 10 de novembro de 1937, Arinos (1961a:366) diria que "a Vargas e aos sequazes militares não interessava construir nada de estável, senão que, precisamente pelo contrário, só lhes interessava destruir a estrutura legal e permanente do Estado ('remover os intermediários entre o governo e o povo' como eles diziam), a fim de que fosse instalada, no país, a ditadura pessoal típica, paternalista, pachorrenta e saudável, a ditadura da coxilha e do galpão".

88 ▼ A Política Domesticada

Esta, a meu ver, a grande chave, a tragédia inútil, a monótona, a monocórdia, a disciplina, a tediosa tragédia do sr. Getúlio Vargas. Para manter um poder que não exerce, para servir-se de uma força que não utiliza, para usar dos instrumentos de que não dispõe, amortece o país, aniquila as resistências, confunde os valores, desbarata as esperanças, desgraça a nação.

Sr. presidente, estas as primeiras palavras com que venho, como líder de minha bancada, embora incerta e contraditoriamente, exprimir o pensamento que nos une. Nosso pensamento pode ser, afinal, corporificado, sintetizado nesta deliberação firme: havemos de acompanhar até o fim este caso, que será a *corea de muros* ou o caixão da República![146]

Destaca-se neste trecho a distinção que Arinos faz entre o caráter construtivo e o meramente instrumental do poder, e que recoloca em questão o sentido moral da prática política, subordinada que é, ou melhor, que deveria ser, à consecução de fins públicos, de interesse da "vontade geral", para os quais constituiria os meios.

Getúlio não apenas traiu os ideais daqueles que foram seus companheiros de luta, de campanha e/ou revolução, em 1930, ou mesmo nos primeiros anos do Governo Provisório;[147] ao fazê-lo, ele assenhoreou-se pessoalmente dos recursos do poder, como talvez nunca dantes se fizera em nosso país, reduzindo-os, na visão de Arinos, à mais pura e desnudada instrumentalidade política. O mal perpetrado por Vargas seria então ainda maior e de muito transcenderia o seu mero período de exercício, ou mesmo os seus desdobramentos políticos mais imediatos (tal como consubstanciados na chamada "máquina varguista" do pós-1945): ele atingiria a própria base de legitimação de qualquer princípio de autoridade pública, os próprios fundamentos morais do poder, ao exibi-lo assim como simples "instrumento, como jogo de instrumentos, como acumulação de processos, como síntese de providências para submeter os outros a si". O rei se desnudara e com ele a própria realeza.[148]

---

[146] "Em que país estamos nós?" — discurso sobre a morte do major Rubem Vaz, 9-8-1954. In: Camargo et al., 1983:252-253.

[147] Entre os quais se situavam, é claro, os Melo Franco: Afrânio e Virgílio.

[148] Em *Um estadista da República* (1955, v. 3, p. 1303), Arinos elaborou em detalhe as diferenças pessoais, sociológicas e de amplo significado histórico que existiriam entre Washington Luís, último presidente do antigo regime republicano brasileiro, e Getúlio, seu algoz político: "Psicologia simples, sem ser simplória, sua honradez pessoal inatacável [WL] fazia com que ele confiasse nos correligionários e também nos adversários, quanto ao cumprimento das combinações feitas. Mas o orgulho não lhe permitia distinguir bem até onde ia a combinação e onde começava a imposição. (...) No fundo, a confiança do orgulhoso honesto não é naqueles com quem trata, mas em si próprio. Washington Luís confiava soberanamente em si, nos valores presidencialistas que encarnava: o grande Estado, o pulso forte, o Congresso submisso, a farsa eleitoral. (...) Em Washington Luís se aliavam, pois, as condições que faziam dele o presidente típico da Primeira República, modelo clássico, de um classicismo levado ao exagero, o qual é, por sua vez, precursor da decadência. Ao contrário disso, Getúlio Vargas reunia, na sua complexa figura, aqueles atributos necessários ao passo de transição do superpresidencialismo para o antipresidencialismo; capacidade para o gesto de arrancar a leve túnica da lei que travestia o corpo daquela República e exibi-la brutalmente na sua nudez natural, que era a da ditadura".

De certo modo, o próprio Getúlio, presidente agora eleito constitucionalmente pelo povo, seria uma vítima desse processo de despojamento da autoridade e desnudamento do poder, por ele mesmo desencadeado,[149] e cujo desenlace teria se dado no atentado (quando elementos seus subalternos, possivelmente seguros da impunidade, comprometeram irremediavelmente a sua posição).

E assim, apesar de apoiar-se — com uma certa dose de sabedoria política e conhecimento de causa — na volubilidade da memória dos homens, não poderia o ex-ditador furtar-se ao juízo da história, cujo relógio caminhava no sentido da sua superação, rumo a um novo patamar de autoridade e legitimidade.

Getúlio, porém, não renunciou. Em discurso proferido no dia 12, em Minas Gerais (berço e reduto político de Arinos), reagiu ao que chamou de mentiras da oposição, ou seja, a atribuição de responsabilidade ao Catete pelo atentado e pela morte do major.

O contra-ataque de Arinos foi imediato.[150] No dia 13 proferiu aquela que seria a mais importante peça de oratória de sua carreira (e que, como já adiantei e explorarei melhor adiante, marcou toda a sua trajetória posterior).

Após responder às acusações do presidente — ou ao que delas chegou a seu conhecimento —, Arinos desenvolve seu argumento até concluir com a descrição da erosão inapelável e completa de qualquer base de autoridade e legitimidade para a permanência de Vargas no poder, dirigindo-se pessoal e dramaticamente a ele e por sua renúncia:

> Nós queremos dizer face a face, frente a frente, em alto tom, com a vista diretamente dirigida aos olhos do povo brasileiro, que não estamos agindo aqui como oposição, que eu não estou falando aqui como líder de meu partido, que eu estou falando aqui como deputado de meu povo, como representante de minha nação — que eu estou falando pela voz estrangulada dos que temem ou dos que não podem falar, que eu estou tendo o privilégio de dizer aquilo que toda gente pensa, inclusive os companheiros governistas que vêm aqui dizer que não pensam conosco; que eu estou sob qualquer risco, enfrentando qualquer ameaça, olhando de frente qualquer tentativa de intimidação, qualquer apodo, qualquer injúria, qualquer crime, cumprindo o meu dever de brasileiro, dizendo ao povo do Brasil que existe no governo deste país uma malta de criminosos e que os negócios da nossa República estão sendo conduzidos ou foram conduzidos até agora sob a guarda de egressos das penitenciárias ou pretendentes às cadeias. É o que venho dizer, é o que estou dizendo, é o que nós todos diremos. Isso que dizemos não é palavra de oposição, isso que dizemos é o clamor popular, isso que

---

[149] De forma similar à do caso específico da rotina administrativa, que observamos antes, no debate sobre a reforma administrativa de 1953.

[150] "No dia 9, eu havia feito um discurso sobre o atentado (...). Em Minas, Getúlio me chamou de mentiroso. Disse que o panorama que havíamos criado — as urdiduras e as conseqüências do crime — era mentira. Fiquei danado da vida! Falei mais do que queria, não me contive. Foi a primeira vez que perdi inteiramente o controle sobre o discurso. Eu não podia me controlar, a ponto de ouvir a minha voz como se fosse uma outra pessoa. Tive uma espécie de histeria. Foi uma coisa incrível" (Camargo et al., 1983:150).

estamos dizendo não é desafio da ambição, isso que estamos dizendo é o dever da humildade, é o cumprimento duro, é o cumprimento inflexível da nossa obrigação.

Por isto, sr. presidente, eu falo a Getúlio Vargas. Eu falo a Getúlio Vargas, como presidente e como homem. Eu falo a Getúlio Vargas, como presidente, e lhe digo: presidente, lembre-se Vossa Ex.ª das incumbências e das responsabilidades do seu mandato; lembre-se dos interesses nacionais que pesam não sobre a sua ação somente, mas sobre a sua reputação. Eu lhe digo: presidente, houve um momento em que Vossa Ex.ª encarnou, de fato, as esperanças do povo; houve um momento em que Vossa Ex.ª, de fato, se irmanou com as aspirações populares. Premido pelo povo, Vossa Ex.ª, que tinha sido fascista e partidário dos fascistas, foi à guerra democrática. Levado nos ombros do povo, Vossa Ex.ª, que oprimiu o povo e que esmagou o povo, entrou, pela mão do povo, no Palácio do Catete. Mas eu digo a Vossa Ex.ª: preze o Brasil que repousa na sua autoridade; preze a sua autoridade, sob a qual repousa o Brasil. Tenha a coragem de perceber que o seu governo é hoje um estuário de lama e um estuário de sangue; observe que os porões do seu palácio chegaram a ser um vasculhadouro da sociedade; verifique que os desvãos de sua guarda pessoal são como subsolos de uma sociedade em podridão. Alce os olhos para o seu destino e observe as cores da bandeira, e olhe para o céu, a cruz de estrelas que nos protege e veja como é possível restaurar-se a autoridade de um governo que irmana com criminosos, como é possível restabelecer-se a força de um Executivo caindo nos últimos desvãos da desconfiança e da condenação.

Sr. presidente Getúlio Vargas, eu lhe falo como presidente: reflita na sua responsabilidade de presidente e tome, afinal, aquela deliberação que é a última que um presidente na sua situação pode tomar. (...)

E digo ao homem, que é pai, que tem filhos e irmãos: lembre-se das famílias; lembre-se, se tem realmente o coração cordato e a alma cristã a que ontem se referiu, de estar sentado olhado e surpreendido pelo povo como um Sileno gordo, pálido e risonho, indiferente ao sangue derramado; lembre-se, homem, de que é preciso levantar o coração dos homens; lembre-se, homem, de que é preciso dar esperanças aos homens e mulheres deste país. E eu lhe digo, homem: ponha bem alto o seu coração. E eu lhe solicito, homem, em nome do que há de mais puro e mais alto no coração do meu povo: lembre-se, homem, pela luz do céu; lembre-se, homem, pelas folhas e pelas flores que começam a brotar neste princípio de primavera; lembre-se, homem, pelas igrejas da minha terra, que ontem, bateram os sinos contra a sua voz; lembre-se, pelos olhos azuis da Irmã Vicência, que se curva, hoje, com os seus oitenta anos, no Convento de Diamantina, rezando pelo bem do Brasil; lembre-se, homem, pelos pequeninos, pelos humilhados, pelos operários, pelos poetas; lembre-se dos homens e deste país e tenha a coragem de ser um desses homens não permanecendo no governo, se não for digno de exercê-lo.[151]

É como se Arinos exortasse Getúlio a ser, afinal — e ao final —, o estadista que, a seu juízo, nunca fora e que deveria ter sido. À transcendência do orador —

---

[151] "Mas que é a verdade?" — discurso pedindo a renúncia do presidente Getúlio Vargas, 13-8-1954. In: Camargo et al., 1983:258-259.

que não traz simplesmente a "palavra da oposição" mas sim vocaliza o "clamor popular" — deveria corresponder, ao menos neste último momento, alguma forma de desprendimento da parte do caudilho, algum gesto de desambição, de altruísmo e de sacrifício pessoal em prol do interesse maior do povo.

Com efeito, nas várias menções posteriores de Arinos ao caráter extraordinário do momento e das condições em que se processou esse discurso, ele o caracteriza como o resultado de uma espécie de transe ou possessão. Como se, naquele momento, não fosse nada além do veículo de uma vontade, de uma razão, de uma voz que não exatamente a sua, ou somente a sua.[152]

Por outro lado, a transcendência da política, de seus elementos partidários e facciosos mais imediatos, se traduz também, num outro nível, no apelo ao "homem" Getúlio, feito pelo "homem" Arinos, numa autêntica fusão das dimensões públicas e privadas dos dois interlocutores que, de fato, já haviam privado, no passado, de maior proximidade pessoal.[153] Como se o diálogo entre os antigos aliados e atuais adversários se fizesse ali, da tribuna da Câmara, através da cidade, ou melhor, do país — dos prados gaúchos às igrejas de Minas, inclusive — até o Catete, com a participação e a cumplicidade de todo o público.

Como se, nos momentos mais críticos, pudéssemos, ou devêssemos, para impedir a anarquia e, no limite, a guerra civil, refluir a política ao leito de uma vida comunitária una e abrangente. Como se a palavra tivesse o condão de (re)estabelecer uma comunhão nacional (se não humana) ali onde o jogo dos interesses e a organização das paixões, ao longo da história e suas reviravoltas, dividiu, marcou e segregou. Uma comunidade que incorporaria em seus braços o próprio Getúlio, redimido, fazendo com que o apelo de Arinos — e através de Arinos — pela renúncia se tornasse, afinal, irresistível. Como se, afinal, somente a renúncia pudesse conduzir à paz, à concórdia e à comunhão.[154]

Se, com seu discurso, Arinos pautou-se, ou deixou-se levar, por algum sentimento de comunalidade com seu maior adversário, no momento mesmo de seu mais dramático enfrentamento com ele, seus correligionários, porém, seguiam — mais realisticamente? — fiéis à pura lógica conflitual da política. Ao descer da tribuna — ainda dominado pela emoção e por seu "transe" —, Arinos foi efusivamente

---

[152] Ver nota 150 e Alberti (1994).

[153] E que, inclusive, possuíam longínquos laços de parentesco entre si: "Getúlio Vargas descendia, como eu descendo, em linha direta, de Amador Bueno. No livro sobre a genealogia do *Aclamado*, o presidente, Virgílio e eu figuramos no mesmo grau de descendência" (Melo Franco, 1965a:333, nota 81). Essa nota foi inserida na transcrição que Arinos fez, em suas memórias, de trecho do discurso de 13 de agosto de 1954, onde se refere aos laços de consangüinidade que o ligavam ao adversário: "lembre-se, homem, de que em seu sangue corre como no meu o sangue dos heróis e não se acumplicie com os crimes dos covardes e com a infâmia dos traidores".

[154] Não soam, portanto, de modo algum fora de propósito as alusões aos "olhos azuis da Irmã Vicencia".

cumprimentado por eles, segundo os quais teria, ali, com seu discurso, derrubado o presidente.[155]

A deposição de Vargas só se consumaria, contudo, mais de uma semana depois, e teria seu desenlace surpreendente no gesto extremado do suicídio. O eterno "cobiçoso, amoroso do poder pelo poder", preferiu matar-se a se entregar a possíveis retaliações e humilhações, dando à tragédia o seu toque pessoal e final.[156]

Fossem quais fossem suas razões, o caudilho não se curvara ao apelo de Arinos. Se renunciou, o fez à sua maneira, e se de algum modo entregou-se a alguma comunhão, esta por certo não seria tão abrangente ou tranqüilamente altruísta quanto a do discurso de Arinos.

De qualquer modo, ainda na véspera do suicídio, Arinos voltou a discursar. Nesse momento, porém, sua intervenção parece retomar a frieza e o autocontrole de costume.[157] Nele procede, em primeiro lugar, a uma verdadeira redução dos sentidos da crise — e, conseqüentemente, do peso do governo Vargas na institucionalidade política brasileira mais ampla. Logo em seguida, passa a uma oportuna exortação do papel tranqüilizador das Forças Armadas na condução dos rumos para a solução da crise.

Tudo parecia se encaminhar para o final previsto (e desejado), ou seja, a renúncia de Vargas, obtida, contudo, por imposição das Forças Armadas. O discurso, a rigor, parece falar já para o dia seguinte ao da crise, ao de sua superação:

---

[155] "Lembro-me de que desci meio atordoado, mal ouvindo as palmas que me saudavam, mal distinguindo os companheiros entre os que me recebiam de pé, festejando o que eu dissera. Só tive noção exata do impacto que acabara de causar quando percebi que o emotivo, o corajoso deputado paulista Pereira Lima me abraçou chorando. Logo depois um outro acercou-se e me disse: 'Você derrubou o governo'. Muito tempo depois, Café Filho e Gustavo Capanema disseram-me o mesmo: 'Seu discurso derrubou o governo'"(Melo Franco, 1965a:333).

[156] Não cabe aqui lucubrar a respeito das reais dimensões e implicações que o discurso do dia 13 de fato trouxe para o desfecho da crise. Não resta dúvida, contudo, que para o próprio Arinos o seu impacto à época foi inquestionável (inclusive comprometendo, como vimos e ainda veremos melhor adiante, toda a sua trajetória pessoal posterior). Ainda no trecho (1965a:334) onde rememora o episódio, ele conclui do seguinte modo: "Comecei a perceber que um episódio irreversível se criava com aquele discurso. Não havia mais como recuar. Ou o governo dominava a situação, e estávamos perdidos, ou não a dominava, e não poderia continuar. Subi, exausto do esforço, para o meu gabinete. Anah completou minha impressão de que vivera algo de excepcional ao empregar uma palavra que nunca usa: 'Foi estupendo', disse. Olhei-a com enternecido carinho, mas não lhe revelei o que me ia no fundo do coração. Comigo mesmo eu pensava: como acabaria tudo aquilo? Para onde corria o Brasil e nós mesmos, dentro do turbilhão? Tudo poderia acontecer daí por diante".

[157] "O dia 23 transcorreu na Câmara sem maiores abalos. Capanema disse a Café Filho que estava prevendo para aquela sessão um 'tremendo discurso' meu (...). Na verdade o discurso, embora longo, não teve nada de propriamente novo" (Melo Franco, 1965a:341).

O que desejamos, o que pretendemos, aquilo em que insistimos particularmente é salientar que estamos atravessando uma crise constitucional, mas não uma crise da Constituição; estamos vivendo uma crise institucional, mas não uma crise das instituições. Esta diferença é mais significativa do que poderia parecer. Não é um simples jogo de palavras. O que desejo acentuar aqui é que qualquer Estado, principalmente qualquer Estado de direito, principalmente qualquer regime político que se moldure e que se reja por determinados princípios jurídicos, deve, invariável e infalivelmente, atravessar crises institucionais e crises constitucionais, abalos, perturbações, vacilações. Mas, sr. presidente, é absolutamente injusto e, mais do que isto, extremamente errôneo e perigoso confundirmos, nós outros, aqueles a quem o destino e o mandato do povo entregou uma parte de responsabilidade na vida pública, essas crises que se desenvolvem dentro do funcionamento específico das instituições com o colapso delas, com o desaparecimento delas, com o naufrágio delas e com a entrega do país à anarquia, ao desgoverno, à desordem e à abolição da autoridade. Não estamos atravessando um colapso da Constituição, e quem o diz não sou somente eu, sr. presidente. Quem o declara são as autoridades públicas; quem o repete são os boletins oficiais emanados de diversas fontes que detêm as responsabilidades do poder; quem, afinal de contas, o corrobora e o reitera são as Forças Armadas, nos seus pronunciamentos, nas suas declarações, nas suas manifestações uniformes, convergentes e tranqüilizadoras. Devemos — e desejo, antes do mais, exprimir a admiração do povo brasileiro, que acredito sinceramente no momento fala pela voz deste seu humilde representante — devemos expressar mais uma vez o reconhecimento e a admiração do povo brasileiro para com esta geração das Forças Armadas nacionais, distribuídas nos seus três ramos — Exército, Marinha e Aeronáutica —, na afirmação solene e no reconhecimento singelo e confiante de que esta geração que hoje detém nas suas armas a guarda da bandeira e a honra do país não desmentiu e não contrariou as tradições que constituem mais do que o imarcescível tesouro de guerra das nossas tropas, na frente externa e, na vida internacional, o seu permanente tesouro de paz na frente interna e na vida nacional. O papel das Forças Armadas na vida brasileira tem sido, desde o despontar de nossa Independência, desde o dealbar de nossa nacionalidade, desde a aurora de nossa emancipação, o papel de desprendimento, vigilantes da lei e o papel de mantenedoras intransigentes do poder civil.[158]

Arinos prossegue então na celebração do papel fiador das Forças Armadas, reconstruindo o seu desempenho histórico (principalmente em 1945) e comemorando sua adesão a princípios e seu desprendimento, mesmo nos eventuais momentos de má avaliação (como, é claro, em 1937). Do mesmo modo, portanto, deveriam elas agir agora, atendendo a seu apelo para a superação imediata daquela "crise institucional restrita":

> Assim fez o Exército, quando, na alvorada de 15 de novembro, exterminou com o decadente regime monárquico e implantou a forma republicana. Assim fez o Exército na Revolução de 1930, em que vieram do Sul, as legiões armadas, em que se desagregou o poder federal e em que se demoliram, em que se derruíram as autoridades estaduais: entregaram as tropas àquele que tinha mais responsabilidades civis e mais pos-

---

[158] Censura radiofônica no país. *Anais da Câmara Federal*, 23 ago. 1954, p. 350-351.

94 ▼ A POLÍTICA DOMESTICADA

sibilidades e mais evidência de ter sido o escolhido do povo. Assim foi em 1932, assim mesmo, num dos erros de sua história e num dos movimentos de transviamento de sua carreira, procederam as Forças Armadas, na triste madrugada de 10 de novembro de 1937. Porque o que é específico, o que é peculiar, o que é inseparável das tradições das Forças Armadas brasileiras é a adesão a certos princípios gerais, a crença em certas soluções teóricas, sem jamais colocar esses princípios gerais e essas soluções teóricas ao sabor dos interesses privatistas e ao serviço das cupidezes individuais.[159]

Mesmo o apoio ao golpe do Estado Novo, conquanto que obviamente equivocado, não compromete portanto a integridade do comportamento militar, pois que a intervenção nesse contexto, como sempre, fora motivada por convicções políticas postas acima de interesses corporativos ou pessoais. De modo que, uma vez bem compreendidas essas convicções e confrontados os seus princípios com a prática efetiva dos governantes, mais cedo ou mais tarde a razão se faria, através da coerência e da firmeza de propósitos dos fiadores:

> Assim foi que, finalmente, em 29 de outubro de 1945, as Forças Armadas brasileiras, seguindo mais uma vez seus destinos gloriosos, servindo mais uma vez de exemplo, que nos edifica, que nos honra, que nos orgulha, levantando novamente nosso nome e nossa bandeira na história continental, derruíram um governo que tinha traído os compromissos de sua própria ascensão, destruíram uma situação que se tornou incompatível com os princípios mesmos que o haviam levado ao poder.[160]

Sintomático dessa pureza de motivações patrióticas e desinteressadas de nossos militares, o martírio do major Vaz não deixaria, apesar de tudo, de reverter em proveito da coesão e da dignidade da corporação, e da legitimação de seu papel crucial para as instituições:

> Estou em acreditar, estou em afirmar, não me parece insensato dizer que, de todos os povos do Ocidente, o único povo em que as Forças Armadas têm tido influência tão continuada e tão importante nos acontecimentos da vida política, e nunca se serviram desses acontecimentos para o próprio benefício e para o próprio poder, esse povo é o brasileiro, essa história é a nossa, essa nação é o Brasil. (...)

> Nestas condições, insisto em dizer que aqui manifesto, em nome do povo brasileiro, que neste momento represento, porque não falo em nome de facções políticas, nem em nome de correntes partidárias ao emitir esta opinião; manifesto, em nome do povo brasileiro, tranqüila confiança do nosso povo na ação das Forças Armadas desta geração, que não desmentirá a invariável ação das Forças Armadas das gerações que nos precederam.[161]

---

[159] Censura radiofônica no país. *Anais da Câmara Federal*, 23 ago. 1954, p. 351-352.
[160] Ibid., p. 352.
[161] Ibid.

E para coroar o desenlace são mais uma vez invocados a providencial sabedoria política e o senso de responsabilidade dos homens públicos que, agindo em complementaridade aos militares, haveriam de zelar pela rápida adequação das soluções de poder em retorno imediato à fidelidade ao texto constitucional:

> Sr. presidente, dizia, portanto, que nos encontramos numa crise constitucional, mas não numa crise da Constituição. Crise constitucional é aquela que freqüentemente se deflagra pela desarmonia aparente, pelo choque superficial, pela contradição de primeira vista entre os dispositivos da Constituição: mas a inteligência política, o engenho dos homens públicos se manifestam e se realizam em toda a sua plenitude precisamente nestas horas, porque, se os textos constitucionais tivessem a faculdade de prever e de regular automaticamente todas as eventualidades da vida nacional, então não necessitaríamos dos corpos políticos que viessem dar enchimento aos vácuos dessa mesma vida política e aos colapsos da Constituição. O que nos compete é resolver a crise constitucional sem sair da Constituição; o que nos compete é restabelecer o funcionamento das instituições sem demoli-las, sem destruí-las, sem fazer com que elas tombem ao peso do seu próprio esforço.[162]

Como se sabe, porém, Vargas deixou o poder, mas, dado o impacto de seu último gesto, seus adversários não puderam comemorar o feito.

E embora com a posse do vice-presidente Café Filho (e seu ministério francamente pró-udenista) a Constituição tenha sido mantida — após a rápida imposição da renúncia a um presidente eleito pelo voto, caudilho ou não —, as nuvens e ameaças continuaram pairando sobre a promessa de evolução natural e irreversível da ordem política brasileira, tal como desejada por Arinos.

Do desvio à norma: a política como desnaturalização da história

O ano traumático de 1954 se encerraria, portanto, sem que os udenistas pudessem saborear a vitória obtida em seu ataque final à fortaleza do caudilho. Com seu gesto radical e surpreendente, Getúlio inverteu completamente os termos da avaliação popular a seu respeito naquele epílogo de sua trajetória. De presidente corrupto e desacreditado, protetor de assassinos, ele tornou-se, subitamente, uma vítima. E com a carta-testamento ficava plenamente configurada, e valorizada, sua herança política e descendência.

Era em torno dessa herança que começavam a se articular então os adversários e os correligionários de Arinos, e nada parecia indicar que a perda do líder iria enfraquecer os primeiros decisivamente. Muito pelo contrário. Se antes era pre-

---

[162] Censura radiofônica no país. *Anais da Câmara Federal*, 23 ago. 1954, p. 352.

ciso enfrentar as manhas e manobras pessoais de Vargas, agora seria preciso lidar com um fantasma, um mártir e uma dramática bandeira de luta.[163]

O povo, inclusive — dada a sua talvez compreensível mas de todo modo inaceitável reação —, será cada vez mais retratado, na conjuntura crítica da metade da década, como o estuário da ignorância e da incompreensão.

Assim, a produção discursiva de Arinos sobre a vida política nacional, e suas instituições, passa então a manifestar uma clara reelaboração interpretativa e a nítida exacerbação de um certo ressentimento pelo agravamento das circunstâncias, mesmo — e principalmente — sem Vargas. Não apenas o lado mais emotivo do processo, expresso na comoção popular e na recepção da carta-testamento, mas também os aspectos mais permanentes e impessoais, a chamada "máquina varguista", tomam o proscênio das análises e inquietações do autor.

A questão da representatividade dos partidos, bem como a dos custos advindos do sistema proporcional e da fragmentação pluripartidária se apresentarão sob uma nova forma, mais dramática e agora problemática, no ensaio intitulado "Os partidos políticos nacionais", publicado por Arinos na revista *Digesto Econômico*, em janeiro de 1955.

De todo o texto ressalta uma significativa mudança de perspectiva. Nas primeiras páginas do artigo, Afonso Arinos ilustra o caráter construtivista e artificioso da intervenção das elites na formação do sistema político representativo no Brasil, e, ao mesmo tempo, recoloca o elemento popular em seu devido — e subalterno — lugar:

> A liberdade de voto, que até certo ponto foi conquistada depois de 1930 e continua em progresso, não forneceu ao eleitor comum senão um instrumento de pressão, para conquista de benefícios materiais diretos e imediatos.

---

[163] O momento é assim recordado por Arinos (1965a:349): "No dia 31 fiz o primeiro discurso político, sob o novo governo. (...) Eu falava em resposta a Rui Ramos, tido, naquele momento, como maior orador gaúcho, e mesmo do trabalhismo. Ele se manifestara longamente em duas sessões, procurando comprometer a situação no desfecho do drama e tentando levantar as massas brasileiras em torno da bandeira de um getulismo pós-Getúlio. O PTB, que tocara o fundo do descrédito em dias recentes, ressurgia agora, das próprias cinzas, ou antes, da legenda de um morto. O risco era evidente, porque o getulismo contava com o apoio do PSD, ao qual a súbita subida de uma situação tida por udenista ameaçava diretamente. Todo o esforço do meu discurso foi, pois, no sentido de mostrar que não fizéramos uma oposição subversiva e que a UDN não dominava o governo de Café Filho. Ao mesmo tempo fiz longa digressão para ressaltar o espírito legalista das Forças Armadas. (...) Dizendo que a UDN não governava, por estar com alguns membros no governo, exprimia uma verdade e tentava proteger o partido contra a impopularidade do movimento que instalara a situação. Finalmente, traçando às Forças Armadas o rumo legalista, desejava afastar o risco da ditadura militar, muito presente nos nossos espíritos (...). Aliás esta situação de risco se foi acentuando, até que PTB e PSD reunidos puderam atrair o espírito elementar do ministro da Guerra, general Lott, para o golpe de 11 de novembro, através do qual os dois partidos se reinstalaram no poder".

Só uma minoria reduzidíssima vota tendo em vista a solução de problemas gerais, ou a adesão a qualquer programa teórico ou, mesmo, governativo.

Mas uma coisa é a ação da massa eleitoral que funciona dentro do sistema jurídico estabelecido para formação dos quadros dirigentes e outra é a elaboração do direito constitucional, no trabalho de confecção do mesmo sistema jurídico.

Neste último campo é que se fazem sentir a contribuição poderosa das elites brasileiras e o aspecto construtivo da norma jurídica em relação ao direito.

A história do nosso direito constitucional, desde os seus primórdios, que coincidem com a época da independência — como de resto, a história das idéias políticas no Brasil — consiste, afinal de contas, na assimilação e adaptação de instituições estrangeiras pelas elites nacionais e na experiência, mais ou menos bem-sucedida, do emprego dessas instituições sobre um povo até certo ponto inabilitado para praticá-las, criticá-las e até mesmo compreendê-las.

A superioridade das elites brasileiras, em comparação com as da quase totalidade dos países latino-americanos, se demonstra precisamente no fato de que, entre nós, a prática das instituições adotadas e adaptadas só excepcionalmente se processa com sacrifício da liberdade e quase nunca de forma violenta ou sanguinária.

O partido político nacional é a mais recente e a mais importante dessas instituições que a lei, elaborada pelas elites, transformou em direito para o povo.[164]

Falando, em seguida, sobre o processo histórico de formação dos partidos nacionais brasileiros, Arinos retorna aos primeiros anos da República e aponta para o caráter determinante de nosso "centrifuguismo", quer dizer, para a ausência, entre nós, de "interesses econômicos de tipo nacional, solidários e influentes, que pudessem impor, nos hábitos políticos e nas decisões da Assembléia Constituinte republicana, a formação de correntes nacionais de opinião". Dado que o sistema eleitoral distrital e majoritário, herdado do Império, favorecia e reforçava a representação política dos particularismos econômicos regionais, isto fez com que entre os juristas e políticos brasileiros da Primeira República a aspiração do partido nacional estivesse "freqüentemente vinculada à reivindicação da representação proporcional, em matéria de eleições".[165]

Após a Revolução de 1930, essas aspirações foram atendidas, com o Código Eleitoral de 1932. Abriu-se assim o caminho para a criação de partidos efetivamente nacionais no Brasil.

Porém, prossegue o autor, à adoção do sistema proporcional e à conseqüente fragmentação partidária, principalmente após a redemocratização de 1945, não corresponderia mais uma tão rica, ou decisiva, diferenciação de interesses a se representar (como no alvorecer da República):

---

[164] Os partidos políticos nacionais. In: Melo Franco, 1961b:131.
[165] Ibid., p. 132.

98 ▼ A POLÍTICA DOMESTICADA

essa subdivisão caprichosa de correntes é, na realidade, mais ilusória do que real.

Se examinarmos o panorama em conjunto verificaremos que os grupos partidários se compõem, no fundo, de dois blocos, que obedecem, indiscutivelmente, à pressão dos interesses sociais criados, mas que correspondem também — e isto não deve nunca ser esquecido — às tendências permanentes e íntimas da natureza humana.

São aqueles blocos cuja existência François Goguel procurou identificar no decurso de toda a vida da Terceira República francesa, e que designou com os nomes de ordem e movimento. (...)

Aplicando-se esta premissa à observação do caso brasileiro, veremos que a representação proporcional, dividindo embora os partidos, manteve-os, no entanto, dentro do esquema geral dos dois grupos da ordem e do movimento. É, sem dúvida, uma divisão aproximativa e genérica, mas que não deixa de corresponder a tendências gerais perfeitamente identificáveis. A ordem se vê representada no Partido Social Democrático, na União Democrática Nacional, no Partido Republicano, no Partido Libertador, ou no Democrata Cristão, enquanto o movimento aparece no Partido Trabalhista, no Socialista, no Comunista (presente por infiltração em outras correntes) e, até certo ponto, mais pelos processos externos de ação do que pelo conteúdo desta mesma ação, em outros grupos chamados "populistas", como os partidos Trabalhista Nacional ou o Social Progressista.

Se adotarmos esse ponto de observação, a primeira verificação que nos ocorre é a da maciça superioridade do bloco da ordem, em comparação com o do movimento.[166]

Da caracterização e delimitação das forças da "ordem" e do "movimento", o autor passa, em seguida, à articulação simultânea, e dramática, da representatividade do Parlamento, e, conseqüentemente, do caráter majoritário da "ordem", com a desproporcional e iníqua incapacidade política, de fato, das correntes representativas desta última:

As preferências do eleitorado só podem ser devidamente apreciadas pela importância das bancadas partidárias no Congresso, e mais especialmente na Câmara dos Deputados. Ora, se agruparmos os representantes dos partidos da ordem em face dos delegados partidários do movimento — ainda que considerando extensivamente aos últimos — teremos uma diferença esmagadora em favor dos primeiros.

No entanto, apesar dessa enorme superioridade, nunca os partidos da ordem conseguiram impor uma política de contenção à demagogia e de freio à anarquia econômica que vão desorganizando o país.[167]

Para além das resistentes particularidades de interesse econômico e/ou regional, portanto, a fragmentação partidária seria superficial — e inoportuna —, do

---

[166] Os partidos políticos nacionais. In: Melo Franco, 1961b:137-138.
[167] Ibid., p. 138.

ponto de vista mais importante, segundo o autor, da clivagem "ordem" *versus* "movimento".

Assim, os partidos se veriam, na verdade (tal como o "eleitor comum" citado no início do artigo), presos a uma perigosa "miopia", agindo em função de interesses eleitorais imediatistas que os afastariam de uma representação autêntica, em termos ideológicos e programáticos (tendo em vista, é claro, essa divisão primordial para o grave momento brasileiro, onde predominavam a "demagogia" e a "anarquia").

Pior: à *separação artificial* em termos de representatividade social e ideológica — motivada pelo sistema eleitoral — se somaria uma *agregação espúria*: a que se origina da submissão ao poder cooptativo do Executivo:

> A representação proporcional, tal como é praticada entre nós, leva à fragmentação e à cristalização dos partidos em grupos bem individualizados, *por causa da lei e não por causa das origens sociais, das ideologias e dos programas.* Mas o governo presidencial concentra fortes e amplos poderes nas mãos dos Executivos federal, estadual e municipal, poderes capazes de grandes forças de atração ou de repulsão. Daí a conseqüência inevitável de que os partidos, *levados a se separar nas eleições, são forçados a se agrupar em torno aos governos.*[168]

A força do Executivo, porém, é parcial, e se exerce ou negativamente, sob a forma de veto, ou positivamente apenas no que se refere ao exercício de suas prerrogativas, atribuições e recursos ordinários (que evidentemente, nesse particular, não são nada desprezíveis). Nas palavras do autor,

> Especialmente a sua força [do presidente] não vai até uma ação positiva, que oriente a legislação no sentido de resolver com energia, presteza e acerto os mais graves problemas nacionais.

> O presidente é forte no que diz respeito ao poder econômico do Estado, e, por isso, mantém politicamente na sua órbita os partidos nacionais. Mas ele é fraco no que toca aos planos governativos que dependam de reformas profundas só permitidas em leis. Aí os interesses eleitorais dominam as representações partidárias.

> Daí, em grande parte, a situação grave em que nos encontramos.

> Essa força política e essa fraqueza legislativa do chefe do Executivo manifestaram-se com particular dramaticidade no governo extinto a 24 de agosto, por causa das circunstâncias especiais que cercavam a pessoa do presidente, e foi dos fatores decisivos na criação da atmosfera de insegurança e incertezas, que emprestou tanta seriedade à crise nacional do ano que findou.[169]

A crise que presidiu o final do segundo governo Vargas passa a ser então interpretada mais profundamente, segundo o autor, pela chave da contradição entre a

---

[168] Os partidos políticos nacionais. In: Melo Franco, 1961b:139 (grifo no original).
[169] Ibid., p. 141-142.

100 ▼ A Política Domesticada

"força política" e a "fraqueza legislativa" do chefe do Executivo, que mesmo se revestindo, no caso, de características particulares — "por causa das circunstâncias especiais que cercavam a pessoa do presidente" —, seria na verdade um problema geral do *sistema* de partidos no Brasil. Um sistema que ao mesmo tempo — ou em momentos diferentes, mas com um mesmo resultado — fragmenta e aglutina os partidos de forma artificial e espúria.

Através da introdução de uma razão sistêmica para a crise — que, inclusive, "explica" ou ao menos situa nela o próprio Vargas e, conseqüentemente, também os seus antagonistas —, Arinos pode assim "sistematizar", se não "anatemizar", também, a sua herança. Que, no caso, seria tanto o quadro de crise institucional política e insegurança econômica quanto as forças e os atores políticos identificados com Vargas e sua "máquina", e que se preparavam então para a disputa eleitoral da presidência.

Com efeito, o raciocínio sistêmico prossegue na articulação dos vários níveis da realidade que desembocam no quadro que explica e dá sentido político e moral à permanência da crise. Para isso, faz-se necessária uma certa metodologia, ao mesmo tempo sociológica e objetiva:

> devemos adotar para nossa observação do fenômeno partidário brasileiro, dois princípios: primeiro o de utilizar tanto quanto possível a nossa experiência geral do país e não somente a do seu meio político (solidariedade dos fatos sociais), e, segundo, a de só procurar na prática e na doutrina jurídica de outros países soluções que possam se compor com a realidade imperativa dos fatos nacionais, e nunca soluções ideais, que não correspondam ao nosso processo histórico (peculiaridade dos fatos sociais).[170]

O princípio de "solidariedade dos fatos sociais" permite ao autor identificar então, fora dos âmbitos restritos da política, a raiz dos males brasileiros:

> No Brasil de hoje o monstro que tudo depreda e tudo devora, que leva de roldão, na sua marcha nefasta, estabilidade, confiança, bem-estar e honra, é a inflação. Sim, a inflação, eis o inimigo.[171]

Logo em seguida, Arinos explicita a forma com que a insegurança provocada pela inflação se desdobra, já na vida política, na corrupção de partidos — cujos membros se submetem ao poder econômico centralizado no governo federal — e de eleitores, que vendem seus votos. Desse modo, por causa da inflação e da conseqüente corrupção eleitoral, conclui que a "próxima campanha sucessória para a presidência da República se anuncia, nesse particular sob os piores auspícios".

O texto é concluído com uma série de propostas para o fortalecimento da ação dos partidos. Algumas delas se concentram numa reforma do sistema eleitoral, como a eliminação do voto preferencial e a instituição da lista bloqueada de can-

---

[170] Os partidos políticos nacionais. In: Melo Franco, 1961b:137.
[171] Ibid., p. 142.

didatos dos partidos para as eleições, a regulamentação das despesas eleitorais, a introdução de sublegendas e a adoção de mecanismos de eleição por maioria absoluta e com a possibilidade de aliança de partidos. Outras medidas se referem à atuação legislativa dos partidos: menor rigidez quanto à delegação de poderes, criação de uma lei de elaboração orçamentária e de um estatuto dos partidos.[172]

A longa e detalhada pauta de reformas positivas elencadas pelo autor, porém, apenas realça a contradição implícita no texto: que propõe reformas institucionais — no processo eleitoral e na vida partidária — mas que ao mesmo tempo localiza, *fora do sistema partidário* propriamente dito, a raiz dos males brasileiros: a inflação. Fenômeno que, inclusive, explicita ser de difícil combate com os recursos limitados do jogo parlamentar e eleitoral, *per se*:

> Os aspectos a nosso ver mais graves da corrupção eleitoral decorrem ainda do fato de ser ela, até certo ponto, mais uma conseqüência da inflação, o que a torna talvez invulnerável aos corretivos provenientes de simples reformas das leis eleitorais.

E, logo adiante:

> somos extremamente pessimistas quanto aos resultados eficazes de reformas legais, porque as leis, desde os tempos de Roma — conforme prova a história — nunca conseguiram deter os malefícios morais da inflação.[173]

O pessimismo de Arinos se manifesta, também, na rápida referência a alternativas postas à época para a resolução, mais ou menos conjuntural, da crise por que, segundo ele, passava o país. É o caso, por exemplo, da busca de candidaturas de consenso para a eleição presidencial de 1955:

> a necessidade de um partido votar em candidato de outro influi quase sempre para pior na escolha desse candidato. (...) O candidato comum tende a ser o medíocre obscuro, ou o aventureiro hábil. De qualquer forma, será normalmente o elemento transacional e comprometido com os grupos menores e menos responsáveis. Em outras palavras, será o homem cujos compromissos dificilmente lhe darão forças para a obra de resistência e autoridade que o país está a exigir do círculo federal ao municipal.[174]

Ou ainda da formação de uma coligação encabeçada pelo representante de um partido pequeno:

> Esta solução pode servir para aplacar as lutas, mas dificilmente criará um governo com força e autoridade bastante para convir ao momento histórico brasileiro. Seria uma solução de crise, mas não uma solução para a crise.[175]

---

[172] Os partidos políticos nacionais. In: Melo Franco, 1961b:145-152.
[173] Ibid., p. 144.
[174] Ibid., p. 140.
[175] Ibid.

102 ▼ A Política Domesticada

Estamos aqui, portanto, muito menos no terreno das soluções políticas de última hora, e/ou da intervenção técnica em matéria de engenharia institucional, do que no movimento intelectual da mais pura *ideologia*, que, fazendo o diagnóstico sistêmico da "crise brasileira", insere, limita e subordina o espaço específico da institucionalidade política.

Por trás, ou em paralelo à argumentação de reforma mais ou menos tópica das instituições, se desenvolve todo um discurso mais transcendente, eminentemente político e ideológico, ou seja, destinado à obtenção de um determinado efeito de *poder*, à concertação de uma determinada arregimentação de *forças*, cuja missão e objetivo se encontram muito além do funcionamento de um determinado sistema. É todo um *status quo* que deve ser (re)fundado e que diz respeito não a um meio — os partidos, as instituições — mas sim a um fim: a "ordem social", ameaçada pela inflação, macroprocesso econômico e social cuja origem, na verdade, é política e se localiza na ação do Estado — ou melhor, do governo, ou ainda, de um sistema de poder, de uma "máquina" política — fonte, afinal, de toda a "demagogia" e "anarquia".

O movimento ideológico — "sistematizador" — dá assim a esse discurso um tom nitidamente construtivista, cuja forma, porém, é sinuosa, a demonstrar um certo desconforto do autor diante das circunstâncias históricas concretas que o cercam. Circunstâncias cuja força — "sistêmica" — agora o oprime. Daí que, contraditoriamente, o discurso desse líder, ou porta-voz, da "ordem" soa como um apelo a alguma forma de "movimento": aquele que restabeleça a "ordem" em sua estabilidade ameaçada. Trata-se, de fato, de um discurso típico de *reação*.[176]

O juízo moral — ideológico — que subordina o jogo institucional político e se desdobra na dialética motriz do argumento — "ordem"/"movimento" — se exprime

---

[176] A conjuntura onde se deu a elaboração desse discurso foi assim caracterizada, já em abril de 1964, por Arinos (1965a:354, 356): "Todo o transcurso do governo Café Filho se resume numa luta frustrada para evitar o inevitável, isto é, a volta do compadrio pessedista-petebista ao poder. Só uma reforma institucional profunda ou uma ditadura militar poderiam mudar o rumo dos acontecimentos. Mas a reforma institucional não poderia ser feita legalmente, com a maioria parlamentar nas mãos deles. E as Forças Armadas ainda não estavam (como estão agora) em condições de ditar as opções sob a ameaça de ditadura. A UDN e os seus pequenos aliados nunca poderiam ganhar, se os dois grandes adversários se unissem. Seu trunfo estava em procurar a intervenção militar para impedir tal união. Captar o apoio do PSD seria razoável, e eu o tentei tanto quanto pude, na minha posição. Mas era tarefa dificílima. As incompatibilidades locais, entre nós e eles, eram intransponíveis. (...) Na impossibilidade de reunir as forças partidárias na procura de uma solução que não fosse a volta ao esquema anterior, dei minha colaboração — e não posso negá-lo — às tentativas udenistas de resolver a situação por meio de pressões militares". Tais "pressões militares" não deveriam, de acordo com o autor, ser confundidas com golpismo puro e simples, pois que não se deveriam confundir essas pressões, exercidas sobre os políticos e levadas a cabo pelo grupo dos udenistas que, como Arinos, buscavam uma saída dentro da lei, com as que fazia a corrente golpista declarada, liderada por Lacerda e que procurava atrair diretamente os militares para a intervenção.

por fim com clareza na denúncia do sistema que se quer reformar (desconfiando-se, ao mesmo tempo, da eficácia da reforma):

> Estamos em condições de fazer um cotejo imparcial entre a falsidade do sufrágio moderno, escorado no poder econômico, e a do sufrágio antigo, escudado na ata falsa. É difícil escolher qual o maior mal, se a prepotência tirânica de governos oligárquicos, se a passeata triunfal dos novos estadistas, montados em bezerros de ouro.[177]

Torna-se nítida a inflexão do discurso de Arinos. A personificação do caudilho perde significado e importância diante do fenômeno impessoal e sistêmico de concentração de recursos clientelísticos nas mãos do presidente, de par com a conivência e a irresponsabilidade do Legislativo, o que afinal desemboca na paralisia governativa, perpassando e corrompendo toda a institucionalidade política.

Evidentemente, essa corrupção assume diversas formas e se manifesta de diversos modos. De maneira geral, porém, creio que não cometeríamos injustiça a Arinos ao nomear esse complexo de desvios do ideal democrático como constituindo o fenômeno genérico do caudilhismo, que, como um sistema, transcende as suas atualizações particulares nos diversos caudilhos.[178]

Assim, ora o que se enfatiza é o caráter autoritário e liberticida da liderança caudilhista, ora é a maneira demagógica com que esta empalma o poder e a corrupção daí decorrentes. A questão militar, propriamente dita, nem sempre se apresenta em associação direta com o fenômeno.

Com efeito, como víramos, ao longo da crise de agosto de 1954, o elemento militar era ali tratado positivamente, no desempenho de um papel de fiador da ordem política mais elementar, sendo sua intervenção elogiada como de ordem tópica, passageira, desprendida e de alto sentido patriótico.

O jogo político brasileiro, tal como se desenrolou pelos idos de 1955, contudo — e mesmo sem a presença do "caudilho sulino" —, não apenas confirmaria para Arinos as suas novas reservas e temores, no que se referia especificamente aos resultados da eleição presidencial, mas também teria implicações decisivas para a alteração de sua compreensão e apreciação acerca do componente militar brasileiro e seus papéis políticos e históricos.

A vitória de Juscelino Kubitschek na eleição presidencial (e de João Goulart como vice) acirrou as articulações golpistas e o retorno das contestações de ordem jurídica relativas à legitimidade do pleito, com base em argumentos a favor da necessidade da maioria absoluta (não obtida por JK, assim como não obtida por Vargas

---

[177] Os partidos políticos nacionais. In: Melo Franco, 1961b:145.

[178] De resto, me parece bastante plausível a hipótese de que o imaginário político brasileiro, em suas linhas gerais, teria sofrido, a partir da ausência física de Vargas, uma inflexão no sentido de maior abstração e sistematização dos seus objetos de investimento político e ideológico. Como se os alvos da esperança ou da ojeriza deixassem um pouco de ser preferencialmente os personagens de carne e osso e passassem mais a ser ideais ou noções.

104 ▼ A Política Domesticada

em 1950) e da ilegalidade do voto comunista que também teria favorecido o candidato da coligação PSD-PTB.[179]

O novo processo de radicalização política culminou na chamada crise do 11 de novembro, quando o ex-ministro da Guerra de Café Filho, general Henrique Teixeira Lott, depôs o presidente em exercício, Carlos Luz, que se articulara a lideranças militares e civis — como Carlos Lacerda — num movimento associado então com a pregação golpista do jornalista e líder político udenista, e interpretado como uma tentativa de golpe para impedir a posse dos eleitos.

À vitória militar de Lott seguiram-se os impedimentos de Carlos Luz e Café Filho, em medidas denunciadas e combatidas na Câmara pelo líder da oposição.[180]

Com a posse de Juscelino, em tais circunstâncias,[181] Arinos continuou exercendo no Congresso o seu papel opositor.[182]

Agora, porém, a sua argumentação parlamentar parecia ganhar uma sistematicidade e uma coerência maiores do que anteriormente. O que, por outro lado, pode bem significar também uma relativa perda de profundidade e complexidade argumentativa, em prol de um tom mais maniqueísta e partidário.[183]

É possível que tal se desse, também, em função de sua agora maior experiência parlamentar propriamente dita e das agudas contradições que teve de enfrentar em tão pouco tempo. Contradições que envolviam, de um lado, suas perspectivas otimistas com relação ao potencial evolutivo do regime de 1946, e, de outro, o retorno, "nos braços do povo", do homem que personificara, segundo Arinos, tudo de mal na

---

[179] Arinos naturalmente se envolveu nesse processo. Relembrando posteriormente a tese da maioria absoluta, levantada contra a posse de JK, ele a critica: "Eu não acreditava naquilo não. Tinha que encaminhar porque era líder do partido. Fiz várias coisas com as quais não concordava, porque o líder exprime a direção da bancada. Antes de falar, é preciso que saiba qual é a corrente majoritária para expressá-la. A bancada era muito grande, e eu tinha que falar de acordo com a maioria, e não segundo o meu pensamento" (Camargo et al., 1983:152).

[180] "O quadro do governo de Café Filho fica, assim, bem definido. Deveria ter sido um governo de transição para uma situação diferente, mas transformou-se no caminho involuntário de retorno à situação anterior. Muito se fez para evitar isso, mas inutilmente. A tese da união nacional; a tentativa de veto militar à candidatura Juscelino; a tese da maioria absoluta e, finalmente, os esforços em prol da revisão do pleito, sob pretexto da nulidade dos votos comunistas, tudo foram tentativas para obstar a restauração. Como a Restauração francesa, porém, nada o evitou, e, como os Bourbons, os expulsos do poder em 1954 a ele voltaram em 1956 'sem nada haver aprendido nem esquecido'" (Melo Franco, 1965a:355).

[181] Juscelino tomou posse ainda sob estado de sítio.

[182] Antes, porém, após a profunda decepção causada pelo 11 de novembro e pelas derrotas nas exaustivas batalhas legislativas contra os *impeachments* subseqüentes, Arinos retirou-se para uma viagem de cinco meses à Europa.

[183] "Tenho mesmo, quanto a mim, que o período em que melhor pude exercer o mandato como orador foi no governo de Kubitschek. Considero-o, sob este aspecto, uma fase mais feliz que a do governo Vargas, onde uma ou outra oração de efeito poderia ser pronunciada — como nos dias da crise de agosto —, mas onde a insegurança mesma da situação nacional emprestava à vida parlamentar uma atmosfera de tensão dramática que propiciava atitudes de efeito isolado, mas não uma ação eficaz" (Melo Franco, 1965a:414).

política brasileira e que se supunha já fora de combate. E que mesmo eliminado definitivamente da arena continuou presente, através de sua herança e seus herdeiros.

O que me parece mais interessante, contudo, é a hipótese de que tal coerência fosse fruto simplesmente, em princípio ou num primeiro momento, das seguidas derrotas do ano anterior. É como se a garantia militar — e, a seu juízo, ilegal e golpista — dada à posse de JK corroborasse definitivamente a natureza deletéria da política de seus adversários, da "máquina" que os sustinha, tal como sempre o denunciaram Arinos e seus correligionários. Como se, com o desmascaro do comportamento — agora sim, desembaraçadamente golpista! — dos donos do poder, não restasse mais dúvida sobre a verdade e a superioridade moral do discurso udenista. Aqueles, como Arinos ou seus colegas, que eram antes acusados de golpismo, tinham agora a seu favor a prova suprema da deslealdade e da hipocrisia dos "legalistas" de outrora. Perdera-se o poder — novamente — mas ganhara-se o mote.[184]

O problema, porém, é que com essa derrota — e com todas as perspectivas que se abriam para a luta político-discursiva — começavam a ruir por terra, também, se não todas, ao menos algumas de suas maiores esperanças e expectativas com relação ao regime.

Não poderia evidentemente bastar a um intelectual como Arinos a certeza de obtenção de uma nova arma retórica.[185] Muito mais importante, e mais conforme à natureza transcendente de suas preocupações políticas, seria compreender os sentidos inscritos nos acontecimentos, aprender as lições da história.

A urgência do combate imediato ao governo — que a seu ver era perfeitamente ilegítimo, se não mesmo, de certo modo, ilegal — de Juscelino e de Lott, pois que os dois passam a se apresentar praticamente indissociados no discurso de oposição de Arinos, não deixará contudo de se impor, a cada movimento do Catete.

Assim, já em 1956, Arinos reage de forma contundente à proposta de lei de imprensa patrocinada pelo governo, caracterizando-a como manobra claramente golpista: "de arranhão em arranhão enchem o papo os legalistas do golpe".[186]

Após contestar e demonstrar todas as inconsistências jurídicas do projeto, atribuindo sua iniciativa a desígnios forçosamente mal-intencionados, na conclusão do longo discurso Arinos elabora o tema da liberdade de imprensa situando-a num nível acima do da própria constitucionalidade e referido à noção de um direito natural muito mais transcendente e abrangente.[187]

---

[184] "Foi sempre falando em lei e nos acoimando de golpistas que eles conduziram as coisas até 11 de novembro, quando puderam dar o golpe e rasgar a lei" (Melo Franco, 1965a:366).
[185] A rigor, nesse caso, nem mesmo se deveria supor que a nova (e ressentida) consistência ganha para seu discurso pudesse ser interpretada, por Arinos, como acréscimo ou incremento de seu instrumental retórico e erístico. Este seria o tipo de raciocínio utilitarista que, provavelmente, não o confortaria.
[186] Melo Franco, 1957:158 (discurso proferido na Câmara dos Deputados em 16 de novembro de 1956).
[187] Ibid., p. 171.

106 ▼ A Política Domesticada

O ponto mais forte da argumentação, contudo, está na denúncia do intento golpista por trás do projeto e na caracterização do que seria o complexo de culpa do grupo palaciano, guindado ao poder sob a chancela de um golpe militar:

> Nosso intento foi, sobretudo, o de desmascarar intenções sinistras, que se originam, afinal, da secreta fraqueza que se acha no fundo de todas as tendências ditatoriais. (...)

> Seria (...) lícito acrescentar que, se examinarmos de mais perto as razões pelas quais o poder evolui para o emprego normal de força, concluiremos que é sempre pelo medo, pela insegurança de si mesmo, pela convicção íntima de sua própria injustiça.

> É o que ocorre, hoje, no governo brasileiro. Chegado ao poder por um golpe de força travestido de defesa da lei, vai se tornando cada vez mais próximo da força e mais distante da lei. (...)

> Neste processo de destruição de resistências, a mais importante etapa é a que venha quebrar o espelho que a liberdade de imprensa brande inexoravelmente diante do poder, mostrando-lhe sua máscara autêntica, convulsionada pelo medo, lívida pelo ódio, arregalada pela íntima convicção das próprias culpas.[188]

No trecho final do discurso, sobressai a certeza da autoridade moral udenista, revigorada pelos acontecimentos de novembro e explicitada na síntese retórica que une, sem rupturas, a consciência do partido à dignidade do Congresso, e estas ao sentimento popular:

> Este medo, este complexo de culpa, este desejo de escuridão e de silêncio, pesa, porém, somente sobre o pequeno grupo da novembrada. O Congresso, apesar de tudo, representa ainda o povo, nas ondas mais largas, puras e livres. Na pequenez do Congresso ouve-se, como na concha de certos búzios, o eco do imenso ruído do mar.[189]

A contestação permanente da legitimidade do governo, por seu pecado original, se articula reiteradamente, no discurso de Arinos, à ridicularização do que seria um outro traço característico da demagogia caudilhista, já atribuído anteriormente a Vargas mas agora acrescido de novos elementos popularescos — ou, no jargão que também ele adotou, "populistas" — e, como sempre, adequados ao estilo pessoal do governante: o uso e o abuso da propaganda.

Assim como seu antecessor, Juscelino não teria a visão política do estadista, e sua plataforma de governo, seu "Programa de Metas", não passaria de mero jogo de cena, de mero teatro propagandístico para a construção de um mito de liderança política, disfarce para o puro e simples usufruto das benesses do poder:

> Sr. presidente, (...) o que condeno, o que combato, contra o que reclamo é a falta de seriedade, a falta de adequação dos objetivos políticos com a realização administrativa. O que digo é que existe uma fantasmagoria de feira, uma fantasmagoria de par-

---

[188] Melo Franco, 1957:172-173.
[189] Ibid., p. 174.

que de diversões no governo do sr. Juscelino Kubitschek. O governo do sr. Juscelino Kubitschek é um grande parque de diversões com lantejoulas, cavalos alados, montanhas russas, principalmente montanhas russas, se bem que elas agora comecem a perder um pouco o nome de russas. É este aspecto de festividade, é este feriado nacional, é essa espuma de alegria esfuziante que me preocupa e faz com que todas as iniciativas sérias percam a seriedade, com que todos os objetivos acertados se desviem e se descaminhem por atalhos suspeitos, com que todas as providências com que procuramos contar se transformem em *flash* de jornalismo e em votos para os apaniguados do governo.[190]

Se JK não passa, para Arinos, de uma figura risonha e superficial, e os vícios administrativos de seu governo poderiam, a princípio, não conter maior significado que o de uma simples e irresponsável aventura, o espectro do golpismo se localizaria em Lott, ao mesmo tempo o fiador e o elemento de conturbação da nova ordem. O pior, porém, é que agora aos velhos temores se associa o argumento cada vez mais enfático da infiltração comunista na trama:

> Sr. presidente, (...) o governo de Sua Ex.ª se ressente da contradição intrínseca, da contradição básica de sua formação. É um governo constituído por golpe — golpe militar dado com inspiração de elementos militares comunistas. (...)

> É um governo que vive na contradição. É um governo nascido da força e da ilegalidade, baseado em elementos que não têm compromisso com a legalidade e que só têm compromisso com as forças, mas que pelas contingências universais e pela situação nacional é obrigado permanentemente a dar armas do seu amor à legalidade e de praticar atos que aparentam a posse desse mesmo amor.

> Sr. presidente, o zelo dos homens de novembro, o zelo dos honrados representantes do Poder Executivo se concentra hoje na eliminação de quaisquer suspeitas de participação ou de colaboração com os comunistas na gestão dos negócios públicos. E eu aqui desejava lembrar uma palavra do padre Antônio Vieira (...): "há uns a quem o zelo come e há outros que comem do zelo. Se o zelo vos come a vós, a vossa substância converte-se em zelo, e, se vós comeis do zelo, o vosso zelo converte-se-vos em substância".

> Sr. presidente, é realmente esta a distinção que se pode fazer entre os zelosos que defendem a democracia, perdendo da sua substância para fortalecer a substância democrática, e aqueles pseudozelosos que se defendem incorporando banhas a sua substância em nome da defesa de uma democracia.

> O que está acontecendo hoje, no Brasil, é a marcha do segundo grupo para soluções antidemocráticas.[191]

---

[190] A situação geral do país e considerações sobre a assistência ao Nordeste. *Anais da Câmara Federal*, 23 abr. 1958, p. 322.
[191] Ibid., p. 323-324.

108 ▼ A Política Domesticada

O golpismo original do governo recebe, portanto, novas qualificações. O ponto a destacar aqui, por ora, me parece ser, contudo, a aposta de Arinos numa certa inexorabilidade desse movimento, por parte do governo JK-Lott, em direção ao golpe.

O tom moralista e de combate pessoal que muitas vezes assumia o discurso parlamentar de Arinos contra o governo de Juscelino — e que, para ele, nunca deixaria de ser também o do general Lott, de Jango e dos comunistas[192] — não impediu, porém, a elaboração de seu argumento anticaudilhista num sentido algo diferente e com profundas repercussões do ponto de vista do direito constitucional.

O caráter inelutavelmente militar das formas de caudilhismo que, mais ou menos veladamente, segundo Arinos, assumiram o poder com JK parece ter conduzido o nosso autor no sentido não apenas de uma nova elaboração para sua antítese, mas também para a revisão de suas posições históricas com relação ao presidencialismo brasileiro.

Em 1958 ele publica, em parceria justamente com o seu colega e adversário de outrora, Raul Pilla, o volume *Presidencialismo ou parlamentarismo?*, em que, além de reeditar os pareceres e comentários de ambos os autores nos embates travados em 1949 e 1952, Arinos manifesta de público as razões de sua conversão ao sistema de gabinete.[193]

O artigo de abertura, intitulado "Minha evolução para o parlamentarismo", é iniciado com uma referência de Arinos a seus posicionamentos anteriores, enfatizando que a mudança que se operou em seu pensamento quanto ao tema se deveu não a razões teóricas, mas sim exclusivamente à participação direta e à observação privilegiada que teve da realidade política brasileira nos anos em que atuou como parlamentar.

A primeira dessas lições reitera um motivo realista de compreensão da vida política que, significativamente, já se encontrava presente na produção do autor, ao menos desde a rejeição do parlamentarismo em 1949 e 1952:

> O êxito dos regimes depende muito mais do espírito com que são aplicados, e da correspondência com o meio social que pretendem governar, do que da sua estrutura jurídica.[194]

---

[192] Talvez não seja inútil chamar a atenção para o fato de que Arinos se preparava para disputar uma cadeira no Senado nas eleições que se travariam em outubro desse mesmo ano de 1958. Talvez se deva a isto o acento reiteradamente ofensivo — e de modo algum característico do conjunto de seus discursos — que se encontra em algumas das intervenções dessa época (e que incidiria também nos discursos proferidos ao longo da campanha eleitoral de 1960, em que Jânio Quadros concorreu à presidência pela UDN, justamente em disputa com o general Lott).

[193] A rigor, o texto data de junho de 1957. A "conversão" de Arinos, porém, é anterior e tem seu início, segundo suas memórias, com os acontecimentos de 1954 e 1955.

[194] Minha evolução para o parlamentarismo. In: Melo Franco, 1961b:182.

Estabelecido esse ponto básico de entendimento, Arinos passa a comparar a experiência do presidencialismo brasileiro com o inevitável e bem-sucedido modelo norte-americano, elencando o desempenho concreto, entre nós, das condições institucionais fundamentais para o bom funcionamento do sistema: a crença na capacidade reguladora da Constituição, o prestígio da Suprema Corte e a consolidação dos partidos.

A partir daí torna-se simples o diagnóstico do fracasso do regime adotado em nossa República:

> O ponto focal do processo de desajustamento é, a meu ver, (...) a impossibilidade patente do presidencialismo brasileiro transformar-se em um autêntico regime de partidos.[195]

Caminhamos, portanto, um longo percurso desde o momento em que o sistema partidário do pós-1946 era celebrado como a resultante e a causa de uma "revolução eleitoral", capaz, inclusive, de domar e conter os eventuais arroubos dos caudilhos mais inveterados.

Diferentemente, porém, de análises anteriores, onde as vicissitudes do sistema partidário brasileiro podiam ser localizadas especificamente nas implicações da adoção do sistema proporcional e/ou no poder centralizador, cooptativo e mesmo corruptor do governo federal, a ênfase da explicação recai agora na interferência abusiva dos militares na vida política nacional, em função da, ou contrapartida à, fraqueza dos partidos. Fenômeno que, inclusive, não diz respeito apenas ao nosso caso:

> A América Latina tende para a forma de governo caudilhista, que, tomada na sua essência, é menos o sistema em que governa um caudilho, do que o regime em que predomina politicamente a força armada.[196]

Se existe uma série de razões históricas para essa tendência continental — razões que deitam suas raízes no passado colonial, mercantilista e autoritário do Brasil e seus vizinhos[197] —, na conjuntura de então o caudilhismo se mostrava particularmente ativo:

> No momento atual pode-se observar que o mal [o caudilhismo] abrange todo o nosso Continente, tendo, inclusive, atingido países que dele eram aparentemente e mesmo

---

[195] Minha evolução para o parlamentarismo. In: Melo Franco, 1961b:186.
[196] Ibid.
[197] O que leva Arinos a reiterar, aqui também, o raciocínio sistêmico utilizado em outros artigos, inserindo a própria eventualidade de ascensão de "caudilhos" — como Vargas — no contexto de um processo mais amplo, onde o papel dos militares é o elemento decisivo (Ibid., p. 186-187).

110 ▼ A Política Domesticada

realmente indenes, como a Argentina e a Colômbia. A razão disto deve ser encontrada na crise econômica de desenvolvimento que açoita os nossos países.[198]

Desse modo, haveria razões históricas mais profundas, de ordem tanto econômica quanto social, que nos ajudariam a compreender melhor os sentidos da epidemia caudilhista no continente, àquela conjuntura.[199]

Por ora, o que é preciso enfatizar aqui, contudo, é que a intromissão militar, no caso brasileiro, inclusive, daria à vida política nacional contornos particularmente dramáticos e preocupantes, pois que se inscreveria num quadro de irresponsabilidade política, tanto por parte do Executivo quanto pelo Legislativo, e seria como que uma tendência de nosso presidencialismo — ou, ao menos, de alguns de seus (atuais) mandatários:

> O nosso Legislativo compensa em vantagens eleitorais próprias, à custa do Orçamento, os votos que concede ao governo por uma política não planejada e muitas vezes orientada, da sombra, pelo elemento militar. Assim, a irresponsabilidade é geral. É do Congresso porque vota leis erradas e demagógicas que não precisa aplicar. É do Executivo porque ainda que as aplique isto não lhe custa a vida, que é a prazo fixo. É das classes armadas porque decidem, sem aparecer, assuntos que não são seus e também não arcam com as conseqüências das decisões erradas.[200]

As principais vantagens do regime parlamentarista, de acordo, agora, com Arinos, se encontrariam não apenas na pressuposição de que os riscos provenientes de uma má escolha dos membros do gabinete — que, se não contornada, em geral implica a sua queda, podendo desembocar, por fim, na própria dissolução da Câmara — certamente conduziriam a um comportamento mais responsável e consciencioso por parte do Legislativo e do Executivo assim constituído, mas também na crença de que um gabinete parlamentar teria maiores condições do que um presidente, sozinho, de resistir ao assédio e à influência indevida dos militares.

No Brasil, portanto, a situação se encontraria particularmente caracterizada no sentido da condenação irrevogável do presidencialismo:

> Aí temos, em resumo, o panorama constitucional brasileiro de 1957: indiferença pela Constituição, desprestígio do Supremo Tribunal, impotência dos partidos, substituídos pelas classes armadas. Em tudo, pois, diferente do autêntico e vitorioso presidencialismo.[201]

O artigo é então encerrado pelo autor com uma profissão de fé na reforma do sistema de governo, em que maior do que as esperanças nas capacidades regenerativas do parlamentarismo parece ser a descrença no futuro do presidencialismo:

---

[198] Minha evolução para o parlamentarismo. In: Melo Franco, 1961b:187.
[199] Abordarei o ponto no próximo capítulo.
[200] Melo Franco, 1961b:191.
[201] Ibid., p. 188.

De qualquer maneira, estou convencido de que, uma vez implantado o parlamentarismo, ele, por seu dinamismo interno, tenderia a aprimorar-se, enquanto o nosso presidencialismo, infelizmente, conforme tudo indica, tende a deteriorar-se sem remissão.[202]

Se a intervenção militar é a característica-chave do caudilhismo continental, isso não implica, contudo, desprestígio das corporações armadas. Muito pelo contrário, e por paradoxal que possa parecer à primeira vista, é justamente à responsabilidade pública dos militares que cabe também apelar, e o seu apoio — cuja forma, porém, não fica clara qual deverá ser — que se impõe buscar no sentido de se processar, no país, as mudanças constitucionais que se façam necessárias.

Assim, quando o parlamentarismo volta a ser objeto de uma emenda constitucional, Arinos exorta os militares a colaborar na reforma que favoreça a restauração (ou instauração) de um autêntico sistema partidário, indispensável, a seu juízo, para a moralização democrática da política nacional:

Sr. presidente, falhamos na organização dos partidos políticos. Falhamos na Federação. Falhamos na estabilidade do governo. Falhamos na competência da Justiça federal. Falhamos nos alicerces do regime. (...) E neste momento, falo direta e precisamente para as Forças Armadas. É para o Exército brasileiro, é para os chefes do Exército que eu apelo. Estou convencido de que sem o planejamento democrático do governo, sem o restabelecimento da honra na administração, sem o equilíbrio da Federação, sem a vitalidade dos partidos, a democracia estará morta, temporariamente morta, adormecida, anestesiada, e voltaremos a eras pregressas de terror, de escuridão e de tirania. Falo aos soldados do meu país. Peço a eles considerem este assunto. Digo a eles que desgraçado é o país em que o Exército se transforma no mais forte dos partidos políticos atuantes. No momento em que os partidos desaparecem na sombra do presidencialismo brasileiro, emerge o Exército como uma aurora de ameaça e de sangue, como verdadeiro político que dominou a nação outrora.[203]

A ambigüidade e a contradição do papel atribuído por Arinos aos militares — ao mesmo tempo substitutos indevidos dos partidos no presidencialismo e fiadores da reforma e moralização do sistema (para o impedimento, justamente, da sua própria intromissão) — se desdobrariam em outros momentos dessa conjuntura, marcada pela vitoriosa eleição do autor para o Senado, pelo então Distrito Federal,[204]

---

[202] Melo Franco, 1961b:192.

[203] Sobre a Emenda Constitucional 3-A (parlamentarismo). *Anais da Câmara Federal*, 30 abr. 1958, p. 210.

[204] "Isso eu devo ao Carlos Lacerda. A campanha, propriamente, foi produto dele, da experiência dele, daquela presença dele na rua." Logo adiante, Arinos recorda momentos cômicos — e, de certo modo, significativos — daquela aventura vitoriosa pelo mundo da política de massas, marcada pelos "caminhões do povo": "Uma menina que fazia caricatura na *Última Hora* me botou com um barrigão, descendo de um Cadillac enorme, um chofer abrindo a porta e dizendo para mim: 'Deputado, pode subir no caminhão'" (Camargo et al., 1983:154, 156).

112 ▼ A Política Domesticada

pelas articulações visando a campanha presidencial de 1960 e, por último mas não menos importante, pelos últimos e graves entreveros do governo JK com os setores mais descontentes das Forças Armadas.

No final do ano de 1959, um grupo da Aeronáutica promoveu um levante na localidade de Aragarças. Ao comentar o manifesto dos revoltosos, Arinos contesta as soluções políticas preconizadas por eles, minimizando, porém, naquele momento, a responsabilidade política especificamente militar e, curiosamente, debitando a carga mais significativa desta à inércia e à negligência da classe política propriamente dita.

Num primeiro momento Arinos se põe de acordo com o diagnóstico que os insurgentes fazem da situação nacional:

> Realmente, o Manifesto, sr. presidente, consubstancia, em muitas das suas passagens, opiniões que são as minhas, mas que são também de numerosos representantes da maioria, e que têm sido expressas, em todas as letras, por jornais de todas as tonalidades, governistas ou oposicionistas. A parte descritiva da situação brasileira, portanto, não é mais que a verificação translúcida de uma verdade que em termos gerais está adquirida por todos nós.
>
> Não é nenhuma alegria para mim declarar que vejo a conjuntura exatamente como a apresenta o documento, isto é, a situação econômica e social do país é de extrema gravidade; os poderes políticos têm-se omitido nas soluções que correspondam às imposições do momento; falta autoridade ao governo da República.[205]

Em seguida, porém, recusa qualquer solução fora dos quadros da legalidade:

> Essas verdades não são específicas dos jovens militares que assinaram esse documento, visto que se apresentam, com realidade brutal, em nossas consciências, se tivermos coragem e serenidade para nos debruçarmos sobre elas. Divirjo, entretanto, fundamentalmente, apoiado em todas as minhas ações e atitudes anteriores, das conclusões a que chegou esse pugilo de oficiais brasileiros, isto é, de que, para situações semelhantes, a solução que se impõe é a demolição da estrutura constitucional, o desaparecimento dos poderes constituídos e a implantação de ditadura militar.
>
> Aqui, digo não! Não estou de acordo, repito, e protestarei e lutarei, dentro e fora do Senado, contra tal solução, porque esta tem sido uma constante linha em minha vida política — lutar pela reimplantação, pela consolidação, pela manutenção, pela preservação das instituições legais e democráticas neste país.[206]

A responsabilidade maior pela descrença nas instituições seria, portanto, da própria classe política, inseridos aí o governo, obviamente, mas também o Legislativo, em sua conivência. De modo que, inclusive, embora certamente equivocada em suas pro-

---

[205] Manifesto assinado por um "Comando Revolucionário". *Anais do Senado Federal*, dez. 1959, p. 74.
[206] Ibid.

postas, a reação dos "jovens militares" seria plenamente compreensível, se não mesmo justificável, em função da omissão dos principais responsáveis pela coisa pública:

> Sr. presidente, temos provocado, pela nossa inércia, pela nossa tranqüila despreocupação em face dos acontecimentos nacionais, temos provocado e assistido inermes o resvalamento deste país, para uma situação que começa a escapar ao controle das autoridades no setor financeiro, no setor econômico e no setor social. (...)

> Sr. presidente, digo, declaro, afirmo que não temos autoridade; o meio político está despido de autoridade para vir fazer concentrar sobre um grupo de rapazes que não sabemos o que está fazendo, os raios da condenação e as fúrias do castigo.[207]

Com os olhos voltados já para o pleito do ano seguinte — que, de fato, finalmente, lhe traria, e ao seu partido, a vitória tão longamente almejada —, Arinos conclui então o seu discurso, não deixando, inclusive, de inverter os sentidos da acusação de subversão, cuja pecha não é mais dos insurgentes de Aragarças, mas sim do próprio governo ou, pelo menos, do grupo que nele se articulava em torno da candidatura do general Lott à sucessão de JK (e que, é claro, não poderia deixar de contar com a participação dos comunistas):

> Eram estas, sr. presidente, as palavras que desejava pronunciar como declaração puramente pessoal — primeiro, de que acompanho o meu Partido na defesa intransigente da legalidade; segundo, que estou em desacordo com as razões oferecidas pelos signatários do Manifesto para justificar sua atitude, e com os remédios que preconizam; e terceiro, que não devemos inquietar mais a família brasileira, nem transformar isto na gênese de uma situação caótica, que só pode ser explorada por aqueles que são, de fato, inimigos da ordem e da paz, aqueles que (...) procuram agitar o país, porque têm a certeza de que o processo democrático não levará a nenhuma solução favorável as suas ambições de permanência no poder; àqueles que querem perturbar; aqueles, enfim — e neste ponto peço a atenção dos ilustres colegas da Maioria, como nós, empenhados na solução democrática através do pleito de 3 de outubro — aqueles que não confiam na vitória deste pleito, que não têm afeição nem apego ao regime democrático, e que tudo farão para aumentar a confusão e instalar a ditadura em que venham a sobrenadar.[208]

---

[207] Manifesto assinado por um "Comando Revolucionário". *Anais do Senado Federal*, dez. 1959, p. 75.

[208] Ibid., p. 77. Ao comentar a conjuntura em suas memórias, Arinos (1961a:72-73) enfatiza o tédio que sentia diante de episódios como esse: "Não é, ainda, o momento de comentar o assunto, mas devo dizer, de passagem, que ele me entedia bastante. A marca continental do Brasil se acentua, à medida que se agrava a sua crise de desenvolvimento. O Brasil é um adolescente, cujo corpo se faz de homem, mas cuja mentalidade imatura e instabilidade psicológica desvendam um resto de infância. Antigamente o nosso complexo de inferioridade, em face de um mundo aparentemente tranqüilo, fazia com que nos envergonhássemos destes traços latino-americanos. (...) Hoje temos elementos para verificar que a crise moderna não é nossa: é estrutural de toda a civilização. As suas manifestações é que variam, segundo a índole e a formação dos vários povos que ela atinge. (...) Mas o fato de considerar dessa maneira os aspectos atuais da crise brasileira não exclui o tédio que me assalta ao contemplá-los. A sua morna rotina, a mediocridade dos seus figurantes, tudo contribui para que eu não tenha mais desejo nem de ler o noticiário da imprensa".

114 ▼ A POLÍTICA DOMESTICADA

Ao contrário do que temia Arinos e das ameaças golpistas que sempre denunciou das tribunas da Câmara e depois do Senado, o governo JK, a despeito de seu "pecado original", foi contudo um dos únicos do intervalo democrático a encerrar-se sem atropelos.[209]

Com efeito, a vitória incontestável de Jânio Quadros — que em breve conduziria, se não exatamente a UDN, mas com certeza o próprio Afonso Arinos ao Poder Executivo — parece ter restaurado o otimismo que nosso autor parecia ter perdido ao longo dos turbulentos anos da década que findava.

Convidado a ocupar o cargo de ministro das Relações Exteriores — outrora exercido por seu pai —, Arinos toma posse com um discurso confiante em que já delineia os contornos da chamada "política externa independente", que polêmica e, de certo modo, ousadamente colocará em prática no Itamarati.

Sobressai aqui, entre outros aspectos, a crença a respeito do que parecia ser o início da superação do caudilhismo no Brasil:

> O espetáculo das últimas eleições, da apuração, do reconhecimento, e da posse de Jânio Quadros na Presidência, a par de instrutivo para o mundo é, por igual, uma lição e uma advertência para os políticos nacionais. Revelou a magnífica maturidade do povo brasileiro para o exercício efetivo e não apenas formal da democracia, e ensinou aos ideólogos superados, aos obstinados sectários e aos escravagistas intelectuais, que o nosso povo pode e quer resolver os seus problemas dentro da liberdade política. A esmagadora vitória de Jânio Quadros foi expressão desta advertência de que o povo brasileiro repele as ditaduras de qualquer tipo, personalistas, caudilhistas, de classe ou de partido. Nós, no Brasil, não carecemos de tais processos, e livres como somos no cenário internacional combateremos sempre livremente. Esta palavra, liberdade, perdeu a sua conotação romântica do século passado; limitou os excessos individualísticos que lhe comprometiam o sentido humano e enriqueceu-se de novos tons sociais e coletivos, mas conservou o núcleo de significado eterno que é o valor da personalidade.[210]

Parecia atingir o nosso povo, finalmente, a maturidade política necessária, o que daria à eleição um sentido histórico e moral muito mais amplo do que o de uma simples e rotineira transferência de poder.

Em pouco tempo, contudo, o otimismo de Arinos teve que se confrontar com as enormes dificuldades e resistências que sua atividade no Itamarati iria suscitar.[211]

Muito mais contundente e frustrante do que as adversidades para levar adiante a "política externa independente", entretanto, se mostraria a surpreendente e em grande medida inexplicável renúncia do presidente Jânio Quadros, a respeito de quem Arinos nutriu — e, segundo ele, também a grande maioria do povo brasileiro — as maiores expectativas e esperanças.

Com o impacto da renúncia e a imediata reação dos ministros militares vetando a posse do vice-presidente eleito, João Goulart, o presidencialismo brasi-

---

[209] O único outro caso do período foi o governo do general Eurico Dutra.
[210] As relações exteriores do Brasil. *Digesto Econômico*, mar. 1961, p. 89-90.
[211] E cujo conteúdo terei oportunidade de explorar no capítulo seguinte.

leiro voltaria a mostrar, de acordo com Arinos, a sua face mais perniciosa e recorrente. Estávamos de novo, súbita e rapidamente, à mercê das forças e armadilhas do caudilhismo.

Arinos irá se engajar completamente então na operação política que buscou contornar a crise e impedir uma possível guerra civil, através de uma solução de compromisso que, ao mesmo tempo, garantisse a posse de Jango, retirando-lhe, contudo, as principais prerrogativas de governo com a adoção do parlamentarismo.

No dia 30 de agosto de 1961 — seis dias após a renúncia —, Arinos sobe à tribuna para defender a posse de Jango e a adoção do sistema de gabinete. Reiterando argumentos anteriores de sua conversão a esse sistema, ele enfatiza o fracasso fatal da institucionalização do Supremo Tribunal Federal no nosso presidencialismo, como instituição do Poder Judiciário que deveria zelar, acima dos dois outros poderes, pela fidelidade à Constituição:[212]

> No nosso país, duas coisas por si sós, a meu ver irremovíveis, tornaram impossíveis a prática tranqüila do sistema presidencial. A primeira dessas constatações é que ele não se institucionalizou. Nunca houve, desde 1891, a institucionalização jurídico-constitucional do sistema presidencial. E por quê? Porque aquela instituição-chave, aquela instituição mestra, aquela instituição fundamental do regime, capaz de estabelecer-lhe o equilíbrio nas horas de crise, fracassou politicamente — o Supremo Tribunal Federal.
>
> Nos Estados Unidos a institucionalização do sistema presidencial deu-se através da grande atividade política, da grande experiência política, da invasão de políticos que a Suprema Corte empreendeu no território constitucional, transformando-se em peça-chave do regime. No Brasil, isso nunca aconteceu. Todos os pregadores que tal desejavam, de Rui Barbosa a Pedro Lessa, falharam nas suas tentativas, e o sistema presidencial não se tornou a chave de cúpula, o tipo de poder moderador que faria com que ele não degenerasse no caudilhismo que sempre foi, sem dúvida, o seu destino no nosso país.[213]

A essa ausência de uma instância judiciária suprema em nossa República — único freio para um caudilhismo que agora se afigura como um destino inevitável — Arinos irá acrescentar um novo fator perturbador para o nosso presidencialismo, e que implica uma espécie de exacerbação sociológica dos conflitos entre o Executivo e o Legislativo. Trata-se do desvirtuamento cada vez mais acentuado da eleição presidencial em plebiscitarismo:

> Mas, senhores congressistas, há outra razão e esta da maior gravidade. É que no Brasil há duas origens para o poder político; o poder político está distribuído em dois ramos: o presidente da República, cuja escolha, cuja eleição se processa cada vez mais e cada

---

[212] E que, com efeito, no caso em questão, deveria possuir poder suficiente para obstar qualquer veto militar ao cumprimento estrito da Carta de 1946, dando posse imediata ao vice-presidente eleito.
[213] Declaração de voto contra o impedimento de João Goulart e pela implementação do parlamentarismo, 30-8-1961. In: Camargo et al., 1983:378.

vez mais isso ocorrerá, com a ruptura de todas as organizações político-jurídicas previstas na Constituição, se elege arrastando uma inundação emotiva em todo o país e cada vez se elegerá mais desta maneira porque só poderá suscitar o voto da massa nacional, nas condições em que ela atualmente vota, o candidato que estiver em condições de despertar-lhe o fervor e o entusiasmo por cima dos partidos, por cima da Justiça Eleitoral, por sobre as organizações que chamei há pouco político-constitucionais do nosso país. Ao mesmo tempo que tal se estabelece, no Poder Legislativo se recruta através da alquimia de que lançam mão todos os elementos sociológicos: os partidos, a política municipal, as forças de pressão, as aspirações de classe, as esperanças proletárias, os interesses econômico e financeiro. E, então, temos assim um presidente que cada vez mais representa um cesarismo plebiscitário e um Congresso que, cada vez mais, representa um equilíbrio entre todas as forças da opinião e dos interesses sociais.[214]

Desse modo, Arinos acrescenta ao presidencialismo brasileiro novas mazelas que seriam especificamente atribuíveis às dimensões cada vez mais amplas e desestabilizadoras da incorporação política das massas através do voto (o que também insere nesse processo o próprio fenômeno Jânio Quadros, ao qual o autor teria rendido seu entusiasmo e colaboração).[215]

O seu argumento, inclusive, não pode deixar de evocar uma avaliação que se fazia à época, também a respeito do conflito inerente entre o Executivo e o Legislativo, com uma compreensão muito semelhante acerca das origens e condicionantes sociopolíticas dos seus representantes, só que com sentidos e valorações exatamente inversos. Com efeito, de acordo com essa perspectiva o conflito entre os poderes se daria justamente porque ao presidente caberia a iniciativa racional e progressista do avanço, comprometido que estaria somente com as massas, acima de partidos e intermediários. Sua prerrogativa, porém, se veria constantemente obstaculizada por um parlamento que concentraria os interesses mais imediatistas, fragmentados e arraigados da sociedade, privilegiando assim as perspectivas dos setores mais conservadores.[216]

Assim, se para este ponto de vista a independência de que goza o chefe do Executivo diante dos interesses minoritários, reportando-se somente a seus compromissos com a massa que o elegeu diretamente, é uma garantia de que poderá agir em conformidade com planos e desígnios de interesse geral e majoritário — ou, dito de outro modo, privilegiando a ação transformadora, a mudança —, para a perspectiva de Arinos essa liberdade se obtém através da mistificação e do emocio-

---

[214] Declaração de voto contra o impedimento de João Goulart e pela implementação do parlamentarismo, 30-8-1961. In: Camargo et al., 1983:378.

[215] Com efeito, ao saudar o advento da candidatura Jânio, já em 1959, Arinos o identifica como o homem que aglutinaria o "desespero e a esperança" do povo (Noticiário da imprensa sobre o encontro que teve com o sr. Jânio Quadros. *Anais do Senado Federal*, out. 1959, p. 791).

[216] Uma resenha crítica desse argumento pode ser encontrada em Wanderley Guilherme dos Santos (1986:15 e segs.).

nalismo, convertendo-se facilmente em irresponsabilidade política e risco de subversão da ordem legal — o pólo da dicotomia aqui evidentemente mais valorizado.

Do mesmo modo, se para a primeira perspectiva o Congresso é a trincheira de reprodução das forças e requisitos do atraso e do imobilismo, quando não da reação, para Arinos ele é o estuário da autenticidade, da realidade social e econômica, é a atualização da idéia mesma de representação racional e orgânica.

Comentando em suas memórias[217] (1968:56) o advento do fenômeno, ele não apenas qualifica os significados da eleição de Jânio — efeito e possibilidade de superação do plebiscitarismo — como, ao mesmo tempo, efetivamente define todo o drama do período democrático pós-1945 enquanto herdeiro, para bem ou para mal, do Estado Novo:[218]

> A confusa consciência na liberdade e na eficácia do voto se difundira gradativamente por todo o vasto eleitorado esparso pelo país. Mas tal sentimento não era seguido, no nosso atrasado corpo eleitoral, pela compreensão da responsabilidade inerente ao poder de sufrágio. Assim, o ato de votar em um candidato à Presidência significava um desabafo imediato, a oportunidade de um revide contra as dificuldades da vida, ou, no máximo, um anelo informulado *(sic)* de melhoria, mas melhoria particular e imediatista, desligada de qualquer visão mais geral ou distante. De um lado, elites desunidas, freqüentemente rígidas no seu egoísmo reacionário; do outro, massas que se agrupavam atraídas somente pelo carisma demagógico ou pelo benefício urgente — eis o triste fruto que a conscientização social da era de Vargas legara à liberdade eleitoral. Jânio surgiu como oportunidade única de mudança deste processo divisório, cujo desenvolvimento conduziria fatalmente — como conduziu depois da sua renúncia — ao impasse constitucional e à morte da democracia.

Eis, em síntese, o diagnóstico fatal do intervalo democrático, segundo Arinos: um período condenado à própria extinção em função de seu mal de origem, de seu pecado original. Um regime condenado de antemão pela incorporação das massas à "liberdade eleitoral" de acordo com uma "conscientização social" patrocinada por um caudilho carismático, sedutor e paternalista.

Seja como for, a adoção do regime parlamentarista, apesar de solucionar, ao menos provisoriamente, a crise da sucessão em 1961, não conseguiu firmar raízes — nem mesmo junto aos próprios parlamentares —, assim como também não logrou maior sucesso no encaminhamento de saídas para a crise econômica e social.

Com o plebiscito de 1963, a experiência parlamentarista foi abortada e Jango obteve plenos poderes presidenciais.

Mais uma vez desencantado com os rumos da política nacional — após atuar diretamente na execução da política externa dos gabinetes parlamentares[219] e engajar-se na luta pela preservação do sistema —, Arinos passa a escrever regularmente uma série de artigos no *Jornal do Brasil*, nos quais desenvolve sistema-

---

[217] Mais especificamente, em junho de 1966.

[218] Seguramente, para Arinos, mais para mal do que para bem.

[219] Ocupando a pasta, inclusive, no gabinete de Brochado da Rocha.

118 ▾ A Política Domesticada

ticamente uma análise do processo que conduziria à deposição de Goulart, oferecendo uma série de sugestões para o enfrentamento da crise antes de seu desenlace fatal.[220]

A redação desses artigos se estende, assim, tanto desde antes quanto durante e depois da eclosão do golpe que encerrou o intervalo democrático. Através deles podemos acompanhar também a participação de Arinos no movimento — segundo ele revolucionário — de 1964, passando por suas sugestões de caráter jurídico, para a pronta legalização da nova ordem — em que, evidentemente, prossegue em seu apostolado parlamentarista —, até, afinal, o seu afastamento completo diante do prosseguimento, recrudescimento e indefinição jurídica do processo discricionário da assim chamada revolução.

Para a conclusão deste capítulo vou me ater somente, por ora, a um conjunto de três desses artigos publicados logo após o golpe, no ano de 1964, em que Arinos procede a uma recapitulação da história republicana, no intuito de demonstrar o caráter intrinsecamente deletério e irrecuperável do presidencialismo brasileiro.

O ponto a destacar nesses discursos, para o momento, é o diagnóstico do caudilhismo como vício inamovível do sistema, por força, principalmente, do caráter personalista que o poder presidencial, seu exercício e a oposição a ele tendem a assumir.

A colocação do problema nestes termos irá ocasionar, evidentemente, não apenas a contradição de argumentos políticos e institucionais utilizados anteriormente, como também toda uma reelaboração das próprias interpretações históricas do autor sobre a República e seus eventos mais marcantes.

Após identificar o que considera os males do governo pessoal logo na instalação do novo regime com os inevitáveis deslocamentos golpistas e desvios ditatoriais dos governos pioneiros dos marechais Deodoro da Fonseca e Floriano Peixoto, Arinos incorpora a seu diagnóstico também os governos civis subseqüentes, de Prudente de Moraes e Campos Sales, a partir do qual, inclusive,

> Como é normal no presidencialismo latino-americano, começamos a transitar pendularmente da supremacia do Exército, que utiliza o presidente como instrumento, à supremacia do presidente, que faz seu instrumento do Exército. A Constituição, os partidos, o Judiciário, elementos que dão autenticidade ao presidencialismo norte-americano, sempre foram, no Brasil, como em qualquer república da América Central (não nos surpreendamos nem nos humilhemos com as comparações verdadeiras), simples cortinas de fumaça, que mascaram a brutal realidade sociológica e política.[221]

O componente caudilhista intrínseco ao presidencialismo — que se articularia quase que diabolicamente às "brutais" condições políticas e sociológicas na-

---

[220] A análise da maioria desses artigos se fará no próximo capítulo.
[221] O presidencialismo brasileiro. *Digesto Econômico*, jul./ago. 1964, p. 25.

tivas[222] — pode atuar tanto por intermédio da iniciativa direta dos chefes de Estado de índole mais autoritária, quanto, indireta e negativamente, por intermédio das oposições aos presidentes mais bem equipados, tanto moral quanto intelectualmente.

Assim, nem mesmo os mais brilhantes e exemplares governos republicanos teriam escapado às influências negativas do sistema:

> Não vamos fazer aqui o elogio do antigo político parlamentarista [Rodrigues Alves] que foi, sem dúvida, o maior chefe de governo, até hoje, no Brasil republicano. Seu quatriênio interessa à nossa demonstração, porque, apesar de todo o êxito da administração federal e do respeito que cercava a figura do presidente, as incertezas e debilidades, que são consubstanciais ao regime, irromperam dolorosamente, também, naquele governo. Isto é que me parece importante salientar, ou seja, que o fato de um governo presidencial ter alcançado todo o sucesso e toda a popularidade desejáveis não impede que as falhas insanáveis do sistema surjam com evidência desalentadora.[223]

No caso em questão, o autor faz referência aos episódios que ficaram conhecidos como a "revolta da vacina" e que quase ocasionaram a derrubada do "conselheiro".

O caudilhismo iria se apresentar novamente, com toda a clareza, no governo seguinte, de Afonso Pena, e personificado na figura exemplar, para a economia discursiva de Arinos, de Pinheiro Machado. O caudilho gaúcho seria o grande responsável pelo fracasso das tentativas de renovação política empreendidas pelo então presidente, como o famoso "Jardim de Infância", de tão grande significado para Arinos:

> Afonso Pena tenta consolidar-se no Congresso, através do "Jardim de Infância". Esforço perdido, para quem sabia, como Pinheiro e seus amigos, onde buscar o apoio que a tudo leva de vencida, o das baionetas. O caciquismo civil e o militar se unem, afinal, na candidatura Hermes, lançada fora dos partidos, engolida pelos governos dos estados — para lembrar ainda uma frase de Rui — autêntico contubérnio da arruaça com o pronunciamento. "Deslocara-se o eixo da política", como observou tristemente o patriarca Quintino.[224]

Com o governo do marechal Hermes da Fonseca, portanto, o caudilhismo voltaria a atuar diretamente através da presidência. E à sua nova investidura se seguiria o cortejo usual de subserviência, hipocrisia e violência inerentes ao regime:

---

[222] Note-se, de passagem, a interessante caracterização de nossa "realidade"; impossível deixar sem registro essa radical mudança de avaliação da ordem social e política do outrora (ou algures) celebrado "antigo regime".
[223] O presidencialismo brasileiro. *Digesto Econômico*, jul./ago. 1964, p. 25-26.
[224] Ibid., p. 27-28.

120 ▼ A Política Domesticada

"o país todo se acomodava, como sempre se acomodou, ao desvirtuamento do sistema que diz praticar".[225]

Arinos retoma então a sentença que seu pai, à época, proferira a respeito do sistema e que ele mesmo, em seu apego anterior ao presidencialismo, não compreendera ou valorizara. Dizia então Afrânio de Melo Franco:

> "Se a dura experiência de 25 anos tem demonstrado que as instituições ideadas para desenvolver e garantir a liberdade se corrompem e se transformam, faltando aos seus fins, provocando o aparecimento do despotismo regional e facilitando o surdir de sátrapas provincianos — o dever dos patriotas é enfrentar corajosamente o problema da revisão constitucional e organizar a república federativa em novos moldes, compatíveis com o nosso meio."

> Esta severa advertência de meu pai soa-me, hoje, ao ouvido, como um conselho imperativo, vindo do fundo do passado e tornando irretratável o meu compromisso.[226]

As vicissitudes do presidencialismo prosseguem então nos governos subseqüentes, assumindo paulatinamente contornos revolucionários, a partir do mandato de Epitácio Pessoa, no início da década de 1920:

> Sendo um dos homens que, pelo talento, energia e experiência mais bem podiam governar a República, Epitácio Pessoa teve, no entanto, o seu mandato inteiramente absorvido pelas dificuldades inerentes ao presidencialismo brasileiro. Estas dificuldades não são, é óbvio, sempre da mesma natureza, mas não deixam de aparecer, apresentando somente novas aparências, com a evolução dos tempos. No fundo decorrem invariavelmente das mesmas causas: de um lado, o enorme poder acumulado nas mãos de um homem, e, do outro, a falta de instrumentos eficazes de contrapeso a esse poder, o que o torna praticamente irresponsável e sem limites legais. (...)

> Ressentimentos e frustrações pessoais e regionais, engrossados por uma campanha de imprensa de inaudita violência, que diante de nenhuma arma hesitava, tudo isto de envolta com as reais transformações econômicas e sociológicas que se operavam no país, exigindo o alargamento das estreitas instituições de 1891, tiveram como resultado, entre 1922 e 1930, o ciclo das revoluções políticas.[227]

Mesmo assim, o transbordamento revolucionário do conflito político, acirrado histórica e, de certo modo, naturalmente pelas transformações econômicas e sociais, só teria assumido tais proporções por força da "intrínseca incapacidade que tem o regime presidencial de evoluir pacificamente".

---

[225] O presidencialismo brasileiro. *Digesto Econômico,* jul./ago. 1964, p. 29.

[226] Ibid., p. 31.

[227] Ibid., p. 33. Arinos refere-se aqui ao episódio das "cartas falsas", documentos falsificados divulgados pelo jornal *Correio da Manhã,* a partir de 9 de outubro de 1921, que procuraram — e conseguiram — jogar as Forças Armadas contra Artur Bernardes, então candidato à sucessão do presidente Epitácio Pessoa.

Com o ciclo revolucionário eis que, por fim, sucumbe em definitivo a velha ordem política brasileira.

O caudilhismo presidencialista, porém, em pleno vigor, assumiria agora a sua roupagem mais clara e paradigmática. O Estado Novo de Vargas segue não possuindo, para Arinos, qualquer significado ou dignidade histórica e institucional maior. No entanto, seu papel na condenação do sistema presidencial é crucial, despindo-o de quaisquer veleidades ou disfarces democráticos. O regime de 1937 possuiria também, afinal, a sua dose — mesmo que inteiramente negativa — de autenticidade:

> O presidencialismo brasileiro começara com a disfarçada ditadura da espada, prosseguira com a ditadura dos grandes governos estaduais e agora se instalava confortavelmente, durante anos, na ditadura pura e simples, ditadura de estância e galpão, ditadura sem mais nada. Getúlio, grande equilibrista político, encontrou a fórmula ideal para descansar a sua permanência, que era a de apoiar-se sobre nada. Nem doutrinas, nem organizações estáveis, nem programas positivos. Apenas o poder pessoal e o seu atraente fascínio. (...) Então se instalou o verdadeiro presidencialismo brasileiro, o presidencialismo sem máscaras nem hipocrisia, devemos reconhecê-lo hoje em dia. Não quero dizer com isto que a Constituição fascista de 1937 fosse o ideal do nosso presidencialismo. O que acentuo é que seu caráter genuíno se expressa exatamente porque aquela Constituição nunca foi aplicada, e servia, apenas, de biombo à prática pseudolegal do poder pessoal sem qualquer controle. Por isto é que era o presidencialismo nosso autêntico, puro como brilhante sem jaça.[228]

Daí por diante, malgrado os esforços pela regeneração da institucionalidade política — resumidos nos ideais da Carta de 1946 —, o presidencialismo seguiria travando os esforços construtivos e acirrando, nas esferas do Estado, as contradições inerentes ao processo de desenvolvimento econômico e diferenciação social do país.

O intervalo democrático, antes celebrado como época de evolução dos costumes e de maturação da consciência popular, é agora resumido a um interminável desfile de crises sucessórias e deposições de presidentes (algumas delas, de fato, muito curiosas).[229] Até a anteriormente apregoada e benfazeja força específica ao presidencialismo — mesmo que apenas no sentido administrativo do termo — perde o seu sentido, ou legitimidade, diante da perversidade do sistema:

---

[228] *Digesto Econômico*, jul./ago. 1964, p. 33-34.

[229] Como, por exemplo, as de Getúlio em 1954 e Jânio em 1961. Se a caracterização (ou admissão), afinal, da queda de Vargas como deposição é perfeitamente conforme a muitas interpretações — cabendo destacar apenas a mudança de perspectiva de Arinos ao longo de pouco mais de 10 anos —, dizer que Jânio fora também deposto em 1961 já me parece um enfoque mais inusitado. Deixemos porém que o autor construa a sua narrativa como lhe apetece. Aqui, como alhures, me interessam sempre mais as atribuições de sentido e suas alternâncias, ou seja, as diversas versões, do que a maior ou menor fidelidade possível aos "fatos".

122 ▼ A POLÍTICA DOMESTICADA

No campo interno, as provas de inconformidade [contra o Estado Novo] começam a aparecer: declaração dos escritores, Manifesto dos Mineiros,[230] reconquista da liberdade de imprensa. Getúlio é deposto em 1945, como Washington Luís fora 15 anos antes; como Getúlio seria ainda uma vez em 1954; como Café Filho e Carlos Luz em 1955; como Jânio em 1961; como Jango em 1964. Como os outros que o futuro nos trará, se o regime continua. Porque uma das maiores asneiras que ouço a propósito do presidencialismo brasileiro é esta de que é um *regime forte*. Confunde-se alvarmente força material com força jurídica. Sem dúvida a primeira é tão grande, mas a segunda tão pequena que os desfechos estão aí, envergonhando o nosso pobre país: sete presidentes depostos sucessivamente. Em todo o Império, desde que estabeleceu verdadeiramente o sistema parlamentar, sob a Regência, nem durante a Guerra do Paraguai se conseguiu depor um ministério pela força.[231]

Como se vê, já agora — e ao contrário do que rezava o parecer de 1949 — a existência de um parlamentarismo de fato no Império é não apenas admitida como também a ele é atribuído o mérito pelo funcionamento ordeiro — para não dizer, simplesmente, estável — do antigo regime.

De qualquer modo, independentemente de quaisquer saudosismos ou contradições, o ponto fundamental e urgente da argumentação se centra na denúncia acerca da impropriedade e dos riscos que o presidencialismo representa para uma sociedade em processo de grandes e graves transformações como a brasileira.

Assim, já no governo Dutra, começa a se manifestar com maior clareza o verdadeiro motor de perturbação e desequilíbrio — e no entanto, também, de avanço e evolução, apesar de tudo — do processo sociopolítico brasileiro, ou seja, a contradição entre a ordem e o movimento. Contradição incontrolável e inadministrável pelo presidencialismo:

O Brasil mudara: novas necessidades sociais surgiam e a consciência delas se tornava mais nítida. A luta entre ordem e progresso se insinuava no fundo do combate entre as elites e as massas, aquelas se inclinando mais pela ordem, e estas pelo progresso. No regime parlamentar esta luta (...) encontram (*sic*) sempre uma fórmula de equilíbrio. Mas no nosso sistema presidencial, graças à fatalidade do poder pessoal, a mesma luta evolui inevitavelmente para uma polarização dual: isto é, para uma radicalização. Preste bem atenção o leitor no que acabo de escrever, que é capital para o entendimento do fatalismo da radicalização entre nós. Não há saída para ela, dentro do sistema unipessoal que nos rege. Pode-se dizer que a bandeira se rasga em duas partes: ou a ordem sem progresso, como querem as elites, ou o progresso sem ordem, como almejam as massas. Quando o verdadeiro fim, para lembrar a palavra admirável

---

[230] Lembremos, de passagem, que o próprio Arinos foi um dos principais responsáveis pelo "Manifesto dos Mineiros", cuja confecção, em 1943, lhe custou o emprego no Banco do Brasil. Em suas memórias, Arinos (1961a:394) relembra a sua aposentadoria "compulsória e ilegal", e que teria sido "pessoalmente determinada por Getúlio Vargas, em virtude da publicação do chamado Manifesto dos Mineiros". Logo em seguida, inclusive, acrescenta que cumpria acentuar ("porque é a estrita verdade") que fora dele a idéia do manifesto.

[231] O presidencialismo brasileiro. *Digesto Econômico*, jul./ago. 1964, p. 34 (grifado no original).

do saudoso Bernanos, é a ordem segundo a justiça. Mas prossigamos. Dutra, por seu temperamento, inclinava-se antes pela causa da ordem, mas o sistema eleitoral que o apoiara, principalmente o PSD, estava agrilhoado a Getúlio. Marchamos então para a desordem sobre o pretexto do progresso. Raramente o presidencialismo brasileiro terá mostrado a sua face sinistra tão claramente como naquela fase. O declínio pessoal de Vargas determinou, sem remédio, o declínio do seu governo.[232]

A "face sinistra" do nosso sistema presidencial se revelara mais claramente então, porque nunca o personalismo e seu oposto, o ódio e o combate faccioso sistemático a uma pessoa, teriam se manifestado entre nós, possivelmente, de forma mais visceral do que no drama e na tragédia que se construíram em torno de Vargas.

Os reflexos dessa radicalização se fariam notar no período imediatamente seguinte, comprometendo também o governo do sucessor legal de Getúlio:

> Café Filho tinha eméritas qualidades de estadista. Mas não tinha como vencer as dificuldades do regime. (...) sua doença, levando ao poder Carlos Luz, talvez haja determinado, na intimidade deste último, o desejo — ou a esperança — de mudar o curso da sucessão. Eu estava dentro dos acontecimentos naquele tempo e tive esta impressão que não posso garantir exata. De qualquer forma, o presidencialismo funcionou, como de hábito.[233]

Os resultados do conturbado ano político e eleitoral de 1955, agora devidos, de acordo com Arinos, ao "funcionamento habitual" do sistema, já nos são bem conhecidos.[234]

O mais importante aqui é a concepção segundo a qual o presidencialismo, por seus vícios insanáveis, submete tanto os eventuais aliados quanto os eventuais adversários, de um modo ou de outro, mais cedo ou mais tarde, a uma espécie de equalização negativa, em que todos acabam perdendo:[235]

> Inutilmente [no 11 de novembro] nos levantamos na Câmara contra a força. Estou me vendo protestando na tribuna quando o deputado Brizola e outros que hoje estão depostos me escarneciam e se rejubilavam com a deposição de Café... Culpa deles? Não, como também não culpa nossa. Culpa do desgraçado regime que nos desgoverna. O "retorno às normas constitucionais vigentes" (como se se pudesse retornar a algo que vige) se fez, pois, pela voz dos canhões. Juscelino foi empossado pelas armas que agora

---

[232] *Digesto Econômico*, jul./ago. 1964, p. 34-35.

[233] Ibid., p. 35.

[234] O que, nesse momento, soa como novidade é o comentário a respeito das possíveis expectativas de Carlos Luz durante a conjuntura em que ocupou e foi deposto do poder. Anteriormente, em estrita fidelidade à argumentação udenista sobre o 11 de novembro — com a minimização do caráter golpista das articulações do grupo do *Tamandaré* (o navio em que Carlos Luz e seus companheiros tentaram dar continuidade a seu governo) —, esse tipo de especulação seria dificilmente permissível.

[235] E em que as diferenças e animosidades do passado são simplesmente neutralizadas (para não dizer *muito* simplesmente neutralizadas).

o riscaram da vida pública. Jânio parecia a esperança, o encontro — o único possível — da ordem com o progresso. Sem partido, (...) caiu também.[236]

E assim chegamos afinal ao impasse que permanecia então insolúvel, mesmo após a intervenção "saneadora" de 1964, que, mesmo legítima e necessária, segundo Arinos, não fez mais do que repetir, por seus procedimentos, o padrão recorrente do caudilhismo nacional e continental:

> O Congresso, no mais extraordinário sinal de sintonia com o momento histórico, alinhavou rapidamente a solução parlamentar. Mas Jango se comportou em face desta solução exatamente como Getúlio, em 1934, se comportara em face da solução do presidencialismo liberal. Tudo fez para sabotá-la e só isto fez. Seu visível intento era conseguir, em 1964, o que o seu amigo e modelo fizera em 1937. Por isto levou o país aos *idos de março*. Para não sair fora da regra, a solução foi dada pelas armas, e o poder conseqüente a elas veio caber.

> Chego mais desencantado do que cansado ao fim deste caminho de pedras, que é a recordação fria e objetiva dos nossos três quartos de século de República presidencial. Poderá o futuro ser diferente do passado? [237]

O caudilhismo, portanto, seja ele um fenômeno caracteristicamente devido a inclinações pessoais, seja uma perversão política sistêmica — ou, por outro lado, como diz Arinos, a manipulação das Forças Armadas por um caudilho, ou o uso deste por aquelas —, é sempre o desvirtuamento da ordem democrática legal e moral. E seja qual for a roupagem com que ele se apresente: semi, pseudo, proto ou claramente ditatorial.

É sempre a antítese da pólis governada com legitimidade, autoridade, justiça e liberdade — valores ademais perfeitamente interdependentes, interpenetrados e (retoricamente) intercambiáveis —, cuja personificação, como vimos, é o estadista (seja ele um indivíduo, uma classe ou qualquer outro termo igualmente passível de intercâmbio).

Seja como for, a crença na vigência, ao longo do período, de uma certa unidade de fundo moral do fenômeno, ou da antítese, tal como permanentemente reelaborada por Arinos — incluídas aí as variações específicas de relacionamento entre a moral e a institucionalidade política, em que esta é ora tratada como irrelevante, ora como decisiva —, não minimiza de modo algum a oscilação valorativa por vezes dramática a que são submetidas as entidades e manifestações mais concretas do jogo político, como os partidos, os militares, os costumes políticos, a classe política, os sistemas de governo etc.

Mais do que possíveis indefinições de caráter teórico ou filosófico, o que provavelmente fala mais alto, como sempre, são as imposições das conjunturas, a turbulência e as contradições da vida política concreta, forçando nosso autor a elabo-

---

[236] O presidencialismo brasileiro. *Digesto Econômico,* jul./ago. 1964, p. 35 (grifado no original).
[237] Ibid., p. 36 (grifado no original).

rar retoricamente e a rever suas interpretações e análises, seu esforço permanente de compreensão e domesticação dos sentidos do drama histórico.

De modo que, inclusive, não cabe aqui tentar extrair de Arinos o sentido *substantivo* mais amplo de seu esforço intelectual e narrativo, ou seja, relativo às possíveis razões ou causas mais profundas, objetivas ou definitivas que "explicariam" o período, sua dinâmica, contradições e desenlace, de acordo com o que seria "sua" perspectiva. Prefiro manter o olhar sobre suas intervenções num nível, digamos, fenomenológico, preservando ao máximo suas ambigüidades e contradições, e tratando-as como respostas contingentes, motivadas contudo por um desejo de transcendência intelectual, que se repõe constantemente, malgrado as frustrações e os desafios igualmente repostos pela corrente possivelmente anárquica e inapreensível dos fatos políticos.

Esse desejo de transcendência conferiria assim o sentido narrativo-estrutural básico das reelaborações processadas por Arinos, para além dos seus usos retóricos imediatos. No esforço sempre presente, e simultâneo, de moralização e dotação de sentido histórico para a práxis intelectual/política.

Antes de concluirmos este ponto, observe-se por fim, porém, como a evolução dessa antítese, tal como histórica ou cronologicamente se deu ao longo do período, parece inverter inteiramente os sinais da equação valorativa entre o passado e o futuro que observáramos no passo anterior.

Se a construção do estadista marcava, de certo modo, uma relação de acento sempre positivo entre estes dois momentos — ou seja: ou o futuro redimiria o passado, atingindo um nível eticamente superior a este, ou simplesmente o restauraria em suas linhas morais mais fundamentais (na celebração do "eternamente humano") —, o enfrentamento, nesse longo presente, com as antíteses do estadista ou, dito de outro modo, com as antíteses da moralidade da política, acaba fazendo do futuro uma ameaça de mera reprodução do passado. Um passado não mais idílico, mas sim marcado pela violência e pela ambição, pela reiteração da imoralidade e de um eterno "estado de natureza" (de fato, hobbesiano).

Voltemo-nos agora para as formas com que o futuro, propriamente dito, se apresentou então no discurso de Arinos.

Veremos então os seus diversos conteúdos dramáticos, que, de certo modo, podem ser resumidos a uma paradoxal certeza da positividade da evolução universal, de par com o recorrente e crescente temor quanto à possível ausência do Brasil em seu cortejo. Como se — de acordo com uma terminologia nossa contemporânea e portanto possivelmente anacrônica para o discurso de Arinos — corrêssemos então (ou sempre) o risco de perder o "bonde da história".[238]

---

[238] Em janeiro de 1966, Arinos vaticinava em suas memórias (1968:23): "no quadro atual o Brasil não pode ocupar um posto de grande potência, (...) embora tenda para isso, se os seus governantes, até o fim do século, souberem conduzi-lo".

4. Da ordem, do movimento e do progresso social: aventuras e desventuras da agência política

> Há (...) duas formas de se ser historiador. Há a maneira
> de se urdir ou de se restabelecer ou restaurar, na trama
> do conhecimento de cada geração, a interpretação
> e a restituição da verdade dos tempos passados e é,
> então, propriamente a tarefa dos historiadores. Mas, há uma
> outra forma de se fazer história, que esta, sim, é peculiar aos
> políticos, aos homens de Estado, àqueles que, de
> qualquer forma, partilham ou participam de uma
> atribuição do poder político. Esta forma é a de levantar
> não uma interpretação do passado porém uma
> visão do presente e uma construção para o futuro.
>
> *Afonso Arinos de Melo Franco*[239]

Se o passado apresenta-se, de início, para Arinos — na idealização do estadista e de nosso "antigo regime" —, como o modelo para a prática e para os costumes públicos, o futuro configura o *telos* que organiza os processos políticos e institucionais em seus sentidos históricos mais amplos, além de dotá-los de seus componentes morais mais decisivos.

A indefinição quanto à singularidade ou à pluralidade de finalidades históricas se coloca pelas ambigüidades contidas — aqui também — nas diversas elaborações que o devir, em seu desdobramento, tomou nas palavras do autor.

Assim, tanto podemos ser levados a visualizar essas teleologias como referidas a conhecidas apostas no sentido evolutivo e autodeterminante de uma espiritualidade ou razão humana universal e/ou transcendental, como também a processos (supostamente) mais concretos, que envolvem mais de perto o progresso científico e tecnológico, de par com imperativos econômicos objetivos, implicando tudo, afinal, um necessário desenvolvimento político-institucional e administrativo.

Do mesmo modo, tais versões do progresso humano também irão oscilar no grau de determinismo humano ou supra-humano que incorporam, o que, por sua

---

[239] Reabertura da questão militar e as ameaças à oposição. *Anais da Câmara Federal*, 19 nov. 1958, p. 786.

vez, recoloca as também conhecidas tensões entre a *virtù* e a *Fortuna* na conformação dos resultados históricos.

Essas dualidades, mais ou menos aparentes, podem ser resumidas, contudo, a uma mesma temática de crença na modernização, e que, evidentemente, malgrado as conhecidas tensões e aporias que repõe entre matéria e espírito, necessidade e liberdade, real e ideal etc., pode ser caracterizada como uma narrativa histórica e culturalmente articulada (ou articulável) e (razoavelmente) consistente.

É claro que, na prática política e retórica de Arinos, nem sempre essas dicotomias especificamente modernas — quer dizer, específicas do discurso da modernidade — se apresentaram tão pouco problematicamente ou tão pouco dramaticamente. Com efeito, nem sempre é fácil ao autor se desembaraçar das armadilhas "semânticas"[240] implicadas na manipulação ora de um registro mais "idealista", ora de outro, mais "realista". Não passam de modo algum despercebidas para ele as contradições que tal manipulação retórica lhe impõe — e aos ideais de consistência intelectual que lhe são caros —, conforme as especificidades de conjuntura e de audiência que enfrenta.

De todo modo, quaisquer que fossem o contexto argumentativo específico e as opções estilísticas privilegiadas a cada momento por Arinos, o certo é que o futuro nunca deixou de desempenhar tal papel decisivo na organização de seus discursos, fazendo com que estes jamais se endereçassem, ou pretendessem se endereçar, somente às conjunturas contingentes que presidiram suas efetivações, mas dissessem respeito sempre a finalidades mais amplas e transcendentes. Sempre direcionados para a superação tanto do presente imediato — que, como vimos, acabou sendo dominado pelo caudilhismo — quanto da atividade política em sentido restrito (igualmente reduzida à pura instrumentalidade, pelo mesmo fenômeno antitético).[241]

---

[240] A rigor, políticas, ou seja, referidas a audiências distintas e de interesse estratégico para o autor.

[241] É mais uma vez Carl Schmitt (1992:100-101) quem nos lembra o aspecto claramente antipolítico da construção liberal da idéia de progresso e modernização: "desde o início o pensamento liberal levantou contra Estado e política a objeção da 'violência'. Este teria sido mais um dos muitos impulsos impotentes da disputa política, caso a conexão de uma grande construção metafísica e interpretação da história não lhe tivesse proporcionado um horizonte mais vasto e uma força de persuasão maior. O esclarecido século XVIII via diante de si uma linha clara e simples de progresso ascendente da humanidade. O progresso deveria consistir sobretudo em um aperfeiçoamento *intelectual* e *moral* da humanidade; a linha se movia entre dois pontos e ia do fanatismo à liberdade e maturidade espiritual, do dogma à crítica, da superstição ao esclarecimento, das trevas à luz" (grifado no original). Mais tarde, a concepção de progresso do Iluminismo ganharia novos conteúdos — com a afirmação do econômico, de par com o triunfo da industrialização — que, mesmo evidentemente problemáticos, não mudaram essencialmente a direção da imagem básica e sua posição diante da política: "O decisivo aqui é a ligação da crença no progresso, que no século XVIII ainda era principalmente moral-humanitária e intelectual, portanto espiritual, com o desenvolvimento econômico-industrial-técnico do século XIX".

128 ▼ A POLÍTICA DOMESTICADA

O circuito teleológico da argumentação de Arinos pode então ser retomado a partir de qualquer ponto, já que de um modo ou de outro sempre se articula através de uma idealização histórica e moral ou, dito de outro modo, de uma moralização da história.

Antes de abordá-lo mais diretamente em seus conteúdos mais transcendentes, porém, é interessante relembrar que esse movimento intrínseco à sua argumentação já se apresenta, como vimos, nos momentos mais especificamente direcionados à evocação do estadista ou à denúncia do caudilhismo.[242] A própria elaboração recorrente de tal antítese, sua urgência e emergência podem, inclusive, ser interpretadas sob o peso dos imperativos históricos, morais e políticos implicados na crise de superação do "antigo regime" brasileiro e no advento de processos socioeconômicos desestabilizadores e, *pour cause*, político-institucionais problemáticos e ameaçadores. É a partir dessa "crise de transformação" que se tornam dramáticos a ausência do estadista e os sentidos perversos do caudilhismo.

História e construtivismo: o progresso social e a superação da "crise do direito"

O marco histórico da mudança, como vimos, situa-se em algum ponto da trajetória da "República Velha", talvez já na derrota fraudulenta da "campanha civilista" (de 1910), talvez, um pouco mais tarde, nos albores do tenentismo. De qualquer modo, as razões históricas para o desencadeamento de tal processo são profundas e incontornáveis. Isto se torna patente, por exemplo, na análise que Arinos faz dos sentidos da sublevação do Forte de Copacabana, em evento comemorativo no Senado, na sessão de 1959:

> o movimento de 5 de julho de 1922 representa, na verdade, a inauguração positiva da revolução brasileira.

> (...) exprimia-se [o quadro geral da política brasileira] principalmente por uma forma de caciquismo rural e de oligarquia federativa, que continham as reivindicações democráticas do país, ou bem na orla estreita do pensamento dos legistas, ou bem, sr. presidente, em algumas manifestações de caráter militar sem maior repercussão.

> Foi, de fato, o encontro das aspirações populares, devidas, elas próprias, à transformação profunda que se operava na nossa sociologia e na nossa economia — transformação caracterizada pela diversificação da vida agrícola brasileira — que fez novas forças exigirem representação nos círculos governativos do país. Foi, portanto, a transformação operada na mentalidade militar que unificou e coordenou as tendências antigamente dispersas, orientando-as voluntariamente para certos aspectos da teoria democrática.[243]

---

[242] Ou, melhor dizendo, nos trechos que recortei para o destaque daqueles dois tópicos estruturais e estruturantes básicos.
[243] Homenageando a data de 5 de julho. *Anais do Senado Federal*, jul. 1959, p. 91.

A "positividade" do processo revolucionário se caracteriza e se qualifica a partir do momento em que, malgrado as suas conotações autoritárias e os seus desdobramentos institucionais posteriores, o movimento revolucionário iniciado em 1922 obtinha o seu impulso de processos objetivos de evolução e desenvolvimento socioeconômico, ademais de se caracterizar, em sua plataforma política, por um legítimo desejo de moralização e aperfeiçoamento da vida pública, vilipendiada por vícios e distorções.

Com efeito, de acordo com Arinos, a erosão moral da Primeira República encontra seu momento mais evidente na vitória de Hermes da Fonseca sobre a campanha civilista de Rui, e sua primeira personificação clássica de caudilho em Pinheiro Machado:

> O governo Hermes matou, nas classes dirigentes, o espírito da legalidade política, ideal que vinha do Império.

> Em lugar da voz da razão, o comando do chefe. Rui cedeu o passo a Pinheiro. (...)

> A ordem viu-se dominada pelo que era chamado disciplina; a colaboração pela obediência. Tudo isto não podia deixar de prejudicar também o meio moral. Com o governo Hermes firma-se no poder uma nova mentalidade republicana, personalista, violenta, despreocupada da legitimidade do poder, atraída pela demagogia.

> A manutenção do legalismo fora até então possível na República porque os presidentes tinham sido eleitos sem competidores, graças a acordos por vezes forçados, mas sempre acordos. Com a eleição de Hermes e a oposição de Rui, cinde-se o bloco dirigente e o que alcança o poder esmaga a lei juntamente com o adversário. Terminava, assim, melancolicamente o culto, nem sempre sincero, mas sempre mantido como ideal, da legalidade.[244]

Como parece acontecer freqüentemente em construções narrativas como esta, é no descompasso entre as formas políticas decaídas e a substância social evolutiva e inexorável que se encontraria a razão profunda da instabilidade e do descontrole. E é sempre a miopia dos agentes em condição de intervir construtivamente, antecipando-se virtuosamente aos impasses e seus desenlaces críticos, a tradução dramática, ou trágica, no nível das biografias e da práxis individual ou coletiva, desses processos em que a história se apresenta em toda a sua força significante e, ao mesmo tempo, em sua permanente demanda de sentido e moralidade.

A emergência providencial do estadista e, freqüentemente, a denúncia de sua eventual não-efetividade política são, como não poderiam deixar de ser, a outra face da miopia:

> Devemos considerar Assis Brasil e Rui Barbosa como os principais propugnadores das reformas cuja efetivação, sempre obstada ou adiada pelos grupos dominantes, acabou por estourar as represas da legalidade, arrastando o governo federal em 1930. Ainda na

---

[244] Melo Franco, 1955, v. 2, p. 743-744.

130 ▾ A Política Domesticada

fumaça e no sangue da Revolução Federalista, Assis Brasil publica o seu ainda hoje admirável livro *Democracia representativa* e três anos mais tarde o outro também valioso estudo *Do governo presidencial*. Em sugestões que seriam então ousadas mesmo para o Velho Mundo, Assis Brasil recomenda a eliminação completa do sistema eleitoral de 1891, baseado na coação e na fraude das autoridades estaduais, e a adoção do voto proporcional e do quociente eleitoral. Seguindo idéias então ainda mal aceitas de Stuart Mill, o ilustre rio-grandense, sob a aparência de reformas de superfície, estava de fato atingindo a área das reformas de base. Por isso o sistema que preconizava — e acabou prevalecendo com a sua assistência direta no Código Eleitoral de 1933 — significava, de fato, o fim das oligarquias estaduais e o predomínio dos partidos políticos na criação do poder. Que queria isto dizer? Exatamente o fim do binômio mineiro-paulista, baseado no monopólio econômico do café. A questão é que a inteligência é alada, e a política, mesmo a revolucionária, é pedestre.[245]

O virtuosismo dos estadistas, mesmo que impotente diante do efetivo poder decisório, tem seu reconhecimento enquanto forma superior de consciência histórica e práxis política no juízo final que, afinal, a história lhe confere.[246] Assis Brasil, em sua clarividência típica de estadista, era capaz, portanto, de tocar a raiz dos problemas sociais e o nervo da evolução histórica — chegando ao imperativo da "reforma de base" — através da intervenção político-institucional.[247]

A narrativa histórica articula-se então com toda a coerência e sistematicidade de que se pode dotá-la (de modo capaz, também, de dotar de tais atributos a própria realidade histórica de que "trata"):

> Necessidades de desenvolvimento econômico, ideais jurídicos longamente acalentados, ressentimentos políticos e pessoais exacerbados pela inabilidade elementar dos detentores do poder federal, tudo foi se avolumando e amalgamando até a ruptura final da represa legalista com o desdobramento da torrente militar. Os homens da minha geração que acompanhamos de perto esses acontecimentos, víamos então as coisas parcialmente. Com a distância atual poderemos vê-las melhor. Pensávamos estar fazendo uma revolução liberal quando iniciávamos uma revolução social.
>
> Houvesse ficado ela confinada, na sua expressão global, aos lemas clássicos de liberdade, representação e justiça e o seu círculo de influência não iria muito além das elites citadinas, únicas capazes de compreender o sentido profundo que aqueles lemas possuem na prática da democracia. A Revolução de 1930 foi, na verdade, o mais amplo e o mais popular dos movimentos históricos republicanos, porque, na sua complexidade, continha apelos que atraíam o povo brasileiro em conjunto e não esta ou aquela classe ou região geográfica.[248]

---

[245] A revolução brasileira — 1930. In: Melo Franco, 1965b:75.

[246] Por "intermédio", é claro, do narrador.

[247] Não nos esqueçamos da data desse discurso (1963) e do uso reiterado e polêmico que então se fazia da idéia de "reforma de base", associada, basicamente, a possíveis intervenções sobre diversas formas de direitos e/ou privilégios adquiridos.

[248] Melo Franco, 1965b:75.

Com a distância histórica é possível completar-se o quadro compreensivo dos processos e conjunturas, em toda a sua magnitude e profundidade. Ao engajamento do agente sobrepõe-se, em nível cognitivo superior, a consciência retrospectiva e desapaixonada do intérprete. Realiza, então, o historiador — mesmo que apenas literariamente e *ex post facto* — a tarefa interpretativa (prática) que ao agente histórico não foi possível fazer, seja por miopia deste, seja por iniqüidade da época e seus senhores (o que, evidentemente, de um ponto de vista teleologicamente vocacionado, acaba sendo a mesma coisa).

Torna-se agora possível o dimensionamento adequado das efemérides, o qual, por sua vez, não por acaso irá abranger no seu cortejo um conjunto mais amplo e plural de *rationales* e perspectivas políticas e existenciais parciais, na configuração, por fim, de uma racionalidade histórica universalizante, que a todos e a tudo pode, enfim, subsumir e (literariamente) harmonizar. Insere-se assim o povo no drama revolucionário,[249] e é essa inserção que irá garantir tanto a dignificação, a alta significação histórica do acontecimento, quanto a superação, via distância histórica, da parcialidade, do perspectivismo, enfim, da miopia do próprio agente/intérprete. E isto mesmo que esse povo permaneça incapaz de "compreender o sentido profundo que aqueles lemas [clássicos de liberdade, representação e justiça] possuem na prática da democracia".

A partir daí a urgência transcendente do diagnóstico pode ser então direcionada para seu objeto privilegiado de investimento, que, como se pode prever, não se situa exatamente no passado:

> A grande falha na geração de 1930 (falha que, de certa maneira, subsiste até hoje) foi que os governantes de então não tiveram capacidade e desprendimento suficientes para sintetizar os dois elementos que constituíam o conteúdo da revolução: a reforma institucional e o progresso econômico-social. A Revolução Paulista[250] representou a exacerbação do lado da reforma jurídico-institucional, sem atenção para o conteúdo social da Revolução. Os que sustentavam a ditadura pessoal de Vargas pendiam para o excesso oposto.[251]

A grande cisão da vida política brasileira, no pós-1930, configura-se então numa dicotomia que se traduz em pautas políticas que se apresentam como concorrentes e excludentes, mas cujo fundo e determinação, porém, são antes morais e, simultaneamente, cognitivos, pois que fruto de ausência de "capacidade e desprendimento" dos governantes.

Assim, embora essa incompatibilidade entre a "reforma institucional e o progresso econômico-social" seja, para Arinos, falaciosa, na prática tornaram-se inconciliáveis as facções a elas inclinadas. Ao longo das décadas em que a figura de Getúlio definiu os campos da vida política nacional, a possibilidade de adequação da

---

[249] Mesmo que, mais uma vez, *a posteriori*.
[250] Referência à chamada Revolução Constitucionalista de 1932.
[251] Melo Franco, 1965b:75.

132 ▼ A POLÍTICA DOMESTICADA

institucionalidade com os imperativos da substância social e histórica — prometida a um só tempo pelo fim do Estado Novo, pela reconstitucionalização e pelo advento do projeto da UDN — se viu, de acordo com Arinos, obstaculizada pelos efeitos perniciosos do caudilhismo e pela radicalização a ele fatalmente associada.

Desaparecido o caudilho supremo, e eleitoral e legitimamente vencidos os seus herdeiros e sucedâneos — com a incontestável vitória de Jânio Quadros em 1960 —, eis que, ao mesmo tempo, o processo político parece aproximar-se das *rationales* históricas mais autênticas, e, contudo, a miopia se apresenta justamente aí, em toda a sua irracionalidade, em toda a sua dramática capacidade de turvar as análises e os cálculos, pondo a perder, de modo ainda mais trágico, as novas e supostamente privilegiadas oportunidades de *aggiornamento* e desenvolvimento institucional.

A frustração da experiência de maior potencial de intervenção construtiva do autor — a condução de uma "política externa independente" —, súbita e incompreensivelmente abortada pelo gesto inusitado do novo líder, a queda abrupta num quadro de retrocesso ao que se supunha já rapidamente superado — com a intransigência da junta militar e a radicalização em torno da posse do vice-presidente João Goulart, justamente o principal herdeiro do velho adversário —, tudo isso acaba por adquirir contornos tão despropositados e quase que absurdos que se torna difícil conter a análise num quadro de otimismo ou confiança inabalável na racionalidade intrínseca da história. Mais decisiva se torna então a agência política e mais pernicioso o seu mau uso.[252]

O tema do progresso social, contudo, era parte constituinte do discurso de Arinos já muito antes da aceleração crítica do processo político brasileiro na primeira metade da década de 1960.

Ele se manifesta de forma significativa, inclusive, já nos primeiros anos da atuação parlamentar de Arinos, quando este inscreve seu nome na história legislativa do país com a aprovação da lei contra a discriminação racial, a partir daí conhecida como Lei Afonso Arinos. De acordo com ela a discriminação racial passava a ser tratada como contravenção penal.[253]

Na justificativa que deu ao projeto da lei em tramitação, Arinos defende e explicita o potencial especificamente construtivo da iniciativa jurídica:

> Não se considera, hoje, mais, a lei (...) como a fixação jurídica da evolução histórica de determinado povo. A lei é hoje, muitas vezes, um eficaz instrumento de antecipação e orientação da evolução social, promovido pela razão moral e pelo imanente sentimento de justiça.[254]

---

[252] Desenvolverei o ponto na segunda parte deste capítulo.

[253] De acordo com o depoimento de Arinos ao Cpdoc, o que o levou a apresentar a lei fora uma traumática experiência de discriminação sofrida por seu chofer, José, que, sendo negro, não podia às vezes freqüentar determinados ambientes onde sua mulher — de origem alemã — e seus filhos eram admitidos (Camargo et al., 1983:207).

[254] Melo Franco, 1965a:179.

A "marcha ascensional do país para o progresso democrático", no dizer de Arinos, cujo vigor se atestaria, entre outros sinais, por iniciativas políticas e legislativas como esta,[255] não se processaria, contudo, sem traumas ou dificuldades. Esse movimento evolutivo, como não poderia deixar de ser, avança enfrentando obstáculos e pondo em xeque estruturas arcaicas e resistentes, muitas vezes incapazes de adaptar-se aos ritmos e aos imperativos de mudança.

Essas profundas transformações constituirão, inclusive, o pano de fundo da crise pela qual, segundo o autor, passava então o direito, e cujos sentidos parecem ter sido mais bem elaborados e expostos no ano de 1952 numa aula proferida na Faculdade de Direito Nacional, onde o autor ocupava a cátedra de direito constitucional.

Em "Crise do direito, direito da crise", Arinos se debruça, com maior detalhe, na análise da evolução histórica do direito contemporâneo e nas repercussões e desafios que o aguardam num quadro em que o liberalismo econômico se vê superado pela "implantação de um socialismo cada vez mais reconhecido e confessado na órbita da administração pública".

É essa evolução que permite a dissociação teórica e prática, antes impensável, entre o liberalismo econômico e o exercício da democracia representativa:

> Neste ponto convém acentuar prudentemente a distância que deve separar o individualismo, conceito econômico, do individualismo, conceito jurídico e político, porque desta separação depende, em grande parte, a vitalidade da democracia.

> O individualismo econômico, teoria científica que decorreu da revolução industrial, teve correspondência em um certo tipo de individualismo político e jurídico, que foi o liberalismo. Mas como já tem sido salientado pelos maiores constitucionalistas modernos, a democracia sendo sempre, de certo modo, individualista, não é necessariamente liberal. O liberalismo é uma fase superada da democracia, mas esta persiste e funciona nos seus elementos essenciais — livre escolha dos governantes, temporariedade dos mandatos, liberdades individuais e suas garantias — sem qualquer necessidade de apoio naqueles postulados contrários ao intervencionismo estatal que correspondiam, exatamente, à identidade do liberalismo político com o econômico.[256]

No entanto, essas transformações do individualismo, esse seu despojamento de pressupostos essencialmente econômicos se fazem em seu próprio benefício e não devem ser vistos, de acordo com Arinos, como uma redução de seu alcance ou significado:

> Os direitos individuais diminuíram de importância no direito democrático, não porque tendam a desaparecer, mas porque, muito ao contrário, se encontram, dentro dele, definitivamente adquiridos.[257]

---

[255] "Regimes políticos poderão mudar; alterações econômicas e sociais poderão sobrevir. A lei que traz o meu nome ficará. Ficará como um momento feliz em que, no Congresso, ecoou a voz da história" (Melo Franco, 1965a:184).

[256] Crise do direito e direito da crise. In: Melo Franco, 1961b:174.

[257] Ibid., p. 175.

Se o sentido jurídico e político do individualismo segue, portanto, intocado, o sacrifício, mesmo que parcial, de seu sentido econômico — pela aceitação da intervenção estatal na atividade econômica e na sujeição, como diz Arinos, do "humano" diante do "social" — se faria como uma espécie de garantia para a manutenção do próprio direito e para a conseqüente preservação do próprio individualismo naquilo que possui de essencial (nas esferas civil e política), já que:

> é necessário que o direito se esforce por colocar agora, nas suas cogitações, o social antes do humano. Esta colocação corresponde, afinal, a mais uma defesa dos direitos individuais e, portanto, da própria ideologia democrática.
>
> Na verdade, num meio em que a sociedade é composta de pequena escolha de privilegiados e imensa massa de sacrificados, os direitos individuais passam a não interessar em absoluto a esta grande maioria, pois as necessidades de justiça são muito mais urgentes e imperiosas que as da liberdade.
>
> Segue-se, como corolário, o desapreço progressivo das massas pelos direitos individuais e a sua adesão a todos os mitos que lhe prometam falsamente satisfação material. E, uma vez entregue a um desses mitos, fica a ele acorrentada, ainda que seja pela impossibilidade material de recuar, depois da decepção. (...)
>
> Mas esta conclusão, se denota a crise do individualismo jurídico, não representa uma crise do direito. A superação do individualismo jurídico é uma prova da evolução do direito.[258]

É a desigualdade social extremada e seus desdobramentos éticos e políticos inevitáveis, traduzindo-se, evidentemente, no desapreço das massas pelos valores básicos da liberdade, o que irá forçar, portanto, a atualização e a renovação da agenda do direito.

Dado, porém, que o aparato jurídico e o processo legislativo seguiriam ainda presos às tradições do liberalismo, à crise do individualismo jurídico se somaria o que o autor define como "crise da legalidade", estimulada pela evolução inexorável do direito, mesmo que "contra a lei", em função dos imperativos de socialização da economia, no bojo do intervencionismo estatal:

> A legislação extraparlamentar, fenômeno invencível, que tem merecido nos últimos 30 anos tantos e tão brilhantes estudos, principalmente na Inglaterra e na França, é prova de que a legalidade individualista se transforma devagar demais, para contentar as prementes exigências de uma época socialista.
>
> O resultado é a necessidade de desrespeito ao princípio de legalidade pelos próprios governos, e o conseqüente desprestígio da lei aos olhos do povo.[259]

---

[258] Crise do direito e direito da crise. In: Melo Franco, 1961b:176.
[259] Ibid., p. 177.

No caso brasileiro, em particular, exemplo privilegiado de sociedade "composta de pequena escolha de privilegiados e imensa massa de sacrificados", e onde, por excelência, "as necessidades de justiça são muito mais urgentes e imperiosas que as da liberdade", a crise da legalidade se revestiria de um aspecto ainda mais grave. Pois que:

> O restabelecimento da democracia, em vários países, inclusive (...) no nosso, foi a reconquista da legalidade política no campo do direito constitucional, mas força é reconhecer que não se criou ainda, no campo do direito aplicado, uma legalidade social que corresponda satisfatoriamente ao que temos aqui repetidas vezes chamado de primado do social sobre o humano.[260]

O resultado seria, então, a manutenção de um descompasso permanente e pernicioso entre o direito, premido pela evolução histórica, e a legalidade, incapaz de acompanhá-lo se deixada a seus ritmos e a seus comprometimentos tradicionais:

> vacila a aceitação da lei como regra intangível de direito. Em muitos casos assistimos indubitavelmente à criação invencível de um direito fora da lei, às vezes até contra ela. Não devemos recuar diante das palavras. É inútil falarmos, como certos autores franceses, em legalidade de tempo de crise. O que há é direito da crise, direito contra a lei, pelo menos contra a lei formal.

> A razão principal desta rebeldia do direito contra a lei reside, a nosso ver, na técnica demasiado retardada da elaboração da lei formal ordinária.

> A função legislativa, nos países democráticos, obedece, ainda hoje, a um processo só compatível com a fase histórica de estabilidade social, em que a lei escassa podia ser sempre confeccionada nos arrastados trabalhos das grandes assembléias.[261]

Esse descompasso daria então ensejo à produção desse fenômeno que seria a "existência de um direito positivo, feito de normas fragmentárias, de maneira irregular, colidente com leis não derrogadas"; que, além das razões técnicas e tradicionais já aludidas, seria devido também a "resistências reacionárias", incapazes de se dar conta dos imperativos da época.

O desafio posto aos juristas e legisladores é, de acordo com o autor, claro e se prende "à inevitável transformação do individualismo jurídico em socialismo jurídico". E a saída apontada para levar a cabo tal empresa é o planejamento: "forma superior e sistemática do intervencionismo".[262]

Quanto à agenda desse novo direito:

> As reformas agrárias, a participação cada vez maior do trabalhador nos benefícios da empresa, o desenvolvimento da assistência social, a justiça fiscal traduzida principal-

---

[260] Crise do direito e direito da crise. In: Melo Franco, 1961b:178.
[261] Ibid.
[262] Ibid., p. 179-180.

136 ▼ A Política Domesticada

mente na sábia organização do imposto sobre a renda, a democratização do ensino, a exploração estatal das fontes de energia e dos combustíveis, a luta contra os preconceitos raciais, tudo isso e mais alguns outros assuntos constituem os elementos para a organização, em conjunto, de um grande plano jurídico e político, que presida à transformação do individualismo jurídico de ontem no socialismo jurídico de amanhã, sem abandono da única forma digna do convívio humano, que é o regime democrático.[263]

O ensaio é por fim concluído com uma exortação em que o autor reitera sua crença na inexorabilidade desse processo de reforma do direito, assim como sua confiança na superação de suas crises:

Nestas duas palavras, planejamento e legalidade, há, pois, todo um mundo a construir.

Dentro dele a tarefa confiada aos juristas é atraente e complexa, pois dela sairá a doutrina do direito novo, do direito nascido da grande crise histórica contemporânea e destinado a liquidá-la jurídica e democraticamente.[264]

O desafio histórico se apresenta assim em dupla celebração da racionalidade construtiva do homem. Em primeiro lugar, impõe-se como demanda de um diagnóstico, como tarefa que exige a decifração racional de sentidos e *rationales*, a interpretação do processo histórico. Em segundo lugar, se oferece, de modo "atraente e complexo" — ou, talvez, atraente porque complexo —, como objeto ou matéria-prima de uma intervenção construtiva, ilustrada pelo movimento anterior, e capaz de firmar os contornos do novo direito, em seu novo patamar de racionalização. Ambos os movimentos, portanto, articulados à renovação e ao triunfo da legalidade, pela elevação desta aos imperativos do direito em evolução, em conformidade com as novas urgências do *telos*.

Desse modo, a agência humana permanece privilegiada no processo de desdobramento desse devir legiferante, mesmo que ainda subordinada às coordenadas do diagnóstico. Cabe ao "jurista", como vimos, primeiro extrair e delimitar os contornos do novo direito, a partir da observação da realidade em mutação, para depois intervir construtivamente sobre a legalidade para atualizá-la.

Trata-se, porém, tal intervenção, como não poderia deixar de ser, dado o seu conteúdo fundacional, de um movimento privilegiadamente jurídico, quer dizer, logicamente anterior, valorativamente determinante e pretensamente superior à política. A atividade legislativa apresenta-se assim, mais uma vez, como intervenção construtiva anterior, responsável muito mais pela normativização do conflito — de certo modo mesmo sua antecipação, ou sua interdição, ou ainda sua deslegitimação — do que propriamente por sua regulação, canalização ou contenção.

A legitimação da agência é, desde sempre, circunscrita aos limites estabelecidos e impostos sobre-humanamente pelo direito ou, dito de outro modo, pela história enquanto processo holístico e teleológico moralmente determinado.

---

[263] Crise do direito e direito da crise. In: Melo Franco, 1961b:180.
[264] Ibid.

É verdade que a marcha dos acontecimentos internacionais, naquela conjuntura, não apontava somente para possibilidades e cenários positivos. A "Guerra Fria" instalara-se e com ela, pela primeira vez, surgia o risco da hecatombe mundial, com a ameaça nuclear.

Mesmo assim, a corrida armamentista das potências mundiais não deixava de produzir seus efeitos benéficos, forçando o movimento das consciências para fora de seus particularismos, provincianos e/ou nacionais, no sentido da superação de suas miopias:

> As condições da vida moderna são tais que, praticamente, nenhum problema capital de qualquer Estado soberano se resolve sem que a solução influencie fatores de ordem internacional, ou por eles seja influenciada.
>
> Por isso mesmo que os ideais da solidariedade internacional e da paz resistem tenazmente a todos os colapsos e decepções. Estes ideais se fundam hoje em situações concretas e não são mais, como antigamente, simples doutrinas de inteligências superiores e generosas.
>
> A era atômica veio tornar ainda mais premente a situação. Ou os Estados soberanos se organizam em comunidade pacífica, ou a humanidade corre sério risco de naufragar, em pavorosa catástrofe, as principais conquistas da sua penosa marcha histórica.
>
> Assim, mesmo aqueles pessimistas que não confiam na força construtora do bem devem hoje esperar algo da força destruidora do mal. Nenhum Estado, grande ou pequeno, pode, hoje, se abster de encarar os problemas do mundo.[265]

De fato, é como se o quadro geopolítico internacional da época, aliado ao desenvolvimento tecnológico sem precedentes, malgrado a sua gravidade e o caráter também inédito dos riscos que trazia, obedecesse, ao fundo e ao cabo, aos ditames (mais uma vez) de uma espécie de "astúcia da razão". De uma racionalidade histórica que se processa inapelavelmente, a despeito e à revelia da vontade e das limitações de consciência dos atores concretos que a efetivam.

Tais limitações de consciência, contudo, não seriam de modo algum necessariamente insuperáveis. Pois que, tal como evidentemente sucede ao autor, a compreensão adequada acerca dos sentidos do processo histórico contemporâneo seria perfeitamente acessível a outros — se não a todos —, desde que observadas e garantidas certas premissas e condições tanto morais e cognitivas quanto, como veremos, mais propriamente institucionais.

Nessa perspectiva, por exemplo, os próprios conteúdos do nacionalismo se alteravam, ganhando inclusive uma nova legitimidade, desde que bem compreendida a sua inserção dialética no quadro global mais amplo de internacionalização da vida política e social:

---

[265] Poder Legislativo e política internacional. *Digesto Econômico*, set./out. 1956, p. 22.

Não existe relação entre o isolacionismo de ontem e o nacionalismo de hoje.

O nacionalismo — e aqui me refiro ao bom sentido da expressão e não ao seu significado faccioso e político — o nacionalismo não quer dizer recusa à colaboração internacional, mas, e apenas, recusa a certos métodos desta colaboração e a preferência por outros métodos, que melhor atendam aos interesses dos países subdesenvolvidos. Mas o nacionalismo dos países subdesenvolvidos, como o Brasil, é uma das maneiras pelas quais a política nacional se projeta internacionalmente.

Esta projeção é outro aspecto da vida internacional de hoje e precisa ser posta em relevo. Ela representa a etapa final da democratização política. (...)

Só gradativamente, à medida que a unidade do mundo se afirmava como decorrência forçada do progresso técnico e científico, é que os assuntos de ordem internacional, interessando mais diretamente às massas de cada país, passaram a ser objeto de curiosidade, atenção e vigilância, nos regimes democráticos.

A política externa passa a ser um capítulo, e em certos momentos o mais importante, da política interna.[266]

Assim, a crença nas forças do progresso humano — nesse momento evoluídas, política e eticamente, para a cáracterização histórica do progresso social — impõe-se e circunscreve a agenda política nacional em relação ao quadro internacional, fazendo com que o nacionalismo se apresente como movimento de afirmação política e econômica de países como o Brasil, não no sentido da exacerbação xenófoba ou reacionária, mas sim, justamente ao contrário, no de aspiração à participação efetivamente independente do país e seu povo num concerto cosmopolita de nações:

A situação do país subdesenvolvido fez eclodir, no Brasil, uma forte sensibilidade nacionalista, à semelhança do que ocorre em todos os outros países nas mesmas condições. Esta sensibilidade é que determina o interesse especial do Congresso para o tratamento de qualquer caso de política internacional que tenha relação com os interesses econômicos do Brasil (...).[267]

Ocorre que esse interesse nem sempre seria acompanhado pelo necessário conhecimento dos meandros da política externa, de suas principais variáveis e dos objetivos específicos que pautariam nossa diplomacia. Isto levaria ao surgimento de conflitos, já que os atores relevantes tenderiam a se posicionar diante de tais questões à luz de seus preconceitos e interesses mais imediatos (ambos, como sempre, inconvenientes). Esses conflitos seriam então mais facilmente contornáveis se o processo democratizante, e subjacente a esse movimento de interpenetração das políticas interna e externa, se traduzisse também por maior diálogo e intercâmbio entre o Parlamento e a diplomacia:

---

[266] Poder Legislativo e política internacional. *Digesto Econômico*, set./out. 1956, p. 22-23.
[267] Ibid., p. 24.

Estes assuntos são tratados habitualmente sob a influência de convicções ou sentimentos preexistentes, ou de compromissos partidários, e quase sempre com escasso conhecimento da matéria, dos precedentes diplomáticos e do direito internacional.

Trava-se o debate quase que só em função dessas opiniões preconcebidas e desses compromissos, de um lado e de outro, esquecidos os rumos da política externa e prevalecendo, em larga medida, as divisões ideológicas que zombam da unidade formal e precária dos partidos e blocos parlamentares. (...)

O Congresso (...) deve estudar melhor — muito melhor — os assuntos internacionais, a fim de que eles não sejam entregues, como carne às feras, às paixões oratórias e muitas vezes demagógicas do plenário. Mas o Itamarati deve, por sua vez, recordar-se de que o tempo da "diplomacia de porta fechada" passou e não voltará, pelo menos enquanto o "controle" democrático continuar a se fazer sentir no Brasil. Podemos ter saudades desse tempo — eu mesmo o tenho, pois o conheci na mocidade, quando acompanhava as missões de meu pai — mas isto não quer dizer que tais hábitos cômodos e saudosos possam de novo imperar.

Hoje a política internacional é parte da interna e se faz, como esta, à luz da publicidade e no corpo a corpo das lutas parlamentares.[268]

Para o enfrentamento dos desafios novos colocados pela democratização e para impedir que os vícios próprios ao regime — exacerbação das "paixões oratórias" e da "demagogia" — comprometam o exame de temas tão decisivos, é preciso ampliar o debate e instituir o diálogo, fazendo da publicidade o meio para a depuração e afirmação do primado da razão e definição do real interesse coletivo. Superado o antigo e "saudoso" regime da diplomacia de "porta fechada", somente a elevação do debate democrático, tanto cognitiva quanto moralmente, pode permitir a produção da política adequada ao momento histórico.

Assim, a nova ordem de questões da agenda internacional e sua inevitável imposição sobre o debate político interno se manifestariam, inclusive, na demarcação de diferentes clivagens políticas, com a delimitação de campos opostos, a partir de parâmetros distintos dos que seriam predominantes de acordo com as variáveis comuns da política nacional. Se fariam notar, aí, não apenas as imposições do conflito ideológico internacional, como, mais decisivamente, as divergências profundas entre os partidários da "ordem" e do "movimento" (retornaremos ao ponto mais adiante).

De modo geral, porém, o resultado das divergências não seria — ou deveria ser — de molde a comprometer a institucionalização da democracia entre nós. Já que, de acordo com as linhas mestras do processo histórico, tal como desenhadas pelo autor (na questão da "crise do direito", por exemplo), a despeito de dissensões mais específicas sobre a gestão da economia, a razão tenderia a se impor no sentido de formação de um consenso, mais ou menos bem definido, sobre a primazia dos conteúdos jurídicos e políticos da democracia:

---

[268] Poder Legislativo e política internacional. *Digesto Econômico*, set./out. 1956, p. 24-25.

Porque, convém acentuar, a divisão do Congresso na apreciação de política internacional não se apresentará nos mesmos termos do habitual contraste entre governo e oposição.

A separação se dará por motivos diferentes, ligados, no fundo, ao jogo das grandes forças que se defrontam na política do mundo.

Inclinações psicológicas, convicções doutrinárias e suscetibilidades nacionalistas conduzem os congressistas a uma posição de resistência e desconfiança quanto aos objetivos das potências ocidentais, especialmente dos Estados Unidos, e essas atitudes não se subordinam a diretrizes partidárias nem se acham em função dos problemas de política externa.

Mas, respeitadas certas gradações nacionalistas em alguns aspectos da política econômica, a grande maioria do Congresso, também sem respeito aos limites partidários, parece favorável — e creio sinceramente que o é — a uma integração do Brasil na linha das democracias clássicas.[269]

Foi portanto com certo otimismo que, alguns anos mais tarde, Arinos se lançou ao encargo de levar adiante uma nova orientação da diplomacia brasileira, à frente do Itamarati, no governo de Jânio Quadros, na efetivação do que ficou então conhecido como "política externa independente" (doravante assinalada pela abreviação PEI).[270]

A eleição de Jânio, como vimos, se constituiu para Arinos num marco de grandes significados. Em primeiro lugar, obviamente, representou para ele (e seus correligionários) a tão sonhada vitória eleitoral, a almejada chegada ao poder central da República, a obtenção, afinal, do reconhecimento, pelas urnas, da justiça e do direito dos pleitos e ambições da UDN, em seu projeto de reordenação nacional, tantas vezes adiado.[271] Em segundo lugar, dada a magnitude da vitória e a tranqüila (e quase inédita) passagem de poder, de JK a JQ — ainda mais se levássemos em conta a "marca golpista" do governo anterior, tantas vezes repisada por Arinos e os seus, após o 11 de novembro —, tornava-se evidente que o que se estava passando era

---

[269] Poder Legislativo e política internacional. *Digesto Econômico*, set./out. 1956, 25.

[270] Em suas memórias, contudo, Arinos (1961a:335) se mostra reticente e pouco entusiasmado com a incumbência, que passou a ser ventilada após a vitória de Jânio, demonstrando, mais uma vez, certa consternação diante do que chamamos de sua "missão": "Consultando sinceramente a mim mesmo, asseguro que a perspectiva me infunde, antes de tudo, preocupação e desconforto. Meu ideal no campo da política externa seria a embaixada na ONU, ou a de Roma. Se o comodismo valesse mais do que o civismo, eu queria mesmo era ir para o estrangeiro, no remanso de uma grande embaixada".

[271] Comentando o significado da vitória para os "udenistas autênticos", Arinos (1961a:344) relembra o irmão e fundador do partido: "Estranho destino o de Virgílio! Hoje, 12 anos depois da sua morte, os ideais por que ele sempre se bateu tornam-se populares e vencedores com Jânio Quadros (nome que Virgílio talvez nunca tenha ouvido pronunciar), e com nosso amigo Magalhães Pinto, que conquistou o Palácio da Liberdade em condições ainda mais fortes do que Milton Campos".

mais do que uma simples sucessão. Como iria reiterar freqüentemente, nosso autor qualificou a vitória incontestável de Jânio — a despeito das artimanhas da "maquina trabalhista", apesar do "golpismo" de JK e de Lott — como uma autêntica revolução: como a afirmação de um desejo inequívoco do povo pela moralização da vida pública; como preâmbulo de uma racionalização da política para muito além dos interesses míopes, particulares e imediatistas de camarilhas e claques; como equalização tardia mas inexorável de nossas instituições com os imperativos da história.

Em suas memórias, Arinos (1968:22) elencou as qualidades pessoais ideais para o desempenho das tarefas que lhe couberam naquele momento, à frente do Itamarati:

> Na minha opinião, entre os atributos avultam a cultura geral, mais que a especializada, ressaltando-se nesta cultura geral a parte referente à formação nacional sob todos os aspectos; a autoridade moral; o conceito nos meios políticos e intelectuais internos; o equilíbrio; a adesão livre, mas firme, a determinados princípios, desde o valor intrínseco de certas instituições até o fundo ético dos objetivos gerais da sociedade internacional... (*Planalto*)

O ponto fundamental, contudo, era o fim para o qual, segundo Arinos, tais atributos deveriam concorrer:

> o amor pelo povo, a compreensão de que tanto a política externa quanto a interna devem ter mais em vista os interesses do povo e não, tomada em si mesma, a força ou a glória do Estado.

A tarefa de reformar nossa orientação diplomática não se apresentou de modo algum, contudo, como das mais fáceis. Menos talvez até do ponto de vista de possíveis resistências externas do que em termos de compreensão e apoio internos. Com efeito, a política externa foi uma das facetas mais controvertidas — se não simplesmente a mais controvertida — dos poucos meses de governo de Jânio. E foi justamente das hostes de seus correligionários que Arinos veio a sofrer os mais fortes ataques.[272] Foi justamente entre os partidários da "ordem" que a política externa independente causou maiores indignações e ressentimentos, sendo

---

[272] Comparando o comportamento, neste caso, dos seus tradicionais adversários do PTB com o dos udenistas, Arinos (1968:54) ilustra as dificuldades de sua posição na conjuntura: "Realmente, os trabalhistas nunca regatearam apoio à minha gestão, enquanto os udenistas nunca a apoiaram com sinceridade. Esta é a observação geral e preliminar que tenho o dever de formular no pórtico da narrativa de minhas duas passagens pelo Itamarati. Na verdade, eu divergia dos dois partidos: do PTB, na política interna, pela minha formação democrática e antiditatorial; da UDN, na política externa, porque minhas naturais inclinações pela justiça e o progresso social, necessariamente ligados a uma ação externa independente, se chocavam com o seu irredutível reacionarismo".

142 ▼ A POLÍTICA DOMESTICADA

por eles considerada um desvio esquerdizante e um flerte com os interesses comunistas.[273]

Em maio de 1961, o novo ministro das Relações Exteriores era convocado a dar esclarecimentos sobre as linhas da PEI perante o Parlamento. Ele o faz, de modo coerente com suas intervenções anteriores sobre o assunto, inserindo as iniciativas do Itamarati no quadro geral de transformações tecnológicas, ideológicas, sociais e políticas por que passava então o planeta. O caráter holístico e inexorável do processo toma, então, nas palavras de Arinos, profundidades verdadeiramente filosóficas:

> Não é um mundo só que está dividido, não são só os continentes que estão bipartidos; é também o homem, ente dotado de senso moral e de capacidade de raciocínio, que se encontra profundamente dividido, em face dos conflitos de consciência que dentro dele próprio se levantam.

> No campo que nos interessa, para que não me perca em divagações que estariam mais do gosto de um debate acadêmico do que nas obrigações a que aqui atendemos, no campo que nos interessa, eu diria que esta divisão, que não é apenas a da opinião brasileira, insisto, que é a da doutrina jurídica, que é a do pensamento político, que é a das assembléias internacionais, que é a de todos aqueles que se interessam pela paz do mundo, pelo progresso do mundo, pelo império das leis morais no mundo, é o contraste entre o que poderíamos chamar a soberania nacional e a organização internacional, o contraste naquilo que a soberania nacional assegura à subsistência e à sobrevivência do direito do Estado e aquilo que a organização internacional, pelo menos no seu significado mais atual, mais profundo, mais moral, reclama como sendo a afirmação dos direitos humanos.

> O que está em jogo precisamente, sr. presidente e srs. deputados, é este drama da nossa geração, o drama de um mundo que se transforma e que se unifica pela irresistível influência do progresso técnico, de um mundo que se conglomera, que se homogeneiza necessariamente, pela expansão dos conhecimentos e pelo vertiginoso avanço da técnica, e ao mesmo tempo de um mundo que se fragmenta, que se divide, que se reafirma pelo nascimento e afirmação de autoconsciência de uma quan-

---

[273] Sem dúvida alguma o ápice da controvérsia envolvendo a PEI foi o episódio da condecoração, por Jânio, de Ernesto "Che" Guevara, um dos líderes revolucionários da Revolução Cubana, com a Ordem Nacional do Cruzeiro do Sul, em agosto de 1961. De acordo com Arinos (1968:103) — que não teria participado diretamente da iniciativa, tendo sido comunicado a seu respeito, inclusive, já depois do fato consumado —, a motivação principal da honraria seria interceder junto ao governo cubano para que não permitisse perseguições a membros da Igreja Católica em Cuba, de acordo com pedido feito ao Itamarati pelo Vaticano, por ocasião da visita de Guevara ao Brasil: "Aí têm os que nos atacaram, inclusive membros da Igreja, as causas do tratamento dispensado a Guevara: defender a Igreja, a pedido do Vaticano. Pelo decreto que criou a Ordem do Cruzeiro do Sul, o ministro do Exterior faz, de fato, parte do Conselho respectivo. Mas a ele também pertencem os ministros da Guerra e da Marinha (...). No entanto, os zelosos acusadores, que até hoje me tomam contas do ato de que não participei (mas de que participaria, dadas as origens e as circunstâncias que acabo de mencionar), nunca incluíram nas suas críticas os nomes do general e do almirante que eram meus colegas de ministério e do Conselho da Ordem".

tidade de sociedades nacionais que desabrocham no nosso século num espetáculo tão impressionante como aquele que conheceram nossos antepassados no início do século XIX.[274]

Os elementos aparentemente particularistas do nacionalismo — em seu conteúdo positivo — inserem-se, dialeticamente, num contexto cosmopolita onde a explosão da capacidade científica e tecnológica do homem segue *pari passu* a afirmação moral do desejo de autonomia e autodeterminação dos povos, expresso nos movimentos de emancipação dos novos países do Terceiro Mundo. A grande divisão a que alude o autor, dada a legitimidade praticamente metafísica de seus conteúdos, não deixa de apontar, em sua dinâmica própria, os rumos de sua resolução final. Sendo ambos os pólos afirmativos da "humanidade" do homem, dos poderes construtivos e auto-regeneradores de sua razão e desejo por liberdade, cabe-nos "apenas" a submissão aos imperativos transcendentes postos em evidência pela história — de acordo com "seu" ponto de vista cosmopolita.

Estaria na internacionalização da democracia social — ou socialista, no dizer de Arinos — a síntese dos pólos que então dividiam as consciências:

> Sabemos que o filósofo da democracia, o verdadeiro filósofo da democracia, por isso que levou a filosofia democrática às suas necessárias conseqüências socialistas — e eu acho que a democracia, abandonada a si mesma, tende para o socialismo, e a verdadeira democracia para o verdadeiro socialismo —, o filósofo Kant dizia, nas suas considerações sobre os governos e no seu projeto de paz perpétua, que não pode existir governo onde não haja representação; que não pode existir liberdade humana onde não haja governo representativo.[275]

Não haveria melhor alternativa para o justo combate ao comunismo, portanto, do que a ação política moral, pautada pelos imperativos da história e pelos cânones da razão. No plano concreto isto significaria o reconhecimento à autodeterminação dos povos — e, desse modo, a recusa a apoiar intervenções como a que se pretendia impor a Cuba — e o fortalecimento das instituições democráticas mediante a defesa de seus valores e princípios, mas, principalmente, mediante a incorporação das massas a seus principais benefícios:

> A defesa de um país contra o comunismo em favor da democracia, a defesa democrática de um país não se faz através, a meu ver, de esquemas arbitrários, ou de esquemas policiais. Ela se faz através do revigoramento da democracia no seu conteúdo humano, quero dizer social *(...)*, quero dizer a eliminação da miséria, quero dizer a eliminação da injustiça, quero dizer a eliminação das desigualdades intoleráveis, quero dizer as possibilidades de dignidade para todos os homens que habitam um determi-

---

[274] Depoimento perante a Comissão de Relações Exteriores da Câmara dos Deputados sobre sua atuação no Itamarati frente às relações com Cuba, 17-5-1961. In: Camargo et al., 1983:312.

[275] Ibid., p. 314.

144 ▼ A POLÍTICA DOMESTICADA

nado território nacional *[...]*, de salário, de sustentar sua família, quero dizer aquela capacidade de todos os homens de dar valor a estes valores democráticos que neste país só têm sentido para as elites que dispõem de interesses econômicos capazes *[...]*. Isto não é posição comunista, é posição de um católico que protesta, que reivindica, que defende a igualdade em todas as possibilidades políticas e sociais, que deseja que a democracia no Brasil não seja um curso literário dado sobre as nossas dificuldades, mas que seja uma prática efetuada nos lares dos operários, nos lares dos trabalhadores *[...]*, dos camponeses abandonados nos latifúndios, dos trabalhadores que não têm o suficiente para residirem em casas dignas do nome de residências *[...]*.[276]

O autor engajara-se então de corpo inteiro na oportunidade que se lhe abrira com a nova posição e responsabilidade. Esta seria sua grande chance de superar a relativa estreiteza de suas condições anteriores, tanto a do líder partidário (ou de facção) quanto a do intelectual, restrito aos "cursos literários". Oportunidade de fazer coincidir, em sua própria pessoa, as duas formas de se fazer a história; de realizar plenamente, enfim, a sua própria vocação de estadista.[277]

Assim, a síntese de Arinos, à frente da tarefa histórica e moral da construção de uma nova inserção política do Brasil no mundo, completava-se com a reconciliação sem rupturas não apenas da autonomia nacional com os imperativos éticos cosmopolitas, mas também do novo — da superação do "individualismo econômico" egoísta pelo "socialismo" representativo — com os tradicionais (ou "eternos") conteúdos do humanismo católico brasileiro:

> Esta é a defesa da democracia, srs. deputados. É para ela, sem distinção de quaisquer partidos, ou de quaisquer ideologias, como brasileiro e como católico que apelo. Peço para ela a compreensão dos srs. deputados: jamais defenderemos a democracia a patas de cavalo e a ponta de lança, senão com a generosidade e a compreensão dos governantes em benefício dos interesses mais dignos do povo espoliado, do povo esquecido, do povo miserável, do povo que não tem razão para acreditar num regime político de cujos benefícios ele não participa. (...)

---

[276] Camargo et al., 1983:349. Os trechos indicados por parênteses em grifo referem-se a interrupções do discurso por palmas da platéia (de acordo com a transcrição utilizada).

[277] Superando até, quem sabe, a obra diplomática de seu pai e principal modelo. Em seu depoimento, Arinos (1983:162) relembrava assim as principais motivações da PEI: "Grande parte daquilo havia sido a luta de meu pai, que assisti na Liga das Nações contra o *establishment* da Europa ocidental. Ali foi o início do Terceiro Mundo, não no sentido atual, não no sentido econômico e social, ou racial, mas no sentido da insubmissão — pelo menos verbal — às imposições dos grandes. E eu estava lá, ao lado de meu pai. Tive a experiência da luta do país obscuro, do país pequeno, na defesa de uma causa que parecia justa, enfrentando os grandes". Mais adiante, porém, ele atribui a autoria da PEI diretamente a Jânio: "Ele tinha o sentimento mas não tinha a calma necessária para realizá-la. Confiava em mim para desenvolvê-la, mas o sentimento era dele. Jânio foi o homem que quis se insurgir contra a imposição das grandes potências naquilo que fosse essencial para nós".

E, por saberem que a democracia não se instaura senão em virtude de um ato de consentimento livre e de uma evolução interna dos povos, os Estados americanos renunciaram, e renunciaram definitivamente, a fazer da intervenção um processo de democratização de qualquer Estado.[278]

O que vale para a política externa, valeria igualmente para a interna. A independência de uma — diante da polarização dos blocos e da arrogância das grandes potências — teria de se efetivar para a outra, às voltas com os radicalismos domésticos. À eqüidistância que o governo deveria — e desejava — manter diante das (supostamente) falsas aporias dos radicais internos da "ordem" e do "movimento", corresponderia o difícil equilíbrio externo entre a adesão aos valores e princípios do chamado bloco ocidental e a preservação dos interesses específicos de país subdesenvolvido, dotado porém de identidade própria e, por que não, capacidade de liderança entre os países situados na mesma faixa de inserção política e econômica internacional:

> O mundo está dividido, sem dúvida, entre os dois blocos Leste e Oeste. Mas, além desses grupos ideológicos, está também dividido em dois blocos, Norte e Sul, sendo a zona equatorial o limite entre o mundo da prosperidade e o da carência, para não dizer da miséria. (...)

> Lutar agora pela paz, para conseguir, adiante, a justiça. Estas são as intenções do governo brasileiro. Mas lutar pela paz com a conservação de nossa soberania, da nossa capacidade de autodeterminação e da nossa estrutura democrática; marchando firmemente para o progresso social; derrubando privilégios e estruturas nacionais obsoletas, tudo isso sem transigir com as forças do comunismo internacional.[279]

Como sabemos, porém, a política externa independente, tal como preconizada e protagonizada por nosso autor, teve sua vida se não encerrada pelo menos fortemente abalada pelo colapso do governo Jânio Quadros.[280]

---

[278] Depoimento perante a Comissão de Relações Exteriores..., p. 349-350.

[279] A amizade do Brasil com os Estados Unidos. *Digesto Econômico*, jul. 1961, p. 46.

[280] "Considerando agora, com mais vagar e desapaixonadamente, a 'política externa independente' inaugurada por mim e continuada por San Tiago Dantas, chego à conclusão de que era inevitável o que com ela sucedeu. Não se pode dizer que tenha fracassado, porque o seu exercício corresponde a uma condição necessária ao desenvolvimento interno do Brasil. Diminuída ou extinta a radicalização ideológica que domina os círculos governantes brasileiros, a necessidade de afirmação da nossa personalidade internacional se apresentará, com o corolário inevitável do nosso crescimento populacional, técnico e econômico. Mas o governo Quadros, embora certo nos fins, não empregou os meios adequados e oportunos. Quis chegar, em poucas semanas, a todos os objetivos, esquecido de que tinha cinco anos pela frente. Além disto o presidente — apesar de minhas resistências — empregava freqüentemente métodos que aprendera na política interna, métodos dramáticos e publicitários, que nem sempre se revelam os melhores na ação diplomática" (Melo Franco, 1968:60).

146 ▼ A Política Domesticada

Demissionário em função da renúncia do chefe, Arinos engajou-se rapidamente na busca de uma solução política para a crise aberta com a recusa dos ministros militares a permitir a posse imediata do vice-presidente eleito, João Goulart, tal como previa a Constituição.[281]

Defendendo a adoção do parlamentarismo, Arinos subiu à tribuna no dia 30 de agosto de 1961, reiterando o seu compromisso com a ordem legal e denunciando a censura imposta à imprensa do Rio por Carlos Lacerda, seu ex-companheiro e agora governador da Guanabara (engajado na tentativa de impedir a posse de Jango):

> Não posso impedir que voltem a perpassar na minha memória espetáculos semelhantes, que vivi há alguns anos. A exibição de jornais censurados, da tribuna da Câmara eu as fiz; o protesto contra a imposição militar, o desrespeito à decisão de mandatos legítimos, eu os formulei, em novembro de 1955. Mas, sr. presidente, estou agora onde estive, solidário com Vossa Ex.ª no protesto que, em nome do Congresso, emitiu pela restauração da liberdade de imprensa e solidário com a grande maioria do Congresso contra o impedimento do vice-presidente da República. Estou, então, como estive nos idos de 1955, e esta é a minha humilde satisfação, esta é a minha modesta compensação, este é o meu tranqüilo reconhecimento.[282]

Abriu-se assim a oportunidade para uma experiência com o regime parlamentar, como única forma de resolução do impasse instalado. Com a sua adoção retiravam-se as principais prerrogativas de Jango e preservava-se o regime, com a compensação — que posteriormente mostrou-se decisiva —, para aquele, da consulta popular para a definitiva legitimação (ou recusa) do novo regime, mediante um plebiscito postergado para o ano de 1963. Apesar dos pesares, ao menos em um primeiro momento, Arinos podia ao menos conformar-se com a adoção do sistema de sua preferência.[283]

Alguns meses após a resolução da crise aberta com a renúncia de Jânio, Arinos teve oportunidade de reiterar as premissas da política externa que preconizara, representando o país na 16ª Assembléia Geral da Organização das Nações Unidas (ONU). Após reafirmar o compromisso brasileiro com os valores básicos da liberdade e da dignidade do ser humano, o autor advoga o comportamento pragmático e livre de doutrinas ideológicas como o mais adequado para nossa diplomacia, assim como sua crença nos potenciais dissuasórios e esclarecedores do diálogo e da negociação franca:

---

[281] Em suas memórias, Arinos (1968:171-173) nos conta das tratativas que fez em prol de uma solução política, desde a noite insone em sua casa de Petrópolis, onde divisara a saída parlamentarista — quando, instado por sua esposa, encerrou o seu repouso para ir ao encontro dos demais interlocutores —, até a entrevista com o general Cordeiro de Farias, que a aprovou (e que, inclusive, o informara de que idéia semelhante já circulava nos meios políticos em Brasília).

[282] Melo Franco, 1968:178.

[283] Sem falar na neutralização de Jango.

A crença e a prática desses valores [da liberdade e dignidade humanas] não exigem, porém, que façamos uma política rigidamente doutrinária, no plano externo, inclusive porque ela levaria fatalmente ao choque com as nações que os não conhecem, ou os aplicam em escala diferente, situação que impossibilitaria a negociação persuasiva, única capaz de levar ao reconhecimento gradativo dos direitos humanos. Ainda aqui se conclui que a paz é condição necessária à instauração da justiça.[284]

Logo em seguida, porém, Arinos qualifica a especificidade da perspectiva política brasileira no contexto em vigor, realçando, mais uma vez, o imperativo do primado do "social" sobre o "humano", expresso na defesa do intervencionismo e do planejamento estatal na economia, o que, no plano internacional, se desdobraria num esforço de auxílio econômico das nações mais ricas às mais pobres. Somente a distribuição mais equânime e justa dos benefícios do progresso social, daí advinda, pela cooperação Norte-Sul, poderia reduzir significativamente as tensões do conflito Leste-Oeste.

A nova postura "socialista" advogada pelo representante brasileiro não deveria deixar dúvidas, contudo, quanto às inclinações ideológicas e políticas mais profundas do nosso povo, e mais conformes à nossa cultura e nossas tradições. Um indicativo dessas tendências, inclusive, estaria na solução (razoavelmente) pacífica encontrada para dar posse, após a crise de agosto, ao nosso vice-presidente eleito. Mesmo que frustrado pelo gesto de Jânio, Arinos ainda encontrava alento para a confirmação de suas mais profundas expectativas políticas no advento do parlamentarismo brasileiro:

> O povo brasileiro, pelas suas demonstrações mais evidentes, continua fiel ao princípio representativo, como único capaz de garantir a liberdade política. A democracia autoritária ou plebiscitária não nos seduz nem nos convence. Ainda há pouco o Brasil venceu uma das mais graves crises institucionais da sua história, sem sacrifício do princípio democrático-representativo. O mundo inteiro assistiu a essa experiência.[285]

Malgrado todas as expectativas que Arinos podia, ainda, nutrir com relação ao parlamentarismo e à afirmação da PEI, a verdade é que ambos não tiveram o destino por ele desejado, naquela difícil conjuntura.

Os gabinetes parlamentares se sucederam ao longo de apenas dois anos sem conseguir, de modo algum, encaminhar qualquer solução conseqüente para os diversos problemas que tomavam de assalto a agenda política nacional.

De modo análogo, os esforços que Arinos ainda pôde fazer em prol da PEI, ao longo do período — seja como chefe de delegações diplomáticas brasileiras, seja como chanceler, durante curto período do gabinete de Brochado da Rocha —, não parecem ter produzido maiores resultados, principalmente num contexto de agravamento da "Guerra Fria".[286]

---

[284] A política do Brasil na ordem contemporânea. *Digesto Econômico*, nov./dez. 1961, p. 71.
[285] Ibid., p. 72.
[286] Que, a rigor, quase se supera em conflito nuclear com o episódio, em outubro de 1962, da crise dos mísseis soviéticos em Cuba.

148 ▼ A Política Domesticada

Na verdade, ambas as derrotas acabaram por comprometer dramaticamente a inserção política de Arinos, seja em seu partido, seja na economia política brasileira em seu sentido mais amplo. Comprometera-se inteiramente com a defesa de idéias e propostas visivelmente minoritárias e, o que seria ainda pior, sem qualquer interesse para ambos os lados mais fortes e, a rigor, inconciliáveis, da luta.

Para os dois casos, foi possível ao autor identificar as mesmas causas e inimigos de caráter impessoal: a radicalização ideológica e a falta de espírito público e visão histórica.

A segunda seria a principal responsável pelo fracasso do sistema de sua predileção, já que o parlamentarismo teria sido, de um lado, bombardeado por lideranças políticas egoisticamente interessadas na manutenção do poder pessoal presidencialista (a começar pelo presidente da República); de outro, mal compreendido e interpretado pela população que o preteriu.[287]

Já a radicalização ideológica estaria na base da rejeição que a PEI sofrera internamente, de par com sua inviabilização externa.

Trocando, de certo modo, as tribunas do Congresso pelas páginas dos jornais, Arinos passa a defender sistematicamente a superação de ambos os entraves à necessária e justa tomada de consciência por parte de nossas elites.[288]

Sob o domínio da impostura: radicalização e colapso do direito

Ao elaborar o tema do conflito interno à consciência contemporânea — e que se manifesta, por exemplo, na contradição eventualmente complementar entre a soberania nacional e a efetivação de valores humanistas universais —, Arinos nos fala também da divisão ideológica mundial, entre o capitalismo, seus potenciais efeitos destrutivos sobre a moral política e suas concepções mais ou menos liberais da de-

---

[287] "O governo de gabinete fracassou, naquele momento, por causa dos óbices deliberadamente criados à sua aplicação por aqueles mesmos que tinham o dever moral de aplicá-lo. O parlamentarismo do Ato Adicional de 1961 não se demonstrou incapaz de atender às exigências do governo nacional. Muito pelo contrário. (...) João Goulart não compreendeu, ou não aceitou, o relevante papel histórico que lhe coubera. (...) Por outro lado, os partidos tinham a obrigação de superar interesses e ressentimentos e trabalhar pela adaptação do Congresso à mecânica do governo de gabinete. Não o fizeram, porém". Mais adiante, Arinos acrescenta outros culpados pelo fracasso do parlamentarismo: "Os comunistas, que sentiam na radicalização o melhor caminho para o partido, e sabiam que o sistema parlamentar, bem aplicado, eliminaria a radicalização, entraram a fundo na propaganda do plebiscito. (...) Finalmente, os setores interessados em negócios, levados sempre a adular os poderosos, juntavam-se a Jango na sua faina, esperançosos das recompensas com que o Estado presidencial costuma favorecer os seus amigos ricos" (Melo Franco, 1968:226-227, 238).

[288] Esses artigos, publicados originalmente no *Jornal do Brasil*, foram posteriormente coletados em *Evolução da crise brasileira* (1965b).

mocracia representativa, e o comunismo, suas premissas igualitárias e seus desdobramentos ditatoriais, expansionistas e totalitários.

Ocorre porém que não apenas essas ideologias, incorporadas nas duas grandes potências industriais e militares da época, dividiam o planeta em esferas de influência e de disputa, como também projetavam essas divisões para dentro dos demais países, através de seus poderosos aparatos propagandísticos e da ação de seus acólitos internacionais.

De modo que essa grande polarização se multiplicava em divisões internas a cada nação, opondo, segundo Arinos, grupos e facções em lutas fratricidas, de modo muitas vezes artificial ou, pelo menos, em níveis de exagero incompatíveis com as dimensões das diferenças políticas verdadeiras entre tais grupos. A divisão ideológica internacional entre as potências e sua exportação para os outros países desvirtuariam completamente essas economias políticas autênticas, criando, em países como o Brasil, fossos intransponíveis onde não deveria haver mais do que diferenças de grau, perfeitamente assimiláveis por uma institucionalidade política mais bem dimensionada e estabelecida:

> Impossibilitadas de se defrontarem diretamente, as grandes potências nucleares são levadas, agora, a fazê-lo por vias desviadas. Esta é a luta que se trava no terreno das antigas colônias, em particular, e no seio de todos os países subdesenvolvidos, em geral.

> Por mais diferentes que sejam, na formação e nas instituições, os Estados que eram antigas colônias e as democracias do tipo do Brasil, evoluídas politicamente, mas economicamente subdesenvolvidas, possuem pontos inegáveis de aproximação, no plano da política internacional. Um deles é poderem servir de liça ao torneio entre interesses cuja supremacia não mais pode encontrar caminho no expediente das guerras diretas entre potências superarmadas.

> Se percorrermos o elenco de certas lutas pseudonacionais, veremos que elas se caracterizam, sempre, por dois aspectos: a) exprimem choques ideológicos sem relação direta com as crises econômicas e as necessidades sociais do povo em questão; b) levam freqüentemente à divisão territorial, sendo cada parte do território cindido ocupada por seções antagônicas de tropas nacionais, armadas e orientadas, porém, por comandos estrangeiros.[289]

A rigor, é no próprio teor especificamente *ideológico* da clivagem que residiria seu poder específico de distorção e de geração de discórdias artificiais e exageradas. Com efeito, a ideologia, para o autor, se caracterizaria justamente por exagerar e distorcer determinados aspectos da realidade, num descolamento mais ou menos intencional, cujo resultado, ou finalidade, é a mobilização irrefletida — ou a narcotização imobilista — das massas, no sentido do privilégio de interesses que, sejam quais forem, serão sempre alheios e impostos a essas mesmas massas. A ideologia, nesse registro, tem sempre como características básicas a sua superficialidade, a

---

[289] Coexistência interna. In: Melo Franco, 1965b:9.

150 ▼ A Política Domesticada

sua artificialidade, a sua exterioridade, a sua arbitrariedade. É sempre uma impostura, ao mesmo tempo política e intelectual.

No caso brasileiro esse processo se faria de modo especialmente perverso, pois que a exacerbação ideológica se faria à custa dos descompassos entre o nosso inegável subdesenvolvimento econômico e social, por um lado, e o que o autor considera o caráter comparativamente mais evoluído do nosso sistema político democrático, por outro. A perversão maior residiria justamente num eventual desprestígio e sacrifício de uma institucionalidade política que se mostrara tão promissora — haja vista o espetáculo da vitória eleitoral consagradora de Jânio e de sua posse sem perturbações —, por força de radicalismos artificiais, estimulados de fora do país; fazendo, inclusive, com que as qualidades de nossa democracia se apresentassem como fraquezas, e que o Brasil fosse relegado, do ponto de vista da geopolítica redutora da "Guerra Fria", ao mesmo *status* de países de fato pobres como nós, mas, segundo Arinos, indubitavelmente inferiores do ponto de vista institucional:

> O subdesenvolvimento econômico se projeta na grande maioria dos Estados novamente independentes da África e do Sudeste da Ásia, também para a vida institucional, o que entre nós não se dá, situação que, se por um lado denota em nós inegável superioridade cultural, por outro cria maiores dificuldades de ajustamento. Explicome melhor. Os africanos e asiáticos não podem suportar o diálogo democrático caracterizado pela existência da livre oposição.
>
> (...) é inegável que o diálogo democrático, pela ampla liberdade com que assegura a manifestação de todas as correntes de opinião, facilita grandemente a tarefa de certas forças conflitantes no plano internacional de acentuarem e, até certo ponto, procurarem, mesmo, orientar as nossas divergências internas. É claro que isto de nenhuma maneira pode servir para condenar o sistema democrático. A conclusão a se tirar da premissa é outra. É a de que, embora nos inclinemos necessariamente a favor do nosso lado democrático, a democracia brasileira só se salvará se não permitir que a vida nacional se transforme em campo de luta desviada dos interesses internacionais.[290]

A gravidade do momento se apresentaria então na exacerbação artificial dos radicalismos e na conseqüente — e falaciosa — condenação da democracia, justamente por suas maiores qualidades, aptas, inclusive, a conduzir o país em seu desenvolvimento natural (desde que afastado, é claro, do jogo artificial de intrigas da propaganda ideológica internacional). Com efeito, a prova mais cabal da desnaturalização promovida pelo radicalismo seria o fato de que sua ação se desenvolve e sua dinâmica se realimenta nas esferas mais rarefeitas do debate entre os diferentes membros da elite social, econômica e intelectual, mais afeita a se intoxicar com os torneios retóricos e com a artilharia das palavras de ordem. O povo, como é de se esperar, preserva em seu meio as reservas de naturalidade da sociedade, não sendo afetado pela impostura (embora sempre atingido por suas conseqüências):

---

[290] Coexistência interna. In: Melo Franco, 1965b:9-10.

Refiro-me ao fato surpreendente de que, enquanto o povo ainda se mantém unido, as estruturas políticas se dividem rapidamente, e esta divisão atinge todas as instituições tradicionais da sociedade brasileira, tais como a Igreja, as Forças Armadas e as universidades. Em face do fato é necessário observar, preliminarmente, que a divisão a que aludo é antes de tudo ideológica, isto é, se processa em torno de idéias ou de princípios abstratos, ou em torno de personalidades simbólicas de tais idéias e princípios, mas nunca em torno de problemas concretos ou das suas soluções. Dois generais, dois governadores, dois cardeais, dois professores (desculpem as rimas involuntárias) dividem respectivamente o Exército, a política, a Igreja, a universidade. (...)

E assim, em torno de abstrações primárias, gira a roda da paixão geral, os problemas não são resolvidos, e o radicalismo ideológico (ideologias sem idéias) se acentua e se agrava incessantemente. Este é o terreno privilegiado para a transformação do Brasil em palco da Guerra Fria. Como dizia duramente Aristides Lobo, a propósito da República, nosso povo se limita a assistir *bestificado* ao aprofundamento do buraco que as elites incapazes e insensatas vão cavando em torno dele.[291]

Outro aspecto a denotar o artificialismo e a perversidade desse processo estaria na própria consciência que ambas as potências teriam da inviabilidade de se manterem irredutíveis em suas posições, levando a Guerra Fria às suas últimas conseqüências. Seria justamente em função das imposições do mútuo poder de destruição que se processariam, de um lado, as tentativas de distensão entre EUA e URSS, e, de outro, a exportação do conflito para os demais países do mundo, em particular os mais frágeis econômica e socialmente, e instáveis politicamente:

Certa noite, em Genebra, não há muitos meses, jantando com um dos mais inteligentes e eruditos diplomatas do mundo socialista, eu lhe dizia que, a meu ver, a era atômica forçaria os teóricos do marxismo a reverem certos dogmas da doutrina, a respeito da luta de classes no plano mundial. A revolução mundial, nos termos clássicos do marxismo, significaria a guerra mundial, argumentei, e esta hoje seria o fim de todas as revoluções, porque o fim da própria humanidade. O meu interlocutor, ao ouvir estas observações óbvias, respondeu, apenas, que eu não julgasse estar pensando em algo que eles, comunistas, também não pensassem, e ajuntou que talvez os teóricos soviéticos já estivessem procedendo à revisão de conceitos a que eu me referia. Ora, as recentes declarações de Krushchev durante a malograda conferência sino-russa deixam entender exatamente a evolução que eu mencionava.

Mas a luta entre as ideologias pode continuar através da coexistência pacífica. Basta, para tanto, que a coexistência em causa seja externa e aplicável aos grandes, e não se estenda ao meio interno das nações subdesenvolvidas. Por outras palavras, se não conseguirmos atingir o equilíbrio de uma coexistência interna nos países como o nosso, então estaremos nos sacrificando para que a luta prossiga, na nossa casa e à nossa custa. É isto, exatamente, o que está em via de se preparar no Brasil.[292]

Tornam-se patentes, portanto, a irracionalidade e a imoralidade da "importação" do conflito para nossa sociedade. Através dela comprometemos as possibi-

---

[291] Coexistência interna. In: Melo Franco, 1965b:12.
[292] Ibid., p. 11.

152 ▼ A Política Domesticada

lidades — já relativamente problemáticas — de aprimoramento das bases de nossa própria "coexistência interna", desafiada por nossa desigualdade social, mas admitida e viabilizada pela evolução político-institucional do país. Assumir, então, a lógica da confrontação, seja para que lado for, significa comprometer o nosso futuro, através de uma agência míope e alienada.

O caráter deletério da exacerbação ideológica se apresentaria de modo peculiar na manipulação que sofria, à época, a própria noção de nacionalismo. Arinos desenvolve o tema em seqüência ao artigo citado anteriormente e publicado, também, no *Jornal do Brasil*, em 18 de agosto de 1963:

> O aspecto mais marcante desta contradição ideológica [do "radicalismo brasileiro"] reside na oposição polêmica e mesmo belicosa, entre os conteúdos e o dinamismo destes conteúdos, que as alas radicais da esquerda e da direita atribuem ao nacionalismo. Cada um dos grupos em choque atribui-se o direito de acoimar o outro de traidor da nação.

> O fenômeno não é, aliás, novo, se considerado exclusivamente no plano das idéias. O que é verdadeiramente novo, e ao mesmo tempo extremamente arriscado, é o fato de que o choque entre as duas concepções de nacionalismo extravasou do debate de doutrinas para a luta política; transferiu-se, visivelmente, dos livros e das academias para as ruas, os sindicatos, as câmaras e as casernas.

> A primeira observação a se fazer — e ela é de magna importância — é que, sendo o nacionalismo um fato histórico que obedecia precipuamente ao impulso de união dos povos, transformou-se, hoje, em certos países como o Brasil, em símbolo e instrumento da divisão nacional. Por que isto? Simplesmente porque ele perdeu, nesses países, o seu conteúdo histórico característico, e passou a tema ideológico, quando não — e é o nosso caso! — a instrumento da luta internacional que se processa no nosso território e à nossa custa.[293]

O autor recapitula então, ao mesmo tempo, os diversos conteúdos que o nacionalismo possuiu em nossa história e a influência que o tema exerceu (ou não) sobre a sua própria biografia. Nesse trajeto é revista a inclinação de Arinos, quando jovem, por formas ultraconservadoras de nacionalismo, das quais, entretanto, teria sido possível afastar-se a tempo,[294] graças à preservação constante de um sentido

---

[293] Coexistência interna. In: Melo Franco, 1965b:16.

[294] Não o suficiente, porém, para impedir o aval a elas dado pelo autor através de livros como o citado no trecho, assim como as necessárias repercussões de uma obra polêmica. Em trabalho datado de 1955, o sociólogo Alberto Guerreiro Ramos (1961:153, 158) empreendeu dura crítica ao que chamou então de "ideologia da *jeunesse dorée*", cujos melhores exemplares no universo intelectual brasileiro seriam Arinos, Alceu Amoroso Lima e Octávio de Faria, de acordo com Guerreiro, típicos representantes de "estratos intelectuais bem-nascidos, para os quais as dificuldades materiais não existem", o que os levaria a professar um moralismo elitista e intelectualista (terei a oportunidade de retornar a esta análise adiante). O que importa notar aqui é que a crítica feita a Arinos, em particular, é toda ela baseada nos seus primeiros ensaios políticos dos anos 1930 e nos seus fortes componentes não apenas conservadores e autoritários mas também racistas.

de nacionalidade mais profundo, apto a protegê-lo, mais uma vez, de imposturas de origem e caráter alienígena:

> Podemos acompanhar nitidamente, no Brasil, a marcha contraditória do nacionalismo. A princípio ele surgiu, como era de se esperar, sob a forma de tese conservadora. Homem chegando ao fim da maturidade e quase que às bordas da velhice, minha vida tem sido uma contínua viagem pelos caminhos das idéias. Por isto mesmo posso acompanhar, nos meus roteiros pessoais, a influência da marcha de certas idéias na nossa geração. Grande ledor de Barrès, na mocidade, (...) eu sonhava, antes dos 30 anos, com uma reforma brasileira fundada em nacionalismo tradicionalista e conservador, embora de fundo popular. Data de então meu livro *Preparação ao nacionalismo*, que chegou a ser muito citado pelos integralistas. Mas cedo pressenti tudo aquilo que o movimento de Plínio Salgado tinha de falsamente nacional e de substancialmente servil ao fascismo estrangeiro. Sempre me mantive dele afastado, apesar de alguns amigos que nele possuía, e nunca aceitei aquela mistura de histeria e palermice. De resto, o nacionalismo direitista se instalaria em pouco com o chamado Estado Novo, ao qual nunca me pude submeter também.
>
> A primeira manifestação importante do nacionalismo esquerdista ocorreu, entre nós, com a Aliança Nacional Libertadora, pouco antes do Estado Novo. No seu programa e nas suas manifestações já encontramos, embora obscurecidos pelo desejo de absorção de muitas correntes diversas, os temas que agora surgem, com caráter mais nítido e concreto, entre os comunistas e os demais grupos extremistas da esquerda. Também nunca aceitei a Aliança Nacional Libertadora, apesar dos amigos que nela tinha e com os quais debatia as suas teses nas salas da sucursal carioca da *Folha de Minas*, jornal que Virgílio e eu dirigíamos. O choque entre os dois nacionalismos levou aos golpes frustrados de 1935 (comunista) e de 1938 (fascista). Ontem foram golpes sucessivos. Amanhã serão concomitantes.[295]

Feita a articulação histórica entre os dois momentos de crise e transformação política, e estabelecida a continuidade entre as formas opostas de mistificação ideológica — ontem o fascismo, hoje um certo reacionarismo, de um lado, e o mesmo comunismo, de outro —, Arinos se abstêm de fazer críticas ou juízos mais particularistas, procurando então caracterizar os aspectos impessoais do processo:

> Se quisermos encontrar uma saída para a divisão brasileira, manifestada pelo choque dos falsos nacionalismos da direita e da esquerda, temos de conseguir objetivos realmente nacionais. Objetivos que façam apelo e encontrem resposta na consciência nacional, e que não sejam somente armas para a conquista, não tanto do poder quanto das suas influências e vantagens. Para tanto devemos julgar menos os homens individualmente, na sua mesquinha ambição e frágil cobiça, do que a situação que se vai criando, possivelmente um pouco à revelia dos homens que de um e outro lado a exploram e se encontram nela comprometidos.[296]

---

[295] Coexistência interna. In: Melo Franco, 1965b:18.
[296] Ibid., p. 19.

154 ▼ A Política Domesticada

Ressalta nesse sentido, em primeiro lugar, a caracterização do radicalismo como um processo que se realimenta de si mesmo, em certa medida "à revelia" dos seus promotores, e, em segundo, o diagnóstico acerca do caráter moral da crise e do imperativo de sua resolução como pré-requisito para o encaminhamento satisfatório de todos os seus outros elementos. De fato, a sólida convergência acima das paixões sectárias e míopes só parece ser possível mediante a ascese a um nível de consciência e prática pública superior:

> Uma das coisas mais idiotas que se pode imaginar é a suposição de que a autoridade moral é qualquer coisa de ideal e de abstrata, sem a verdadeira capacidade política operativa. Muito ao contrário disto, a autoridade moral é a força básica da estabilidade dos governos, e também do prestígio das oposições. Situações corroídas pela falta de autoridade moral, como a brasileira de hoje, podem durar, às vezes longamente, mas nunca se estabilizam de forma a atuar com eficácia no plano social.

> Não se trata, repito e insisto, de fazer o processo de homens, mas de vontades e intenções.

> O que tenho em vista, e me parece irrecusável, é acentuar a importância do moralismo, da restauração da autoridade moral, como meio ou processo de despertar a consciência nacional de um povo, em torno de objetivos nacionais.[297]

Postulada a operacionalidade política da moral, assim como sua necessidade imperativa, o autor retorna então à caracterização do evento exemplar, de nossa história recente, que demonstraria a pertinência de sua premissa e seus potenciais regenerativos. Como não poderia deixar de ser, trata-se da vitória eleitoral de Jânio Quadros:

> A prova de que a autoridade moral pode exercer uma influência decisiva na unificação da consciência nacional, criando um forte sentimento de solidariedade entre as classes mais diversas da sociedade, pode ser encontrada, entre nós, no episódio da eleição de Jânio Quadros. Nunca o Brasil assistiu a movimento semelhante de união popular em um impulso de fé e de confiança. Houve uma onda de autodisciplina, de desprendimento e de sacrifício. A maioria estava decidida a atingir ao saneamento moral da República, e a pequena minoria, que continuava cética, ou presa aos cálculos utilitários, se encolhia, receosa. (...)

> Para mim o resultado mais funesto da renúncia de Jânio foi exatamente a frustração desta esperança, o tremendo desencanto daquela imensa maioria que tinha sede de autoridade moral.[298]

A perda da oportunidade histórica, com o gesto inusitado do ex-presidente, não invalida portanto os termos da equação e de seus elementos transcendentes e

---

[297] Coexistência interna. In: Melo Franco, 1965b:20.
[298] Ibid., p. 21-22.

impessoais: a moralização segue como o pré-requisito básico para a execução da tarefa de convergência política nacional e da mobilização construtiva do povo.

A isto evidentemente acresce o necessário corolário da racionalização da ação governativa, através de um planejamento consistente e infenso às palavras de ordem dos extremistas. A esse respeito, no momento em questão, Arinos refere-se ao chamado plano trienal de Celso Furtado e San Tiago Dantas:

> O segundo elemento, já o dissemos, é a rápida aplicação do plano de desenvolvimento, cujo preparo marca o ponto mais alto do governo João Goulart. A incontestável liderança popular do atual presidente só poderá afirmar-se numa direção construtiva, e não num sentido polêmico, como vem ocorrendo, se o seu governo começar a funcionar dentro de um plano, cujo início de execução inspire confiança. Plano construtivo e austero.[299]

O que, de fato, a propaganda das grandes correntes em disputa no cenário internacional mascara, segundo Arinos, através de suas construções ideológicas, ou seja, a manipulação de uma série de meias verdades, mistificações e palavras de ordem, é justamente a superação, pelos fatos concretos da história — e pela pressão subjacente que nela exerce a razão —, tanto das premissas economicistas do liberalismo quanto das ficções democratizantes da revolução marxista.

Como não poderia deixar de ser, para o moderado Arinos, a virtude nunca pode estar nos extremos, mas sim em algum ponto intermédio. Do mesmo modo, para um "realista" como ele, as formas concretas da existência (e da tradição) terão sempre mais força e consistência do que as abstrações da teoria. É preciso recusar, como historicamente obsoletos e puramente formais, todos os pressupostos do liberalismo econômico que restringem o bom funcionamento da democracia apenas ao livre funcionamento dos mercados. E o mesmo se aplica ao suposto igualitarismo e ao potencial libertador da humanidade auto-atribuído pelo marxismo. Um e outro teriam sido plenamente desmentidos pela experiência histórica, haja vista tanto o terror e a opressão stalinistas quanto a evolução intervencionista e o crescimento da gestão econômica planejada nas modernas economias ocidentais, os Estados Unidos inclusive.

De fato, a experiência concreta não apenas desautorizaria as versões simplistas das propagandas ideológicas de ambos os lados, como também os modelos mais bem-sucedidos à época, seja do ponto de vista político seja do econômico, se caracterizariam, na prática, pela junção de características e valores sociais retirados — criteriosamente — de ambas as abstrações: liberalismo econômico e comunismo. O que a trajetória das nações mais ricas e, ao mesmo tempo, mais democráticas do mundo estaria a nos revelar seriam justamente as linhas gerais da evolução natural do liberalismo — cada vez mais livre de entraves puramente economicistas — para o que Arinos chama de socialismo: uma forma moderna de gestão estatal planejada da economia, com uma atenção especial para a promoção da justiça social, sem descuidar contudo, em nenhum momento, da preservação dos valores mais caros à de-

---

[299] Coexistência interna. In: Melo Franco, 1965b:22.

156 ▼ A Política Domesticada

mocracia. Os quais se resumiriam, politicamente, à preservação, através do direito, das liberdades fundamentais de crítica e de investidura do poder político.

A administração da coisa pública passava então a incorporar cada vez mais essa dimensão de intervenção estatal não apenas na regulação, mas também na própria ativação do processo econômico, de acordo com finalidades e metas previamente estabelecidas, orientadas para objetivos de interesse nacional. Este passa a constituir o centro legitimador de toda a política pública, subjugando os interesses privados à sua ordem de prioridades, mantendo-se esses interesses, contudo, como reserva de iniciativa empresarial e linha de proteção às liberdades civis e políticas. A grande novidade, do ponto de vista do direito, é a afirmação da legitimidade dos direitos sociais, cuja efetivação é o *telos* e o outro elemento característico do quadro de subordinação das forças de mercado e de superação do liberalismo.

Desse modo, o novo regime de administração democrática, historicamente determinado, é, de acordo com Arinos, triplamente superior, tanto ao velho liberalismo quanto ao comunismo: a) é superior — digamos, ontologicamente — porque histórico, ou seja, por ser o resultado de processos concretos de desenvolvimento econômico, político, científico e filosófico, e não de meras abstrações ou mistificações; b) é também superior racionalmente porque, por outro lado, embora não seja um *constructo* arbitrário da razão, à anarquia do mercado sobrepõe a racionalidade do *planejamento*, a nova palavra de ordem da prática política e governativa, corolário da autonomia construtiva do homem; c) finalmente, é também moralmente superior porque, de fato, é mais favorável — ou progressivamente mais favorável — à satisfação dos valores básicos da liberdade e da igualdade (ao passo que os dois outros sistemas só podem satisfazer, precariamente, um ou outro valor, e, o que é pior, a expensas um do outro).

De par com o diagnóstico acerca do avanço inexorável do socialismo, configuram-se então os conteúdos do que Arinos chama de nacionalismo verdadeiramente positivo. Este, na verdade, se constitui num "princípio de nacionalidade", autêntico e natural, apto a unificar as forças nacionais, não se confundindo com formas ideológicas radicais de "nacionalismo" que, como vimos, se prestam melhor à agitação e ao embuste:

> A diferença principal entre nacionalismo e princípio de nacionalidade é que este, na sua tradição, representava uma força de aglutinação de determinado povo, tendo em vista a formação de um Estado independente, ao passo que aquele, muito ao contrário, representa um elemento de divisão horizontal de um povo determinado, no sentido da radicalização das reivindicações econômicas e sociais. Este fato, que entra pelos olhos, é que explica a presença do Partido Comunista na vanguarda de todos os nacionalismos atuais. A pretensa contradição, ou a proclamada hipocrisia dos comunistas, notoriamente adeptos de uma teoria revolucionária internacional, ao se apresentarem como vanguardeiros do nacionalismo, na verdade não existe. Pois o nacionalismo revolucionário coincide mais ou menos com o que antigamente se chamava luta de classes, e, conseqüentemente, pode o nacionalismo ser transformado num mito político capaz de levar grupos sociais organizados à violência, tal como o mito racista ou o mito da luta de classes.[300]

---

[300] Racismo e nacionalismo. *Digesto Econômico*, mar. 1964, p. 27-28.

O combate à agitação comunista não deveria ser feito, contudo, segundo o autor, sem uma compreensão adequada das razões pelas quais essa ideologia mantinha-se atraente e sedutora, nem muito menos de modo a favorecer interesses e concepções reacionárias, incapazes de adaptação às exigências do momento (que, como vimos, é marcado pela urgência da promoção da justiça social e pelo advento inexorável do socialismo democrático).

Em primeiro lugar, portanto, há que se reconhecer a procedência — embora não a correção — da atração exercida pelo comunismo, e em seguida neutralizar o seu potencial através do combate às suas causas profundas e determinantes:

> Se o comunismo é um risco para os ricos, e uma escravidão para os esclarecidos, pode ser uma esperança para o pobre, os fanáticos e os ignorantes. E a gravidade da situação está em que, entre nós, ignorantes e pobres são a maioria. (...)

> Foi, de fato, o formidável ressurgimento econômico da Europa depois da II Guerra Mundial que, mudando as condições de vida dos povos, afastou definitivamente o comunismo, como risco interno para os europeus. (...) Em resumo, o comunismo deixou de ser, na Europa ocidental, um movimento revolucionário. E por quê? Por causa do desenvolvimento econômico, com todas as suas implicações sociais.[301]

Nesse sentido, de acordo com Arinos, não se poderia de modo algum querer equiparar os sentidos ameaçadores que o comunismo conteria para os norte-americanos, envolvidos numa disputa hegemônica com a URSS, com o impacto que sua propaganda poderia causar, àquele momento, na vida política brasileira.[302]

Seguro da inconsistência teórica e do artificialismo ideológico da doutrina — ou seja, da sua fraqueza e não-durabilidade intrínsecas —, o autor não apenas crê na sua natural superação pelo progresso social e histórico, como também denuncia o uso retórico e a superestimação alarmista — e interessada — dos riscos implícitos na agitação das esquerdas:

> Não se pode dizer ao certo o que é, em 1963, o comunismo. Doutrinariamente, historicamente, internacionalmente, já vimos que ele pode ser muitas coisas, o que é uma forma de não ser nada. Mas uma das piores coisas que ele pode ser é o biombo terrorista daqueles que não têm generosidade nem desprendimento para ver a justiça nem o futuro.[303]

---

[301] Comunismo: mito e realidade. *Digesto Econômico*, nov./dez. 1963, p. 112-113.

[302] "A política anticomunista do Brasil não é a mesma que a dos Estados Unidos. Lá se trata de um problema de segurança, a ser enfrentado pela força; aqui um problema de desenvolvimento a ser resolvido pelas reformas internas. O Brasil só pode colaborar com os Estados Unidos na luta anticomunista defendendo-se a si mesmo, e não ao Vietnã ou Cuba contra o comunismo. E defender-se não é mandar soldados para fora. É conservá-los aqui dentro, apoiando os esforços pelo desenvolvimento nacional e deles participando" (Melo Franco, 1968:29; trecho datado de janeiro de 1966).

[303] Comunismo: mito e realidade. *Digesto Econômico*, nov./dez. 1963, p. 114.

158 ▼ A Política Domesticada

Biombo terrorista ou ameaça real, o fato é que, pelos idos finais de 1963, o comunismo no Brasil, ou alguma de suas versões, parecia caminhar célere para converter-se numa espécie de profecia autocumprida — aguardada com entusiasmo e esperança ou com horror e repulsa. Apesar dos limites a que Arinos procurava circunscrever o fenômeno e seus significados, este assumia um caráter polarizador, dividindo a sociedade de modo cada vez mais irremediável.

Procurando manter-se a salvo de qualquer forma de emocionalismo e/ou primarismo, preservando assim o equilíbrio e a profundidade de que desejava ver dotada sua interpretação do processo em curso, Arinos continua a publicar sistematicamente artigos de análise da conjuntura. Com isso visava intervir de modo positivo no debate, reduzindo o alcance e a potência das palavras de ordem ideológicas, favorecendo a busca de soluções constitucionais para a crise política.

Em primeiro lugar, segundo o autor, seria preciso dimensionar corretamente os sentidos da crise e atentar para os significados implícitos nas diferentes formas pela qual ela estaria sendo vivenciada pelas elites, de um lado, e pelo povo, de outro:

> Segundo a opinião provavelmente unânime dos brasileiros e dos estrangeiros que nos observam, nosso país está em crise, sendo que muitos se acham convencidos de que ela é a mais grave crise de toda a nossa história. Crise social, moral, política, econômica, financeira, monetária, educativa, militar, administrativa, em uma palavra, crise nacional. Dentro da tormenta, as elites, seja por se sentirem mais culpadas, seja por terem mais consciência dos riscos, se agitam ou se apavoram, enquanto as massas populares se mantêm muito mais tranqüilas.[304]

Ressalta, logo de início, o tema da responsabilidade das elites, que se agitam em função de suas culpas ou de sua consciência dos riscos — ou ainda, em grande medida, talvez, culpadas justamente por terem consciência —, de par com a tranqüilidade das massas (cuja tranqüilidade, por sua vez, é sintoma de inocência e/ou inconsciência).

Em seguida, Arinos sintetiza as precondições para o enfrentamento da crise, as quais, obviamente, podem ser resumidas a duas palavras: consciência histórica e liderança. Ao referir-se ao governo, porém, ele procura caracterizar o sentido não-partidário e desinteressado de sua intervenção:

> Para cumprir o dever de enfrentá-lo [o momento], algumas condições básicas são indispensáveis. A primeira delas é a existência de um verdadeiro governo, isto é, de um grupo de pessoas cujas funções sejam providas de força e capacidade de ação e que tenham sobre a crise brasileira, suas causas e soluções, idéias justas, exatas e, tanto quanto possível, aproximadas.

> Eu não pertenço ao governo, isto é, não faço parte do grupo de homens cujas funções são providas legalmente da força e da autoridade necessárias à ação política. Mas, na minha condição de velho estudioso e observador das coisas brasileiras, e

---

[304] Melo Franco, 1965b:1.

ainda valendo-me da experiência acumulada em muitos anos de vida pública, tenho sobre a crise brasileira algumas idéias fundadas naquelas mesmas experiência e observação. E aqui as vou lançando nestes papéis, sem nenhum outro interesse senão o de colaborar, ainda que em mínima porção, para as soluções cuja procura a nossa crise impõe.[305]

Para o efetivo dimensionamento da crise é preciso responder, segundo Arinos, à seguinte questão:

A pergunta é esta: o Brasil atravessa uma crise de decadência histórica, de dissolução do Estado, de mudança de regime, ou de transformação geral?[306]

Na seqüência do argumento o autor descarta, de imediato, as duas primeiras hipóteses. Quanto à possibilidade, inclusive, de um golpe, o que poderia levar à interpretação da crise como de "dissolução do Estado", crê ele que:

segundo as mais fortes probabilidades, o soçobro da Constituição não significará o soçobro do Estado, que manterá a sua continuidade, com o expediente habitual da América Latina, ou seja, o domínio pelo menos temporário das instituições pelas Forças Armadas. Ao prever esta hipótese, devo logo acentuar que a não desejo, e que tudo faria, se pudesse, para evitá-la. Estou apenas chegando a uma conclusão forçada pela observação da experiência nacional e continental.[307]

A resposta para a pergunta Arinos a encontra, coerentemente, nas mesmas razões que, segundo ele, vêm impulsionando a evolução política e institucional brasileira desde, pelo menos, as décadas de 1920 e 1930, e, como vimos, cindindo a sociedade em amplos "partidos" comprometidos ou com a "ordem" ou com o "movimento". Nesse momento, contudo, o autor parece situar-se mais confortavelmente no segundo pólo da tensão — diferentemente do que ocorria cerca de 10 anos antes:[308]

Se, como parece certo, de acordo com os fatos e argumentos acima, a nossa crise não é nem de decadência histórica; nem de dissolução do Estado, em qualquer das suas modalidades; nem de mudança de regime, então só nos resta a última hipótese referida a considerar, ou seja, a de que a crise brasileira é de transformação. Nesta hipótese vamos nos deter, porque estou convencido de que é aquela que corresponde à realidade.

Para começar é extremamente sintomático que a crise que atravessamos alarme e intimide muito mais as elites (pelo menos os setores mais numerosos das elites) do que o povo. Por que isto? A meu ver, precisamente pela razão muito simples de que se tra-

---

[305] Melo Franco, 1965b:1.
[306] Ibid., p. 2.
[307] Ibid., p. 3.
[308] Ver os trechos sobre o "caudilhismo" no artigo "Os partidos políticos nacionais", de 1955 (in: Melo Franco, 1961b:97).

160 ▼ A Política Domesticada

ta de uma crise de transformação. Esta transformação é de natureza socioeconômica e se traduz especificamente pelo alargamento das bases populares da democracia, ou em palavras mais diretas, pela participação de camadas mais amplas da população nas áreas de decisão política e de fruição dos benefícios da produção econômica. Portanto, esta transformação não é de molde a inquietar as massas, que sentem confusamente, mas fortemente, que o resultado lhes é benéfico. Mas inquieta profundamente aqueles setores que não se dispõem à diminuição dos privilégios, à diminuição que é o resultado fatal do alargamento da partilha de oportunidades. Assim, a cega inquietação das elites, ao lado da calma relativa e da confiança das massas, é traço que caracteriza bem, a meu ver, a nossa crise, como sendo de transformação.[309]

Não há dúvidas, portanto, acerca de qual dos lados do processo se encontra mais bem alinhado aos sentidos da evolução histórica e qual se coloca contra ou a reboque do rumo dos acontecimentos.

Mesmo assim, Arinos não renega de modo algum a sua inscrição social, nem descura de suas responsabilidades, daí advindas. Ele é um membro da elite e dirige-se a seus pares, com toda a natural desenvoltura que sua inserção original lhe permite, e com a autoridade que sua trajetória lhe granjeou:

> Mais adiante, nos artigos sucessivos em que pretendo desenvolver o tema da crise brasileira, procurarei (...) chamar a atenção das elites brasileiras para o seu dever de compreender a transformação nacional em vez de ter medo dela, e também procederei à indicação dos caminhos básicos pelos quais os três poderes da República devem proceder à avaliação da crise de transformações que atravessamos.[310]

O caráter, digamos, estrutural e, de certo modo, impessoal da crise, tal como diagnosticada pelo autor — "crise de transformação" —, não o impede de incorporar à sua análise variáveis especificamente políticas, personalizadas ou, ainda, conjunturais. Como não poderia deixar de ser, às imposições da *Fortuna* articulam-se sempre, para bem ou para mal, as propriedades e escolhas da *virtù*:

> O aspecto mais grave da crise de transformação que atravessamos é, sem dúvida, que ela se insere em outra crise paralela que é a de governo. (...)

> Desde logo me disponho a pôr o máximo de ênfase neste ponto: crise de transformação e crise de governo constituem um todo único e inseparável. Não se deve concluir, desta preliminar, que a cessação da crise de governo depende das soluções trazidas aos diversos aspectos da crise de transformação. Isto seria errado por dois motivos: primeiro porque tais soluções demandam tempo, e o regime não resiste a uma longa espera para a crise de governo; segundo porque, para que sejam atacadas as soluções necessárias à crise de transformação, é indispensável um governo atuante, o que não se compõe com a idéia de governo em crise. Seria um círculo vicioso.

---

[309] Melo Franco, 1965b:4-5.
[310] Ibid. p. 5.

Quando chamei a atenção para a solidariedade entre crise de governo e crise de transformação, foi para chegar a esta outra conclusão, que me parece indiscutível: a crise de governo só cessará, no Brasil, no dia em que ele, governo, for constituído por um grupo de pessoas que tenham: a) a firme intenção de avaliar de forma global os diversos fatores da crise de transformação; b) que tenham sobre esta crise pontos de vista aproximados, que permitam uma ação comum; c) que coloquem a moralização como elemento intrínseco de toda ação governativa; d) que disponham de autoridade política e força material para agir. Portanto não é preciso esperar que se acabe a crise de transformação para que seja liquidada a crise de governo. O que é preciso é que se componha um governo à altura da crise brasileira. E é notório que este governo, desde a renúncia de Jânio Quadros, ainda não foi ou não pôde ser constituído, nem no regime parlamentar, nem no presidencial restaurado.[311]

Não basta evidentemente o diagnóstico correto da crise; é necessária a intervenção virtuosa da elite. E a esse respeito o governo do presidente João Goulart se apresentaria, de fato, como parte do problema, e não como meio para a sua solução.

Diferentemente, porém, do que se passara tantas vezes nas críticas anteriores de Arinos a governos de seus adversários, desta vez as responsabilidades pelo agravamento da situação política não são unilateralmente atribuídas àqueles:

> Não faço nenhuma injúria aos homens do governo (creio que o próprio presidente estará convencido desta verdade que salta aos olhos), não faço injúria a ninguém ao dizer que o governo presidencial, depois da formidável outorga de poder que foi o resultado do plebiscito, decepciona a nação pela sua falta de autoridade e pela sua falta de poder. Autoridade decorre da confiança, e o governo não tem sabido inspirar confiança. Força depende da disciplina nos instrumentos de coerção e é evidente que a indisciplina lavra, como fogo escondido, nos três setores das Forças Armadas. As classes conservadoras só se emocionam quando a indisciplina eclode entre os inferiores e soldados, como agora em Brasília. Mas não percebem que a indisciplina nos altos escalões (a qual as mesmas classes conservadoras estimulam, com secretas esperanças golpistas) é que torna inevitável a propagação infecciosa para os níveis menos graduados da hierarquia.[312]

Assim, se a Goulart e aos seus segue cabendo parcela decisiva da culpa pela crise — já que, pelo menos, sua autoridade se vê inviabilizada por sua incapacidade de inspirar "confiança" —, por outro lado, é preciso atentar também para o jogo das forças reacionárias que procurariam explorar as vicissitudes do governo em prol de seus próprios interesses antidemocráticos.

Continuamos presos, portanto, aos quadros do conflito entre a "ordem" e o "movimento". Só que agora, como vimos, Arinos se encontra rendido às evidências históricas que indicam a impossibilidade de qualquer barragem consistente e duradoura às forças sociais do segundo pólo da dicotomia — o que, por outro lado,

---

[311] Melo Franco, 1965b:5-6.
[312] Ibid., p. 7.

162 ▼ A Política Domesticada

além de anacronismo também significaria imoralidade, dado o sentido ético positivo agora atribuído ao processo evolutivo.

Ele não abdica, porém, de seus ideais jurídicos e não pode deixar de bater-se pela resolução da dicotomia no sentido de garantir à realização plena dos potenciais morais do movimento o necessário enquadramento, a imprescindível moldura de legitimidade que somente o direito pode conferir. É imperativo, portanto, que o movimento não seja contido, mas que seu "devir" se faça dentro de uma necessária *ordem* jurídica. Uma nova ordem, um novo direito que sintetize os dois pólos aparentemente tão inconciliáveis e, na verdade, "somente" antitéticos.

Arinos retoma então a análise a que procedera pouco mais de 10 anos antes, quando abordara a "crise do direito", sintetizando a posição que seguia postulando com relação ao tema (e que, portanto, a despeito dos matizes políticos e ideológicos que assumira no intervalo de tempo aludido, mantinha-se essencialmente a mesma):

> Certa vez, convidado para dar a aula inaugural do curso de direito da Universidade da Guanabara, escolhi para tema da preleção o seguinte assunto: *crise do direito e direito da crise*. Meu propósito era o de demonstrar aos estudantes que, nas épocas de intensa transformação, os povos não devem se abandonar à idéia de que o direito entra em crise, atitude que pode conduzir à anarquia social, senão que devem construir um direito para a crise, única maneira de se proceder à transformação de forma evolutiva e não anárquica ou revolucionária.[313]

A resposta adequada continuava sendo a intervenção jurídica criadora e atenta às imposições profundas da realidade em movimento, a adequação das formas legais às pressões incontestáveis do tempo.

O autor inscreve-se então, literalmente, no centro do debate, denunciando a irresponsabilidade e a imoralidade dos radicais, incapazes de compreender o sentido plástico, evolutivo e, contudo, imprescindível do invólucro da ordenação jurídica para a prática política e social moderna:

> É inútil e inoperante que a imprensa conservadora insista em nos apresentar argumentos — às vezes judiciosos, outras vezes de má fé — demonstrando a ilegalidade da intervenção de grupos de pressão social e profissional na solução de assuntos cuja decisão compete aos poderes constituídos e aos órgãos da Constituição. Greves de solidariedade, arruaças, manifestações camponesas e estudantis feitas com violência, motins militares, tudo isso e ainda outras coisas são formas de intervenção que comprometem a paz pública e contrariam as leis. De acordo. Mas, se atentarmos nas origens destes acontecimentos, concluiremos algumas coisas úteis, além do medo que eles inspiram aos que não querem ver nada além do medo. Em primeiro lugar verificamos que as ameaças vêm dos dois lados, da revolução e da reação. Este radicalismo que cria organizações clandestinas semiterroristas da esquerda e da direita, que urde atentados de parte a parte, num tráfico clandestino de armas que o país não sabe ainda até onde vai, e que nunca conheceu no passado, este radicalismo em que o des-

---

[313] Reformas e Constituição. In: Melo Franco, 1965b:63.

tempero das extremas vai nos afundando — e contra o qual tantas vezes tenho advertido, como voz que clama no deserto — tira a qualquer dos dois lados autoridade moral e política para verberar o procedimento do outro.[314]

Ao longo de todo o período que antecedeu ao golpe de 31 de março de 1964, Arinos seguiu "clamando", escrevendo incansavelmente e aprofundando o seu diagnóstico da crise, em todos os sentidos e dimensões possíveis. Da análise sincrônica acerca das responsabilidades e possibilidades das instituições e atores diretamente envolvidos à recuperação de todo o processo histórico republicano, nenhum tópico é deixado de lado pelo autor em seu esforço por alguma solução minimamente consensual. Um esforço de intervenção que é simultâneo e indissoluvelmente intelectual, retórico e político.

Mais uma vez de modo perfeitamente coerente, Arinos articula a busca da solução justa e adequada para o drama nacional ao exercício livre, descompromissado e desinteressado da atividade intelectual. Acima das facções e dos partidos, abaixo, porém, das abstrações e especulações:

A mim não parece insolúvel o espetáculo de geral agitação em que se encontra o Brasil. Entendo, antes, que ele é mais para ser compreendido do que temido. (...) Porque uma verdade simples transluz da névoa ambiente e é a de que se não *pensarmos* o Brasil atual, não poderemos resolvê-lo.

Quando falo em pensar o Brasil, tenho em vista uma operação de inteligência visando problemas concretos e dados objetivos e não uma especulação teórica ou doutrinária, ainda que sistematizada, à maneira de certos livros de Tavares Bastos, Assis Brasil ou Alberto Torres. (...) O que desejo significar é que, no momento, não se trata de planejar ou afeiçoar genericamente instituições. Não nos interessa fazê-lo, agora, depois do fracasso da experiência parlamentarista, e, na verdade, não temos mais tempo para isto. Os problemas sao demasiado urgentes. O de que se trata é de mo vimentar as instituições existentes no sentido da solução dos problemas, partindo contudo — e firmemente — do pressuposto de que estas soluções só existirão quando globalmente pensadas.[315]

O esforço de desprendimento que o autor julga necessário tanto para a reflexão quanto para a intervenção pública exigida pelo momento deve, é claro, partir das elites:

para que possamos equilibrar ordem e movimento com um mínimo de condições de êxito, uma preliminar se impõe, e esta preliminar é, em conjunto, o esforço desinteressado de compreensão. Este esforço é um dever das elites. Sua ausência, no Brasil de hoje, excede os limites da indiferença; resvala pela traição.[316]

---

[314] Reformas e Constituição. In: Melo Franco, 1965b:67.
[315] Ordem e movimento. In: Melo Franco, 1965b:23-24.
[316] Ibid., p. 24.

164 ▼ A Política Domesticada

O modelo de coerência de princípios e de idoneidade no juízo o autor já se autoriza a reconhecer em si mesmo, em sua trajetória. E é dela que extrai a autoridade e a legitimidade de sua interpelação (embora mantenha-se sempre na humilde condição de mero espectador dos acontecimentos):

> Grande parte da minha mocidade se consumiu na luta pela restauração da liberdade democrática em nosso país. Sempre entendi que a ditadura pessoal não era necessária ao progresso social, e, no Brasil como em outros países, rotulavam-se com essa escusa simples manifestações de irreprimível ambição de poder. Em mais de 16 anos de mandato, na Câmara e no Senado, jamais vacilei em cumprir o meu dever de defender as instituições democráticas, estivessem elas encarnadas em correligionários ou em adversários.

> Depois de combater pelo afastamento dos militares comunistas dos quartéis lutei contra a ilegal cassação dos mandatos dos parlamentares comunistas. Líder da UDN defendi o mandato de Café Filho contra o golpe do impedimento — infelizmente acobertado pelo Supremo Tribunal — defendi o mandato de Carlos Lacerda, ameaçado por coalizão majoritária, como, na crise da renúncia de Quadros, defendi o mandato de Goulart, contra a ameaça de golpe de outro impedimento. Meu parecer sobre a liberdade de imprensa, depois publicado em livro, contribuiu para sustar o projeto contra a imprensa preparado por assessores do presidente Nereu Ramos. Em centenas de discursos e de votos nunca preconizei soluções antidemocráticas e nunca pactuei com elas, quando adotadas. E espero em Deus nunca com elas pactuar, e sempre a elas me opor, enquanto houver de atuar na vida pública. Nada fiz senão cumprir o dever de democrata. Mas este cumprimento é que me autoriza a opinar. Aqui é que se pode realmente empregar a frase de Patrick Henri segundo a qual o preço da liberdade é a vigilância. Porque a vigilância da liberdade democrática depende de uma conceituação lúcida e constante do que é a democracia, e, por isto mesmo, se exerce, tanto contra os inimigos declarados dela, como contra aqueles, acaso mais perigosos, que a atacam na substância, simulando defendê-la nas aparências.[317]

Com efeito, parece de fato notável o modo como se articulam nesses discursos sistemáticos de Arinos, de um lado, a afirmação permanente da autoridade enunciativa e prescritiva do autor, e do outro, a modéstia, a distância com que se coloca — ou na qual estaria colocado — diante dos atores em movimento no proscênio político.

De fato, mais visíveis do que suas prescrições nesses textos somente parecem ser a segurança e um certo ressentimento com que aprofunda a *rationale* de sua interpretação em todas as direções, incorporando todas as variáveis possíveis (ou disponíveis):

> *a primeira das reformas de base é a reforma moral.* Se eu tivesse alguma força neste país, onde as idéias tão pouca força têm, creio que faria desta frase uma espécie de *slogan de* campanha.

---

[317] Ordem e movimento. In: Melo Franco, 1965b:27.

Aqueles que supõem ser esta reforma moral difícil, por depender de um complexo de fatores muito lento de se integrar (como o fator educacional) e que, portanto, sustentam devamos marchar para as outras reformas despreocupados da urgência desta, enganam-se redondamente. Começam a se enganar por não perceberem a verdade acima avançada, isto é, a verdade segundo a qual as reformas de base são impossíveis sem a reforma moral. Logo, se isto é exato, a conclusão da identidade entre os dois processos nos leva a considerar que, ou as reformas de base, inclusive a moral, são levadas avante com os mesmos instrumentos e ao mesmo tempo, ou nenhuma existirá, porque a existência delas é em conjunto.[318]

O sentido da análise avança aqui pelo sentido da sincronia. Os partidos políticos brasileiros são então o objeto imediato do escrutínio. Se o conteúdo de fundo segue o do problema moral, o tom não deixa dúvidas quanto a um certo isolamento, quanto à evolução — evidentemente negativa — da condição de Arinos em meio a essas instituições por ele tantas vezes abordadas e defendidas anteriormente:

> Comecemos pelo equilíbrio político. A instabilidade nacional decorre muito mais da luta dentro dos partidos do que da luta ideológica dos partidos uns contra os outros. Todos os partidos estão profundamente divididos, especialmente os maiores, e a estes somente me referirei, para encurtar a demonstração. Comecemos pelo meu próprio partido, a UDN, que eu quase não mais reconheço, tão diferente se acha dos tempos em que ajudei a sua fundação.

> A divisão da UDN não é somente questão de lideranças. Corresponde a causas mais sérias. Ela está dividida entre os que querem pôr o legalismo a serviço da reação e os que desejam colocá-lo a serviço do progresso. Ao tempo das suas maiores batalhas, que foi também da sua glória, o partido estava unido, porque tinha o ideal comum de restaurar e defender as instituições democráticas. Então apesar do tom depreciativo que os adversários davam ao epíteto, era a UDN realmente o partido "dos bacharéis". O legalismo era, então, um fim em si mesmo. Desde que, porém, o estado de direito deixou de ser um fim para tornar-se um meio, ou um instrumento, a UDN entrou em visível divisão. A legalidade democrática só tem sentido histórico quando é instrumento de conquista de progresso e bem-estar para o maior número. Este bem-estar do maior número não pode ser conquistado, entretanto, sem certa dose de restrições e sacrifícios para o menor número, que é o de privilegiados da sociedade.[319]

Foi justamente no momento em que as finalidades sociais da legalidade democrática se afirmaram — e não faz sentido distinguir se esse momento se deu "objetivamente" na "história" ou, "subjetivamente", na trajetória intelectual e existencial do autor[320] — que a UDN teve que defrontar-se com suas contradições intrínsecas e, de certo modo mesmo, originárias.[321] A partir desse instante o partido que

---

[318] Corrupção, partidos e governo. In: Melo Franco, 1965b:30 (grifado no original).
[319] Ibid., p. 31.
[320] Já sabemos que, em geral, isto se dá "simultaneamente".
[321] Ver Benevides (1979).

166 ▾ A Política Domesticada

surgira e se identificara como frente de renovação e democratização para toda a sociedade brasileira teria traído o seu caráter não apenas faccioso, mas também caudatário dos interesses minoritários e mais retrógrados dessa mesma sociedade. Não apenas teria perdido o seu caráter distintivo e superior aos demais — que, a princípio, seguiriam não problematicamente restritos às suas funções políticas mais rasteiramente instrumentais — como também, o que era ainda bem pior, teria se instrumentalizado em sentido oposto ao de sua destinação primeva. Passava a UDN a ser, aos olhos de Arinos, o veículo de uma reação cada vez mais antidemocrática.

Na verdade, a divisão da UDN mostrou-se justamente no episódio de sua vitória eleitoral e de sua conquista do poder. Apesar de que Jânio Quadros nunca fora, propriamente, um udenista, a sua eleição, como já vimos repetidamente, pôde ser interpretada por Arinos — com a sua providencial nomeação para a chefia do Itamarati — como a chegada dos princípios udenistas mais autênticos à Terra Prometida. A dupla face do partido mostrou-se então ao seu grande bacharel, na rejeição de suas iniciativas pessoais mais caras:

> Jânio, quaisquer que tenham sido os seus erros (não se trata dele, mas daquilo que sua ascensão representou), foi a primeira vitória, no Brasil, da colocação do estado de direito como instrumento do progresso social. O ponto nevrálgico desta ação era a política externa, e o encarregado deste setor era um udenista. Este udenista foi o primeiro a sentir a divisão do legalismo udenista, entre os que queriam a lei como força de mudança e os que a desejavam como escudo do imobilismo e da reação. A política externa foi atirada subitamente como palco de batalha muito mais importante do que a interna, porque nela é que a mudança democrática estava começando a se processar. Cedo percebi que a unidade partidária, em torno a mim, era puramente ilusória, formal, devido à consideração pessoal de que eu gozava no partido e à ação de alguns amigos queridos, inclusive daqueles que divergiam de mim.[322]

Apesar dos acentos evidentemente mais trágicos que incorpora, aos olhos do autor, a divisão da UDN tem causas mais profundas que se manifestariam, também, embora com significados diferentes, nas demais legendas predominantes à época:

> A divisão do PSD responde a outras causas imediatas, embora longinquamente represente a mesma dificuldade de opção entre progresso e imobilismo. O PSD assiste, hoje, ao ápice de uma situação contraditória que sempre acompanhou a sua existência. O PSD é o partido do poder. Esta afirmação não é pejorativa. Decorre da natureza das coisas. O PSD foi o mecanismo de que Vargas se serviu para unir a opinião conservadora a si e aos seus amigos a fim de derrotar Eduardo Gomes. O PTB era, de fato, o partido de Vargas. (...) Hoje o poder do PSD se mantém graças ao apoio que dá ao PTB. Mas apoiar o PTB significa acompanhar a linha esquerdista deste partido, linha que se acentua à medida que ele se torna mais livre e autêntico. Apoiar

---

[322] Corrupção, partidos e governo. In: Melo Franco, 1965b:31-32.

a linha do PTB significa manter o poder, mas contrariar a opinião conservadora que o PSD representa. Ficar com o poder contra as bases, ficar com as bases sem o poder, eis o dilema do PSD. É difícil, porque, até certo ponto, as bases não podem viver sem o poder.

A divisão do PTB também existe, mas talvez seja a mais fácil de ser superada. A divisão do PTB é antes a liquidação do antigo petebismo caudilhista, paternalista e peleguista, e o surgimento de outro partido mais preso a uma espécie de orientação teórica e impessoal. Tudo aquilo que o PTB representa em matéria de distribuição de benesses e despojos, empreguismo e demagogia, são manifestações da velha mentalidade. Tudo o que aparece como ardor combativo, teoria e formulação programática exprime a nova linha, cujo maior erro está, a meu ver, no excesso de teorismo e da rigidez esquerdista das alas de vanguarda.[323]

Tal como advogara cerca de 10 anos antes, Arinos seguia interpretando o comportamento partidário à luz da divisão fundamental entre a "ordem" e o "movimento". E tal como fizera no discurso de 1955, sobre os partidos políticos, ele retoma o tema da corrupção.

Naquela ocasião, como vimos, a causa motriz da corrupção era, segundo Arinos, a inflação. Esta, por sua vez, tinha sua origem no descalabro administrativo do Estado, vilipendiado por uma gestão irresponsável e particularista, associada à presença do caudilho, sua corte e seus herdeiros, à frente dos negócios do país.

Desta vez, porém, o tom da intervenção procura ser bem menos personalista do que o do discurso anterior. Se muitos dos atores e fatores envolvidos podiam continuar sendo, basicamente, os mesmos de 10 anos antes, algumas mudanças poderiam ser percebidas. Ao menos do ponto de vista do intérprete:

Definir o que seja corrupção política não é fácil, sobretudo porque muito arraigada anda entre nós a crença de que a moral política é diferente e mais tolerante do que a moral privada. Uma coisa é certa, e sobre a mesma concordam todos os que estudaram o problema da corrupção política: ela ocorre todas as vezes que os políticos aceitam praticar atos que a opinião moral média interpreta como sendo lesivos ao interesse público, e favoráveis ao interesse particular de quem os pratica. Partindo desta premissa é que devemos observar os atos de corrupção predominantes na vida pública brasileira, que assumiram forma tão aguda no último pleito eleitoral. Desde logo quero deixar bem clara uma coisa. A experiência de outros povos mostra que a corrupção política obedece a um conjunto de fatores, dos quais o fator pessoal é apenas um. Daí concluírem os estudiosos do assunto que a luta contra a corrupção não pode ser levada avante em termos de condenação de pessoas, mas sim de eliminação de fatores. As leis e decisões corretoras devem atingir as causas e não os instrumentos, ainda quando sejam pessoas.[324]

---

[323] Corrupção, partidos e governo. In: Melo Franco, 1965b:32.
[324] Ibid., p. 33.

168 ▾ A Política Domesticada

O novo discurso reitera, com maior ênfase, o mesmo desejo de objetividade e sistematicidade manifestado antes. O tom, apesar de tudo, parece mais otimista:[325]

> Três são as fontes usuais da corrupção política: a distorção da personalidade coletiva, a má utilização do poder pelos governos e a pressão econômica sobre os partidos ou facções. A primeira causa não funciona entre nós. (...) O Brasil só conhece — e quase se pode dizer que felizmente — as outras duas formas, ou seja, o mau uso do poder pelo governo e a pressão dos grupos econômicos sobre os partidos. Esta situação é relativamente favorável, porque significa que o povo está indene da infecção corruptora, a qual só atingiu as elites governativas e partidárias. Por isto mesmo é que se nota esta tranqüilidade do povo em face da exasperação radical das elites, fenômeno que venho observando e martelando desde que cheguei do estrangeiro, em princípios de maio. No Brasil não existe, até agora, distorção da personalidade coletiva.[326]

Tal como em 1955, a solução apontada para debelar a crise era moral e, por conseqüência, política, quer dizer, a ser buscada através da política, de acordo com os ideais de uma certa moralização.

Diferentemente do caso anterior, contudo, a moralidade se apresenta mais claramente na definição dos meios a serem utilizados, e não apenas nos seus fins. De modo que a estratégia da intervenção política, agora — se é que se pode usar a palavra estratégia aqui —, é menos a do confronto e isolamento da imoralidade unilateral de uma das partes do que a da superação do imoralismo coletivo através da busca de um entendimento, de uma ascese a um nível mais elevado de compreensão mútua e desprendimento público. Ascese que seria não apenas desejável mas, também, racionalmente possível:

> Entrando no exame das soluções, depois de termos rapidamente abordado o problema, volto ao que acima observei, isto é, que o único remédio para a nossa crise moral está na possibilidade de as elites tomarem realmente consciência da sua existência e se disporem, de fato, a combatê-la. (...) Hoje, no Brasil, as duas alas dos grupos dirigentes têm interesse vital na luta pela moralização. Os conservadores porque o imoralismo político reinante é um plano inclinado por onde rolará a vida pública para um radicalismo cada vez maior, estimulada que é a corrupção pela feroz competição de interesses alienígenas. E o radicalismo significa, a longo prazo, a desordem e a anarquia, que não interessam aos grupos conservadores. Quanto à esquerda, ela também deve estar interessada, porque a radicalização, se pode levar à anarquia, pode também levar à ditadura, e a ditadura será o estrangulamento das esquerdas, principalmente das esquerdas não comunistas.[327]

---

[325] No que diz respeito, especificamente, à comparação com o discurso de 1955 sobre os partidos (tratado no capítulo precedente).

[326] Corrupção, partidos e governo. In: Melo Franco, 1965b:34.

[327] Ibid.

Não poderia ser mais claro o diagnóstico, assim como não poderia ser mais conseqüente o remédio necessário: a intervenção construtiva das elites, elas mesmas fadadas à tomada de consciência acerca de seus próprios interesses fundamentais na resolução ótima da crise.

Arinos aposta então suas fichas não apenas na razão das elites, como também — tal como no discurso de 1955 — na moralidade pública. À qual, na verdade, tal razão se subordina, traduzindo assim a linguagem política do interesse no idioma superior da ética:

> Se as nossas observações forem certas, podemos dizer que só os grupos dirigentes estão envolvidos no processo de corrupção. Portanto, somente deles, e não do povo, devem partir a iniciativa e as providências para que tal processo seja combatido. (...)
>
> Se tais práticas, tanto do governo se servindo do dinheiro público como da oposição se servindo do dinheiro privado, não fossem repelidas pela opinião média como flagrantemente corruptas, então caberia desesperar deste país, porque então tudo nele estaria podre, tudo podre, sem remédio, e não apenas uma parte, como no reino do príncipe Hamlet. Felizmente, como disse, a opinião está visivelmente repelindo o amoralismo invasor, e há possibilidades evidentes de recuperação. Ela se dará com a tomada de consciência, pelos grupos dirigentes, da gravidade e urgência do problema, bem como da sua irrecusável integração no quadro das reformas nacionais.[328]

No plano diacrônico de análise, Arinos busca as raízes da crise e revê, mais uma vez, os significados da experiência caudilhista de Vargas nos anos 1930. Desta feita, contudo, à luz das urgências da hora — e de acordo com as linhas que vinha traçando para o seu enfrentamento — ele parece descobrir novas qualidades no antigo adversário, além de novos sentidos históricos para sua passagem:

> O golpe de 1937 (...) não foi propriamente fascista, embora tenha aproveitado as oportunidades do fascismo mundial para o seu triunfo. Liquidava as duas correntes ideológicas que se haviam manifestado nos motins de 1935 (comunista) e 1938 (fascista).
>
> Esta primeira observação já representa um dado favorável ao golpe de 1937. Eu que resisti a ele durante toda a sua vigência, e que consumi resistência contra ele boa parte da minha mocidade, declaro aqui que via com menos repugnância o Brasil entregue a um regime detestável, mas, em todo caso, não desvinculado, no fundo, das nossas tradições históricas nacionais e continentais. (...) Neste ponto Getúlio, com a sensibilidade fina e a intuição das realidades que lhe eram peculiares, escolheu a trilha crioula, a trilha nativa, para o tortuoso caminho das suas ambições. (...)
>
> Exatamente por não acreditar naquilo que dizia (...), exatamente por não acreditar nas doutrinas a que era obrigado a recorrer para justificar politicamente o golpe de Estado, é que o caudilho brasileiro reservou sempre uma extraordinária flexibilidade de ação, com sua admirável inteligência e o seu vigilante oportunismo, partiu em 1937, das vizinhanças do fascismo, para acabar nas vizinhanças do comunismo, em 1945.

---

[328] Corrupção, partidos e governo. In: Melo Franco, 1965b:34-36.

Eu estou convencido de que Getúlio nunca foi, na verdade, fascista nem comunista. Ele era apenas visceralmente antidemocrata, considerando a democracia na sua formulação jurídica, sem que isso lhe desse qualquer coloração reacionária.

Esta posição de Vargas teve um resultado benéfico: as reivindicações no Brasil, sob sua liderança, se nacionalizaram, no verdadeiro sentido, adquiriram os bons e os maus traços da filosofia nacional. Em uma palavra, escaparam, na grande maioria, à órbita alienígena do marxismo. Hoje reconheço que Getúlio Vargas, que era mais um revoltado do que um revolucionário, e que tinha, de fato, um sincero amor pelo povo, foi uma barreira contra o comunismo no Brasil. O comunismo ortodoxo progrediu depois dele e talvez progrida mais hoje, porque sendo a liderança do sr. João Goulart menos pessoal, as reivindicações poderão escapar da Presidência e se concentrar em certos sindicatos da vanguarda que, estes sim, parecem ocupados pelos marxistas.[329]

Embora ávido de poder — como sempre — e antidemocrata, Getúlio pode ser louvado (agora) por manter-se alheio a propagandas e concepções alienígenas, preservando a sua prática e sua obra, apesar dos pesares, dentro de um espírito e um discurso rigorosamente nacionais, ou nacionalistas.

Independentemente dos rumos peculiares que imprimiu ao jogo do poder e à conformação do Estado brasileiro, no seu longo período de comando, e apesar de ter encarnado como ninguém a figura central do caudilho no enredo histórico que Arinos desenvolvera ao longo do período, de acordo com o argumento impessoal que o autor passava a imprimir predominantemente à sua interpretação,[330] Vargas não seria agora mais do que uma peça, mesmo que das mais importantes, no grande drama da "crise de transformação" brasileira. Tornava-se agora apenas um dos pesos do mecanismo pendular que conferia tanta instabilidade e dramaticidade à vida política nacional:

> Chegamos, neste ponto, à verificação que me interessa fazer ressaltar agora. Esta verificação é melancólica. A revolução brasileira, iniciada em 1922, e que atingiu o seu apogeu revolucionário em 1930, tinha duas faces: uma liberal e jurídica, e outra antiliberal e social. Muito bem. Acontece que ambas tiveram êxito. Mas acontece também que os êxitos foram separados, um de cada vez. Em 1930 e 1932 venceu o liberalismo jurídico. A Constituição de 1934, apesar dos esforços de alguns grupos de maior descortino, na Assembléia, não conseguiu equilibrar os dois termos do problema. Veio, então, o êxito da corrente social antiliberal em novembro de 1937. E o problema continuou desequilibrado até hoje.[331]

Dada a permanência da crise é possível, à luz de 1937, interpretar os sentidos da conjuntura atual, marcando as diferenças e, quando necessário, estabelecendo os paralelos entre a ação de Vargas àquela época e a de seu herdeiro, João Goulart:

---

[329] A revolução brasileira — 1937. In: Melo Franco, 1965b:80.

[330] Passava ou voltava a imprimir. Lembremos, de passagem, o trecho de 1947 onde Vargas também aparecia minimizado (Democracia e partidos. *Digesto Econômico*, dez. 1947, p. 54).

[331] A revolução brasileira — 1937. In: Melo Franco, 1965b:80-81.

Hoje, como então, o maior risco para a democracia está na radicalização das elites. Naquele tempo a radicalização tinha um caráter mais teórico: era a doutrinação dos comunistas, de um lado, ou dos integralistas, do outro. Hoje a radicalização é mais operativa do que doutrinária. Temos líderes da direita que agitam e fanatizam amplos setores e líderes de esquerda que fazem o mesmo com outros. Nem os direitistas nem os esquerdistas fazem teoria: lançam-se na ação. Não manejam as idéias como as paixões. De qualquer forma, o fosso se aprofunda, e isto não é bom. Afastando-se voluntariamente desta luta, hoje como em 1937, o presidente mantém-se misterioso e reticente quanto à sua confiança nos instrumentos democráticos para superá-la. E nós que conhecemos a sua formação sabemos que ele, como o seu antigo chefe e mestre, não tem compromissos nem convicções maiores, ligados ao regime jurídico estabelecido pela Constituição em vigor.[332]

Apesar das origens e precedentes do grupo palaciano, Arinos acreditava que, ao contrário de 1937, uma solução desembaraçadamente antidemocrática tornava-se então pouco provável. A esse respeito, os pontos mais flagrantes estariam no quadro internacional e no próprio desenvolvimento político nacional. De um lado, não seria mais possível se referendar um ataque às instituições representativas com base numa ideologia antiliberal em ascensão, tal como o fascismo permitira ao golpe do Estado Novo. Por outro lado, a própria democracia, em sua evidente evolução interna no Brasil, tornaria arriscada qualquer aventura autoritária nesse sentido:

> O mundo de hoje não se parece nada com o de 1937. Ao contrário, um dos fenômenos mais marcantes da vida contemporânea é que, depois do arrasamento que a Europa sofreu com a II Guerra, a reconstrução se fez naturalmente, em todas as partes em que ela foi livre, na base da democracia representativa. Isto é um fator de transcendente importância, pois não havia, em 1945, forças que impedissem a Europa devastada de se soerguer em bases diferentes das democráticas. Esta clara situação mundial coloca a alternativa, para os países importantes em termos de democracia ou comunismo, não havendo lugar para ditaduras pessoais ou grupais intermediárias. E o Brasil é, sem dúvida, um país complexo e importante. Por isso mesmo não creio que as classes armadas tenham inclinação agora — como tiveram em 1937 — por um regime de força. Sem contar que, com a grande politização do país, a resistência seria hoje muito maior.[333]

O risco da sedução comunista, contudo, seguiria não apenas vigente, em função, como vimos, dos nossos problemas sociais e econômicos, como também contaria com patrocinadores externos suficientemente poderosos. Para superar esse estado de coisas só haveria um caminho: preservar a democracia e avançar socialmente, atualizando a legalidade com o direito:

> Mas o fato de um golpe antidemocrático ser difícil não significa que a manutenção do regime constitucional seja fácil. Os dirigentes do nosso país não devem ter dúvidas de

---

[332] A revolução brasileira — 1937. In: Melo Franco, 1965b:81
[333] Ibid., p. 81-82.

172 ▼ A Política Domesticada

que estão governando no tempo mais agitado do processo da revolução brasileira. O que dá o tão marcante e insubstituível caráter brasileiro à nossa revolução é que ela transcorre, tanto quanto possível, em termos de acomodação não violenta. Esta tradição de arranjo hábil, a que certos espíritos frívolos se referem com desdém mas que, para mim, honra o nosso povo, tem, entretanto, os seus limites. A capacidade de transação com as formas dura enquanto se pode esperar o atingimento do equilíbrio nas partes substanciais. E, em nossos dias, chegamos ao limite extremo da procura desse equilíbrio. Temos que fazer da Constituição de 1946 aquilo que não se conseguiu com a de 1934: o instrumento de composição entre as tendências jurídicas e sociológicas da revolução brasileira. 1930 e 1937 foram partes separadas de um todo que nos cumpre reviver. Nesta ordem de idéias, a reforma eleitoral que evite a corrupção da representação, e a reforma agrária, que propicie o desenvolvimento econômico, são igualmente importantes. Nenhum partido pode dizer que pleiteia uma e recusa a outra. Seria absurdo. Não há mais tempo para tergiversar. A paz e o futuro do Brasil impõem uma decisão. Democratas de todo o Brasil: uni-vos.[334]

A análise histórica do autor chega, por fim, ao período atual. A "revolução brasileira", nos dizeres de Arinos, a "crise de transformação" que vivenciávamos por quase meio século, só poderia ser resolvida através de uma articulação política virtuosa de ideais liberais e socialistas. E ao entendimento no plano das idéias — com o entrosamento do "jurídico" com o "sociológico", na afirmação simultânea do estado de direito e do planejamento — corresponderia, sem contradições maiores, uma aliança entre a elite esclarecida e o povo ordeiro e, contudo, soberano.

Para tanto seriam necessários a iniciativa e o concurso decisivos de Jango, a quem o plebiscito restituíra — contra o desejo de Arinos — os plenos poderes presidenciais. Antes, porém, era necessário que o presidente compreendesse os limites e as imposições impessoais que se colocavam para o exercício de seu mandato, histórica e moralmente circunscrito ao processo que o elevara, e a seu antecessor, ao poder:

A mim, por exemplo, me parece que, se o presidente Goulart não é responsável pela renúncia do presidente Quadros, também não o são os milhões de eleitores que asseguraram ao resignatário a sua grande maioria. Daí concluo que é um dever de consciência do atual presidente considerar muito a sério as linhas de motivação que puderam formar aquela verdadeira revolução nacional que foi o pleito de 1960 *e governar tanto quanto possível* de acordo com estas inspirações. Tal atitude é a única que corresponderá a uma fidelidade substancial, e não puramente formal, aos ditames da democracia representativa, vista através da prática do sistema presidencial de governo. A demonstração disto me parece tão clara que quase seria dispensável. Ela se basearia nas seguintes considerações preliminares: a) o poder político emana da maioria do eleitorado; b) esta maioria, no sistema presidencial, se manifesta uma só vez por toda a duração do mandato executivo; c) em 1960 a maioria eleitoral rompeu as barreiras partidárias e escolheu Jânio Quadros, não só acima dos partidos como também acima do que se convencionou chamar a *esquerda* e a *direita*; d) Jânio Quadros era deposi-

---

[334] A revolução brasileira — 1937. In: Melo Franco, 1965b:82.

tário de um mandato claro, de caráter centrista, para realizar, em clima de coexistência interna, uma obra de recuperação moral e de progresso nacional sem extremismos nem radicalismos.[335]

Caberia então a Goulart o cumprimento da agenda de Jânio. Isto não apenas se imporia por considerações de ordem ética — relativas aos princípios representativos básicos que dariam a qualquer mandato democrático a sua legitimidade — mas também, conseqüentemente, por uma questão prática de governabilidade propriamente dita. Pois que somente essa fidelidade aos desejos majoritários da nação lhe granjearia o apoio necessário à resolução do impasse político e, em seguida, ao encaminhamento da crise. Com efeito, Arinos julgava ainda plenamente vigentes — e politicamente efetivos — os fatores históricos que teriam levado Jânio ao poder:

> O dever de consciência deve impor ao presidente Goulart o cumprimento do mandato que a maioria conferiu ao presidente Quadros e de que ele se despojou sem consulta à maioria que o elegeu. O mandato inclui especialmente a obra de saneamento moral da vida administrativa e também a reforma brasileira, em termos de superação dos interesses partidários e dos choques entre radicalistas. Esta continua a ser, segundo as aparências mais idôneas, a posição preferida pela maioria do povo. As dificuldades que o presidente Goulart tem encontrado no seu desejo de reformas e, também, no desempenho dos seus poderes normais reside principalmente no fato de seu governo parecer que está atuando em função das inclinações minoritárias dos que elegeram o vice-presidente e não, como seria lógico e acertado, em função das inclinações majoritárias das correntes que elegeram o presidente-resignatário.[336]

Com efeito, à representatividade de Jango poderia ser contraposta, também, a do Congresso Nacional, recém-eleito:

> A visível resistência da maioria do Congresso em dar o seu aval aos métodos preconizados pelos setores minoritários é outra prova muito importante de que a maioria do povo permanece fiel à linha centrista e anti-radical para as reformas, pois o Congresso é, no seu conjunto, a expressão da vontade da maioria colhida em 1962.[337]

E assim, reduzidos o então presidente e seu mandato à sua real dimensão, de acordo com a peculiar interpretação que o autor fazia das instituições e seus significados, ainda restava àquele, contudo, a oportunidade histórica de solucionar o impasse. Tal como Getúlio tantas vezes antes, Jango ainda poderia desempenhar o papel do estadista:

> Por que não aproveita o presidente o tempo que lhe resta, e que não é tão pouco assim, para levar avante a indispensável obra de renovação, no quadro da moderação,

---

[335] A revolução brasileira — 1960-65. In: Melo Franco, 1965b:87 (grifado no original).
[336] Ibid., p. 87-88.
[337] Ibid., p. 88.

174 ▼ A Política Domesticada

da coexistência e da confiança? Não haveria forças sectárias ou radicais que importassem, diante da mobilização nacional constituída espontaneamente em torno de tais princípios. (...)

A revolução brasileira, na etapa decisiva que atravessamos, pode ser realizada com estes dois instrumentos: inteligência e boa fé.[338]

Esgotado o prazo para quaisquer soluções, o desenlace do confronto assumiu as feições costumeiras (que, inclusive, o próprio Arinos já havia vaticinado).

De modo a distinguir-se simbólica e historicamente, contudo, o golpe militar se auto-intitulou de "revolução".

Arinos envolveu-se no movimento a partir de sua colaboração junto a um dos seus principais líderes civis, o governador de Minas Gerais, Magalhães Pinto. Embora reitere não ter participado de qualquer conspiração, Arinos assumira uma pasta no secretariado de Magalhães com o intuito específico de utilizar-se de seu prestígio e conhecimentos diplomáticos para obter o imediato reconhecimento externo a um "eventual" governo provisório revolucionário.[339]

A conjuntura foi primeiro registrada por Arinos no segundo volume de suas memórias (1965a:243), no dia 19 de abril de 1964:

Eu acompanhava a evolução de Magalhães Pinto desde minha chegada da Europa. E acompanhava não só no sentido da informação, como também no da concordância.[340]

O presidente Goulart, entregue a influências extremistas — a bem dizer anarquistas — enveredara por um beco sem saída. A tese das chamadas "reformas de base" se tornara pretexto para a marcha em busca do poder pessoal. O país afundava na desordem e na corrupção. Era impossível continuar assim. Dois artigos meus para o *Jornal do Brasil* indicam — com a cautela necessária, e sem referir diretamente a conspiração

---

[338] A revolução brasileira — 1960-65. In: Melo Franco, 1965b:88-89.

[339] Tarefa que, curiosamente, coube também a seu pai na Revolução de 1930 (ver Melo Franco, 1955, v. 3, p. 1358). A rigor, o objetivo principal de Arinos, na conspiração, seria obter o reconhecimento externo para um estado de beligerância, caso a "revolução" se desdobrasse, como se temia, em guerra civil prolongada (Melo Franco, 1965a:244). Não há menção nas memórias e depoimentos de Arinos acerca das tratativas estabelecidas entre os conspiradores de 1964 — entre os quais Magalhães Pinto — e os EUA no sentido de garantir apoio logístico-militar daquela potência para as forças revolucionárias, em caso de conflagração (ver Corrêa, 1977).

[340] No depoimento que presta ao Cpdoc (entre setembro de 1982 e outubro de 1983), porém, Arinos parece minimizar a sua participação no processo — ou pelo menos o conhecimento que tinha de seu andamento: "O grupo que estava no centro da conspiração só não se escondia de mim porque era composto por amigos meus: o Daniel Krieger, do Senado, o Rui Palmeira, pai do atual senador Palmeira, de Alagoas, o Dinarte Mariz, que está fazendo 80 anos, e outros. Eu só soube do movimento no dia, porque eles não confiavam em mim. Achavam que eu, boquirroto, ia contar para todo mundo. No dia 31 de março fui convocado diretamente pelo Magalhães Pinto, que sempre foi pessoalmente meu amigo, embora nunca tenhamos tido qualquer paralelismo político" (Camargo et al., 1983:194).

em marcha de que era líder o governador de Minas — minha posição nos acontecimentos. No primeiro, que chamei "A crise e o Executivo", mostrei como o governo pessoal (para não dizer caudilhista) de Goulart era incompatível com o moderno presidencialismo. (...) O segundo artigo traz o título "O comício e o Senado". Aproveitando uma passagem de Plutarco, eu desvendava claramente o bonapartismo governamental, denunciava a técnica subversiva do "apelo ao povo" contra as instituições e terminava aludindo claramente à iminência da guerra civil.

Consumada a deposição de Goulart e iniciado o processo de efetivação dos objetivos imediatos do movimento ("eliminação da ameaça comunista e da corrupção na sociedade brasileira"), Arinos passa a desenvolver um esforço jurídico e parlamentar no sentido do restabelecimento, no menor prazo possível, da ordem constitucional (ou de uma nova ordem constitucional).

Ao menos num primeiro momento, porém, esse esforço compreende não apenas a aceitação do golpe como também a sua legitimação do ponto de vista jurídico.

Pouco após a vitória do movimento militar, redigiu e enviou, para exame dos líderes políticos e militares da hora, um trabalho em que procurava enquadrar juridicamente o processo revolucionário em curso, além de "traçar certas linhas de natureza teórica e de natureza também doutrinária e genérica, para que se pudessem enfrentar as soluções que deveriam ser trazidas à crise que está vivendo o país".[341]

A 9 de abril de 1964, Arinos subiu à tribuna do Senado para explicar o teor do documento, que, a seu ver, poderia estar sendo mal interpretado, em função da confusão ainda reinante e do calor dos acontecimentos. Nele ressaltam, em primeiro lugar, os sentidos da prevalência jurídica do poder revolucionário de par com o imperativo da normalização jurídica para término da revolução:

> O texto, sr. presidente, não precisa de ser explicitado nem comentado, ele se explica por si mesmo, e é o seguinte:
>
> "As transformações políticas impostas pela força tendem a se ordenar juridicamente em bases estáveis. Opera-se esta ordenação nos quadros do chamado 'direito de crise'

---

[341] "Nas primeiras horas da revolução vitoriosa (...) preparei, a pedido de alguns amigos, (...) um projeto de resolução do Congresso pelo qual este concederia plenos poderes ao comando revolucionário, a fim de que o mesmo procedesse às medidas impostas pelas circunstâncias. (...) Se se aceitasse a minha fórmula, (...) ter-se-ia obedecido temporariamente às razões de salvação pública que levaram à deposição do governo anterior, mas não teriam sido cortadas as raízes da legitimidade democrática, e o estado de direito poderia ser reconquistado mais facilmente, graças à manutenção da soberania do Congresso e do Judiciário. Com a instalação do poder militar, segundo a solução de [Francisco] Campos (que deve ter lido o meu papel, pois o tom polêmico do seu preâmbulo parece uma resposta ao mesmo), humilhou-se o Congresso, colocou-se o Judiciário sob ameaça, deu-se forma de lei ao primarismo civil e militar, e o país seguiu no rumo de uma institucionalização política sem a menor autenticidade, na qual ainda se encontra" (Melo Franco, 1968:263-264).

176 ▼ A Política Domesticada

ou 'legalidade de tempo de crise'. Quando as forças que impuseram a transformação não conseguem estabelecer um direito intermediário entre a situação político-jurídica destruída e a nova que se tende a criar, como resultante do equilíbrio entre as forças dominantes, a conjuntura geral declina para a confusão e a anarquia mais ou menos prolongadas. As revoluções só se completam, assim, na medida em que foram capazes de formulação jurídica dos seus próprios objetivos. Se tal formulação não é possível é porque a revolução vai prosseguir, com rumos talvez distintos. Sendo ela possível, seus efeitos jurídicos são indiscutíveis, não se colocando o problema constitucional de sua fatalidade. É com efeito impossível juridicamente negar a um poder que pode tudo a competência para traçar regras jurídicas."[342]

Apesar de todo-poderoso, o movimento revolucionário pautara-se, do ponto de vista institucional, por um certo comedimento e autolimitação, restringindo-se — ao menos inicialmente — a intervir acima dos preceitos constitucionais da Carta de 1946 "somente" naquilo que se impunha para a efetivação imediata de seus objetivos político-militares imediatos:

> O quadro brasileiro atual se caracteriza pelos fatores seguintes: a) auto-limitação do poder de fato, que são as forças militares as quais desejam levar a termo os propósitos da revolução, alterando, mas não destruindo a legalidade constitucional anterior; b) permanência e funcionamento de importantes elementos da legalidade constitucional anterior, como Poder Judiciário, federal e estadual: Poder Legislativo, federal, estadual e municipal; governadores de estados, imprensa falada e escrita, serviços administrativos em todos os níveis. Pode-se dizer mesmo que a legalidade constitucional anterior permaneça íntegra, a não ser nos direitos e garantias individuais cuja supressão é necessária à obtenção adequada dos propósitos da revolução dos quais podem ser resumidos em dois itens: a) eliminação da subvenção comunista da vida política, militar e administrativa brasileira; b) eliminação da corrupção administrativa em todos os setores.[343]

Para levar a cabo, porém, a necessária normalização jurídica do novo regime, urgia, antes de tudo, legalizar e disciplinar o próprio movimento revolucionário inicial e, portanto, excepcional:

> A coexistência do poder revolucionário com a legalidade constitucional não é fato desconhecido juridicamente. Mas, o equilíbrio entre o poder jurídico sem força e o poder de fato, sem ordenação jurídica, é extremamente instável e não pode durar. No caso brasileiro atual o poder, de fato, deve limitar-se, para não destruir os instrumentos da legalidade, e o poder jurídico deve cooperar para a ordenação jurídica da revolução a fim de não cair o país na ditadura. Esta cooperação se dará com o pronunciamento do poder de fato e do poder jurídico integrados em poder constituinte originário, realizando rapidamente as transformações exigidas pelos propósitos da revolução.[344]

---

[342] Documento enviado aos líderes políticos e chefes militares propondo a concessão de plenos poderes ao Executivo pelo Congresso, 9-4-1964. In: Camargo et al., 1983:393.
[343] Ibid., p. 394.
[344] Ibid., p. 394-395.

De maneira geral, a interpretação que Arinos parece fazer do movimento — após sua irrupção — é a de uma intervenção de último recurso destinada a conter um processo subversivo da ordem, originário, até certo ponto, do próprio centro do sistema político. Intervenção que, embora dotada do poder instituinte revolucionário, não se prestaria a um rompimento de fundo com a ordem constitucional democrática preconizada pela Carta de 1946, senão que à sua necessária reforma e atualização. Num certo sentido se poderia dizer que o autor encampou plenamente as definições, prerrogativas e objetivos que a "revolução" de 1964 atribuiu a si mesma, em seus primeiros momentos.[345]

É claro que desde o princípio, também, se colocou para ele o risco maior que seria o desvirtuamento da "revolução" em pura e simples ditadura.

Ainda assim, por certo seguro da verdade de seu diagnóstico — e de que os remédios institucionais a ele referidos se imporiam às consciências, mais cedo ou mais tarde[346] —, Arinos seguiu apostando no que interpretava como sendo os sinais de contenção e autolimitação da "revolução" diante das instituições políticas e, por conseguinte, na auto-superação do processo discricionário em direção a um novo patamar de normalidade jurídica e restabelecimento do "estado de direito".

Mesmo quando da promulgação do Ato Institucional nº 2, de 27 de outubro de 1965, que, entre outras medidas, extinguiu os partidos políticos e tornou indireta a eleição para a Presidência da República:

> Devo dizer a Vossa Ex.ª e à Casa que, sem estar de forma nenhuma no conhecimento dos episódios que precederam a expedição deste diploma revolucionário, sem ter participação de maneira alguma das conversações que determinaram a sua elaboração, nem dos ajustes que a complementaram, eu, como representante do povo e, até certo ponto, como observador dos assuntos brasileiros, sou dos que menos razões encontram para se surpreender com a extensão atual dos acontecimentos em nossa pátria. De há muito, com efeito, em sucessivas e reiteradas manifestações, ora em pequenos círculos privados de amigos ora em publicações de mais largo alcance, na imprensa,

---

[345] Não faltou quem criticasse Arinos por legitimar em 1964 o que considerara ilegal em novembro de 1955. Relembrando a defesa que havia feito dos mandatos de Carlos Luz e Café Filho em 1955, ele respondeu a essa crítica do seguinte modo: "Eu enviara cópia do meu discurso, antes de pronunciá-lo, a todos os ministros do Supremo Tribunal. Mas não me iludia (...) sobre o desfecho do julgamento. Sabia-se, de antemão, que o Tribunal consideraria o ato praticado como revolucionário, e, portanto, fora da órbita do direito. O que, sustento eu ainda hoje, não era verdade. Em 1964 esta interpretação foi válida, porque o poder revolucionário expedira uma lei constitucional (o Ato Institucional) destinada a declarar o que ficava suprimido e o que ficava mantido no sistema constitucional anterior. Era uma base jurídica nova, sobre a qual a justiça deveria funcionar. (...) Mas, em 1955, a situação era diversa. A sedição militar não pretendia ditar nenhuma nova lei. Mantinha tudo, desde que nada se cumprisse, além do que lhe convinha" (Melo Franco, 1965a:399).

[346] Ou talvez confiando, ainda, na influência que poderia exercer sobre as lideranças políticas do momento (de fato, muitas delas lhe eram próximas tanto social quanto partidariamente).

178 ▼ A POLÍTICA DOMESTICADA

na cátedra universitária, em trabalhos mais duradouros, venho ou vinha observando e assegurando a desconformidade das instituições jurídicas que nos regiam, com as condições objetivas da vida nacional.

De há muito, vinha eu sentindo e sustentando a inviabilidade da estrutura institucional estabelecida no Diploma de 1946, e sua insuficiência para fazer frente às exigências socioeconômicas do nosso país.[347]

Caberia aqui perfeitamente questionar se, e em que momento, o autor, nas muitas oportunidades em que de fato pleiteara reformas institucionais, chegara a prescrever intervenção tão violenta no nosso sistema político. Com efeito, mesmo se Arinos não foi realmente pego de surpresa pela brutalidade do Ato Institucional, a maneira fácil e sem maiores contradições com que, de acordo com o discurso, parece absorver o seu receituário específico à temática mais ampla de superação da "desconformidade das instituições jurídicas que nos regiam" soa inevitavelmente forçada.

Logo adiante, porém, parecem ficar mais claros os sentidos retóricos da incorporação totalmente desmedida do AI-2 e seus conteúdos discricionários à racionalidade reformista tantas vezes desenvolvida pelo autor. A absorção algo inusitada da pura violência ao diagnóstico equilibrado acerca da obsolescência do aparato constitucional parece se prestar, antes de mais nada, à celebração e ao resgate — algo ressentido — da presciência do narrador e à denúncia do deserto a que sua pregação teria sido relegada. Tivessem suas palavras recebido maior atenção e conseqüência...

Infelizmente, sr. presidente, as observações que tive tantas vezes a oportunidade de veicular não encontraram ambiente favorável a um trabalho de elaboração mais urgente no quadro das instituições constitucionais. A ambição de alguns, a despreocupação de muitos e a insciencidade (*sic*) de grande número levaram a situação nacional ao desfecho a que todos nós assistimos, tendo ou não participado dele, mas com profunda apreensão cívica.[348]

Feita a admoestação, o autor pode retomar o seu tom mais usual e prosseguir na segura caracterização da natureza da intervenção e dos limites que a circunscrevem. Como não poderia deixar de ser, trata-se o Ato Institucional, apesar de sua truculência, de um remédio transitório:

Sr. presidente, o próprio texto do Ato hoje expedido deixou bem claro o julgamento dos responsáveis pela sua expedição, no sentido de que a organização instalada pelo Ato Institucional não pretende ser permanente. (...) Temos ali a noção clara de que os responsáveis pela expedição do Ato o fizeram cônscios de que se tratava do reconhecimento de um estado jurídico de necessidade e da assunção de poderes de emergência por parte do grupo militar e do grupo civil dominantes, a fim de evitar

---

[347] Discurso sobre o Ato Institucional nº 2, 27-10-1965. In: Camargo et al., 1983:413.
[348] Ibid.

uma conjuntura que, de outra maneira, pareceria insolúvel. Mas, como dizia há pouco, da própria redação, da própria contextura do documento, recolhe-se a impressão de que os seus autores não têm nem a intenção nem a crença de que ele possa ser a moldura de um estado permanente da organização nacional. É um estado dinâmico, um estado transitório, é um estado de procura, assentado embora em bases sólidas, talvez mesmo em bases materiais de segurança que, há muito tempo, não eram conhecidas [as bases] na estrutura política brasileira, mas nem por isso menos conscientemente seguros [os autores] de que se trata de uma fórmula em evolução.[349]

Curiosamente, a segurança da interpretação parece seguir paralelamente à segurança política atribuída à nova ordem — mesmo não estando esta devidamente consolidada do ponto de vista, maior, do direito.

Desse modo, a autolimitação da intervenção revolucionária[350] seguiria princípios do mais estrito realismo político, chegando até mesmo a indicar a plena vigência — e a suposta consciência dos comandantes revolucionários — de razões de Estado mais transcendentes e duradouras:

> Em matéria política, sr. presidente, em matéria histórica, não existem posições de cortesia, de gentileza ou de boa vontade. Uma revolução não mantém um Poder Legislativo por não desejar vulnerá-lo, por razões de amabilidade. Se ela não o faz é porque compreende a necessidade da integração desse Poder Legislativo no conjunto de órgãos ou de fatores capazes de proceder ou auxiliar o procedimento desse dinamismo, a que há pouco me referi, para a marcha do país em direção a seu futuro.
>
> O que até agora me parece (...) é que a preocupação predominante na sua feitura [do Ato] foi a obtenção dos meios necessários à realização dos chamados ideais revolucionários.[351]

Até este ponto, como vemos, Arinos parece absorver o novo golpe sem maiores dificuldades. Não apenas não se surpreendia com ele como também o justificava em termos políticos imediatos, e mesmo o compreendia em seus sentidos históricos e jurídicos mais abrangentes (apesar da difícil compatibilização entre o meio empregado, pelo "regime de exceção", e o fim, tal como vinha sendo moderadamente preconizado pelo autor).

Esta fácil absorção, contudo, só poderia se dar, sem maiores contradições com a interpretação do autor, se a intervenção extraordinária não apenas cumprisse os seus objetivos específicos e limitados, mas também se auto-extinguisse na retomada, em nível superior e mais autêntico, de um processo político democrático e juridicamente consistente:

---

[349] Discurso sobre o Ato Institucional nº 2, 27-10-1965. In: Camargo et al., 1983:413.
[350] Embora, ao que tudo indicava, cada vez menor.
[351] Discurso sobre o Ato Institucional nº 2, 27-10-1965. In: Camargo et al., 1983:414.

180 ▼ A Política Domesticada

Mas, sr. presidente, os ideais revolucionários, de certa maneira, se confundem com a fase de transição que estamos atravessando. O país deve durar mais do que os ideais revolucionários, estes constantes da definição obtida, transcrita no Ato. E a revolução brasileira, portanto, tomada no seu sentido sociológico, no seu sentido histórico, no seu sentido mais profundo, deve também durar mais do que a execução desses ideais revolucionários.[352]

Para a efetivação completa da "revolução brasileira" — e a efetivação, nos dizeres de Arinos, da "verdadeira autenticidade republicana e representativa" — seria necessário, como já sabemos, superar a cisão entre liberdade e a justiça (ou segurança) social.

O autor passa a reiterar então os mesmos temas que vinha trabalhando ao longo de quase duas décadas de mandato parlamentar e cuja resolução continuava a perseguir.

Em primeiro lugar, a conciliação dos valores, para ele indissociáveis, embora freqüentemente antagônicos, da liberdade individual e da igualdade social, através da intervenção racional do Estado.

Como precondição para isso, seguiu ele advogando a conciliação política dos partidários da "ordem", ciosos da liberdade e do respeito à lei, com os arautos do "movimento", ávidos por reformas:

É quase meio século, sr. presidente, de participação, de testemunho e de assistência a episódios que, aparentemente, estão desligados entre si, a episódios que assim, superficialmente, são desconexos, são descoordenados, com significação específica cada um deles, mas que se entrosam, se integram, mas que se juntam, sr. presidente, para representar este grande esforço da nossa geração no sentido da criação de um tipo de vida, de um tipo de ação de Estado, de um tipo de esperança conjunta que possa representar os valores caros às elites e ao povo do nosso país. Porque enquanto os valores representados no poder forem das elites, os recalques trarão a frustração, a luta, a indisciplina; e enquanto os valores representados no poder forem os das massas populares, infelizmente desconhecedoras dos processos da sua própria organização, então haverá a necessidade de ordem, de disciplina.[353]

O corolário — e, de certo modo, o pré-requisito para tudo isto — seria a reconstitucionalização do país e a conseqüente superação da "crise do direito", com a atualização da legalidade brasileira às imposições do processo histórico em seu progresso rumo a um novo patamar ético e humano. A isto corresponderia, de fato, uma revolução completa:

Sr. presidente, uma das indicações mais indispensáveis do caráter parcial de uma revolução está no fato de que ela se centraliza na transformação das normas de direito público e muito raramente, ou quase nunca, atinge a estrutura do direito privado. Isto nós vimos acompanhando desde aqueles primeiros movimentos a que me referi,

---

[352] Discurso sobre o Ato Institucional nº 2, 27-10-1965. In: Camargo et al., 1983:414.
[353] Ibid., p. 415-416.

sobretudo quando a revolução é conduzida pelos grupos mais lúcidos, mais esclarecidos e mais preocupados com os aspectos morais, éticos e jurídicos do problema institucional.[354]

Ao grupo a que faz referência, e do qual Arinos faz parte, caberia, portanto, a responsabilidade histórica de conduzir a revolução a seus fins verdadeiros. Mesmo que estes não fossem assim tão evidentes para aqueles que, de fato, a lideravam.

Tudo parece se passar como se ainda fosse possível para tais grupos "mais lúcidos e esclarecidos" — ou, mais especificamente, para a ala "autêntica" e bacharelesca da agora extinta UDN e seus eventuais aliados no Parlamento — recuperar a iniciativa do jogo.[355] E isso em pleno processo de recrudescimento do arbítrio, de aprofundamento do caráter excepcional e instável do novo regime. Justamente no momento em que a classe política — ou seja, o setor mais capacitado para levar a cabo a normalização e alguma forma de pacificação do processo — era violentamente manietada em seus recursos e atingida em sua identidade e suas tradições.

Com efeito, logo em seguida o autor exorta seus pares a não esmorecer e a assumir a responsabilidade que — supunha — ainda lhes cabia, fazendo apelo, inclusive, à representatividade superior do Parlamento, já anteriormente afirmada:

> O Congresso Nacional, neste momento, deve ser indiferente às repercussões erradas das nossas atitudes, indiferente àqueles que supõem seria melhor que nos autodissolvêssemos, indiferente às opiniões de que vamos nos considerar humilhados, agachados, entregues ao predomínio da força bruta. Mas, se chegarmos a nos considerar conscientes da utilidade da nossa função, no quadro que hoje se abriu, teremos de enquadrar nossa participação de homens de todos os quadrantes do país, de homens que representam, quando se vêem nas assembléias, em conjunto, verdadeiro mapa social, cultural e até mesmo sentimental do Brasil; homens vindos de todos os rincões, em contato com todas as formas da necessidade, da carência e da esperança, homens vindos de todas as procedências sociais e culturais e, portanto, muito mais capazes de exprimir autenticamente a alma, o corpo, o passado e o futuro desse país, do que os próprios grupos que possam emergir profissionalmente na vida civil e militar.

> Então, srs. senadores, poderemos saber, de fato, no caso, se temos possibilidade de cooperar para levar avante o barco da legalidade, na procura da restauração do verdadeiro estado de direito, na contribuição que poderemos oferecer na fusão dessas duas correntes de cada hora...[356]

Retoma então o tema inicial de justificativa do Ato, assim como da congruência dele com os sentidos maiores de sua própria pregação, e conclui a sua efetiva *démarche* (não sem antes, curiosamente — mas talvez não contraditoriamente —, reduzir os sentidos históricos da nova intervenção institucional):

---

[354] Discurso sobre o Ato Institucional nº 2, 27-10-1965. In: Camargo et al., 1983:416.

[355] Se é mesmo que, em algum momento, desde 1964, eles a detiveram.

[356] Discurso sobre o Ato Institucional nº 2, 27-10-1965. In: Camargo et al., 1983:417.

182 ▼ A Política Domesticada

Da minha parte, estou convencido, sr. presidente, de que também uma reforma no sistema político que nos rege é indispensável.

Fiz declarações escritas, elaborei trabalhos, publiquei documentos, e há longos anos venho mantendo esta pregação. Ela me parece, cada dia, mais indiscutível. (...)

Estou convencido de que, serenadas as primeiras horas de turbulências, aplacados os ânimos, poderá o Congresso também desempenhar sua função específica, que foi mantida pela legislação revolucionária atual, procurando saída nas reformas das instituições, que venham também facilitar sua tarefa de colaborar com os poderes existentes, no sentido da solução dos problemas de base, dos problemas profundos do povo brasileiro, que não são nunca atingidos por essas transformações jurídico-institucionais, que dizem respeito à estrutura, mas não à vida do nosso povo.[357]

Se de algum modo a "turbulência" do momento passou, o mesmo seguramente não pode ser dito da indefinição jurídica do regime de 1964 e da manutenção do estado de exceção.[358]

Mesmo assim, dois anos após a deposição de Jango, Arinos seguia interpretando o movimento militar como a resultante de uma imposição histórica:

As motivações da revolução e seus objetivos finais acredito não sejam matéria de especial controvérsia, mesmo entre as correntes que aqui tendem a se colocar em campos adversos. (...)

A revolução é aceitável porque, evidentemente, se tornou inevitável. O país estava sendo submetido a um processo de desagregação, não pelos objetivos que talvez tivessem em vista os elementos em choque, antes de 31 de março, mas por uma espécie de amadorismo, de imaturidade política, que levavam esses objetivos de roldão, fazendo deles emergir, apenas, as metas mais próximas que diziam respeito à conquista e à exploração do poder, a multiplicação e a fragmentação desse poder. (...) Enfim, o país estava entregue não a um estado de evolução, mas estado de fermentação anárquica.

Nestas condições, parece que mesmo aqueles que não aceitam, na integridade, o processo revolucionário atual não têm muito o que contestar, no tocante à inevitabilidade do movimento de 31 de março, ou em melhores palavras, às suas motivações históricas.

---

[357] Discurso sobre o Ato Institucional nº 2, 27-10-1965. In: Camargo et al., 1983:417-418.

[358] No dia 27 de março de 1976, Arinos registrou em suas memórias (1976:151-154) que sua esposa, Anah, havia encontrado um caderno que ficara esquecido entre os livros de sua biblioteca. Nele estavam guardadas, entre outros papéis, anotações feitas durante a crise que precedeu a reeleição do general Castello Branco na presidência do regime militar, em 1965, e que registram as negociações de que Arinos tomara parte então, no intuito de contribuir para com a normalização jurídica do regime. De acordo com o autor, todos os esforços — que poderiam, inclusive, reconduzir o país à "legalidade democrática" — foram baldados, como não poderia deixar de ser, pela miopia e egoísmo das principais lideranças, civis e militares, envolvidas.

Essas motivações devem ser, por sua vez, submetidas a determinadas finalidades de natureza política ou num campo mais largo, de natureza histórica.[359]

O avanço do processo revolucionário, com o incremento da legislação discricionária, contudo, frustrou a maior parte das expectativas políticas e institucionais manifestas pelo autor.

Arinos encerra o seu mandato parlamentar, em 1966, reconhecendo-se cada vez menos na nova ordem, que se reproduz cada vez mais autoritária, e vendo o país afastar-se cada vez mais dos seus ideais.

Mesmo assim ele não deixa de intervir e de procurar, de um modo ou de outro, fixar a sua marca, a sua posição pessoal. Ainda que apenas para cumprir o que julgava serem suas obrigações para com a história.[360]

Pouco menos de seis meses após o AI-2, Arinos volta à tribuna. Num primeiro momento, ele reitera o seu velho argumento sobre o caráter artificial da cisão entre a "ordem" e o "movimento". Tal artificialidade decorreria, como já víramos, da manipulação e exacerbação ideológica dos processos de crise:

> A 27 de outubro do ano passado, no próprio dia da expedição do Ato Institucional nº 2, ocupei a tribuna do Senado proferindo um discurso de análise e de advertência. Analisando resumidamente a trajetória da revolução brasileira, de 1922 aos dias atuais, ressaltei o seu paralelismo, ou seja, o fato de que os aspectos sociais e institucionais do nosso processo revolucionário revezam-se no tempo, mas não se integram nunca em fase de acordo ou compromisso. (...)
>
> Esta fusão é possível e depende somente do desaparecimento da radicalização ideológica.
>
> Não há dúvida de que, nos dias atuais, diminuiu consideravelmente a influência das idcologias na formação dos governos. A ideologia política, como sistema coerente e fechado de valores teóricos e doutrinários, servindo de suporte, método e propósito ao governo dos povos tende a desaparecer do cenário histórico contemporâneo.[361]

Caracterizada a razão da discórdia — e devidamente selado o seu destino —, o autor procede, em primeiro lugar, à crítica das interpretações economicistas, à es-

---

[359] Discurso sobre a revolução de 1964 e sobre a restauração da ordem constitucional, 8-2-1966. In: Camargo et al., 1983:420.

[360] O período é assim relembrado em suas memórias (1968:271): "Inicia-se daí por diante a última fase do meu mandato, e, com a aproximação do seu termo, um dos períodos mais atuantes dos meus 20 anos de parlamento. Senador encanecido, eu sentia que me habitavam de novo o vigor e a flama dos meus tempos de deputado. Um dia, conversando com o meu amigo jornalista Carlos Castello Branco, que aludia aos discursos seguidos que eu andava fazendo, (...), retruquei-lhe com esta frase que ele recolheu na sua coluna: 'Não sou navio mercante, mas vaso de guerra. Não permito abordagem, não peço auxílio e afundo disparando com todos os meus canhões'".

[361] Discurso sobre a reforma constitucional, 3-3-1966. In: Camargo et al., 1983:423.

184 ▼ A Política Domesticada

querda do espectro político, contestando seus motivos básicos e atribuindo justamente a seu caráter ideológico o seu específico poder desagregador:

> Se acompanharmos a marcha do processo revolucionário brasileiro encontraremos na divisão e na radicalização ideológica a chave da explicação de nossas dificuldades. A presunção de certa escola do nosso pensamento político, que enfatiza os aspectos econômicos da nossa evolução como razão principal das crises que atravessamos, não me parece fundada. Com efeito o Brasil atravessou crises semelhantes, e até mais graves, sem que sofresse a estabilidade das suas instituições.
>
> As crises institucionais se apresentaram somente quando surgiram conflitos e radicalizações ideológicas. Assim foi a República e, dentro dela, a instabilidade institucional que a persegue, cuja curva coincide muito mais com a da radicalização ideológica do que com a das mutações ou pressões econômicas.[362]

O combate às imposturas ideológicas deve, porém, ser coerente e, portanto, completo. Deve também contemplar a crítica e a neutralização dos potenciais disruptivos e deletérios da ideologia, ou contra-ideologia reacionária, que apesar de vitoriosa pelas armas não o deveria ser institucionalmente:

> Para nós, brasileiros, é vital o esforço no sentido de se afastar as idéias de Estado e de governo do domínio da ideologia, Porque disso depende a possibilidade de reunirmos, no mesmo jeito, correntes até agora separadas da nossa revolução, ou seja, o lado da ordem formal e o lado da reforma social. Depois da revolução de 1964, e como conseqüência normal de agitação ideológica imatura do governo então deposto, a situação criada assentou suas bases ideológicas numa posição antagônica ao comunismo. Acontece, porém, que este anticomunismo tornou-se por sua vez ideológico, isto é, cristalizou-se em um sistema fechado, que, aos poucos, se desliga da realidade social e aprofunda a radicalização interna tornando inviável uma verdadeira obra de governo.[363]

Arinos é levado, finalmente, a pôr em dúvida o apoio que até então, de um modo ou de outro, prestara ao movimento de 1º de março:

> Fico, então, cogitando, que muitos dentre nós que aderimos à revolução de 1964 no empenho de enfrentar a desordem, a radicalização ideológica e a corrupção estamos servindo de caudatários a algo que não aceitamos, ou seja, a participar da transformação dos instrumentos da ordem em barreira contra o progresso social e econômico exigido pelo bem comum e conducente ao estabelecimento de um governo democrático no país. Em uma palavra, não pertenço ao grupo que, antes, defendia a integridade da lei para evitar reformas ditatoriais, mas que hoje apela para a ditadura com o objetivo de evitar transformações necessárias, ainda que legais. A responsabilidade embora modesta do meu passado de idéias e de ação exige de mim a repulsa clara a esta posição inaceitável.[364]

---

[362] Discurso sobre a reforma constitucional, 3-3-1966. In: Camargo et al., 1983:424-425.
[363] Ibid., p. 425.
[364] Ibid.

O autor denuncia então o "vazio institucional" da hora, num tom de alarme totalmente destoante da segurança com que se habituara a referir-se ao processo revolucionário, chegando mesmo a qualificar o quadro atual como inédito em termos de indefinição legal (numa perspectiva histórica que remontaria, inclusive, ao Império e suas crises). O grau de preocupação assumido por Arinos fica ainda mais evidente, ao final do trecho aqui selecionado, na menção — deveras inquietante — ao papel exercido então pelo presidente Castello Branco, a seu juízo o único fiador efetivo de qualquer resquício de ordem e previsibilidade jurídica no país:[365]

> O que me parece extremamente grave na situação atual é o vazio da insegurança jurídica. Voltaire disse, certa vez, que nunca se vai tão longe como quando não se sabe aonde se vai. Esta é, a meu ver, a situação alarmante do nosso país, em cujo futuro imediato todos os caminhos podem ser trilhados, uma vez que não se encontra traçado nenhum caminho.
>
> Nas crises anteriores de transformação das estruturas jurídicas, como acabo de recordar,[366] as elites dirigentes sempre souberam encontrar formas de relativa estabilidade e segurança jurídica para as fases transitórias, ou intermediárias. Não há precedente para a confusão atual na qual observamos esta situação de um país com as grandes tradições políticas e jurídicas do nosso, que oferece ao mundo o singular espetáculo de um Estado civilizado praticamente desprovido de um direito público apreciável e coerente.
>
> A segurança de que dispomos provém somente das qualidades de lucidez, patriotismo, equilíbrio e moderação que se reúnem na pessoa do presidente da República, mas não de um quadro assentado de normas jurídicas, defendido por autoridades judiciais e administrativas providas de poderes adequados.[367]

O discurso é então finalizado com uma retomada do argumento inicial, antiideológico, e com uma exortação, em tom realista — contra o "classicismo dos modelos" —, para que afinal nos integremos, pela via do direito, no concerto das nações mais civilizadas:

> Urge que o Brasil se integre no mundo das potências democráticas modernas. Devemos entrar de fato nesta segunda metade do século XX, fato que a sociologia política moderna chama pós-política, e que se caracteriza pelo combate consciente à divisão ideológica, e pela organização de regimes que se preocupam menos com o classicismo dos modelos do que com adequação das instituições às realidades nacionais.[368]

---

[365] "Castello representava exatamente o que poderíamos chamar de a militarização dos ideais udenistas" (Camargo et al., 1983:200).

[366] Arinos fizera menção, no trecho imediatamente anterior do discurso, aos desdobramentos do Ato Adicional de 1834, à proclamação da República, ao Governo Provisório após a Revolução de 1930, e até ao golpe do Estado Novo.

[367] Discurso sobre a reforma constitucional, 3-3-1966. In: Camargo et al., 1983:426.

[368] Ibid., p. 428.

186 ▼ A Política Domesticada

A 29 de setembro de 1966, Arinos proferiu o seu último grande discurso como parlamentar do extinto período democrático que se inaugurara em 1945. Nele explicou as razões de sua abstenção no pleito presidencial indireto que iria se processar, logo adiante, em 3 de outubro (e no qual seria eleito o general Costa e Silva).

Num primeiro momento, ele distingue os sentidos de sua participação na eleição, igualmente indireta, de Castello Branco, logo após o movimento de 1º de março de 1964, do voto que não daria ao sucessor do primeiro presidente do regime militar. Mais importante do que separar e classificar os sentidos políticos e institucionais que norteavam a mudança de atitude foi, contudo, o esforço por esclarecer a posição que tomara, já naquela primeira conjuntura, em prol de uma solução que preservasse as prerrogativas de instituições como o Parlamento e/ou favorecesse a mais rápida retomada de uma ordem jurídica autêntica.

Trata-se o discurso, portanto, em grande medida, de uma pequena crônica desse fracasso:

> Dir-se-á que reclamo agora contra um tipo de eleição para o qual colaborei, em abril de 1964, quando votei na investidura do atual presidente da República. A explicação é simples. Então não se cuidava de instituir um governo normal, mas de reconhecer e limitar juridicamente, pelo voto do Congresso, uma situação revolucionária. Minha interpretação dos acontecimentos foi esta: evitar que o poder militar se instalasse espontaneamente, quer dizer, ilimitadamente, sem o controle que provenha da investidura de um órgão constitucional. Posso recordar, ainda, que naqueles dias, a pedido de senadores amigos, preparei um esquema político diferente do que foi adotado no Ato Institucional nº 1, o qual levado ao Rio por um dos nossos colegas foi estudado, mas não aceito, pelo comando revolucionário que decidia no momento. Minha sugestão era o desdobramento lógico da interpretação acima indicada. Por ela, em vez da revolução legitimar o Congresso, como ficou dito algo brutalmente no preâmbulo do Ato nº 1, o Congresso legitimaria a revolução, concedendo plenos poderes, dentro de um quadro estabelecido, ao chefe militar que conduziria à Presidência. Sua autoridade para isto era histórica, visto que ele, Congresso, é que pela voz do seu presidente declarara o colapso e a vacância do poder civil, antes que o comando revolucionário estivesse em condições militares de fazê-lo.[369]

Ainda aqui, Arinos reconhece a procedência emergencial da eleição indireta. Seu diagnóstico, porém, parece muito menos autoconfiante do que há pouco mais de um ano:

> A revolução se orientou por outro caminho, preferindo resolver dificuldades imediatas, ainda que sem criar condições efetivas de institucionalização estável a longo prazo. Encaro, por isto, a situação que se abre com a eleição presidencial de 3 de outubro, como um esforço, um expediente, talvez inevitável, mas que, queira Deus, seja apenas transitório. Recurso capaz de evitar uma crise militar e política próxima, mas que, espero sinceramente, não afaste, na futura reforma constitucional, a introdução de preceitos que venham restituir o regime que se pretende praticar à sua autenticidade, não

---

[369] Declaração de voto na eleição indireta para presidente da República — justificação de abstenção, 29-9-1966. In: Camargo et al., 1983:434.

o mantendo na falsidade atual, que compromete o caráter verdadeiramente democrático do nosso sistema de governo.[370]

Encerra-se então o discurso com um verdadeiro epitáfio político. Nele o autor sintetizou, em poucas linhas, os ideais de coerência de princípios e de transcendência moral que desejou ver sempre associados à sua práxis política e intelectual:

> Convicções jurídicas antigas, e naturais em um velho estudante de direito constitucional, impõem-me, por dever de consciência, estas reservas à solução encontrada para o pleito de 3 de outubro. Não vai na minha atitude qualquer razão que não seja de consciência. Estou no fim do meu mandato de senador, e desejo terminá-lo como o iniciei, e como procurei sempre atuar nestes 20 anos de obscura mas dedicada atividade parlamentar; sem nunca sacrificar a interesses ou posições de momento uma conduta pessoal que se prende a motivações mais gerais e permanentes.
>
> Estas motivações intelectuais são, para mim, inafastáveis da minha vida de homem público.[371]

Desse modo, o que a evolução do discurso de Arinos demonstra inegavelmente, ao longo da década de 1960 (ou pelo menos a partir de sua passagem pelo Itamarati), é a despartidarização de seu posicionamento, seu trânsito dentro do espectro político da época, que evolui da direita para a centro-esquerda, sua passagem definitiva de um moralismo mais maniqueísta para outro, mais sublimado por uma racionalidade teleológica.

Conspirador ou não, Arinos nos fala cada vez menos como prócer udenista, sua oposição aos trabalhistas (e a Jango, em particular), quando se faz, é cada vez menos sistemática e figadal, suas posições diante da agenda política — principalmente no que se refere ao social e ao econômico, especificamente — são cada vez mais próximas ao centro e à esquerda.

Por outro lado, essa evolução do discurso no sentido do mais impessoal e sistêmico, na direção de uma maior transcendência ética e de um maior desembaraço intelectual, parece vir acompanhada também de uma maior impotência política concreta, de uma efetiva e crescente marginalização.

Segue inalterada, contudo, a aposta na urgência da *virtù* política do estadista. Em 24 de agosto de 1966, Arinos recorda e analisa em suas memórias (1968:77-78):

> Hoje é o aniversário da morte de Vargas; amanhã o da renúncia de Jânio. Entre o suicídio físico de um e o suicídio político de outro, (...) há um nexo que se vai definindo, com claridade crescente, para os que se interessam pela interpretação da nossa história contemporânea.
>
> Getúlio Vargas representou a fase pioneira e turva da revolução social no Brasil moderno. (...) A marcha de Getúlio para o progressismo nacionalista não foi espontânea: correspondeu, antes, à necessidade de apoio popular que o fino caudilho sentia, para a satisfação de suas ambições. (...)

---

[370] Declaração de voto na eleição indireta para presidente da República — justificação de abstenção, 29-9-1966. In: Camargo et al., 1983:434.

[371] Ibid.

188 ▼ A Política Domesticada

Por isto mesmo, Getúlio nunca chegou em vida a atrair as elites, naturalmente hostis aos processos políticos antidemocráticos.

Já o reformismo legalista de Jânio levou-o à Presidência com o apoio claro das elites, unidas pela primeira vez ao povo em uma esperança comum. (...) Por isso mesmo ele chegou a representar, no momento da sua posse, um passo à frente no caminho aberto por Vargas; o passo na direção do encontro do progresso com a legalidade.

Um e outro, porém, não se sentiram seguros da maneira pela qual utilizar o grande poder que detinham; na verdade, nem um nem outro sabia bem o que fazer com ele. Grandes qualidades políticas estavam presentes em ambos, mas faltou-lhes, como estadistas, uma visão clara do exercício do poder; um planejamento efetivo do governo (e, talvez, assessoria adequada), no sentido das aspirações e esperanças que despertaram e representaram. (...)

Mas hoje, vista à distância, a trajetória que leva de um drama ao outro se ilumina com a identificação das causas. Essas causas decorrem, sem dúvida, das resistências oferecidas pela força dos interesses à transformação nacional exigida pelas novas condições históricas.

Pode parecer estranho que diga isto alguém, como eu, que há 12 anos liderou a campanha parlamentar contra Vargas, mas a verdade (...) é que por detrás da luta udenista pela legalidade e contra Getúlio, luta de que fui porta-voz parlamentar, havia, também, a recusa do partido militarista e conservador em aceitar a fatalidade de certas mudanças. Tanto assim que o udenismo se acomodou perfeitamente com a supressão dos princípios democráticos pela revolução de 1964, desde que ela se destinasse a erguer uma barragem de força contra a maré esquerdizante.

O grande mal foi exatamente o que indiquei: isto é, que nenhum dos dois líderes pudesse, na ação, definir sequer a confusa mensagem reformista de que se tornaram portadores. Infelizmente, Jânio ainda é mais responsável pela omissão do que Getúlio, pois — insisto — não encontrou, de início, nenhuma resistência nas elites.

Se razões profundas moveram os dois líderes populares, interferindo também nos rumos e opções por eles vislumbrados e privilegiados, por outro lado ambos teriam de responder ao julgamento da história pelo peso das responsabilidades que assumiram diante do povo brasileiro e pelos fracassos que protagonizaram. Fracassos que, de acordo com Arinos, se deveram à incapacidade de transcender o jogo míope, imediatista e auto-referente da política.

Quanto a Arinos, do mesmo modo, sua lealdade aos quadros da elite e aos ideais de um intelectualismo literário seguiu intocada. Ele não apenas aderiu ao golpe como ao partido do regime. Por outro lado — ou do mesmo modo —, nunca abriu mão da autoridade moral jurisdiscista com que seguiu prescrevendo normativamente para a pólis. Uma pólis cuja atenção parece lhe ter sido negada, naquele momento, com cada vez maior freqüência e intensidade.

O sucesso inquestionável de sua trajetória como intelectual — por fim liberta de quaisquer entraves maiores de ordem partidária e capaz afinal de desvendar, *a posteriori*, a "confusa mensagem reformista de que se tornaram portadores" os grandes políticos, mesmo sem o saber — só seria comparável, portanto, a seu fracasso como ideólogo.

5. Memórias da domesticação moral e intelectual da política

> Chegaremos (...) a uma transformação social mais completa
> e profunda do que previram e quiseram nossos pais e do que
> nós mesmos podemos conceber; ou iremos simplesmente
> acabar na anarquia intermitente, doença crônica e incurável,
> bem conhecida dos velhos povos? Quanto a mim, não posso
> dizê-lo, ignoro quando acabará essa longa viagem; estou
> cansado de tomar sucessivamente névoas enganosas por
> continente e pergunto-me com freqüência se a terra firme
> que procuramos há tanto tempo de fato existe, ou se
> nosso destino não é o de correr o mar eternamente!
>
> *Alexis de Tocqueville*[372]

> Político com livros é um desastre. O político que tinha mais
> livros foi o pior de todos. Chamava-se Rui Barbosa.
>
> *Octávio Mangabeira*[373]

A produção de Afonso Arinos que se inaugura com sua posse na Câmara dos Deputados, em 1947, e que se encerra em fins do ano de 1966, ao concluir-se o seu mandato de senador da República, é vasta e variada, tanto em conteúdo quanto em forma e destinação original.

Malgrado certas contradições e ambigüidades, porém, não é difícil localizar-se nela uma série de continuidades temáticas e de reiterações argumentativas, além de linhas mais amplas de evolução e coerência.

Três temas recorrentes me pareceram sobremaneira significativos, guardando, creio eu, grande potencial elucidativo e definidor acerca da integridade e do sentido político, ideológico e existencial contido nessa produção. Defini-os com os rótulos do "estadista", do "caudilhismo" e da "ordem/movimento" ou "progresso social".

---

[372] Tocqueville, 1991:87.
[373] Apud Arinos (In: Camargo et al., 1983:126).

190 ▼ A POLÍTICA DOMESTICADA

Sem qualquer pretensão de assim justificar esse recorte temático e a definição desses três rótulos — com base em pressupostos filosóficos e/ou metodológicos eventualmente mais rígidos ou sistemáticos —, não deixo, contudo, de mencionar o fato de que, *grosso modo*, poderíamos pensar o movimento intelectual contido nesses três momentos básicos da obra de Arinos, aqui recortada, como que desenhando uma espécie de dialética ordinária, onde a uma tese ("estadista") se opõe uma antítese ("caudilhismo"), cujo resultado, ou motor, se configura na síntese conflitiva da ordem *versus* movimento ("progresso social").

Assim, toda a produção intelectual de Arinos voltada para o embate político e para o debate ideológico parece ter como imagem, ou motivo primeiro, o que poderíamos chamar de o "antigo regime" político brasileiro. Com o termo se pretende nomear, ao mesmo tempo, tanto uma determinada institucionalidade política, delimitada temporal e historicamente, quanto um conjunto orgânico de tradições, valores e normas mais ou menos formais de comportamento público.

Na verdade, o "antigo regime", tal como se apresenta, com forte acento e potencial normativo e discricionário na obra do autor, é o nome que se pode dar a uma forma concreta de vida, uma cultura, à condensação de uma experiência histórica coletiva, não se constituindo, de modo algum, numa abstração, numa teoria, num corpo puramente doutrinário de princípios, numa "receita" de ordem política e social.

Por outro lado, porém, essa concretude não deixa de apresentar, sob a forma de figura de linguagem, fortes componentes de idealização, atuando efetivamente no discurso como uma espécie de *telos*, de modelo ou ideal regulatório. Mesmo quando realística e melancolicamente desmentido, ou historicamente inviabilizado, na visão do autor.

Finalmente, mas não menos importante, tal como na obra clássica de Tocqueville, o termo remete a uma era superada ou em via de superação histórica.

De maneira geral, o "antigo regime" referido na produção de Arinos se estenderia, *grosso modo*, da Independência, em 1822, até a Revolução de 1930. O *status* da Primeira República (1889-1930) nesse "mundo", porém, tornou-se cada vez mais problemático, à medida que Arinos perdia suas esperanças no sistema presidencial e se encaminhava para a adesão ao parlamentarismo.

Com efeito, já em 1947, seu primeiro ano de atuação parlamentar, Arinos trazia para a tribuna e para os embates intelectuais e políticos a força retórica do *telos* corporificado de um antigo regime, em que a política se fazia de modo mais cavalheiresco e em que o jogo político se desenrolava com mais serenidade e constância, sem os sobressaltos da ingerência popular desavisada e/ou da "espada".

O mais importante, contudo, é que mesmo superado historicamente, o "antigo regime" brasileiro, ou melhor, suas características mais importantes e ainda urgentes poderiam fecundar a atualidade política, desde que redivivas, também concretamente, na práxis dos verdadeiros estadistas (na medida em que, é claro, fosse facultado a estes últimos a oportunidade histórica e o acesso ao poder).

Assim, como vimos, o desprendimento, o espírito público, a capacidade de se colocar acima das paixões imediatistas e dos interesses menores, além do respeito às melhores tradições e da humildade ante a complexidade das relações humanas — sem capitulação às vaidades do formalismo intelectual e da abstração presunçosa —, tudo isso constitui a especificidade e a dignidade próprias do estadista. E podem fazer dele — ou "deles", enquanto classe, estamento ou elite dirigente — o(s) instrumento(s) não de restauração do "antigo regime", pois que, como vimos, estamos diante de um autor comprometido com a idéia de mudança e progresso,[374] mas sim da atualização dos melhores conteúdos daquela ordem. Que, afinal, como toda e qualquer ordem moral legítima se encontra, ao menos em essência — e, portanto, também em potencialidade — em condições de efetivar-se a qualquer momento.

O obstáculo político que freqüentemente se interpõe entre o estadista e o seu destino, caracterizando exemplarmente o desvirtuamento e a degenerescência da ordem pública, é, como vimos, o caudilho, ou dito de forma mais sistêmica e impessoal, o caudilhismo.

O caudilho representa a irrupção amoral (ou imoral) da pura instrumentalidade política, o desnudamento da práxis do poder como atividade humana auto-suficiente, sem a necessária submissão ao *telos* moral da vida pública. Nas palavras de Arinos, ele representa a afirmação do "poder como instrumento, como jogo de instrumentos, como acumulação de processos, como síntese de providências para submeter os outros a si".

No entanto, assim como o estadista só adquire inteiramente o seu *status* próprio se devidamente "engastado" na problemática específica de seu tempo, também o caudilho, enquanto sua perversão, irá incorporar — só que deturpadamente — determinadas características atribuídas pelo momento histórico. Assim, se Pinheiro Machado encarnou com perfeição o caudilho na Primeira República, servindo-se do militarismo da época e manipulando com maestria a arte da intriga e do conchavo que caracterizavam os restritos processos sucessórios daquele regime, Getúlio Vargas teria rompido com o sistema anterior, utilizando-se, porém, das vogas internacionais do intervencionismo estatal, da política social e da moderna propaganda de massas para perpetuar-se no poder e no coração ingênuo do povo.

Essa congruência entre as práticas caudilhistas e as cambiantes condições históricas — mesmo que para o desvirtuamento completo dos sentidos éticos inerentes às segundas, mediante o exercício das primeiras — fará com que o enfrentamento do caudilho e do caudilhismo tenha, como vimos, de oscilar entre a denúncia moral e a intervenção política institucional. O que se colocará em questão assim, de qualquer modo, será a necessária superação tanto da iniqüidade da política caudilhista quanto, em conseqüência, das mistificações dela decorrentes. Iniqüidades que barram o acesso do poder aos verdadeiros estadistas, mistificações que turvam os sentidos reais e morais da evolução histórica.

O progresso social, enquanto afirmação simultânea dos ideais de liberdade e de justiça social — caracterizados pela ordem liberal-democrática e pela intervenção estatal socializante —, se apresentará então como o verdadeiro *telos* do embate entre as forças da virtude e do embuste (seja este revolucionário ou reacionário). Traduzido em termos históricos mais elevados, porém, esse confronto se traduz na

---

[374] Mesmo que nem sempre, exatamente, do "movimento".

dialética entre a "ordem" e o "movimento". Ambos passíveis de desvio e de potencial efeito destrutivo — desde que dominados pelas forças imorais e pelos discursos impostores da reação ou da subversão — mas também capazes de produtividade política e histórica positiva, se controlados pela ética e pela lei, e iluminados pelo conhecimento adequado da história.

Assim, o progresso social — compreendido em seus sentidos tanto cognitivos quanto praxiológicos — desempenha o papel de um *tertius* mais elevado, necessário à superação dos momentos parciais da "ordem" e do "movimento", domesticando-os assim para um desempenho histórico construtivo.[375]

A unidade temática, desdobrada aqui na tríade estadista/caudilhismo/progresso social, não esgota, evidentemente, toda a diversidade de assuntos contida no discurso político e parlamentar de Arinos ao longo do período, nem deve, muito menos, nos levar a minimizar ou perder de vista outras importantes variações, assim como seus limites e condicionamentos.

Em primeiro lugar, é possível distinguir os discursos a partir da forma e do público diferentes que os condicionam, explorando as diferenças daí decorrentes. Discursos proferidos na tribuna da Câmara, em diferentes circunstâncias (políticas, legislativas, comemorativas etc.), pareceres a emendas, aulas magnas dadas em universidades, ensaios para a publicação em determinados periódicos ou para a edição de livros etc., visando públicos e resultados distintos, guardam evidentemente importantes especificidades que até certo ponto podem perfeitamente dar conta não apenas de oscilações de "humor" e de estilo, mas também de ênfases e de racionalidades.

Assim, por exemplo, é óbvio que a oração de sapiência sobre a "crise do direito"[376] pode (e deve) ser bem mais complexa e desapaixonada do que um discurso parlamentar em comemoração do aniversário da Constituição (principalmente se este se dá numa conjuntura de tensão ou em meio a alguma disputa eleitoral).

Do mesmo modo, a ênfase da explicação dos fenômenos abordados ora, por exemplo, em aspectos técnicos ou estruturais, ora na adesão, ou não, a valores morais ditos essenciais pode prender-se menos a "reais" alterações de perspectiva do autor do que — entre tantas outras variáveis — a adequações aos contextos de recepção e aos efeitos que se deseje, mais ou menos deliberadamente, aí obter (tais como, quem sabe, a atenção de um grupo de estudantes para o significado das tarefas que profissionalmente terão de desempenhar, ou ainda, num outro ambiente, mobilizar pares e outros atores para alguma intervenção ou posicionamento político conjuntural etc.).

Por outro lado, a própria dinâmica conjuntural, com suas implicações, seus cambiantes leques de alternativas e com as variações de temperatura emocional que lhe são inerentes, também pode obviamente interferir mais direta e efetiva-

---

[375] O processo intelectual de superação de um antagonismo entre dois pólos pela elevação de um terceiro termo que os subsume foi exemplarmente descrito por Carl Schmitt (1986:87) em sua análise sobre o "romantismo político".
[376] Trabalhada no capítulo precedente.

mente sobre as ênfases e opções lógicas e formais dos discursos, dando conta, assim, de possíveis desvios e aparentes contradições.

De qualquer modo, ficam patentes as oscilações no tom dos discursos: seja do otimismo ao pessimismo, seja da frieza técnica ao engajamento moralista, por exemplo.

Uma outra maneira de se explorar as variações dessa produção, por exemplo, nos é fornecida pelo próprio autor.

Em certo trecho do segundo volume de suas memórias, Arinos (1965a, v. 2, p. 48-49) estabelece uma distinção entre o que chama de "jurisdicismo" e "bacharelismo". O primeiro seria um tipo de teorização política construtivista, uma "espécie de abstração científica", cuja principal característica seria a "inadaptação à política partidária militante", típica de homens como Tobias Barreto, Pontes de Miranda, Gilberto Amado e Francisco Campos. Já o bacharelismo seria uma "técnica jurídica aplicada especialmente à realidade política. Não é teórico, sobretudo não é abstrato nem filosófico". Seriam exemplos de "bacharéis": Rui Barbosa, Epitácio Pessoa, Afrânio de Melo Franco, Raul Fernandes, João Neves da Fontoura, Pedro Aleixo, Prado Kelly.

Mais adiante, porém, Arinos (1965a, v. 2, p. 49) chama a atenção para o "conservadorismo dos bacharéis, em contraste com o espírito inovador (seja no sentido progressista, seja no reacionário) dos juristas":

> Por que isto? O jurista é homem de maior capacidade indutiva, tende a formular, a criar o direito, a extraí-lo da observação do complexo social. Por isto vê este complexo no seu dinamismo histórico, e o espírito que o anima é sempre aberto às mudanças, às inovações da realidade vital, seja na direção evolutiva (como Tobias), seja na orientação reacionária (como Campos).

> Já no bacharel o traço de espírito marcante é a agudeza dedutiva. Ele tende a aplicar e não a formular o direito; ou antes, é homem mais da lei do que do direito. Porém a lei, de certo modo, é apenas a cristalização de uma experiência social já vivida, quero dizer, já passada. Daí o bacharel ser levado, por hábito e por gosto, à defesa das fórmulas consagradas, à imutabilidade das estruturas, à solidariedade com os sistemas criados, em uma palavra — e sem o menor sentido pejorativo — ao conservadorismo, que é, em geral, bem distinto do reacionarismo.

Sendo assim, se tomarmos, anacronicamente, o seu parecer de 1952, sobre a emenda parlamentarista, à luz da distinção operada 10 anos depois em suas memórias, Arinos teria à primeira vista encarnado à época o papel de bacharel, rejeitando a emenda parlamentarista em nome, acima de tudo, de um apelo realista à ordem, à estabilidade política e social, desdenhando do formalismo que identificava na proposta do "jurisdicista" Pilla.

Assim, retomando, *ipsis literis*, o parecer que dera em 1949 na apreciação da emenda, Arinos propõe que:

> No Brasil, devemos habituar-nos à prática da evolução construtiva das instituições políticas, em vez de prosseguir no esforço das revoluções destrutivas, que recolocam

permanentemente o problema da forma do Estado, sem nunca abordar as questões de fundo que dizem diretamente respeito à vida do povo.[377]

Mais adiante, inclusive, nas suas "considerações finais", o relator reforça sua argumentação contrária à intervenção proposta afirmando que aos partidos brasileiros faltava a necessária disciplina, o que inviabilizaria qualquer possibilidade de um exercício positivo de governo por sua parte, como prefigura o sistema parlamentarista. Que seria necessário antes de tudo, portanto, que os partidos evoluíssem para uma maior organicidade e coesão programática, e que "só a ação do tempo, a consolidação dos programas, a educação gradual do eleitorado virão dar aos nossos partidos políticos o seu *status* adequado e definitivo".[378]

E assim, conclui o seu parecer apelando para que seus pares deixem que "o mecanismo governamental se aperfeiçoe, dentro das tradições nacionais, através da sua própria prática, como vem incontestavelmente ocorrendo".[379]

Acontece, porém, que em meio ao "conservadorismo" da rejeição (algo "bacharelesca") apresenta-se também uma digressão eminentemente "jurídica" do parecer, incorporando uma série de induções que passam a demonstrar a inadequação ou inutilidade da reforma proposta por Pilla no sentido de obter os próprios resultados institucionais (ou, quem sabe, também conjunturais) que ela mais ou menos explicitamente pretenderia. Seja no que se refere, por exemplo, à suposta capacidade do parlamentarismo de encaminhar sem crises as alternâncias de poder, seja no que diz respeito à necessidade de se frear o apetite do Executivo (as referências a Dutra e, em especial, a Vargas, transcritas anteriormente).

A indução desemboca, contudo, no argumento conservador acerca da impropriedade da reforma, em função mesmo de uma atenção prestada, para além de qualquer formalismo jurídico, à "fase de expansão econômica, mutação social e transformação administrativa (...) que estamos atravessando espontaneamente no Brasil".[380]

Um conservadorismo que, inclusive, se encontra e se percebe em meio a profundas mudanças de "espírito", identificadas em citação do cientista político francês Georges Burdeau acerca da obsolescência da distinção clássica dos regimes, "feita em função de uma sociedade liberal" e "de nenhuma utilidade para a compreensão dos regimes que rejeitam o liberalismo".[381]

Essa permanente tensão entre o que ele próprio definiria mais tarde como "jurisdicismo" e "bacharelismo" se encontraria, também, em outros discursos aqui analisados.

---

[377] Parecer do relator sobre a Emenda Constitucional nº 4-B/1952 (parlamentarismo). *Anais da Câmara dos Deputados*, 7 nov. 1952, p. 1.

[378] Ibid., p. 13-15.

[379] Ibid., p. 15.

[380] Ibid., p. 14

[381] Ibid.

Já no ensaio de 1955, sobre os partidos políticos, o "jurisdicismo" parece ganhar maior espaço, embora o conteúdo político que se pretende promover através de uma intervenção construtiva nas instituições seja explicitamente conservador.

Como vimos anteriormente,[382] Arinos abre seu artigo chamando a atenção do leitor para o caráter construtivista da intervenção das elites brasileiras na criação do direito constitucional nativo, através da importação de modelos institucionais utilizados nas nações mais influentes da época, nas palavras do autor, os "países democráticos de mais alto nível cultural". Nem poderia ser de outro modo, explicita ele, dadas as condições sociológicas e culturais brasileiras. Qualquer forma de bacharelismo só poderia ganhar substância e consistência, entre nós, após a intervenção criadora — ou fundacional — dos juristas. Em oposição, inclusive, aos modelos institucionais anglo-saxões, por Arinos diversas vezes mencionados, e onde, diferentemente do Brasil, "dados o maior adiantamento e a politização do povo, as leis vieram, de acordo com a concepção clássica, exprimir um estado de consciência social".[383]

A forma tipicamente "jurisdicista" de abordar o tema se desdobra mais visivelmente porém, ao longo do ensaio, na denúncia da legalidade vigente — que favoreceria a separação artificial dos partidos e a sua posterior agregação espúria —, exprimindo-se, no que diz respeito especificamente ao funcionamento dos partidos, na proposição de uma série de reformas (mesmo que essas reformas não fossem suficientes em face da influência perniciosa da inflação).

O elemento conservador do discurso, como vimos, centra-se na defesa da ordem, que, mesmo majoritária no Parlamento — e, logicamente, segundo Arinos, também na sociedade —, não consegue, entretanto, barrar a vaga "demagógica" e "anarquizante" do "movimento".

Neste sentido, o lado mais propriamente bacharelesco desse ensaio, se de fato existe, poderia ser localizado talvez na simples — se não simplória — e pouco convincente ilação estabelecida entre a preferência do eleitorado e o tamanho das bancadas, da "ordem" e do "movimento", no Congresso, francamente favoráveis, segundo Arinos, ao primeiro grupo ("as preferências do eleitorado só podem ser devidamente apreciadas pela importância das bancadas partidárias no Congresso, e mais especialmente na Câmara dos Deputados").[384]

Já no discurso intitulado "Reflexões sobre a Constituição",[385] de 1951, em comemoração ao aniversário da Carta, o movimento contraditório — oscilando entre o "bacharelismo" e o "jurisdicismo" — se faz presente em sentido predominantemente inverso, com uma forte defesa do bacharelismo político, no bojo de um apelo à reforma ou reconstrução moral da vida política no país:

> Nós, povos latinos, cuja história constitucional é feita de revoluções sucessivas às quais se seguem cada vez novas construções, nos consideramos muito políticos, quando, na

---

[382] No capítulo 3.
[383] Os partidos políticos nacionais. In: Melo Franco, 1961b:131.
[384] Ibid., p.138.
[385] In: Melo Franco, 1961b:157.

196 ▼ A POLÍTICA DOMESTICADA

verdade, os grandes povos políticos do mundo são os saxões e escandinavos, nos quais a história constitucional é feita de evolução e não de revoluções espasmódicas.

(...) na França, na Espanha, na América Latina, as constituições duram muito menos do que os códigos de direito privado.

Aí está o gênio político que nos falta e que urge cultivar entre nós. Falta-nos esta capacidade de adaptação transformadora, que faça a estrutura do poder conforme com a evolução da história, sem precisar desta diátese reformista que nos assalta como uma inquietação simiesca, levando-nos à fúria de mudar antes de experimentar, de refazer antes de acabar a construção. Sobra-nos esta agitação histérica que, como já tenho dito em escritos anteriores, nos leva a fugir constantemente dos trabalhos difíceis, sob pretexto da mudança dos métodos de trabalhar.

Essa nova oscilação entre os dois pólos da atitude diante do direito e da política talvez se deva, nesse discurso, ao caráter puramente moral do objeto a ser reformado (ou restaurado) pela intervenção construtiva, enquanto as questões de engenharia institucional são postas em segundo plano, dando margem a um tratamento mais "bacharelesco" das prescrições vigentes, que devem ser antes "experimentadas", e não modificadas a todo momento.

Em outro discurso comemorativo da Carta de 1946,[386] proferido em 1959, a tônica "bacharelesca" parece ser mantida, inclusive com a naturalização e a minimização das ambigüidades e contradições da Constituição. Assim, segundo Arinos:

O traço que, habitualmente, costuma ser fixado pelos analistas e, até, pelos observadores mais superficiais do nosso Estatuto Fundamental é o seu ecletismo, o esforço desenvolvido, nesse texto, para a conciliação de posições e situações, muitas vezes, diametralmente antagônicas. (...)

Gostaria de salientar, apenas, que esse ecletismo foi uma imposição das circunstâncias históricas, dentro das quais se elaborou o texto da nossa Lei Magna.

Desta vez, porém, não apenas o tom moralista do discurso anterior é deixado de lado, como também, de certo modo, pode-se dizer que aqui se opera uma espécie de inversão da relação entre os dois pólos, tal como teriam se organizado no ensaio sobre os partidos políticos nacionais.

Naquele texto, como vimos, o argumento assumia um tom claramente construtivista — ou jurisdicista — na defesa de uma perspectiva claramente conservadora. Aqui, com efeito, o argumento aparenta ser tipicamente bacharelesco — extraindo da Carta os seus principais significados, "o sentido da perenidade que nós, os democratas, guardamos em face da eventualidade, da circunstancialidade dos textos constitucionais" —, na defesa, contudo, de uma leitura de seu conteúdo que a habilite, sem maiores reformas ou inovações jurídicas, na tarefa de servir a uma

---

[386] In: Melo Franco, 1961b:162.

prática política condizente com os novos tempos (onde o social passa a predominar sobre o "humano").

Num certo sentido, é possível mesmo dizer que o "bacharelismo" desse discurso se inscreve numa chave que poderíamos chamar de um certo minimalismo jurídico, que, a rigor, em detrimento dessa esfera privilegia a do ético e do político, fazendo recair nos ombros dos atores o peso das responsabilidades e escolhas (sem o subterfúgio dos argumentos sistêmicos ou técnico-institucionais, mas sem, também, a dramatização moralista do discurso anterior). Daí, talvez, apesar do seu otimismo, a advertência final sobre a necessidade de "institucionalização do poder" em seus momentos de transferência.[387]

O pêndulo oscila novamente, contudo, quando nos situamos agora no quadro descrito pelo ensaio da "Crise do direito". Se a tarefa, digamos, progressista, segue se impondo aos atores, na perspectiva de Arinos, o discurso não tem mais nada de minimalista e estamos claramente na seara do jurisdicismo.[388]

Com efeito, a tarefa que se coloca, dadas as crises do "individualismo jurídico" e, conseqüentemente, da "legalidade", é por definição uma tarefa para juristas. O bacharelismo nesse registro, inclusive, deixa de ser até mesmo uma alternativa, ou complementaridade ao jurisdicismo, para se colocar como seu empecilho, no esforço de construção de um novo direito.

No manifesto de revisão de posições e de renúncia ao presidencialismo, antes tão eloqüentemente defendido ("Minha evolução para o parlamentarismo", de 1957), porém, as urgências maiores da política fazem novamente coincidir o jurisdicismo com um projeto que, se não pode exatamente ser chamado, necessariamente, de *reativo*, é sem sombra de dúvida — e assumidamente — conservador.

Mesmo assim, essa ênfase no jurisdicismo — com a adesão, afinal, à reforma do próprio sistema de governo — ainda contém elementos bacharelescos. Assim, já na abertura do artigo, Arinos esclarece:

> Diz conhecida anedota inglesa que os argumentos podem mudar a opinião dos deputados, mas nunca os seus votos. No caso do parlamentarismo deu-se comigo, até certo ponto, fenômeno inverso: argumentos poderosos, decorrentes da observação dos fatos políticos, mudaram o meu voto, sem alterar substancialmente a minha opinião sobre os aspectos exclusivamente jurídicos do problema.[389]

---

[387] "(...) a grande provação dos sistemas democráticos, (...) poder-se-ia chamar a institucionalização do poder: fazer do poder instituição que funcione por si mesmo no instante exato de sua transferência. (...) A nossa Constituição Federal contém as normas que capacitam o funcionamento das instituições políticas, no sentido da transferência automática do poder. (...) Entre o décimo terceiro e o décimo quarto aniversário do Estatuto Magno de nossa pátria, nós somos responsáveis pelas manifestações da maturidade política que é crise da transferência do poder, dentro da ordem, das eleições e dos princípios que informam a sucessão em noso país" (Melo Franco, 1961b:168).

[388] Seria difícil esperar outra coisa desse trabalho — ao menos no que tange à sua forma e à sua lógica —, dado o seu peculiar contexto de recepção. Como vimos, trata-se de uma aula magna proferida na Faculdade de Direito Nacional.

[389] Melo Franco, 1961b:181.

198 ▼ A POLÍTICA DOMESTICADA

Se não estamos, novamente, no terreno de algum minimalismo jurídico, não resta dúvida, portanto, que a intervenção jurídica mais profunda aceita pelo autor se inscreve numa minimização da importância da esfera jurídica formal diante das urgências mais concretas da política. Desta vez, porém, o tom não tem nada de otimista ou tranqüilo (tal como nos parece ser o caso do discurso de 1959 sobre a Constituição):

> A observação do drama brasileiro desde a posse de Vargas, em 1951, passando pelo espetacular fracasso do seu governo e o triste fim de 1954, até a absurda crise de 1955, de cujo desfecho, com o golpe de Estado de novembro, emergiu o frágil governo atual, não foi para mim atividade desinteressada e distante. (...) Com efeito, de 1952 a 1954, chefiei a oposição parlamentar contra um Executivo caudilhista, cujos objetivos finais, cortados pela crise de agosto, não chegaram a ser esclarecidos, e que se submetia ao mecanismo democrático não por convicção, mas porque não contava mais com as Forças Armadas para destruí-lo, como contaram (sic) em 1937. De 1954 a 1955, encontrei-me na estranha posição de comandar o maior partido do governo, sem, entretanto, liderar a maioria, pois esta era visível, embora não abertamente hostil ao Executivo. (...)
>
> Acompanhei, assim, de dentro, em um dos seus momentos mais críticos, o processo de desajustamento profundo da máquina do presidencialismo brasileiro.[390]

Sendo, como vimos, o problema da interferência militar na política o fator aparentemente decisivo na alteração de posição de Arinos, o seu raciocínio em defesa da mudança institucional se desdobra na descrição da conjuntura política e seus riscos, ilustrando assim a dimensão que atribui à urgência da reforma (e apontando também os fatores que, acreditava, poderiam favorecer o sucesso do parlamentarismo na empreitada):

> O Brasil atual, pelo seu desenvolvimento econômico, político, demográfico, social e cultural dificilmente iria para uma ditadura militar, através de um golpe de Estado. Tal ditadura só seria possível, entre nós, por uma espécie de consentimento majoritário em face da anarquia social. Mas a influência militar, preponderante no presidencialismo brasileiro, não toma a forma de ditadura e pode se exercer, como de fato está ocorrendo, através de uma prática disfarçada das instituições, que nem sequer suprime as liberdades fundamentais.
>
> Ficamos assim numa espécie de governo irresponsável, ou antes, numa situação na qual quem toma a responsabilidade dos atos não a tem pelas suas conseqüências. E o meu receio é que este processo, instalado em plena crise inflacionista, possa levar àquela anarquia social que considero a única hipótese admissível de ditadura militar, ditadura que pode vir, ainda que os militares não a desejem e da qual não sairemos sem grandes lutas e dificuldades.
>
> Uma democracia de partidos é, no Brasil de hoje, a única capaz de instituir governos responsáveis. E só governos responsáveis podem enfrentar democraticamente os pro-

---

[390] Melo Franco, 1961b:181-182.

blemas básicos da nacionalidade, evitando as três forças que comprometem todas as soluções tentadas entre nós, e que são a demagogia, a improvisação e a corrupção. A muitos parecerá ridículo esperar-se que o Congresso Nacional, recrutado através de um sistema eleitoral que facilita o cultivo daquelas três forças, tenha a firmeza e o espírito de sacrifício necessários para escolher, em seu seio, ministros capazes de enfrentá-las.

(...) a solução do problema, se me afigura estar, precisamente, no fator responsabilidade.

A responsabilidade política, nos seus aspectos mais elevados, está ligada ao sentimento do bem comum e, nos aspectos mais baixos, ao instinto de conservação.

O exercício de mais de 10 anos de mandato me tem mostrado que a Câmara age muito melhor quando tem a responsabilidade efetiva dos seus atos, isto é, quando as conseqüências destes atos serão descarregadas diretamente sobre ela.[391]

Trata-se, portanto, de intervir construtivamente, juridicamente — e contra as próprias convicções bacharelescas do autor — para evitar o colapso da ordem, que, mais uma vez ameaçada pela "demagogia", pela "corrupção" e pela "anarquia", pode levar a interferência militar ao seu ponto extremo.

Num certo sentido, portanto, o ciclo aqui iniciado com a rejeição da emenda parlamentarista se fecha com a adesão pouco entusiasmada à mesma reforma, sem que o autor deixe de oscilar, mais ou menos dramaticamente, entre o bacharelismo e o jurisdicismo, entre o moralismo e a engenharia institucional, entre a conservação e a reforma, entre a ordem e o movimento.

Como já sugerido, as variações destes e outros discursos podem ser, em primeiro lugar, perfeitamente atribuíveis a especificidades dos diferentes temas e públicos abordados em cada discurso, de acordo com as diferentes conjunturas em que foram produzidos. Assim, se os discursos em comemoração aos aniversários da Constituição de 1946 possuem ambos uma evidente marca "bacharelesca" por força do tema — e da defesa permanente que o autor faz daquela Carta, defendendo sempre o seu aprimoramento, regulamentação e aplicação, antes de quaisquer alterações mais radicais —, a oscilação de tom entre eles, mais ou menos moralista, se deve seguramente às variações de temperatura política e ideológica que dominavam as suas distintas conjunturas de produção. Do mesmo modo, se as duas intervenções relativas à forma de governo, uma presidencialista e a outra parlamentarista, se diferenciam de acordo com os "pólos" jurisdicista e bacharelista, por força, evidentemente, não apenas da alteração de enfoque dado ao tema, em resposta a agudas alterações conjunturais, mas também por dirigirem-se a públicos distintos — no primeiro caso os pares políticos de Arinos na Comissão de Constituição da Câmara, no segundo o público politicamente informado mais amplo —, por outro lado, ambas as tomadas de posição mantêm-se numa chave menos moralista e mais técnica por imposição do tema institucional de que tratam.

É possível, ainda, interpretar as oscilações de enfoque, por vezes dramáticas, com que Arinos tratava as instituições, os sistemas políticos e, por último mas não

---

[391] Melo Franco, 1961b:190-191.

200 ▼ A POLÍTICA DOMESTICADA

menos importante, os limites da própria legalidade, não apenas em função do câmbio das conjunturas e audiências mas também — ao menos em certas ênfases — de acordo com os próprios ritmo e desenvolvimento internos, formais, de suas construções discursivas. Ou seja, em fidelidade aos desdobramentos estéticos e imagéticos que suas performances retóricas permitiam e mesmo sugeriam.[392]

Algumas coisas, porém, não parecem jamais oscilar: numa primeira aproximação, ressalta a busca permanente de um certo realismo político. Assim, de maneira geral, malgrado as oscilações entre o "jurisdicismo" e o "bacharelismo", é possível perceber nessa produção político-discursiva de Arinos uma ênfase reiteradamente colocada na necessidade de se superar, nas palavras do autor, certo tipo de formalismo constitucional e abstrato — tipicamente latino e particularmente brasileiro — em prol de um *realismo político* cujos principais recursos intelectuais seriam o estudo histórico e comparativo das nações e regimes políticos. E em cuja base repousariam valores, nem sempre ou necessariamente explícitos, da tradição liberal-representativa clássica — de origem anglo-saxônica —, que coerentemente, porém, devem, de acordo com a obra do autor, se adequar às condições históricas em vigor e às transformações do espírito social e político predominante.

Se, evidentemente, as formas e os conteúdos desse pensamento não são privilégios de Arinos — assim como os valores por ele esposados se encontram em perfeita harmonia dentro do que poderíamos chamar de uma tradição especificamente brasileira, oligárquica e católica de civilidade pública —, a sua evolução em nosso autor, porém, possui algo de particularmente significativo, justamente em função dos papéis por ele representados na política brasileira da época e do seu esforço intelectual permanente no sentido de transcender as limitações conjunturais em que sua práxis se deu.

O que também se apresenta com força no conjunto da produção discursiva de Arinos, que aqui interpretamos, é portanto, em segundo e decisivo lugar, a subordinação, evidentemente conflitiva, desse esforço pela efetivação de um olhar realista sobre a vida política aos imperativos mais elevados de um ideário existencial transcendente.[393]

Já vimos como esse desejo de transcendência se manifesta na evocação do estadista, na denúncia do instrumentalismo político caudilhista e na aposta evolutiva do progresso social, temas básicos destacados na retórica parlamentar de Arinos.

As dimensões existenciais mais profundas que permitem, acredito, uma compreensão mais completa dos sentidos dessa opção intelectual pela transcendência do político, presentes tanto nas continuidades quanto nas oscilações da produção de Arinos, me parecem mais claramente explicitadas, contudo, na produção memorialística do autor e em seus depoimentos.[394]

---

[392] Tal como nas diversas evoluções possíveis de um mesmo tema musical em execução.

[393] Na introdução para o livro que organizou sobre Arinos, Aspásia Camargo assim se refere à integridade do projeto intelectual-político-existencial do autor: "Muitas premissas, testadas pelas adversidades e pelo êxito, vêm hoje à tona com a força de convicções definitivas: mudam as atitudes porque não mudam os princípios" (Camargo et. al., 1983:16).

[394] E também, em menor escala, no conteúdo do seu maior projeto histórico-intelectual: a biografia de Afrânio.

É nesses volumes que toda a sua práxis política ganha conteúdos existenciais mais definidos e concretos, em função mesmo da distância entre o vivido e o narrado, da apropriação construtiva que o segundo faz do primeiro, e do descolamento assim produzido entre os eventos narrados e seus contextos de efetivação — que também são, do mesmo modo, apropriados.

Por outro lado, se a eleição do autor enquanto político explicita o processo de (re)construção, através das memórias, da dimensão pública do sujeito-narrador, do mesmo modo o mesmo mecanismo se desdobra na problematização dos conteúdos de sua identidade mais especificamente privada.[395]

Com efeito, nas memórias de Arinos se afirma com toda a inteireza — e se constrói assim — a sua identidade mais "autêntica" e mais "livre": a do narrador de si mesmo que reordena o vivido, em especial o politicamente vivido, colocando-se assim acima e à frente dessa mesma dimensão política.

Assim, se, por um lado, a narrativa histórica extrairia a sua superioridade — no que concerne ao objetivo de recuperação dos sentidos do que quer que seja a realidade factual e suas determinações —, em grande medida, do resfriamento, por assim dizer, que a distância histórica permite diante dos engajamentos e paixões de outrora, por outro lado, e talvez paradoxalmente, a narrativa memorialística obteria o seu vigor justamente das sínteses e/ou seleções afetivamente engajadas e da reconstrução literária que operaria sobre o fluxo errático — e rebelde — dos acontecimentos:[396]

---

[395] No sentido explicitado por Ricardo Benzaquén de uma também necessária "problematização da própria noção de vida privada, não mais entendida como alguma coisa natural, mas interpretada como algo que também é produzido, que tem um lado artificial" (V Colóquio Uerj — Erich Auerbach. p. 143).

[396] O que, do ponto de vista do estereótipo de uma historiografia positivista convencional, seria portanto um problema — ou um motivo de desvalorização das memórias como fonte —, na perspectiva política e existencial aqui preferida torna-se uma ferramenta (ou arma) privilegiada. Não é de modo algum por acaso que Gadamer (1994:15-16) destaca a importância do trabalho sobre a memória — incluindo aí o próprio esquecimento — como parte essencial do processo da Bildung, da (auto)formação espiritual do homem, segundo ele um dos conceitos-guias da tradição humanista (a qual ele pretende resgatar de sua "alienação" contemporânea, caracterizada pelo predomínio da noção de "método", tal como importado das ciências naturais): "Manter em mente, esquecer e relembrar pertencem à constituição do homem e são eles mesmos partes de sua história e de sua Bildung. Quem quer que use sua memória como mera faculdade — e qualquer 'técnica' de memória constitui tal uso — ainda não a possui como algo absolutamente seu. A memória precisa ser formada; pois que ela não é memória para qualquer coisa, ou para todas as coisas. Tem-se uma memória para algumas coisas e não para outras; deseja-se preservar uma coisa na memória e banir outra". Não há, portanto, como deixar de ver no esforço memorialístico de Arinos uma parte fundamental — provavelmente a mais importante — de todo o seu projeto pessoal de autoconstrução literária, de sua própria Bildung (assim como os riscos inevitáveis que a empresa assumiu por força de seu comprometimento vocacional com a política). O que, por outro lado, nos deve lembrar também das semelhanças entre a noção de Bildung e a de vocação, e o que teria sido a superação histórica da primeira pela idéia da "personalidade". Ver Goldman (1988:116).

Ao narrar tão fielmente como puder o que fez, viu e sentiu na sua vida, o homem observa os acontecimentos e as pessoas com a inteligência e a sensibilidade que são dele, no momento em que escreve, e não aquelas que eram suas, nos tempos que procura arrancar do olvido. Em tais condições, a apresentação dos fatos passados incute-lhes, sem dúvida, um sentido renovado, ou, pelo menos, extrai deles um conteúdo vital que podia não ser identificado quando ocorriam.[397]

Desse modo, já nas primeiras páginas do volume inicial das memórias Arinos caracteriza o "conteúdo vital" que pretendia extrair de sua própria trajetória:

A limitação de uma vida espelha, de certo modo, todo o universo humano. Só o santo e o louco se desprendem totalmente de si, e não sempre. Por isto as memórias não são mais do que a condensação, num tipo de composição escolhido, da experiência vital que é a substância e o motor de qualquer outra obra escrita.[398]

E assim, através da apreensão dessa substância imanente, "motor de qualquer obra escrita", o desejo por uma certa transcendência se apresenta em toda a sua dignidade, circunscrevendo inclusive toda a diversidade e variação da história, que contextualiza as memórias, conectando o movimento geral daquela, também, à experiência finita do autor:

A devoradora dominação do tempo e do espaço; a penetração nos segredos mais recônditos da matéria e da vida; a sistematização reveladora dos estudos jurídicos e sociais; a domesticação das forças telúricas e celestes e sua colocação ao nosso inofensivo serviço; a multiplicação desenfreada das populações; o gigantismo das cidades; a valorização dos desertos; o surgimento de novas nacionalidades; o rejuvenescimento de velhos povos; a queda e a formação de impérios; tudo se passou aos olhos da nossa geração. Mudando a face do mundo e o sentido da vida. Mas o homem este não mudou. Se leio Platão, Epicteto, Dante, Cervantes, Pascal, Göethe, Tolstói, Proust, na sua imensa e variada riqueza eles me mostram, em grande, os sentimentos e as reações que a experiência desperta em mim.[399]

As memórias, enquanto projeto literário, afirmam assim a crença no poder transcendente da arte.[400] Este o valor com que Arinos pretende guiar e ver julgado o seu esforço:

Insisto em que não escrevo história, mas memórias. Aquela segue uma ordenação técnica e exaustiva; estas um desenvolvimento emotivo e caprichoso. Lá conserva-se objetivamente o que pode interessar ao patrimônio social: é ciência. Aqui revela-se o que sensibiliza subjetivamente o escritor: é arte.[401]

---

[397] Melo Franco, 1961a:2.
[398] Ibid., p. 3.
[399] Ibid., p. 41.
[400] Que, inclusive, pode subsumir inteiramente ao seu registro outros domínios intelectuais (como é o caso da filosofia, aqui representada por Platão ou Pascal).
[401] Melo Franco, 1968:263.

O rigor do projeto não é, porém, de modo algum diminuído pela sujeição ao primado do "emotivo e caprichoso". Assim, por exemplo, a respeito dos momentos que antecederam ao suicídio de Getúlio, Arinos (1965a:337) nos diz nas memórias que:

> A recordação que guardo dos sucessos daqueles últimos dias do governo Vargas é confusa. Nem me interessa, aqui, ordená-los, concatená-los rigorosamente em exata exposição. Ao contrário: estas páginas serão tanto mais exatas quanto refletirem com maior precisão o caráter impreciso das lembranças, porque o que importa é fazer o retrato do que era minha vida no momento, dos reflexos que nela projetava a realidade, e não fixar os elementos efetivos dessa realidade, cuja maioria escapara à minha percepção.

Não há como deixar de ver no projeto memorialístico-literário de Arinos, portanto, um certo acento romântico, aqui concebido como uma forma de produtividade intelectual comprometida antes de tudo com uma apropriação estética e estetizante de toda e qualquer forma discursiva ou objeto teórico, para além/aquém de qualquer finalidade ética, política ou filosófica original.[402]

Assim, a integridade do projeto se caracteriza pela subordinação de toda a experiência de vida do autor — em especial a política — a esse crivo estetizante rigoroso que procura fazer das memórias um quadro esteticamente preciso de "lembranças imprecisas". Na reprodução fiel de estados de alma que, em sua autenticidade — afirmada pelos votos e desejos de sinceridade da parte do autor — e em sua permanência e síntese — a despeito da ação corrosiva do tempo —, se pretendem índices de algo maior e mais transcendente, tanto à própria história quanto ao próprio autor enquanto indivíduo: como "condensação, num tipo de composição escolhido, da experiência vital que é a substância e o motor de qualquer outra obra escrita".

Esse reiterado desejo de transcender faz com que o impulso romântico de Arinos nunca chegue, contudo, a um ponto total de ruptura esteticista seja com os imperativos de uma moral pública, seja dos compromissos políticos com uma ordem social conservadora.[403]

---

[402] "O romantismo é um ocasionalismo subjetivizado. Em outras palavras, no romantismo o sujeito romântico trata o mundo como uma ocasião e uma oportunidade para sua produtividade romântica" (Schmitt, 1986:17). A forma "ocasionalismo subjetivizado", aqui utilizada, foi cunhada por Luiz Costa Lima (1993:146) e traduz para o nosso idioma a expressão de Schmitt, que na versão em inglês realizada por Guy Oakes converte-se em *subjectified occasionalism*.

[403] Tal como os grandes românticos políticos do século XIX puderam fazer, apesar do indiscutível flerte que tiveram com as idéias e os valores da reação conservadora da primeira metade daquele século, origem, de acordo com Schmitt (1986:115), de tantos mal-entendidos referidos à equivocada redução do romantismo político aos conteúdos e objetos do discurso conservador. Sem dúvida que Arinos chegou por vezes a flertar abertamente com as promessas do romantismo. E ele o explicita do seguinte modo: "escrever memórias é libertar-se, é fugir" (Camargo et al., 1983:46). Como veremos adiante, porém, uma possibilidade maior de evasão só se apresentou praticamente nos seus momentos de maior ostracismo político e, no entanto, ou por isso mesmo, parece ter sido vivenciada de modo extremamente doloroso.

204 ▼ A Política Domesticada

Embora também possamos interpretar tal busca permanente por essa substância mais impessoal e duradoura como uma espécie de mediação poética — ou compensação psicológica — do conflito entre o desejo e a impotência de se lançar livremente no plano do esteticismo, sem os entraves impostos pela missão política e social herdada, o que me parece fora de questão é que esse compromisso com o humanamente transcendente limitou e circunscreveu toda a produção discursiva de Arinos. Tanto na tribuna quanto mais visivelmente ainda nas memórias.

O romantismo político de Arinos, portanto, é de uma espécie evidentemente problemática. Infiltra-se sempre na prática retórica do autor, colorindo suas intervenções e enfatizando hoje, com toda a energia e vivacidade, o que amanhã pode ser devidamente contraditado, com a mesma intensidade de argumentação. A continuidade das grandes temáticas, contudo, impede a proliferação totalmente desenfreada e inconseqüente desses investimentos *poiéticos*.

Se esse movimento pendular é visível na tribuna, nos conteúdos proposicionais políticos das intervenções, nas memórias e depoimentos essas variações se apresentarão no desvelamento dos dramas existenciais do autor e na reafirmação de suas escolhas e motivos.

Desse modo, ele estabelece aqui, em primeiro lugar, a distinção entre as noções de informação e de conhecimento:

> Observo que informação e conhecimento são conceitos obviamente distintos (na medida em que instrução se distingue de cultura) e, talvez, contraditórios. Admito que quem se informa *não pode* conhecer, porque a informação é, essencialmente, a apreensão do fato perecível, e o conhecimento a aquisição das suas conseqüências, daquelas conseqüências duradouras.
>
> Por mais insólito que isto pareça, à primeira vista, o fato, em toda a sua concreta brutalidade, muitas vezes é irreal.[404]

Como não poderia deixar de ser, a distinção também possui a sua implicação para a autoconceituação do político e do retórico Afonso Arinos:

> Sou essencialmente um homem mal informado. (...) Nunca tive informações, nunca. Ignoro completamente os fatos; só depois é que eu os elaboro. (...)
>
> Não há fatos nos meus discursos. Procure, não existem fatos, existem situações que não são fatuais.[405]

O que a dicotomia assim espelha, portanto, é também a oposição existente entre uma forma de apropriação da realidade que valoriza e privilegia o permanente, e uma outra atitude presa e limitada — instrumentalmente — ao efêmero e ao contingente.

---

[404] Melo Franco, 1976:45.
[405] Camargo et al., 1983:54-55.

Com efeito, essa recusa do contingente em Arinos parece ser um indicador seguro de como o impulso romântico presente em sua obra política jamais parece ter-se realizado inteiramente. Não que Arinos não fizesse freqüentemente uso de praticamente qualquer material ocasionalmente disponível, *ad hoc*, para a defesa de seus pontos de vista (como já vimos, por exemplo, no capítulo sobre o estadista). Mas o uso alegórico que muitas vezes também fez de tais recursos recolocava sempre em tela os fins maiores a que procurava sempre subordinar a sua práxis retórica.

Desse modo, cada descrição de estadista feita por Arinos é como que uma nova "figura" das anteriores, uma atualização concreta dos mesmos atributos éticos e estéticos, mesmo que, no limite, tais figuras nunca atinjam a sua completa realização em nossa história.[406] Mesmo se o motivo transcendente que conecta as várias figuras no tempo jamais encontra — ou reencontra — a sua plena realização concreta neste nosso pequeno mundo (onde, ao que tudo indica, somente a figura diabólica do caudilho consegue se manifestar de forma plena).

Assim, entre as idéias (ou a "idéia") e o poder — se e quando a época e as condições o forçassem a escolher —, Arinos seguramente optaria pela(s) primeira(s).

Curiosamente, ao menos num primeiro momento de sua trajetória intelectual, o mundo das idéias não só não se opunha necessariamente ao da política, como também um poderia conduzir ao outro. Comentando o ambiente intelectual de sua juventude e os tempos em que freqüentava a Livraria Católica, de Augusto Frederico Schmidt, Arinos (1961a:231-232) estabelece importantes distinções no que se refere às relações entre idéias e política:

> Há grande diferença entre a colocação da literatura a serviço de determinada causa histórico-revolucionária, que foi o que se deu com Tomás Gonzaga, Evaristo da Veiga, Castro Alves ou Rui Barbosa, e a transformação da teoria política em tema de trabalho habitual de grupos de escritores, que foi o que, então, se verificou.

---

[406] A interpretação figurativa recebeu análise e conceituação na obra já clássica de Erich Auerbach (1997:46), como um tipo específico de alegoria: "a interpretação figural estabelece uma conexão entre dois acontecimentos ou duas pessoas, em que o primeiro significa não apenas a si mesmo mas também ao segundo, enquanto o segundo abrange ou preenche o primeiro. Os dois pólos da figura estão separados no tempo, mas ambos, sendo acontecimentos ou figuras reais, estão dentro do tempo, dentro da corrente da vida histórica". Embora aqui façamos referência a uma série de personagens — e não aos dois pólos que Auerbach menciona —, creio que é possível utilizar o termo "figura" para caracterizar, ao mesmo tempo, a concretude histórica dos estadistas de Arinos e a realização, através deles, de uma verdade transcendente — a da moral política — de modo análogo à maneira como as figuras analisadas por Auerbach "preenchem" a verdade da moral cristã. Note-se porém que o uso que aqui faço do conceito não pretende de modo algum reificá-lo ou encarcerá-lo numa fórmula metodológica rígida. Tal como propõe Hans Ulrich Gumbrecht em sua leitura de Auerbach, o uso que faço aqui do conceito de figura também pode ser compreendido como parte de uma "leitura existencial", tal como a que — guardadas as devidas proporções — teria motivado o autor de *Mímesis*: uma leitura cujo valor pode se esgotar nela mesma (*V Colóquio Uerj — Erich Auerbach*, p. 80).

206 ▼ A Política Domesticada

A inteligência brasileira, através de alguns dos seus elementos mais representativos, começou a tomar consciência da política como sistema de idéias e não como processo de ação. Pode-se dizer que ela passava, em matéria política, do imediatismo histórico para o mediatismo teórico. A grande e eterna divisão do pensamento político entre a ordem e o movimento, ou, se quiserem, entre a direita e a esquerda, começou a apaixonar, a adquirir um sentido próprio, entre os nossos escritores.

Essa divisão em breve se cristalizaria nas duas direções do integralismo e do comunismo.

Não me refiro tanto, aqui, aos partidos integralista e comunista (...). Falo da política como matéria das obras literárias, na crítica, no ensaio, no romance e até na poesia. (...)'

A Livraria Católica era um centro desse estado de espírito, que indiscutivelmente não existira no modernismo.

Fiquei diretamente impregnado por ele. Filho de um estadista republicano, vendo, desde menino, na intimidade do lar, refletir-se a vida da República, o certo é que a ação política nunca me atraíra especialmente.

Agora, porém, os hábitos atávicos encontravam uma forma de correspondência com o meu gosto intelectual. A política, de manobra eleitoral e parlamentar que era, se transformava em choque de idéias. Levado pelo costume, eu continuava a escrever poemas e pequenos ensaios de crítica na *Revista do Brasil*. Mas as idéias políticas começavam a me interessar, realmente, como a imposição mais forte do tempo, e se tornariam a preocupação dominante dos meus primeiros livros.

Desse modo, mesmo esse interesse pela política, despertado através da paixão pelas idéias, não poderia deixar de se subordinar e se circunscrever aos limites e imperativos — estéticos e moralistas — postos pelo engajamento primordial com o mundo das idéias.[407]

Não seria por acaso, portanto, que mais adiante, no mesmo volume, Arinos (1961a:328) relembre assim a sua passagem pelo jornalismo mineiro, e a aventura da criação de seu jornal, a *Folha de Minas*, referindo-se ao apoio desinteressado e corajoso que ele e Virgílio obtiveram junto à equipe de redatores e repórteres do *Estado de Minas*, que com eles deixou este matutino, de Assis Chateaubriand, em função da oposição que os Melo Franco passaram a fazer a Vargas em Minas, contra as orientações e interesses, naquele momento, do dono dos Diários Associados:

Parodiando a expressão de Eça de Queirós, posso repetir: "éramos assim românticos, em 1934". Creio que, hoje, com o abastardamento e o utilitarismo reinantes, coisa parecida seria irreproduzível na minha terra, como, de resto, em qualquer estado do novo Brasil pragmatista.

---

[407] "Nenhuma das conotações associadas com a realidade pode invadir a arte sem ser neutralizada pelo distanciamento estético" (Man, 1984:266).

É claro que a palavra "romântico" aqui contém um sentido muito mais genérico e comum. De qualquer modo, a oposição entre o "romântico" e o "utilitarista", ou "pragmático", segue mantendo o espírito das polarizações de Arinos em sua chave recorrente, privilegiando sempre o mediato universo do "conhecimento" ou das "idéias".

A rigor, sua "opção" pelas idéias já estava feita desde o começo, tal como o demonstrou inúmeras vezes, de várias maneiras. O importante, porém, é que desse modo a exterioridade de sua vocação (ou missão) política ganhava contornos cada vez mais dramáticos.

Assim, por exemplo, ele descreve nas memórias o instante em que, sentindo já uma "saudade prematura", recebe no jardim de sua casa, por intermédio de Israel Pinheiro, seu vizinho e amigo de família, a notícia de que irá suceder a Milton Campos na Câmara dos Deputados, em função da vitória deste último no pleito de 1947 para o governo de Minas:

> "Vocês vão ganhar em Minas por cerca de 50 a 60 mil", disse-me ele com estimativa que muito se aproximou da realidade. E acrescentou: "você já é deputado". (...)
>
> Israel se foi e eu continuei sentado, o volume inutilmente aberto diante de mim, olhando, com uma espécie de saudade prematura, as fileiras de livros, o pátio minúsculo, onde floriam os jasmins. Encaminhei-me até a porta. Junto a ela, na parede externa, eu havia pendurado um azulejo, no qual fizera pintar, circundado por uma guirlanda de flores, este pensamento de Cícero: *si hortum in bibliotheca habes deerit tibi?*[408]

É possível que estejamos aqui diante não exatamente de um testemunho fiel e sim de uma construção literária posterior. Não importa. A autenticidade do sentimento, de um modo ou de outro condensado na cena, traduz o dilema do personagem.

Por um lado, se poderia dizer que para além de suas inclinações naturais — ou mais ou menos adquiridas — essa escolha de Arinos pelas "idéias" se fez, positivamente, pelas possibilidades abertas pelo investimento intelectual. Este, ao mesmo tempo que legitima a intervenção prescritiva do ator — satisfazendo, mesmo que apenas no plano especulativo, os seus desejos construtivistas de ordenação estética do mundo —, o preserva dos custos, tanto práticos quanto psicológicos, implicados pelos riscos do embate político e existencial concreto. Permitindo assim a

---

[408] Na seqüência deste trecho, escrito no dia de Natal de 1960 — pouco antes, portanto, de principiar o ano em que Arinos iria enfrentar os desafios da chefia do Itamarati —, ele articula num mesmo tom de desânimo os dois momentos em que se viu diante de sua "missão": "A mesma sensação de vago, indefinível desgosto; o desgosto de desejar o que não se quer me assalta agora, que escrevo estas linhas na rua D. Mariana, no gabinete térreo, que me serve, às vezes, de sala de trabalho" (Melo Franco, 1961a:426).

208 ▼ A Política Domesticada

pacificação e a auto-indulgência interior no reino das idéias que, embora transmundano, se pode gozar neste mesmo mundo.[409]

Em circunstâncias especialmente favoráveis, inclusive, essa pacificação aproxima-se mesmo de uma forma de ascese religiosa:

> A própria imagem de Deus como que se revela melhor à superfície tranqüila da inteligência vivida do que ao tumulto do espírito em ascensão. Assim o céu se reflete nas lagunas, mas não no oceano.[410]

Não por acaso nos trechos finais do seu terceiro volume de memórias, quando narra os seus últimos momentos no Senado, Arinos (1968:121) assim qualifica o estado de espírito que então o dominava (bem entendido, ao deixar o Parlamento e ao narrar o evento, posteriormente):

> Eu me encontro agora nas condições propícias para instruir-me melhor sobre as questões que se colocam acima do cotidiano. Afastado da vida pública, tranqüilo quanto ao papel que nela representei, não guardo ressentimentos nem frustrações e não ambiciono nada do Brasil contemporâneo.

Logo adiante (1968:145), relembrando os entreveros da "política externa independente", ele nos dá exemplos dos rendimentos positivos que a subsunção intelectual da política pelas idéias lhe permitiu usufruir, a despeito de todas as mazelas da sujeição aos caprichos da *Fortuna*:

> Só o que tive de sofrer em matéria de ataques, perfídias e incompreensões a propósito de nossa política com Portugal (...) daria para amargurar um homem menos confiante nas suas idéias e com menor capacidade de desdém.

Nenhum trecho me parece mais elucidativo, contudo, do que este que agora reproduzo (1968:163-164), onde o autor questiona — para depois reafirmar — a integridade e a legitimidade de sua opção preferencial pelas "idéias":

> Estive lendo estes últimos dias o *Quarup* do meu primo Antônio Calado e fico excogitando se a palavra "alienação", agora tão usada (e que eu nunca consegui entender ao certo o que significa), aplica-se ao meu estado de espírito de homem solitário entre os seus livros, indiferente aos ruídos do mundo; aplica-se afinal a mim, como homem

---

[409] No artigo que dedica a Arinos, em introdução ao seu depoimento, Aspásia Camargo explicita com maestria essa aposta numa subsunção aparentemente pacífica da política operada pela supremacia das idéias: "a tensão permanente entre o ato de fabricar idéias e o de dar-lhes vida gera a complexidade que fortalece o político com preceitos bem definidos e induz o intelectual a praticá-los. (...) O ponto de convergência entre papéis diferentes se exprime no toque de mineirismo intelectual e de mineirice política que se conjugam no mesmo complexo cultural da mineiridade-síntese" (Camargo et al., 1983:16-17).

[410] Melo Franco, 1968:4.

e como escritor. Alienar-se, no sentido em que o termo é hoje usado, corresponde, suponho, a escapar alguém à realidade. Mas que realidade? Qual realidade? No sentido antigo, o alienado (o louco) era diferente do que agora merece tal classificação. (...) Atualmente não é no terreno psíquico que o problema se situa, mas no social, ou melhor, no ideológico. Alienado, então, segundo entendo, não será o que deixa de se comportar de acordo com os padrões da normalidade psíquica, mas o que não se subordina a certos princípios predominantes, de natureza ideológica. Se não estou errado isto é triste; e mais ainda: opressivo. (...)

Tomemos Dom Quixote. Ele é o tipo do alienado, nos dois sentidos. Louco o chamavam, pelo mundo irreal e desajustado do senso comum em que a sua lógica funcionava. Mas sociologicamente também Dom Quixote seria um alienado, porque aferrava-se a valores sociais que, predominantes em centúrias anteriores, encontravamse, no seu tempo, em irremissível extinção. De onde porém a atualidade imortal daquele velho alienado; alienado duplo, se assim podemos dizer?

É que acima do real há uma outra realidade (...) e, também, fora das ideologias sociotemporais, há uma outra perenidade, que o dia de hoje, o dia do Natal de Jesus, exprime. Ela se chama vida; substantivo abstrato muito mais concreto do que todo objetivismo, todo concretismo.

Assim, diante de um mundo dominado pelas imposturas ideológicas, uma opção ascética não representa nem fuga nem alienação — ambas alternativas condenáveis, seja pela moral, seja (como de hábito) pela razão.[411] Ao contrário. A rejeição de Arinos reveste-se, graças aos conteúdos ideais mais autênticos e permanentes da existência humana, de toda uma legitimidade maior que não pode, de modo algum, ser questionada, como ele o diria, por palavras de ordem aferradas a abstrações primárias ou a algum imediatismo de caráter faccioso. Uma legitimidade não apenas intelectual, mas também, conseqüentemente, política. Cabe aqui, inclusive, recordar novamente o papel de Montaigne na economia simbólica de Arinos, pela capacidade que o criador dos *Ensaios* teria de penetrar no âmago da experiência humana e no espírito de seu tempo mesmo que recluso em sua torre — ou, mais uma vez, em razão mesmo de tal reclusão.[412]

Por outro lado, como vimos na evocação a Dom Quixote, mantendo-se o esforço intelectual de Arinos sempre em sintonia com as forças motrizes da sociedade e da história, não há portanto razão para se temer qualquer risco não só de alienação como também de perdição (1968:265):

---

[411] A articulação da ascese com a vocação seria assim mais uma vez manifesta: "a vocação é um modo de justificação do *self* através de uma relação de serviço ascético a ideais e finalidades impessoais" (Goldman, 1988:109).

[412] "Existe uma forma de participação que aparenta ser omissão. Ninguém participou mais, ninguém se inseriu mais, ninguém se misturou mais, na carne e no sangue, com o drama de seu tempo, do que aquele castelão prudente encerrado nas ameias pedregosas de sua torre, circundado pelas vinhas ridentes de seus vales, acariciado pelas lombadas prestantes dos seus livros, e que se chamou Miguel de Montaigne" (O humanismo de Nabuco. *Digesto Econômico*, set. 1949, p. 107).

210 ▼ A Política Domesticada

Um historiador (e eu o sou, um pouco) não dá nenhuma importância aos erros e injustiças do presente. A história lhe ensina a confiar invariavelmente no futuro.

A pacificação, garantida pela fidelidade aos valores mais elevados que sempre deveriam nortear a prática política, de par com a entrega irrevogável aos ditames e juízos da história, se afirma assim no discurso de despedida do Congresso, onde pontifica a certeza do dever cumprido (1968:285):

> Lembrai-vos de um velho companheiro que se foi; que marcou sua passagem por muitos erros que confessa, que sai daqui sem ter um só inimigo, sem ter um só ressentimento, uma só mágoa, mas que conserva diante de si, perene, como a tinha quando aqui entrou na sua mocidade, a confiança na estrela do futuro deste país. Lembra-me agora o belo verso do poeta italiano, falando à sua pátria: *arma la prua e sorti verso il mondo.*

A subordinação da política às idéias pode ser interpretada, contudo, como sendo construída também de forma negativa. Em reação às vicissitudes, mais ou menos contingentes, mais ou menos prévias e incontornáveis, encontradas na práxis política de Arinos e na dos de sua estirpe e ascendência.

Seja ao construir a biografia de Afrânio, que não era da Zona da Mata, centro do poder em Minas Gerais, seja na escolha dos heróis (muitas vezes derrotados e/ou injustiçados) de seu panteão, seja na sua própria caracterização como mero porta-voz da UDN que pouco influenciava o rumo das decisões partidárias, Arinos freqüentemente explicitou a sua posição por vezes relativamente marginal diante do poder — inclusive entre seus pares e correligionários — e, conseqüentemente, o seu ressentimento diante dessa situação recorrente.

Como vimos, o tema do estadista é freqüentemente associado ao dos caprichos traiçoeiros da *Fortuna* que muitas das vezes — se não em sua maioria — coloca empecilhos no caminho dos verdadeiros estadistas em sua busca da possibilidade de intervenção criadora ou redentora.

Assim, Rui Barbosa é um dos grandes modelos da práxis político-jurídica de Arinos e de sua reconstituição histórica das vicissitudes e injustiças na aventura republicana brasileira. Ressalta, logo de início, a incompatibilidade entre a altura de Rui e a de seu contexto:

> Seu apego obstinado ao constitucionalismo e a intransigência do seu espírito jurídico compunham-se mal com a turbulência e a vacilação daquele regime saído das escolas e das casernas. (...)

> A luta permanente, sem tréguas, do legalismo de Rui contra a anarquia do poder político era no fundo o desencontro entre o Império e a República. Rui criou o novo regime — é certo. Mas o que este regime teve de artificial, no seu início, mostra que a criação era um tanto abstrata. Rui foi um homem que não cabia mais no estreito passado imperial de que se desligou, mas que nunca entendeu bem, que nunca se identificou bem com o complexo ambiente republicano que ele encheu com a sua invasora figura.[413]

---

[413] Melo Franco, 1955, v. 2, p. 466-467.

O insucesso político de Rui é então creditado a esse descompasso dramático entre o seu perfil severo, rígido de princípios e perfeccionista, de grande jurista e reformador, e a necessidade imperiosa de maleabilidade e plasticidade especificamente políticas que o seu momento exigia:

> O jurista dá normas às transformações históricas já operadas no terreno dos fatos. Realiza um trabalho de síntese *a posteriori*. Mas o jurista sente-se deslocado quando pretende ordenar o tumulto, impor a síntese ao que se encontra ainda em estado de informe ebulição.
>
> O pensador político, por seu lado, intervém antes das revoluções para suscitá-las, para deflagrá-las com as idéias ou doutrinas e também depois das revoluções para interpretá-las, retirando delas as lições históricas. Mas o pensador político não encontra campo de ação propício, no momento mesmo em que a transformação revolucionária está se verificando.
>
> O homem para tais momentos não é nem o jurista nem o pensador político, mas o político *tout court*. Não é Montesquieu nem Rousseau, mas Talleyrand.
>
> Rui Barbosa, jurista e pensador político, não foi um político, como foram, entre outros, seus companheiros de geração Prudente, Campos Sales, Rodrigues Alves, Afonso Pena, que atingiram a Presidência.[414]

Por outro lado, o fracasso político teria sido amplamente compensado, para Rui,[415] pela possibilidade de construção de uma grande obra intelectual, realização que lhe granjeou reputação inigualável entre os seus contemporâneos e lugar de destaque permanente na história:

> Com efeito, se a chefia do Estado, alvo constante de sua ambição e da sua vaidade, lhe foi sistematicamente negada pelo corrilho de mediocridades que governava a Primeira República (como, de resto, até hoje), por outro lado essa injusta exclusão permitiu que Rui Barbosa se mantivesse constantemente no terreno mais propício ao desenvolvimento das suas faculdades criadoras, que era o da doutrinação constitucional e o da defesa da liberdade. (...)
>
> Por maior que fosse o governante, seria sempre muito menor do que o apóstolo sem compromissos em que ele se transformou.
>
> Mas esse destino invejável só lhe foi possível porque os valores que ele representava e defendia se ajustavam aos ideais do tempo em que vivia.[416]

Difícil obter-se caracterização melhor das recompensas que o engajamento intelectual pode dar ao homem público maltratado pela *Fortuna* do que esta que Ari-

---

[414] Melo Franco, 1955, v. 2, p. 467.
[415] Isto é, de acordo com Arinos.
[416] Melo Franco, 1961a:161-162.

212 ▼ A Política Domesticada

nos constrói, a partir do "destino invejável" do grande "apóstolo sem compromissos" do nosso jurisdicismo político republicano:

> Ele era e não era candidato. Desejava ardentemente a Presidência, sempre a desejou, mas, tinha receios de, no posto, desapontar os que viam nele um semideus. Além disso, amava a luta por si mesma, e, apóstolo da perfeição inatingida, não lhe desagradava ser o candidato vencido, o herói das gloriosas derrotas.[417]

Quando, entretanto, esse esforço de construção litero-historiográfico se debruçava sobre os seus, Arinos era forçado, freqüentemente, a reiterar os aspectos mais negativos do embate com a política que tanto parecem ter influenciado — ou corroborado — sua opção pelas idéias.

Desse modo, a caracterização de seu avô materno, o líder mineiro Césario Alvim, já retoma o fio condutor de um maior ressentimento:

> Ele, politicamente, representava a nova Minas agrícola da Mata. Mas psicologicamente a sua tradição era a da Minas mineira, a Minas do ouro e das pedras. Daí o seu feitio romântico, idealista, quixotesco, num tempo que começava a ser o de Sancho. A prudência, o bom senso, o equilíbrio mineiros, tão falados, são coisa recente, são a passagem do cetro político para a zona agrícola. A civilização do ouro foi contrária a tudo isto. Foi politicamente impetuosa, imaginativa, arroubada.[418]

É na longa e cuidadosa reconstituição da trajetória de seu pai, porém, que Arinos irá caracterizar melhor o grande drama do estadista brasileiro, por todas as qualidades capacitado para o desempenho da tarefa política tal como urgentemente necessário — e raramente efetivado — para o interesse maior do país:

> Ao realismo da [sua] análise, própria do político, justapõem-se o idealismo persistente do pacifista e a lógica do jurista, antevendo soluções exeqüíveis. Neste espelho de três faces (...) projetava-se, como em toda a vida se projetou, a imagem do seu espírito de estadista.[419]

Nenhum desses atributos fora suficiente para abrir o caminho de Afrânio à presidência da República — que ele, de fato, acabou por exercer informalmente, segundo o seu biógrafo, no intervalo do governo de Delfim Moreira — ou mesmo ao Palácio da Liberdade, sede do governo de Minas:

> Melo Franco, apesar de formado no campo tradicional da política estadualista conservadora, nunca foi uma autêntica expressão dela. Todo este livro mostra como ele era uma figura marginal, diferente nos hábitos e discordante nas opiniões, dos padrões vigentes.[420]

---

[417] Melo Franco, 1955, v. 2, p. 936.
[418] Ibid., v. 1, p. 188.
[419] Ibid., v. 3, p. 1614.
[420] Ibid., p. 1371.

Faltara a ele a base geopolítica necessária — sendo, como era, oriundo da região oeste do estado, longínqua e pouco influente —, além de que pouco interesse e paciência dedicava aos meandros e picuinhas da política provinciana. Pelo contrário: suas preocupações se inclinavam para atmosferas muito mais amplas:[421]

> Melo Franco, tão mineiro de sentimentos, era, entretanto, um espírito nacional e mesmo internacional. Além disso possuía uma plasticidade de entendimento que o levava a desprender-se da parte morta do passado e a se interessar pelos principais problemas do presente. (...)
>
> Não era progressista nem perremista.[422] Era um solitário, um velho jequitibá altaneiro naquele capão de mato miúdo.[423]

Ainda assim, mesmo se desincumbindo dos mais altos encargos da diplomacia brasileira à época, não podia o velho Melo Franco se desvencilhar do intrincado e rasteiro jogo da política nacional e seus protagonistas:

> Ele dava os pareceres, fazia os discursos, encontrava as soluções, mas só intelectualidades medíocres, como Venceslau, Sales, Júlio Bueno, Delfim ou Bernardes eram chamadas ao governo. Depois foi um diplomata que viveu momentos dramáticos e culminantes, mas sempre sujeito à orientação de outros, Bernardes ou Getúlio.[424]

Por fim, é o próprio Arinos que vê incidirem sobre ele as mesmas limitações de uma ordem oligárquica provinciana segundo a qual as oportunidades políticas seriam predefinidas para os indivíduos de acordo com suas origens e inserções prévias de caráter social, econômico ou geopolítico. Falando sobre o seu tempo de estudante de direito, Arinos (1951a:80) assim caracteriza a experiência de sua própria marginalidade relativa em meio ao verdadeiro estamento em que também fora socializado:

> Por exemplo, alguns dos meus colegas, mineiros como eu, conversavam todo o tempo sobre política. Mas nas conversas deles não havia uma só referência a idéias, doutrinas ou história políticas. Eles falavam sobre o Palácio da Liberdade (...), sobre eleições municipais, delegacias e promotorias em perspectiva,[425] como instrumentos de ga-

---

[421] Não por acaso os três volumes da biografia têm como subtítulos, respectivamente, "fase provincial", "fase nacional" e "fase internacional", correspondentes à evolução da carreira de Afrânio de Melo Franco, da assembléia provincial de Minas à Câmara Federal (e ao governo) e daí para a diplomacia.

[422] Referência aos dois grupos políticos em que se dividia a política mineira pelos idos de 1933: o velho Partido Republicano Mineiro (PRM), liderado então por Artur Bernardes, e o novo Partido Progressista de Minas Gerais (PP), liderado por Antônio Carlos Ribeiro de Andrada.

[423] Melo Franco, 1955, v. 3, p. 1531-1533.

[424] Melo Franco, 1961a:75.

[425] O próprio Arinos começou sua carreira profissional como promotor em Belo Horizonte, em 1927 (um mês após diplomar-se), nomeado pelo então presidente de Minas, Antônio Carlos Ribeiro de Andrada.

214 ▼ A Política Domesticada

nhar eleições. Vinham da Mata, zona dominadora, orgulhosos da sua força, seguros do seu futuro. Tratavam-me com atenção, mas eu bem sentia, no seu trato, uma espécie de sobranceira indiferença para como o mineiro-carioca, que não conhecia o interior, cujo pai, sem círculos eleitorais de peso, se fizera importante um pouco por acaso, por uma espécie de condescendência dos rudes mandões de Viçosa, de Ubá, de Leopoldina. Eles me consideravam como seus pais e tios consideravam a meu pai: um intelectual a que se destinam funções brilhantes, mas nunca postos de poder efetivo.

No entanto, como o próprio Arinos (1961a:80) afirma, são claras as diferenças com que se apresentou a mobilidade social intra-elites na Primeira República, no tempo de Afrânio, se comparada ao seu momento, a partir de 1945:

> Observe-se de passagem que os tempos mudaram. Nenhum desses colegas fez carreira política. A diferença entre a vida deles e a minha me parece bem expressiva da mudança que se operou nos nossos costumes democráticos. Não foram apenas oligarquias eleitorais que caíram (...). Foi qualquer coisa de mais profundo. Foi a mudança de métodos, de estilos e de bases da própria política republicana.[426]

De qualquer modo, porém, o *seu* acesso ao poder, de fato, esteve sempre — também — pouco menos do que interditado. O mais longe que chegou foi na efêmera e política e existencialmente custosa experiência da PEI.[427]

Sempre foi possível a Arinos, contudo, já o dissemos, tentar a superação dos impasses colocados à sua práxis especificamente política — ou mais amplamente, ideológica — através dos recursos plásticos do construtivismo literário.

Uma outra forma de superação relacionada a esta, também já sugerida — e particularmente evidente nos momentos mais existencialmente dramáticos —, se daria pelo retorno à fé, suas promessas e recompensas de caráter mais transcendente.

Mesmo aqui, contudo, certas dificuldades de fundo pareciam se manifestar, sugerindo a existência de conflitos ou angústias, de modo que a religiosidade do autor se afirmava com reiteradas ressalvas e recebendo dele qualificações muitas vezes contraditórias.

Assim, por exemplo, Arinos (1961a:119) relembra o impacto que lhe causou o convívio, quando jovem, com uma família suíça católica, em Genebra:

---

[426] O que, evidentemente, Arinos não diz aqui (ou alhures) é que essa significativa mudança na mobilidade social da política brasileira pode ter uma caracterização histórica razoavelmente precisa e facilmente nomeável (voltarei ao ponto mais adiante).

[427] "Sucede, assim, que desde a mocidade até hoje, passados mais de 30 anos, toda a minha vida, com o pequeno interregno do governo Café Filho, transcorreu na oposição. De mim pode-se, pois, dizer, com absoluta razão, o que disse João Pinheiro a propósito do meu avô Alvim: 'cuja tenda de campanha, na longa vida, alvejou raro junto dos governos, que não bajulou, e quase sempre nos arraiais da oposição, que não traiu' (Melo Franco, 1961a:303). Esse trecho foi escrito em meados de 1960 (e, portanto, antes da vitória de Jânio e da posse de Arinos no Itamarati).

Era um casal de bondade irradiante, extremamente piedoso, praticando toda a família aquela espécie de catolicismo profundo, simples, inteligente, fundado na doutrina e nos livros sagrados, sem superstição nem intolerância, próprio das velhas nações civilizadas. Para mim, aquele contacto com uma família verdadeiramente católica foi uma autêntica revelação.

No trecho seguinte (1961a:119) ele caracteriza melhor os sentidos, evidentemente comparativos, que o caráter ascético da religiosidade daquela família conteve para a sua própria e conflituada identidade:

> Mais do que qualquer livro, o exemplo dos Georlettes me ensinou a compreender o que pode ser a religião católica, em um meio moral e intelectualmente apto a recebê-la e praticá-la. Que diferença entre aquilo e a fé tosca e primitiva a que eu me habituara em criança; religiosidade mesclada com a crendice das senzalas, primitiva e irracional, iluminada externamente pela pompa esmagadora das grandes cerimônias. Religião de padres políticos (...), do Deus que se escondia entre os ouros e os incensos e que nos punia sem nos compreender, ou sem ser por nós compreendido. Nunca falávamos de religião com os Georlettes, mas a eles, ao espetáculo da sua vida, agradeço ter podido introduzir, na minha necessidade de crença, um conteúdo diferente, de cuja existência as leituras não me davam senão idéia aproximada.

Em outras circunstâncias, porém, Arinos se sentia reconciliado com seu ambiente espiritual natal. Um momento particularmente dramático a lhe permitir esse movimento de retorno e conciliação se deu no relato (1961a:242) do nascimento de seu primeiro filho, o qual a mãe não podia amamentar e que fora salvo pela generosidade de uma vizinha, que também dera à luz um menino, no mesmo momento:

> Que teoria social, que ciência política, que organização técnica poderão jamais substituir essas virtudes espontâneas, esses sentimentos tão elevados na sua humildade, nascidos da organização burguesa, familiar, religiosa, da velha sociedade brasileira?

Não surpreende, portanto, que por vezes essa alternativa de comunhão tenha se manifestado como autêntica rejeição da política — ou do mundo — na afirmação de um verdadeiro ascetismo.

Este pôde ser vivenciado, ora como uma espécie romântica de idealização das sínteses do passado:

> Tudo isto emerge com tremenda realidade dos limites da memória. Realidade mais viva que a atual, porque inexoravelmente completa, não sujeita às mutações imprevisíveis do presente. Realidade incorruptível, porque superior à incerteza, inatacável porque alheia à dúvida, e sobranceira ao medo, porque despida de ambição. Realidade eterna, completa e pura do passado.[428]

---

[428] Melo Franco, 1955, v. 1, p. 283.

Ora como uma forma de despojamento e desambição diante do futuro:

> Percebo que, à medida que envelheço, vou me desprendendo cada vez mais das coisas do mundo, não levado pela idéia da morte, mas pelo sentimento da vida. As ambições, as recompensas, as injustiças vão me parecendo, cada vez mais, elementos ligados ao que a vida tem de progressivamente circunstancial. Mas o viver é, na minha idade, desligar-se das circunstâncias e explorar o que a vida tem de próprio, de independente de tudo o que se chama "vencer na vida". Agora compreendo bem isto, e nada do que é inerente ao êxito me atrai mais. A vida me impele às afeições, à leitura, à meditação do que leio, à contemplação, às viagens, às conversas com alguns poucos, ao bom vinho, às coisas simples pelas quais os homens devem viver e morrer.[429]

É verdade que em outras ocasiões — certamente mais felizes — inclusive a própria política se lhe apresentava como real possibilidade de comunhão, de congraçamento entre os desiguais em prol de um interesse mais amplo e autêntico.

Foi assim, por exemplo, no grande momento de sua carreira política, na consagradora vitória que obteve na disputa pela cadeira de senador pelo Distrito Federal em 1958:

> De pé, acenando para cima e para a rua, eu olhava assombrado a cidade generosa, a cidade alegre, festeira, combativa e bravia, e me enternecia até as lágrimas. Foi este, em toda a minha vida, até agora, o espetáculo político de que tenha participado que me causou mais intensa emoção e me deixou mais funda lembrança.[430]

Com essa vitória, inclusive, se poderia mesmo dizer que o político Arinos desforrara-se afinal de todas as restrições e derrotas impostas ao intelectual Arinos em sua incursão contraditória — se não mesmo indesejada — pelos desertos áridos e impiedosos da luta pelo poder. E o que era melhor: graças à bênção providencial do povo:

> O resultado oficial constatou que o candidato experimental, o pretendente novato que, enfrentando céticas experiências, pleiteara o mais alto posto na eleição, obtivera a maior votação até então conseguida por qualquer político em toda a história eleitoral do Rio de Janeiro. (...)

> Eu que vivia no Rio desde criança sentia redobrado, pela gratidão, o meu amor à cidade querida. Em vez de planos políticos ou propósitos legislativos, o que eu sentia em mim, subindo de dentro de mim, era a ternura pela terra e a gente cuja formação me era tão familiar.[431]

---

[429] Melo Franco, 1976:48.

[430] Melo Franco, 1965a:449.

[431] Ibid., p. 451. Vale lembrar que esse trecho das memórias foi escrito após a passagem de Arinos pelo Itamarati.

Outras vezes a superação da miséria política imediata se fazia de modo menos emotivo, no sentido da afirmação reiterada da crença na regeneração, ou redenção, da política através da efetivação de seus próprios potenciais éticos, pelo desenrolar natural de seus próprios motores evolutivos, mais ou menos imanentes. Como parece suceder freqüentemente, inclusive, tanto esse movimento quanto o anterior (de comunhão) poderiam se traduzir e articular na introjeção de estruturas teleológicas de significação na interpretação dos mesmos processos políticos contingentes. Tal como, por exemplo, na aposta que Arinos tantas vezes fez na evolução dos sistemas políticos, de modo que eles pudessem ir "encontrando o segredo do próprio funcionamento".

Desse modo, outro ponto importante, principalmente conectado à inflexão observada do tema do caudilho para o do caudilhismo, é que, embora essa passagem guarde importante significado em função da mudança de argumentação e de práxis que pode acarretar — quer dizer, da prédica e da denúncia personalista e puramente moralista para uma maior impessoalidade e para o reformismo político-institucional —, há que se atentar também para as permanências esteticistas de fundo.

Se a mudança do "púlpito" para a tribuna jurisdicista do reformismo institucional é digna de nota — podendo implicar de fato a superação de traços mais caricaturais e retrógrados do udenismo e uma autêntica evolução maior da direita para o centro do espectro político-partidário da época —, por outro lado o crivo esteticista permanece ativo, mudando apenas seu foco: dos indivíduos idealizados para a arquitetura institucional.

A ênfase em sistemas pode seguir, desse modo, presa de imperativos éticos (estéticos) mais amplos que podem permanecer assim antipolíticos: no sentido de continuar a pretender a domesticação da prática política concreta e o expurgo dos elementos potencialmente subversivos à ordem (tanto política quanto estética), subordinando as práticas em função de imagens de harmonia e equilíbrio.[432]

Com efeito, as grandes construções históricas se mostram particularmente adequadas a motivos dessa natureza. Em 28 de agosto de 1964, Arinos (1965a:260-261) assim circunscreve os sentidos históricos dos destinos de Vargas e Jango:

> O paternalismo social de Getúlio compunha-se com as condições do Brasil e do mundo naquele tempo. Internamente, nossas condições econômico-sociais não permitiam a formação de largas correntes de opinião, capazes de determinar o surgimento de forças políticas democráticas (partidos) que representassem, de maneira autêntica, o

---

[432] Como diria Paul de Man (1984:264, 266): "pois é como uma força política que a estética ainda nos importa como um dos mais poderosos motores ideológicos para atuar sobre a realidade da história". O comentário faz parte de uma análise sobre os sentidos da descrição que Schiller faz do que seria a sociedade esteticamente perfeita — uma dança em que cada participante movimenta-se com toda a graça e liberdade sem nunca, no entanto, colidir e assim perturbar a liberdade e a graça dos outros — e que, segundo de Man, "saibamos ou não, ainda é a premissa não questionada de nossas próprias ideologias pedagógicas, históricas e políticas".

218 ▼ A POLÍTICA DOMESTICADA

progresso social. Internacionalmente, grandes e adiantados países ocidentais podiam servir como modelos de sistemas de governo antidemocrático. (...)

Goulart, levando a limites impossíveis os processos do seu mestre e amigo, desmascarou a verdadeira face, ao mesmo tempo arriscada e frágil, de tais processos. Há hoje um movimento visível de transformação das aspirações sociais e reformistas, encarnadas por Getúlio Vargas. A emotividade demagógica, tão bem utilizada por ele, em promessas indecisas, generalizações fascinadoras e, às vezes, sátiras contundentes, atraía as massas brasileiras para o seu simpático paternalismo. Mas a marcha do tempo passou a exigir soluções nacionais coordenadas tecnicamente. (...) O fracasso do governo Goulart deveu-se em grande parte ao seu despreparo para a compreensão desse imperativo. O desmoronamento de 1º de abril, acima das pessoas, marca o fim de uma era, na qual os meios de aproximação da realidade histórica não se fundavam em ação coordenada, nem em bases científicas, mas se confundiam com a magia da presença pessoal de um caudilho mais capaz de provocar esperanças apaixonadas do que confiança repartida.

Infelizmente, nem sempre — ou melhor, quase nunca — a vida política se apresentava com tamanha coerência e em tão clara confirmação dos prognósticos científicos mais otimistas.

Assim, na maioria das vezes o ascetismo de Arinos nutria-se, sem dúvida, não apenas das contradições oriundas de sua formação pessoal, mas também de um certo enfado, ou mesmo de uma autêntica *náusea*, adquiridos por força das imposições e vicissitudes da experiência política.

É por força dessas imposições que, como dizia freqüentemente, Arinos (1961a:426) se via sendo forçado a "querer" o que "não se deseja":

O que nos falta é sempre o desconhecido, o imprevisível, o que está para além do nosso humilde jardim. O que se quer é o que não se tem, embora se prefira o que se vai deixar.

Sim, a vida: esta absorvente solicitação pelo que se deseja sem querer. (...)

Nesses anos vi-me envolvido pelas lutas do meu tempo. Mas, apesar de tão largo período de participação, ainda não me afeiçoei, quase que posso dizer, ainda não me habituei a elas.

Nos momentos de calmo interregno, como agora, no limiar de um novo caminho desconhecido, invade-me o mesmo indefinível desgosto de quem deixa o que tem e ama, pelo que espera sem amor.[433]

Sendo assim, por um lado, se poderia ver nesse conflito simplesmente o embate já suficientemente caracterizado entre os prazeres da vocação intelectual ori-

---

[433] O novo caminho a que o autor se refere no trecho é a tomada de posse no Itamarati, em 1961.

ginal de Arinos e os encargos de sua missão política. Assim prossegue ele, em outro trecho (1961a:122), no mesmo diapasão:

> Repassando tudo, não me arrependo, nem me envergonho, do que me foi dado fazer, mas, creia o leitor, não adquiri nenhum entusiasmo pela vida política, nem pela notoriedade que ela traz.
>
> Sinto-me mais velho, talvez fisicamente desgastado pelos choques e emoções do decênio, mas na minha inteligência e no meu coração subsistem, dominantes e jovens, o gosto do estudo e o amor das letras.
>
> Se eu pudesse fazer o que quero, ou, mais precisamente, se eu pudesse querer aquilo de que gosto, trocaria tudo, o presente conquistado e o futuro incerto, pela tranqüilidade da minha cadeira de professor, a calma do meu posto no Banco do Brasil e o silêncio fecundo da minha livraria, de largas janelas abertas para o velho jardim de Botafogo. (...)
>
> Mas nem sempre a gente deseja aquilo que prefere. Se existe, mesmo, um aspecto marcante da vida política é este, bastante estranho, de se querer aquilo que, no fundo, não se gosta, e mesmo podemos chegar, em certos momentos, a detestar.
>
> Que haverá por detrás deste complicado mecanismo de atração pelo que nos desgosta e repugna? Ambição? Mas, então, o que é a ambição? Prazer do engano? Apego à aparência, com abandono do profundo e essencial? Inércia? Embriaguez causada pelo rumor da rua, pelo aplauso feiticeiro da multidão?
>
> Kant dizia que não se deve procurar o favor das multidões, o que raramente se conquista por meios honestos. E acentuava: "procura o testemunho de poucos; em vez de contar os votos, pesa-os". Todos sentimos esta verdade. Raros os que se deixam guiar por ela.

Por outro lado, não parece haver dúvida de que a esse dilema inicial da vida pública de Arinos acresceram os dissabores específicos adquiridos no exercício da política.

E entre estes, é claro, nenhum parece ter marcado mais a trajetória do autor do que o embate com Vargas em agosto de 1954.

Com efeito, vimos quão freqüentes foram as manifestações de crítica política, ideológica e mesmo históricas de Arinos a tudo o que Getúlio representou em nossa vida política. Foram também igualmente freqüentes, entretanto, as ressalvas de caráter estritamente pessoal com que essa oposição, digamos, estrutural, entre os dois adversários era suavizada.[434]

Assim, por exemplo, na biografia de Afrânio, Arinos (1955, v. 3, p. 1568) comenta:

---

[434] O que, como vimos no capítulo sobre o caudilhismo, de certo modo ocorreu até mesmo no momento crucial desse enfrentamento, no discurso do dia 13.

220 ▼ A Política Domesticada

Se o problema nacional não interferia, se as questões eram exclusivamente internacionais, a simpatia de Vargas nunca faltou a Melo Franco. Devemos reconhecê-lo, com isenção e imparcialidade.

A este trecho foi acrescida, inclusive, a seguinte nota (1.157-A):

Este livro ficou terminado, como já disse, antes de 24 de agosto de 1954. Na revisão decidi não alterar nada das referências feitas a Getúlio Vargas. Aliás, a permanência integral do texto primitivo mostra a isenção com que procurei julgar sua pessoa e seus atos.[435]

Relembrando o discurso de 13 de agosto de 1954 em suas memórias (1965a:326), ele descreve o transe de que se sentiu possuído então (assim como o desconforto que acresceu a tais lembranças, por força do desfecho daquela crise):

Gravado em disco, ainda hoje há quem o possua com a minha própria voz. Não eu, que o não tenho e nunca o ouvi. Devo confessar, mesmo, que não gostaria de ouvi-lo. Ao relê-lo ainda sinto o sabor acre e triste daqueles dias de paixão e medo; de incerteza e aventura. Revejo o plenário da Câmara como que transido, enquanto da tribuna, à direita do presidente, eu atirava aquela catadupa de palavras inflamadas que não conseguia conter. Realmente eu me sentia — lembro-me perfeitamente disso — presa de uma estranha sensação. No silêncio da grande sala minhas palavras se despenhavam e eu as ouvia, recebia-lhes o eco, como se fossem de um outro; de alguém que não eu, que estivesse falando dentro de mim.

Mais de uma vez tenho experimentado sintomas desse conflito entre a emoção e o raciocínio, entre o ímpeto e a prudência, quando estou falando e me apaixono com o que digo. Mas nunca tal fenômeno se fez sentir tão nitidamente como naquele dia. Meu cérebro era o simples instrumento do meu coração; era toda a minha alma que se me arrebentava pela boca, numa força que não me era possível reprimir.

Tantos anos se passaram, com seu inevitável cortejo de alegrias e sofrimentos. Hoje, no limiar da velhice, lembro-me com espanto daquele fogo de paixões que a todos nos arrastava.

É preciso havê-las vivido para compreender-lhes o misterioso poder de dominação. Não são tanto doutrinas, convicções, princípios, que ficam em jogo, mas qualquer coisa de profundamente pessoal, que se junta a sentimentos da mesma natureza, existentes em outros indivíduos, formando tudo uma espécie de rajada coletiva que, ou se quebra contra um obstáculo mais forte, ou tudo leva de vencida, no seu implacável torvelinho. Em 1954 esse tufão foi mais poderoso do que as instituições. Arrastou-nos e arrasou-as.

É em seu depoimento (Camargo et al., 1983:151-152) prestado no início da década de 1980 que, contudo, Arinos revela mais claramente o que representou para ele conviver durante tantos anos com a memória dos idos de agosto:

---

[435] *Um estadista da República* foi publicado em 1955.

Olhe, eu tenho notícias da reação do Getúlio sobre o meu discurso que são muito penosas para mim. Muito. A Ivete Vargas, com quem eu me dava, me disse que o ouviu falar: "isto é injusto. Isto é injusto". (...)

A história está cheia desses mistérios. São fatalidades. São sismos, movimentos de alma muito profundos. O país todo estava vítima de um transe psíquico terrível. Foi uma coisa tremenda, um período horroroso. (...)

Para mim, foi um trauma pessoal. De repente, senti a participação que tínhamos tido naquele episódio todo. Quando eu soube da morte dele, tive um sentimento terrível. Eu pensei no meu pai. Lembrei daqueles filhos todos, desesperados, e pensei que se meu pai tivesse tido um fim assim, eu, que fui muito ligado a ele...

Indagado sobre o porquê dessa associação,[436] Arinos prosseguiu em seu depoimento:

É que me lembrei dos filhos dele, era só essa idéia que me ocorria. Getúlio ficou acuado como um cão dentro daquele palácio, com os lobos atacando, atacando, e ele fugindo, fugindo, para acabar fechado dentro de um quarto e tendo que se matar, sem ninguém para atendê-lo. Quando me disseram que o Getúlio tinha se matado, a idéia que me ocorreu foi a de um sujeito acuado, paralisado, sem condições de reagir. Nós éramos como uma matilha de lobos acuando aquele bicho dentro de um fojo, até ele se matar lá dentro. Isso me desgostou, me deu enjôo. Para mim, falar disso é muito difícil.

O engajamento na vida política, a entrega resignada porém resoluta às imposições de sua missão parecem ter custado a Arinos um alto preço. Que mesmo supervalorizado — já que, acredito, nada nos autoriza a responsabilizá-lo, de fato, pelo desfecho de 24 de agosto — nem por isso pôde, ao que parece, ser por ele facilmente exorcizado, nem com todos os recursos plásticos da criação literária que tão bem conhecia e era capaz de manipular.

No terceiro volume de suas memórias (1968:65-66), já afastado da vida parlamentar, o autor dá vazão às mágoas e ressentimentos que dela reteria (e cuja existência tantas vezes procurou negar).[437] Revendo o plenário vazio da Câmara, Arinos conjectura e vaticina:

A minha liderança na oposição ficará como um dos derradeiros momentos de autêntica vitalidade do Congresso republicano. Quando restaurará o Legislativo brasileiro as suas tradições de independência e autoridade? Poderá fazê-lo, ainda, algum dia? Ou

---

[436] Pela pesquisadora Aspásia Camargo.

[437] Em julho de 1972 Arinos foi internado, acometido de profunda depressão. Ele narrou o episódio no 4º volume de suas memórias, tendo marcado o ano de 1968 como o do início do processo (Alto-mar, p. 79-80). Embora ultrapasse em muito a competência desta interpretação, não se pode deixar de relacionar tal crise ao afastamento da luta política e ao estranhamento do autor diante dos desdobramentos daquela conjuntura histórica brasileira. Assim, inquirido sobre a sua volta à religião, Arinos revela que isto se deu "quando me vi mergulhado numa depressão imensa. Foi depois que deixei o Senado. Eu havia sido um parlamentar atuante e, de repente, fez-se um vazio" (Camargo et al., 1983:92).

estarão para sempre mortos os princípios da democracia liberal no Brasil? Receio que, pelo menos nós, os da geração que os defendeu e preservou a todo o risco, não mais vejamos o seu ressurgimento. Principalmente porque, salvo raras exceções, entre as quais tenho o direito de me incluir, esta geração, levada pelo medo irracional da subversão social, enrolou a bandeira da liberdade e veio, agachada, depositá-la aos pés do Moloque da reação disfarçado em ordem.

É espantoso como juristas e militares brasileiros da minha geração terminam as suas carreiras e as suas vidas defendendo, por oposição ao progresso social, todas as medidas políticas que combateram na mocidade. A história será implacável no julgamento de seus nomes. (...)

Com esforço, eu procurava afastar de mim essas idéias enquanto contemplava o plenário vazio. Procurava restaurar somente a lembrança dos dias de confiança recíproca e integração; dias vertiginosos de entrechoques, cavalheirismo e eloqüência. Que importa que parte da minha vida se haja esvaído ali, sem resultado? O que interessa é viver, mais que colher os resultados da vida.

A velha Câmara abafava os ruídos de antigamente na surdez do tempo...

Mais adiante, no mesmo volume (1968:276), ele prossegue, no mesmo tom:

Não posso julgar se a história parlamentar do Brasil fixará alguma coisa da minha passagem, durante 20 anos, pelas duas casas do Congresso. Às vezes fico cogitando se tantas lutas sustentadas pela minha geração política não terão sido mais retumbantes do que verdadeiramente importantes. Afinal, reconheço-o humildemente, os grupos mais atuantes entre 1947 e 1967, dos quais participei e que cheguei a liderar, empenharam-se a fundo numa ação de pouca profundidade.

Empunhamos as bandeiras que se nos ofereciam; enfrentamos os problemas que se nos apresentavam. Mas, às vezes, receio que tais problemas tenham sido de cúpula, de superfície, de forma. Destruímos o poder pessoal e erigimos uma Constituição democrática. Mas, pela falta de solução dos problemas de fundo, voltamos a outra forma de poder imposto, o poder militar, e nunca pudemos executar a parte mais humana, progressista e social da constituição que adotamos.

Minha atuação parlamentar cobriu toda a vida da Constituição de 1946. Foram 20 anos de luta para quase nada, para voltarmos, em piores condições, ao simulacro de democracia. Eis uma confissão sincera e triste.

Meu consolo, em face da consciência de um possível insucesso que terá sido de toda uma geração, reside em que eu terminei minha passagem pelo Congresso tal como a iniciei: lutando.[438]

---

[438] O consolo pela dignidade da luta — assim como a metáfora do navio de guerra, que vimos ser utilizada no capítulo anterior (mas em referência ao mesmo evento) — não pode deixar de evocar o modelo do soldado que se entrega inteiramente à sua causa, tornando-se

Nem todas as profecias sugeridas por Arinos para o futuro da democracia no Brasil, em seus momentos de maior desencanto, se confirmariam (para o bem dele e nosso).

De fato, a lenta superação do regime militar ainda lhe daria uma última oportunidade, pelo menos, para o exercício de sua vocação e de suas potencialidades de estadista.

O término de seu mandato, em 1967, entretanto, apenas se sucedera à extinção, também, da primeira e rica experiência de democracia de massas no país. Experiência que ele ajudou a construir, cujos ideais liberais tanto difundiu, e cuja supressão, paradoxalmente, também contribuiu (ao menos) para legitimar.

---

depois incapaz de voltar para a existência anterior, civil, e que, como nos mostra Harvey Goldman (1988:205), se encontra no "coração e na essência da vocação". Do mesmo modo, não deixa também de nos remeter ao elogio weberiano do "homem que pode ter a 'vocação da política'" e que — não houvesse um outro requisito fundamental —, sem dúvida, poderia ser perfeitamente visualizado em Arinos: "Mas é profundamente comovente quando um homem maduro — não importa se velho ou jovem em anos — tem consciência de uma responsabilidade pelas conseqüências de sua conduta e realmente sente essa responsabilidade no coração e na alma. Age, então, segundo uma ética de responsabilidade e num determinado momento chega ao ponto em que diz: 'eis-me aqui; não posso fazer de outro modo'. Isto é algo genuinamente humano e comovente. E todos nós que não estamos espiritualmente mortos devemos compreender a possibilidade de encontrar-nos, num determinado momento, nessa posição" (Weber, 1982:151).

6. Conclusão — dilemas do liberalismo romântico, ou: "falando, eu era um militante"

Se quiséssemos então encontrar uma chave interpretativa (e reducionista) de caráter puramente histórico-político para dar conta das recorrências, coerências, inconsistências e significados históricos mais relevantes desta sua obra, ou pelo menos deste seu fragmento aqui estudado, esta se encontraria exatamente no exame da situação política peculiar e, de certo modo, incômoda de Arinos dentro do quadro político, institucional e ideológico da época: sua elevação à condição de liderança de oposição que, entretanto, não se restringia à atividade parlamentar, política, *stricto sensu*, incorporando também todo um sentido de contestação mais amplo, mais profundo e abrangente.

Com a quebra do sistema político da Primeira República — o "federalismo" de que Arinos nos fala com certo saudosismo —, posta em prática após a Revolução de 1930 e em especial pelo Estado Novo, operou-se sua substituição por um novo *status quo*, onde à antiga ordem não mais correspondia o mesmo poder. Um *status quo* que em suas linhas gerais pode ser caracterizado, já no período pós-1945, de um lado, pela presença de um sistema partidário onde pontificavam como principais forças nacionais o PSD — o "partido dos interventores" de Vargas —, o PTB — o partido da "máquina sindical corporativista" — e a UDN, a frente cujo ponto de convergência, e razão de ser inicial, era a oposição ferrenha a Vargas.[439] De outro lado — e, aos olhos de nosso autor, de modo ainda mais preocupante —, a nova situação apresentava a novidade radical da relação imediata entre o "caudilho" e as massas eleitorais (herança, em grande medida, da poderosa intervenção social, trabalhista, propagandística e ideológica do Estado Novo).

Às imposições desse novo estado de coisas se poderiam assim atribuir a ambiguidade e as oscilações frequentes da produção discursiva aqui examinada. A essa incômoda necessidade de adequar às novas condições toda uma tradição política que — deslocada pela dura realidade implicada pela capacidade de mobilização popular e de concertação política de um novo sistema de poder — se deixava levar ainda por formalismos jurídicos e por preconceitos de elevado custo eleitoral, perma-

---

[439] Arinos (1961a:411) comenta assim a criação do partido, em 1945: "naquela fase de ilegalidade os grupos se aproximavam para ação comum, ligados por um único fator, e este mesmo negativo: a oposição à ditadura. Ao contrário do dito de Saenz Peña, tudo nos separava, e nada nos unia, exceto aquele nexo que o próprio sucesso da nossa empresa viria fatalmente extinguir".

necendo insensível a novas realidades sociais e ideológicas, a novas demandas. Na defesa, enfim, de uma ordem ainda econômica, social e culturalmente poderosa, mas cujos fundamentos e procedimentos políticos teriam sido, em grande medida, solapados. Uma ordem de forte e sólida radicação social, dotada de grandes e variados recursos, porém deslocada do Estado, do centro gravitacional do poder, e mal posicionada com relação aos seus principais e novos acessos.[440]

Todo o esforço intelectual de Arinos, sua tentativa de compatibilização, ora entre o construtivismo e o conservadorismo, ora entre o "bacharelismo" e a inovação social, se compreenderia, assim, no esforço de enfrentamento dessa contradição, concretamente experimentada, entre a adesão a valores e a uma ordem em declínio e a consciência da inexorabilidade da mudança, capitaneada (e capitalizada) pelo "outro lado".

A rigor, o seu estranhamento, ou mal-estar, manifestara-se — de acordo com suas memórias (1961a:87-88) — já na juventude, na observação aguda do drama revolucionário brasileiro em seus albores, e ao qual se sentia constrangido a opor-se, em função dos comprometimentos de seu pai junto à ordem representada pela situação federal na década de 1920 (governos Epitácio Pessoa e Artur Bernardes):

> Um revoltoso no tempo de Rodrigues Alves (falo dos revoltosos federais, não dos estaduais) era alguém que se desclassificava, que se punha fora do meio social, porque agia em função de ressentimentos ou de apetites imediatistas. Já no tempo de Bernardes um revolucionário era alguém que se colocava menos contra a lei vigente do que a favor de uma lei que deveria ser, e que seria melhor que a outra. (...) Esta mudança, que era grande, esta transformação das revoltas em revolução, escapava visivelmente a meu pai naquele tempo (só em 1929/30 ele se apercebeu), mas já não me escapava a mim.

> Eu sentia bem a transição, pelos contactos que tinha, na Faculdade, com os colegas; pelas conversas, na praia, com jovens oficiais do forte;[441] pela comunicação, em su-

---

[440] Como vimos, essas incongruências aparecem muitas vezes no discurso de Arinos sob a forma da crítica ao plebiscitarismo que estaria subvertendo inteiramente o regime presidencial no Brasil. Em seu depoimento ao Cpdoc (Camargo et al., 1983:184), ele associa as possíveis razões do gesto de Jânio ao seu tipo específico de populismo e nos diz que "o Congresso sempre se torna um problema para quem é eleito como Jânio foi. Se o Brizola for eleito presidente da República, vai ter o mesmo problema. Esse tipo de político rompe com todas as molduras partidárias e vai direto ao povo, faz o apelo direto. Uma vez falei isso na Câmara a respeito do Getúlio. Na biografia dos Gracos, há uma passagem em que um deles saiu do recinto do Senado e foi falar diretamente ao povo, de costas para o Senado. Para se eleger majoritariamente no Brasil, o sujeito rompe com toda a moldura institucional e vai ao povo. Depois que chega ao poder, percebe que está preso pela moldura: a Igreja, a imprensa, os partidos, os empresários... O Jânio foi isso". A respeito da menção a Brizola, lembremos porém, de passagem, que durante a gravação desse depoimento o líder trabalhista — que tão importante papel desempenhou na conjuntura da crise de 1964 — já havia voltado ao Brasil e disputava de forma vitoriosa a sua primeira eleição (no caso, para governador do Rio de Janeiro).
[441] A casa onde Arinos viveu sua infância no Rio situava-se próxima ao Forte de Copacabana, tendo sido ele testemunha ocular do levante de 5 de julho de 1922 (A alma, p. 83).

226 ▼ A Política Domesticada

ma, que alimentava, naquele princípio de mocidade, com a vida popular da cidade rebelde, vida desconhecida, naturalmente para meu pai, que, como quase todos os políticos do tempo, não convivia fora dos limitados círculos dos dirigentes.

Por tudo isto, contrariando a velha tradição da família, não me metia em política, nem por ela me interessava.

Muito afeiçoado a meu pai, e com ele totalmente solidário, nunca poderia ser um antibernardista. Por outro lado, a pressão do ambiente que se exercia sobre mim fora de casa, na escola, nas ruas, nas rodas de amigos, era de molde a me desvincular do governismo militante, ao qual se filiara, com a paixão combativa que punha em tudo, o meu irmão Virgílio.

Talvez essa dificuldade de definição é que me tenha levado a procurar refúgio privativo nas letras, com abandono de qualquer preocupação com a política, que, no entanto, me cercava, pois absorvia a vida dos meus.

Tal observação chegaria a incorporar, inclusive, a consciência — e uma aguda e intelectualmente sofisticada representação — acerca do que seriam os significados profundos da crise republicana e suas conseqüências éticas e políticas. Revendo, em trecho das memórias escrito em 1960, o seu livro *Conceito de civilização brasileira*, de 1936, Arinos (1961a:369) critica severamente essa obra, chamando a atenção, porém, para uma observação no texto que considera uma espécie de acertada previsão a respeito do advento do Estado Novo que, de fato, se estabeleceria no ano seguinte ao de sua publicação. O trecho recortado daquele livro é o seguinte:

Desmoralizado o espírito jurídico da Primeira República, perdeu o povo brasileiro a confiança que depositava na lei como aparelho protetor, e como fórmula mágica, capaz de resolver todas as dificuldades.

E, desta maneira, passamos de uma fase, em que o ideal do Estado repousava no cumprimento integral da norma jurídica, no reino da legalidade pura, a uma outra fase, oposta à primeira, em que o absoluto desinteresse pela lei facilita a criação de um verdadeiro estado permanente de ilegalidade.

Isto tem, aliás, importância apenas relativa, porque já vimos que a legalidade brasileira não passava, em suma, de um conceito.

Mas uma conclusão importante se tira daí. É que, pelo menos, enquanto não se criar um novo mito equivalente ao parlamentarismo ou ao legalismo (e dou aqui à palavra "mito" a sua situação integralmente política, aquela que lhe foi emprestada por Georges Sorel), o Estado brasileiro se baseará franca ou disfarçadamente, mas, em qualquer caso, exclusivamente na força.

A se adotar a interpretação que Arinos fazia em 1936 do problema ideológico brasileiro, posto pela supressão do regime de 1891, se poderia dizer que, de fato, com a ordem que se afirmaria no ano seguinte, criou-se um novo mito de Estado, capaz inclusive de legitimar-se a si e, eventualmente, ao uso que fazia da força.

Para Arinos, porém, essa solução para o dilema fundacional que identificara no advento da Revolução de 1930 se apresentaria como o problema-chave de toda a sua trajetória como político e intelectual.

Tornava-se assim impossível, para o maduro parlamentar e intelectual do intervalo democrático pós-1946, manter-se nos quadros de análise mais descompromissados da juventude (quanto mais levar às últimas conseqüências as suas premissas e exigências interpretativas).

O próprio trajeto histórico do Brasil de sua geração — ou melhor, a construção literária, política e existencial dessa trajetória levada a efeito por Arinos — se articularia, por fim, na "objetivação" de tal estranhamento, de tal mal-estar que, a um primeiro olhar, poderia se mostrar tão único e individual, tão peculiar, tão "subjetivo" (1961a:162):

> Hoje, a liberdade cede o passo aos reclamos instantes da igualdade, e as construções intelectuais do direito interessam muito menos do que as obscuras imposições da justiça sem lei.

> Por isto nós, que provimos de uma classe e nos formamos sob a influência de uma cultura que pregam ainda os valores éticos e intelectuais que foram caros a Rui Barbosa, não podemos deixar de nos constranger com a verificação de que eles perdem, cada dia, bastante de sua importância histórica.

> Daí a contradição permanente que os homens do meu tipo, que não admitem a existência sem direito e sem liberdade, experimentam entre a sua maneira de pensar e sentir, e a dificuldade de transformar aqueles valores em instrumentos capazes de atender às imposições da nossa época.

Feito o diagnóstico acerca das razões profundas para o mal-estar, Arinos irá, como vimos, buscar a saída para a sua "contradição permanente" na construção dialética da oposição evolucionista entre ordem e movimento, problematizada no embate entre o estadista e o caudilho, e resolvida através da síntese do progresso social.

Não sendo possível, porém, efetivar-se por si própria tal síntese e resolução, e não havendo, eventualmente, ao alcance do intérprete, os meios políticos necessários para induzi-la, restaria somente — como parece ter sucedido freqüentemente no período — a prédica moral. Assim, por exemplo, no malfadado ano de 1963, Arinos (1965b:15) invocava a superação do drama da seguinte forma:

> É também preciso que cada homem, com alguma dose de responsabilidade — aí compreendidos os homens comuns, que são a base de tudo — procure sinceramente, num esforço de consciência, acabar com a própria divisão íntima. Porque o drama da nossa geração é também este. Muitos de nós estamos divididos, dentro de nós mesmos. Não temos coragem de unir as duas partes do nosso eu, aquela que tende para o progresso e o futuro e a que se aferra a um passado morto, mas que ainda parece vivo.

> Divididos entre a compreensão do progresso e o sentimento de insegurança, ficamos entre o desejo de melhoria de uns e o nosso próprio medo de perder. Precisamos nos unir a nós mesmos, restaurar a integridade e a unidade do nosso ser racional e moral, tarefa sumamente facilitada para um povo católico, face às recentes posições do Va-

228 ▾ A Política Domesticada

ticano. Só assim compreenderemos a importância da moderação, a coragem de se aderir resolutamente a ela, quando é tão mais fácil, tão mais rendoso e aparentemente tão menos arriscado acompanhar qualquer uma das duas espumantes correntes radicais.

Ou ainda em 1966, quando a ordem de 1946 já pertencia ao passado: "a grande batalha que devemos vencer no Brasil é contra nós mesmos, contra o nosso egoísmo, a nossa incúria, o nosso medo irracional" (1968:38).

Dessa luta contra si mesmo proviriam, portanto, o esforço intelectual constante por compatibilizar posições e desdobramentos muitas vezes tidos por antagônicos, a freqüente reordenação e rearticulação de conceitos, e, já no que se refere mais especificamente a conteúdo, a elaboração de distinções mais ou menos sofisticadas, como a que existiria entre o conservadorismo e o reacionarismo, ou como a das especificidades do regime democrático e de sua autonomia diante das ortodoxias econômicas do liberalismo.

Desse modo, por exemplo, a elaboração da noção de "crise do direito", como vimos, explicita o dilema daqueles que, por assim dizer, se convencem da necessidade de se livrar dos "anéis" (o individualismo econômico) para não perder os "dedos" (os direitos e garantias individuais, civis e políticos).

Nesta chave interpretativa, essa tentativa de reforma do direito pode ser, portanto, indicativa do isolamento da posição "tocquevilliana" de Arinos em meio à polarização vigente naquela quadra da história brasileira. Polarização na qual, inclusive, as principais forças em luta, em perfeita oposição a ele, de bom grado sacrificariam (como de fato, de certo modo, sacrificaram) o direito, e portanto o pleno direito ao individualismo político e civil, em troca do exercício, sem peias, ou do individualismo ou do coletivismo econômicos (pela via, é claro, de um Executivo todo-poderoso).[442]

---

[442] Assim, em seu depoimento (Camargo et al., 1983:196), Arinos explicita as premissas do golpe de 1964 — e do seu apoio a ele — contrapondo o caráter antidemocrático das facções que se teriam enfrentado na crise final do intervalo democrático: "o processo revolucionário tinha fundamento na suspeição contra o governo, nas intenções do governo. A herança intelectual do janguismo era uma herança não representativa no que toca ao processo político. Era uma herança de coronelismo trabalhista e manifestações de democracia plebiscitária. (...) A resistência contra Goulart, Brizola e todo esse sistema estava fundada numa experiência política e numa teoria política. Não podíamos confiar naquilo. Por outro lado, as forças que alimentaram a revolução tampouco eram democráticas, tanto que todas aquelas manifestações exteriores que assumiu — marcha pela família e não sei o quê —, pelas quais nunca tive entusiasmo, tinham uma significação antidemocrática". "No fundo, também era plebiscitária. Era o povo na rua" [diz Aspásia Camargo]. "Plebiscitaria e plebiscitária militar [responde Arinos]. De um lado, era uma espécie de plebiscito caudilhista, de provisórios, de pelegos, de guarda pessoal, aquela coisa meio misteriosa. Do lado de cá, a facção direitista era igualmente anti-representativa. Nisso não há nenhuma surpresa, nenhuma revelação, pois processos semelhantes têm ocorrido em muitos países. Todas as vezes que a representatividade política processual se deteriora, a confrontação entre as forças marginais se faz sempre dessa maneira."

De acordo com essa interpretação reducionista, a clivagem realmente relevante não se daria exatamente entre a "ordem" e o "movimento", seja com os atores com que Arinos a caracterizava, seja com outros que se lhes opusessem, no mesmo diapasão, mas sim, simplesmente — talvez num contexto menos dotado de grandeza épica —, entre getulistas e antigetulistas. Quer dizer: entre uma facção oligárquica que se assenhoreou do Estado e articulou, em seu benefício, a inclusão e, até certo ponto, a tutela das massas a ele, e os setores oligárquicos excluídos ao longo do período revolucionário e do Estado Novo.

Daí por que a "representatividade" da "ordem" atribuída por Arinos ao PSD e a outros partidos conservadores seria irrelevante, ou pelo menos secundária, diante da clivagem intra-oligárquica fundamental. Seria por força dessa clivagem mais decisiva que o "ordeiro" PSD se aliava ao "mudancista" PTB, deixando a oposição para a UDN e para os outros partidos da "ordem", e promovendo, nas palavras do autor, a anarquia.

E assim — relembrando a participação de Arinos nos círculos intelectuais da Livraria Católica e o trecho de 1936 —, se se pode dizer que nosso autor superou os ideologismos dos anos 1930 e 1940 em prol da sua própria versão de um conservadorismo iluminista (tal como vimos na construção do estadista), por outro lado — ou por isso mesmo — nunca abriu mão, entretanto, das sínteses literomoralistas da ordem e do movimento.

Do mesmo modo, embora quando jovem criticasse a falácia do legalismo na Primeira República — tal com vimos em obras como o *Conceito de civilização brasileira* —, voltou a aferrar-se, depois de 1946, ao mesmo mito, à mesma "fórmula mágica".

Ampliando o leque de "determinações" para a compreensão das ambigüidades de nosso autor, e incorporando *rationales* de caráter sociológico mais amplo, se poderia também fazer referência aos possíveis impactos de processos de mobilidade social, ascensional ou descensional sobre a sua produção ideológica e/ou discursiva.[443] Ou seja: talvez seja possível "explicar" os desconfortos, as contradições e oscilações de Arinos também em função de incongruências experimentadas por ele no que se refere a expectativas de *status* e realização pessoal cultivadas e resultados concretamente obtidos.

A esse respeito, seria interessante destacar que Arinos não experienciou nem uma coisa (ascensão social) nem outra (descenso). Ao que se depreende de sua (auto)biografia, sua posição social jamais esteve ameaçada ou variou significativamente — com as possíveis (e significativas) exceções dos primeiros tempos de casado e ainda convalescente de uma tuberculose (no início da década de 1930) e do episódio

---

[443] Assim o ponto é desenvolvido por Mannheim em sua análise do conservadorismo em obras como as de Edmund Burke e Adam Müller: "é durante a ascensão ou o descenso na escala social que o indivíduo adquire a mais clara visão da estrutura social e histórica da sociedade. Na subida se compreende o que se almeja, na descida o que se está perdendo".

230 ▼ A Política Domesticada

particularmente importante da demissão do Banco do Brasil em 1943, após a aventura do "Manifesto dos Mineiros".[444]

O que, sim, ele viveu, como já reiterado, foi a interdição de seu acesso (ou dos seus) ao poder e às suas glórias maiores, tal como evidentemente julgava seu(s) destino(s) e/ou direito(s) — de linhagem, estamento, ou ambos. Lembremos então: a) interdição a Afrânio por força da rigidez da política oligárquica brasileira da Primeira República (e da mineira, em particular); b) interdição a Virgílio no caso da interventoria mineira (1933); c) interdição do poder central à UDN, seja por via eleitoral (1945, 1950 e 1955), seja por chicana ou golpe (1950, 1954 e 1955);[445] d) fracasso e incompreensão (inclusive e principalmente dos seus correligionários) quando do efêmero exercício do mesmo poder durante o governo Jânio Quadros (com a PEI); e) e, finalmente, a rejeição — intra e extraparlamentar — do parlamentarismo (1961-63).[446]

O estranhamento de Arinos, portanto, sua relativa autonomia diante de seus "mandantes", seu desvio em relação se não aos interesses imediatos mas com certeza diante das posições preconizadas por suas "bases" sociais, suas divergências, dissabores e desencantos, a abertura de seu discurso para a revisão de posições e para a incorporação de argumentos que outrora lhe teriam sido antagônicos, e ao mesmo tempo a manutenção de uma mesma postura moderada, de um mesmo compromisso com a preservação da ordem, o seu reformismo prudente e conciliador, seu apego permanente aos *mores* e valores estamentais, ao seu "humanismo" — talvez tipicamente mineiro, católico, brasileiro —, poderiam também, enfim, ser sociologicamente creditados, concomitantemente, à sua estabilidade social e às suas dificuldades políticas. Às incongruências, mais ou menos sutis, entre poder e situação econômicos e sociais, de um lado, e poder e situação políticos, de fato, do outro.

De qualquer modo, o que, acredito, fica claro é que de um lado se poderia falar de um incontestável sucesso pessoal de Arinos como intelectual. De outro, se poderia igualmente falar de seu fracasso como político e ideólogo.[447]

Concentrando-nos no discurso, porém, o sucesso individual corresponderia à manutenção — ao longo de todo o período (e muito antes e depois também) — de uma estrutura social que concentrava e distribuía, rarefeita e ainda oligarquica-

---

[444] Ambos os episódios são descritos no volume inicial das memórias (1961a:236 e segs.; 394 e segs., respectivamente).

[445] Refiro-me, é claro, às tentativas, bacharelescas ou militaristas, de barrar as posses de Getúlio e JK, além da tentativa de deposição do primeiro.

[446] E isto sem falar do desengano com os rumos, tanto políticos quanto jurídicos, tomados pelo movimento de 1964. No item anterior, embora não houvesse qualquer relação necessária entre a manutenção do parlamentarismo e a participação de Arinos nos gabinetes — e embora não haja menção explícita de qualquer ambição sua a respeito —, creio que é lícito supor que ele deveria se ver, sem dificuldades, como ocupante de importantes cargos parlamentares — que, de fato, ocupou —, inclusive mesmo o de primeiro-ministro (por que não?).

[447] Ou seja, como intelectual que prescreve normativamente para a política.

mente, os acessos, recursos, prêmios e capitais, simbólicos ou não, relativos à participação no jogo e nos rituais políticos cotidianos (não-eleitorais) e na produção intelectual e ideológica erudita. Estrutura à qual Arinos sempre se mostrou perfeitamente adequado.[448]

Já o fracasso, neste nível de análise, corresponderia então à fratura, ou cisão, operada no sistema de poder brasileiro pelo advento do Estado Novo e do sistema político que este legou ao intervalo democrático subseqüente. Sistema de poder, portanto, que ou bem colocou Arinos na oposição, ou — quando, de modo efêmero, pôde ele exercer o Poder Executivo — condenou-o ao isolamento e, conseqüentemente, à impotência política.[449]

No período em que sua intervenção política dos anos 1950 e 1960 restringira-se a um objeto de lembranças e de novas reflexões, essa impotência e esse desencanto de Arinos levaram-no a minimizar inteiramente a sua influência na história de nossa vida política: "nunca produzi nenhum acontecimento político. Fui arrastado por eles e participei de alguns. Posso ter influído no desfecho de alguns, mas nunca produzi o acontecimento, nem mesmo a minha eleição".[450]

Essa confissão — ou construção — de uma impotência política não deixou de se constituir, para o próprio Arinos, num motivo para a reflexão sobre os papéis e os dramas específicos que corresponderiam à vocação do intelectual em seu comércio com as forças demoníacas do poder.

De acordo com o mesmo movimento pelo qual caracterizara amargamente o fracasso de sua trajetória, ele assim reduziu os significados da relação que o homem de idéias entretinha, de fato, com a realidade:

---

[448] Provocando, inclusive, inimizades célebres. Os sentidos da crítica de Guerreiro à "ideologia da *jeunesse dorée*", da qual Arinos seria um dos maiores representantes, poderiam, inclusive, ser também interpretados à luz das disputas usuais do campo intelectual brasileiro. Arinos, porém, sempre soube como lidar com esse tipo de enfrentamento. Lembrando o contato pessoal que teve com Guerreiro — quando este fez parte das representações brasileiras na ONU, chefiadas por Arinos em momentos da primeira metade da década de 1960 — ele assim resolve a querela entre ambos (1968:183): "o brilhante sociólogo tinha, por mais de uma vez, atacado severamente alguns livros meus, escritos na juventude, aos quais eu deixara de atribuir importância. Não me incomodei com os seus ataques precisamente porque eles não atingiam, em mim, nada do que representasse a forma atual do meu espírito. Tratei-o, por isto mesmo, sem qualquer ressentimento, e em breve nos tornamos amigos. Guerreiro Ramos, a partir do nosso trabalho comum em Nova York, tem se referido da forma mais cordial e generosa a meu respeito".

[449] Mesmo assim, se comparamos sua trajetória pessoal com a de seus colegas de faculdade — tal como ele próprio o fez —, veremos que, malgrado essa desconfortável condição política, do ponto de vista sociocupacional a nova ordem brasileira lhe permitiu o desenvolvimento de uma carreira impecável (e embora não seja aqui o espaço, é claro que seria interessante investigar as razões da singularidade de Arinos entre os pares de sua geração, por que conjunção de atributos pessoais, circunstâncias históricas e estruturas institucionais isto se teria dado).

[450] Camargo et al., 1983:66.

232 ▼ A Política Domesticada

O tema é antigo, mas o que me pergunto é se a participação do intelectual, ainda hoje, representa na verdade uma participação; se ele é uma parte da realidade ou se ele retira para si uma parte da realidade.[451]

A rigor, já de muito antes, certas formas de atividade intelectual eram contrapostas por Arinos às exigências do jogo político. Como vimos, por exemplo, na construção do estadista — ou na caracterização dos insucessos de Rui Barbosa —, muitas vezes esse realismo lhe permitiu caracterizar as especificidades do *métier* político e acentuar os riscos que a abstração e o racionalismo exacerbados poderiam representar para aquele.

Assim, ao registrar em suas memórias o falecimento de San Tiago Dantas, Arinos (1965a:262-263) assim o descreveu, reiterando os motivos realistas que sempre o fascinaram:

Em toda a sua vida — principalmente na sua vida pública — os erros de apreciação e de conduta em que incorreu provieram, paradoxalmente, deste claríssimo poder de raciocinar. Porque, em certas oportunidades da vida política, a inteligência, quanto mais clara for mais risco corre de conduzir ao erro. Quando chamava a atenção de San Tiago para esta verdade e para os perigos paradoxais que ela encerra, ele respondia, rindo, que não compreendia minha afirmativa e que, se ela fosse certa, não haveria remédio para ele, que não conseguia agir a não ser em função de prévios esquemas racionais. "Já reparei que você — disse-me ele um dia — só pode pensar de pena na mão, ou instalado na tribuna; elaborar e compor são para você atos conjuntos. No fundo não sei bem se você faz o que pensa ou pensa o que faz." Confesso que esta resposta à minha crítica atingiu-me em cheio; por isto mesmo não gostei. Mas aquela que eu lhe fazia não era menos exata. O mal de uma inteligência política superlúcida, como a de San Tiago, é que, abandonada ao seu próprio movimento e distanciada da sensibilidade, tende invencivelmente a sobrepor, ao que é, aquilo que deve ser. A filosofia do direito alemã, principalmente depois de Hans Kelsen, vulgarizou as duas noções sociais, a do ser (*sein*) e a do dever ser (*sollen*). Mas se na construção das hipóteses jurídicas, nas altitudes rarefeitas do pensamento kelseniano, admite-se que o direito se funda mais no abstrato do *sollen* do que no concreto do *sein* — porque, de certa forma, a essência ética e racional do direito transcende e supera a própria existência social —, já em política não se pode atingir o que deve ser senão pelo que é. Era esta marcha, às vezes pedregosa, às vezes pantanosa, através do irracional, que San Tiago era incapaz de empreender. Ele tomava pelo real o que não era propriamente fantasia, mas aparência criada pelo raciocínio. Criava uma realidade lógica que pretendia tomar como vital.

Chegando ao termo desta travessia através de sua produção retórica, historiográfica e memorialística, não vejo razões para duvidar da autenticidade com que ele tantas vezes caracterizou essa especificidade ideal do político — tal como

---

[451] Camargo et al., 1983:55.

na crítica afetuosa a San Tiago Dantas —, sem menosprezo, é claro, das enormes dificuldades encontradas pelo próprio Arinos para encarnar este mesmo ideal.[452]

Com efeito, justamente por ter tantas vezes localizado em seus discursos o que para mim não passava de pensar desejante, de racionalização de impulsos estéticos e normativistas de domesticação do real, não posso deixar de concordar com todas as reservas com que ele recebia as abstrações da teoria e das racionalizações autoconfiantes dos processos políticos, quando estes, na verdade, sempre constituíram muito mais o reino, por excelência, dos caprichos da *Fortuna*.

O que, por fim, me interessa destacar aqui, porém, é o visível desconforto com que foi recebida por ele a crítica que o próprio San Tiago lhe dirigiu como resposta. Ainda mais que a tal desconforto se agregou uma sincera admissão de pertinência acerca do teor do contragolpe.

Creio que o ponto a reter é justamente que, apesar de tão sábia e competentemente opor a concretude da retórica política às abstrações da teoria, Arinos não podia de modo algum, contudo, assumir desembaraçadamente a sua própria vocação de retórico, na medida em que esta se limitasse ao jogo das palavras de ordem e à defesa do interesse e do cálculo contingentes.

Uma vocação — no caso, inclusive, uma das mais brilhantes de toda a nossa República — de quem "só pode pensar de pena na mão, ou instalado na tribuna", elaborando e compondo em "atos conjuntos", no calor das disputas políticas e parlamentares, e não no aconchego e na paz dos gabinetes. Ou, como diria o próprio Arinos: "falando, eu era um militante".[453]

Na verdade, quando diz "idéias" — idéias que, como vimos, ele sempre preferiu à política —, Arinos não se refere jamais à teoria, mas sim às imagens e palavras em sua força poética, em sua força criativa e, principalmente, transcendente.

Sua dificuldade, entretanto, era considerar legítimo o uso meramente interessado que delas podia fazer (e que de fato fez, e por vezes muito bem, enquanto líder de bancada).

O que ocorre é que assumir uma vocação puramente retórica significava, por um lado, assumir também o reacionarismo inevitável de seu *locus* sociopolítico — inclusive com a incorporação sem culpas da "sua responsabilidade" na morte de

---

[452] Isto é visível, por exemplo, em sua análise (1965a:75) da peculiar vocação política de Gustavo Capanema, seu colega e ex-adversário de liderança parlamentar: "muitos pensam que Capanema se deixa empolgar pelas palavras e acham que ele complica tudo com sua mania de perfeição formal. Eu penso de forma diferente. Ele se deixa empolgar é pelas idéias, mas, como não escreve e sua atuação é toda política, é no jogo discursivo que ele expõe, aumenta e multiplica as idéias. Ora, a ação política não é, nunca foi nem será nunca um jogo de idéias. Daí o desajuste entre a vocação política de Capanema e sua ação na política. (...) Mas, quando se trata de dar uma solução política colhida em uma idéia, então vemos Capanema tomar a dianteira do momento".
[453] Camargo et al., 1983:54.

Vargas.[454] Por outro tal admissão levaria também à dessacralização de sua atividade literário-poética — fonte de todas as suas maiores honrarias e prazeres. Em certo sentido, seria o mesmo que abrir mão da grandeza épica de suas vitórias no campo onde, de fato, nunca sofreu nenhuma derrota digna desse nome.

Na verdade, isto implicaria perdas ainda maiores: significaria deslegitimar todo o caráter transcendente e eticamente determinado de sua inserção na história.[455]

Assim, impossibilitado por um lado de assumir-se como retórico, no sentido mais caracteristicamente sofístico do termo, e tendo vedada, por outro lado, a sua livre e desembaraçada imersão numa produtividade intelectual de caráter romântico — tantas vezes esboçada mas nunca inteiramente efetivada, por força das imposições de sua missão e das exigências do *métier* a ela consagrado[456] —, a "solução" de meio-termo encontrada por Arinos foi, portanto, o engajamento total, discursiva e reiteradamente afirmado em um etos político-intelectual idealista. Onde as compensações do esteticismo pudessem se dar sem rupturas com a ordem e a base sociais que as sustinham — garantindo assim, também, para o seu "porta-voz", o usufruto das recompensas sociais e simbólicas por elas controladas e distribuídas —, desde que devidamente circunscrito e limitado, tal esteticismo, pelos imperativos transcendentes da moral e do interesse (racional) público.

Por outro lado, embora o limitasse em seus eventuais arroubos românticos, a vocação desse modo assumida, com todos os seus custos e riscos, e com todas as armadilhas de seu idealismo, não obstante lhe permitiu de algum modo, ou ao menos em certos momentos privilegiados, superar o mal-estar e o estranhamento que sua consciência histórica lhe impôs diante do colapso do "antigo regime" brasileiro.[457]

---

[454] Assim como a "verdade" — ao menos sociológica — de sua problemática obra ensaístico-política de juventude, tal como brilhantemente caracterizada por Guerreiro Ramos (1961:153): "por sua própria condição existencial, esses intelectuais são induzidos a um certo esteticismo diante de si mesmos e da vida, tentando a perfeição interior pela auto-análise, pelo esclarecimento, pelo exercício do domínio da vontade e, além disso, pela concepção do homem e da sociedade em termos preponderantemente psicológicos".

[455] "Vocação representativa, em qualquer sentido, (...) seja grande ou pequena, nos torna necessariamente egocentrados. Valoriza-se naturalmente a própria personalidade se a vemos como um *símbolo*, uma encarnação, um ponto de convergência, um microcosmo" (Thomas Mann, *apud* Goldman, 1988:176, grifado no original). Em sua análise sobre o depoimento de Arinos para o Cpdoc, Verena Alberti (1994:35) comenta o que chama de sua "marca autobiográfica": "uma certeza permanente de pertencimento à 'cultura' e à 'história'".

[456] Já que, como nos lembra Schmitt (1986:160), "onde a atividade política começa, o romantismo político acaba".

[457] Ao analisar a problemática da vocação na obra e na vida de Thomas Mann, Goldman (1988:60) nos mostra que em determinados casos (como no romance *Tonio Kröger*, de Mann) a adesão à vocação "torna possível superar, ao menos um pouco, o estranhamento diante do mundo vivido pelo homem de origens burguesas que não pode se legitimar para si próprio como um burguês".

Assim, os elementos desse idealismo podem ter variado ao longo do tempo, e oscilado em termos de conteúdos, ênfases e polaridades (e nada, provavelmente, melhor o caracterizaria do que a defesa recorrente de um certo realismo). Não importa.

O que o caracteriza sobremaneira é sua capacidade específica de absorção e neutralização ideal de todo elemento disruptivo, seu poder de domesticação e pacificação estética da realidade:

> É que, desde menino, desde moço, nunca aceitei a confrontação radical. A vida inteira, o meu esforço foi procurar o entendimento no sentido da ausência de prevenção para que se possa chegar a um resultado. Sou um liberal, e esta palavra detestada tem conotações atuais que a justificam. Se você desprender o liberalismo da sua significação econômica, que foi a que prevaleceu no século passado, vai notar que é um processo de compreensão de *todas* as "surgências". Chamo de surgência a manifestação de forças sociais que *não estão ainda disciplinadas* nem acolhidas pelo aparelho do Estado. (...)

> Então, o meu liberalismo é a tendência para compreender todos esses movimentos da história que escapam à política estabelecida e às regras jurídicas e científicas acertadas. Isso é o que chamo de liberalismo. Sou liberal, um homem que aceita todas as novas perspectivas e formulações e procura discipliná-las.[458]

Neste trecho, o movimento de absorção e domesticação idealista assume o nome político do "liberalismo". Como vimos anteriormente, porém, esta é apenas mais uma de suas possíveis formas.

Desse modo, por exemplo, o legalismo de Arinos — e possivelmente de muitos outros —, fosse ele um mito soreliano ou não, nunca teria passado, a rigor, de um ideal estético. Este "nunca passou" não significa, no entanto, pouca coisa: ajuda a entender, por exemplo, a enorme dificuldade do autor em assumir o golpismo desembaraçado de alguns de seus colegas udenistas.[459] Trata-se, portanto, de algo mais do que uma questão de desejo de poder e de convicção sobre quais as formas de se obtê-lo: a adesão a tal ideal estético tem o peso definidor de uma *identidade*, possui relevância em juízos e sentimentos de auto-estima e valor próprio.

Daí por que a ética (ou estética) jamais pode, aqui, se subordinar à mera e simples política — haja vista o conteúdo eminentemente antimaquiavélico do "príncipe", do estadista de Arinos. A busca do poder, por si só, nunca pode ser aceita. Mesmo as chicanas com a legislação eleitoral, mesmo o recurso a um possível "regime de exceção", ou à "revolução", tem de se justificar eticamente. E essa justificação nunca é meramente persuasória ou dissimulada.

---

[458] Camargo et al., 1983:56-57 (grifo do autor).

[459] Mesmo que, muito posteriormente, Arinos pudesse definir do seguinte modo a "divisão de trabalho" dentro da UDN no período: "os juristas falavam e os golpistas agiam" (Camargo et al., 1983:144).

Nesse sentido, o moralismo udenista de Arinos é sempre autêntico: não se reduz nunca à mera dissimulação contingente.

Com efeito, ele parece nunca duvidar da justiça e da moralidade de sua posição. Quando a percebia equivocada, *a posteriori*, "corrigia-se" e dava o braço a torcer. Daí, inclusive, a sua vitalidade como tipo histórico e sociológico — ou seja, sua flexibilidade e sujeição diante do tempo, das circunstâncias e do aprendizado decorrente da experiência — e sua autenticidade de idealista, malgrado todas as possíveis contradições que seu discurso reitera.

Se assim podemos caracterizá-la, a sua "má-fé" se situaria num nível mais profundo e complexo do que na simples — e já fartamente denunciada — traição udenista ao legalismo de um "liberalismo doutrinário".

O seu lócus mais nevrálgico parece ser a auto-ilusão com respeito à sua busca (e dos "udenistas autênticos", ou "liberais históricos") de *qualquer objetivo político determinado*: seja a simples tomada do poder, ou uso a ser feito dela.

Daí a negatividade congênita da práxis udenista "autêntica": oposição sempre, antigetulismo, antijanguismo, antitrabalhismo, antipopulismo etc. Daí a célebre "inapetência para o poder". Daí o udenismo como "estado de espírito".[460]

A grande hipocrisia, se realmente podemos utilizar o termo, não estaria exatamente na traição ao liberalismo professado, mas sim na práxis da política *contra* a política. No envergonhado e ressentido exercício da política, que, possivelmente, nem mesmo a vitória eleitoral poderia exorcizar.

Por isso, muito mais até do que propriamente reacionário, o discurso de Arinos (ou de sua UDN) é permanentemente neurotizado pelo idealismo: é um esforço permanente de refundação do real na abstração da comunidade moral do "reino dos (bons) meios".

Um idealismo cujo traço característico parece ser a incapacidade para aceitar o conflito, sua possível insolubilidade e seus riscos e potencialidades disruptivas. Seu fundamento talvez seja o impotente e culpado reconhecimento das iniqüidades nacionais aliado ao apego (perfeitamente compreensível) aos privilégios estamentais. Seu corolário, o esteticismo e o construtivismo, tendendo sempre a procurar a domesticação da política — que é o mesmo que sua "elevação" — através da construção de uma nova base fundacional jurídica ou ética.

De modo que, por isso mesmo, sempre procura — e às vezes se satisfaz com — o sentimento de posse da verdade histórica ou da correção moral ou ontológica de perspectiva.

---

[460] Ver Benevides (1979:241 e segs). Na verdade, esta seria apenas uma versão particular de um traço constitutivo de todo liberalismo conseqüente: "existe uma política liberal enquanto oposição polêmica frente a restrições, estatais, eclesiásticas ou outras, da liberdade individual, enquanto política de comércio, política eclesiástica e educacional, política cultural, mas nenhuma política liberal, pura e simplesmente, e sim apenas e sempre uma crítica liberal da política" (Schmitt, 1992:97).

Não cabe de modo algum, portanto, "desmascará-lo". Mas sim fazer o inventário (se fosse possível, o necrológio) de seu etos, intrinsecamente idealista e, conseqüentemente, condenado ao ressentimento e à culpa. Pelas derrotas e pela incoerência, respectivamente, que a política — ou a vida, "esta absorvente solicitação pelo que se deseja sem querer" — impõe.[461]

---

[461] Não deixa de ser curioso que, em certo trecho do último volume de suas memórias, Arinos (1976:147) manifeste satisfação com uma forma de ascetismo que, dessa vez, se dirige justamente contra o mundo das idéias, opondo-o à idéia de "vida": "que sou? Quem sou, eu me pergunto. Que fiz da vida, ou melhor, o que a vida fez de mim? O que sou é o resultado do que fui, menos a angústia, mais a serenidade. O fogo do tempo consumiu tudo o que era escória: angústia, ambição, cálculo — ódios nunca tive — e trouxe-me novas dimensões para o amor. Ou melhor, para o entendimento do que pode ser o amor. A visão lida da existência, grande falha da minha juventude, transformou-se em visão vivida. A natureza e os seres que a povoam deixaram as páginas pela experiência. O convívio com os autores foi cedendo à convivência com as formas naturais e com meus semelhantes. A paisagem, as flores, os amigos, as crianças. O lugar-comum vitorioso da vida". Assim, se as "idéias" podem realizar-se enquanto "vida" — ao menos no remanso da vida privada —, desejar o mesmo na política pode ser mais arriscado: "tudo que é romântico se encontra à disposição de outras energias que são não-românticas, e a sublime elevação acima da definição e da decisão é transformada numa subserviente assistência a uma decisão e a um poder alheios" (Schmitt, 1986:162).

Bibliografia

Obras de Afonso Arinos de Melo Franco

Um estadista da República: Afrânio de Melo Franco e seu tempo. Rio de Janeiro: José Olympio, 1955. 3v.

Pela liberdade de imprensa. Rio de Janeiro: José Olympio, 1957.

A alma do tempo. Rio de Janeiro: José Olympio, 1961a.

Estudos e discursos. São Paulo: Comercial, 1961b.

A escalada. Rio de Janeiro: José Olympio, 1965a.

Evolução da crise brasileira. São Paulo: Nacional, 1965b.

Planalto. Rio de Janeiro: José Olympio, 1968.

Alto-mar, maralto. Rio de Janeiro: José Olympio, 1976.

Em co-autoria com Raul Pilla. *Presidencialismo ou parlamentarismo?* Rio de Janeiro: José Olympio, 1958.

Depoimentos de e obras sobre Afonso Arinos

CAMARGO, Aspásia et al. (Orgs.). *O intelectual e o político: encontros com Afonso Arinos*. Brasília: Senado Federal/Cpdoc/FGV/Dom Quixote, 1983.

GUIDE, Mario Luiz. *Democracia, partidos e parlamentarismo em Afonso Arinos*. Dissertação (Mestrado em Filosofia Política) — Universidade de São Paulo, 1994.

Artigos publicados na revista *Digesto Econômico*, da Associação Comercial de São Paulo

Set. 1946 — História econômica.

Nov. 1946 — História econômica: um projeto revolucionário.

Nov. 1946 — História econômica.

Nov. 1947 — História econômica: Calógeras.

Dez. 1947 — Democracia e partidos.

Abr. 1948 — História econômica: início da crise na República do Café.

Jun. 1948 — Anotações sobre o presidencialismo brasileiro.

Ago. 1948 — Rodrigues Alves.

Set. 1948 — História econômica: federalismo e economia.

Fev. 1949 — História econômica: críticas ao Orçamento.

Ago. 1949 — Joaquim Nabuco, o advogado do Brasil.

Set. 1949 — O humanismo de Nabuco.

Jun. 1950 — Bernardo Pereira de Vasconcelos.

Set. 1950 — Preconceito racial no Brasil.

Maio 1951 — *La Prensa* (artigo sobre o jornal argentino de mesmo nome).

Set. 1951 — Reflexões sobre a Constituição.

Jan. 1952 — Crise do direito e direito da crise.

Jan. 1952 — Afrânio, um estudante em SP.

Dez. 1952 — Transferência de capital.

Mar. 1953 — *Digesto Econômico* (artigo referente à propria publicação).

Abr. 1953 — Notas sobre o projeto de reforma administrativa.

Mar. 1955 — Os partidos políticos nacionais.

Set. 1956 — Poder Legislativo e política internacional.

Jul. 1957 — Minha evolução para o parlamentarismo.

Abr. 1959 — Agradecimento ao povo carioca e à UDN por eleição. Asilo concedido pela Embaixada Brasileira em Lisboa, ao gal. Delgado.

Jul. 1959 — O presidente e o espectador.

Nov. 1959 — A Constituição de 1946.

Jan. 1961 — Octávio Mangabeira.

Mar. 1961 — As relações exteriores do Brasil.

Jul. 1961 — A amizade do Brasil com os Estados Unidos.

Nov. 1961 — A política do Brasil na ordem contemporânea.

Jul. 1962 — A ONU e a política exterior do Brasil.

Jul. 1962 — O desarmamento e a Conferência de Genebra.

Nov. 1962 — A situação do Brasil e a legitimidade do poder.

Set. 1963 — José Bonifácio.

Nov. 1963 — Comunismo: mito e realidade.

Nov. 1963 — A incessante conquista.

Jan. 1964 — O espírito e o tempo.

Mar. 1964 — A crise e o Poder Legislativo.

Mar. 1964 — A crise e o Executivo.

Mar. 1964 — Racismo e nacionalismo.

Maio 1964 — Viagem à Argélia.

Jul. 1964 — Revolução e direito.

Jul. 1964 — O presidencialismo brasileiro.

Jul. 1964 — Política externa.

Nov. 1964 — San Tiago Dantas.

Jan. 1965 — A Liga das Nações e a ONU.

Anais da Câmara de Deputados e (a partir de 1959) do Senado Federal

Abr. 1947 — Homenagem ao presidente Franklin Roosevelt.

Jun. 1951 — Pronunciamento da UDN sobre discurso do ministro do Trabalho.

Jan. 1952 — Pronunciamento sobre o primeiro ano do governo Vargas.

Fev. 1952 — Jornalistas processados ilegalmente em São Paulo.

Abr. 1952 — Discriminação racial em Santa Catarina.

Out. 1952 — Posição da UDN em face do governo da República.

Out. 1952 — Situação política em Minas Gerais.

Out. 1952 — Sobre a política sindical.

Nov. 1952 — Parecer do relator sobre a Emenda Constitucional nº 4-B/1952 (parlamentarismo).

Dez. 1952 — Violências policiais no Distrito Federal.

Maio 1954 — Palestra pela TV Tupi.

Jun. 1954 — Esclarecimentos sobre o parecer 145/1954.

Jul. 1954 — Telegrama de Leonel Brizola ao *Diário de Notícias*.

Ago. 1954 — Analisando o discurso de Getúlio Vargas.

Ago. 1954 — Censura radiofônica no país.

Ago. 1954 — Comentários sobre o deputado Rui Ramos.

Out. 1956 — Defesa da liberdade da radiodifusão e da inviolabilidade parlamentar.

Dez. 1956 — Manifesto do bloco parlamentar de oposição.

Maio 1957 — A oposição e os problemas do nacionalismo.

Abr. 1958 — Aniversário do *Jornal do Brasil*.

Abr. 1958 — A situação geral do país e considerações sobre a assistência ao Nordeste.

Abr. 1958 — Sobre a Emenda à Constituição 3-A (parlamentarismo).

Maio 1958 — As disposições presidenciais face à campanha eleitoral e à liberdade de palavra da oposição.

Jun. 1958 — O problema da liberdade de expressão e propaganda política.

Ago. 1958 — Críticas à "doutrina Kubitschek".

Nov. 1958 — Reabertura da questão militar e as ameaças à oposição.

Dez. 1958 — Conclusão dos trabalhos legislativos.

Jan. 1959 — Nova crise militar.

Jun. 1959 — A prisão do coronel Napoleão de Alencastro Guimarães.

Jun. 1959 — As acusações de corrupção contra a polícia do DF.

Jun. 1959 — Missão desempenhada no Conselho Executivo da União Interpalamentar.

Jul. 1959 — Homenageando a data de 5 de julho.

Jul. 1959 — Levantando a questão da ordem sobre a tramitação de emendas constitucionais.

Ago. 1959 — As apreensões causadas pelo aumento do custo de vida.

Ago. 1959 — As controvérsias suscitadas em torno do pleito eleitoral em Pernambuco.

Ago. 1959 — Comunicação sobre a sugestão do sr. Prado Kelly sobre possibilidade de fusão do DF com o RJ.

Ago. 1959 — Sobre o projeto de emenda constitucional que trata da mudança da capital federal para Brasília.

Set. 1959 — Atuação da oposição no Senado.

Set. 1959 — Considerações sobre o panorama político nacional.

Out. 1959 — Noticiário da imprensa sobre o encontro que teve com o sr. Jânio Quadros.

Out. 1959 — Notícias da imprensa sobre incidentes ocorridos na Câmara dos Deputados.

Nov. 1959 — Considerações sobre a mensagem presidencial que indicava Álvaro Lins para embaixada no México.

Nov. 1959 — Crítica à política financeira do governo.

Nov. 1959 — Falecimento do sr. Maurício de Lacerda.

Dez. 1959 — A situação política nacional.

Dez. 1959 — A UDN homenageia a Marinha de Guerra.

Dez. 1959 — Manifesto assinado por um "Comando Revolucionário".

Jan. 1960 — Homenagem de pesar pelo falecimento de Oswaldo Aranha.

Fev. 1960 — Comentários sobre o discurso do presidente, no aniversário de seu governo.

Abr. 1960 — Problema da discriminação racial na África do Sul.

Abr. 1960 — Relatório da viagem a Cuba.

Jul. 1960 — Considerações sobre Brasília.   ·

Jul. 1960 — Considerações sobre tópicos do discurso proferido, na sede da Manchete, pelo deputado Jânio Quadros.

Jul. 1960 — Critica a presença do vice-presidente em duas missões no estrangeiro.

Jul. 1960 — Sobre o vencimento dos militares.

Jul. 1960 — Voto favorável à inserção, nos anais do Senado, da entrevista de João Goulart ao jornal *Última Hora*.

Bibliografia geral

ABREU, Alzira Alves de; BELOCH, Israel; LATTMAN-WELTMAN, Fernando; LAMARÃO, Sérgio T. N. (Coords). *Dicionário histórico-biográfico brasileiro:* pós-1930. Rio de Janeiro: FGV, 2001.

ALBERTI, Verena. "Idéias" e "fatos" na entrevista de Afonso Arinos de Melo Franco. In: *Entre-vistas:* abordagens e usos da história oral. Rio de Janeiro: FGV, 1994.

AUERBACH, Erich. *Mímesis*. São Paulo: Perspectiva, 1987.

———. *Figura*. São Paulo: Ática, 1997.

AUNE, James Arnt. *Rhetoric & Marxism*. Boulder, Westview, 1994.

BENEVIDES, Maria Victória M. *A UDN e o udenismo:* ambigüidades do liberalismo brasileiro. Rio de Janeiro: Paz e Terra, 1979.

BOMENY, Helena Bousquet. Cidade, República, mineiridade. *Dados*, v. 30, n. 2, 1987.

BRASIL. Congresso. Senado Federal. *Grandes momentos do Parlamento brasileiro*. Brasília, 1998. CD, v. 1.

BURKE, Edmund. *Reflexões sobre a revolução em França*. Brasília: UnB, 1982.

BURKE, Sean (Ed.). *Authorship:* from Plato to the postmodern. Edinburgh: Edinburgh Univ. Press, 1995.

CHATEAUBRIAND, François-Rene, Vicomte de. *Mémoires d'outre-tombe*. Abbeville: Gallimard, 1951. (Bibliotheque de La Plèiade).

COLÓQUIO UERJ, 5. Erich Auerbach. Rio de Janeiro: Uerj/Imago, 1994.

CORRÊA, Marcos Sá. *1964 visto e comentado pela Casa Branca*. Porto Alegre: L&PM, 1977.

D'ARAUJO, M. Celina Soares. *O segundo governo Vargas:* 1951-54. Rio de Janeiro: Zahar, 1982.

FOUCAULT, Michel. *Microfísica do poder*. Rio de Janeiro: Graal, 1995.

————. *A ordem do discurso*. São Paulo: Loyola, 1996.

GADAMER, Hans-Georg. *Truth and method*. New York: Continuum, 1994.

————. *O problema da consciência histórica*. Rio de Janeiro: FGV, 1998.

GOLDMAN, Harvey. *Max Weber and Thomas Mann:* calling and the shaping of the self. Oxford: University of California Press, 1988.

GOMES, Ângela de Castro. O populismo e as ciências sociais no Brasil: notas sobre a trajetória de um conceito. *Tempo*, Rio de Janeiro, v. 1, n. 2, 1996.

HALLORAN, S. M. Tradition and theory in rhetoric. *Quarterly Journal of Speech*, v. 62, Oct. 1976.

HIPPÓLITO, Lúcia. *PSD* — de raposas e reformistas. Rio de Janeiro: Paz e Terra, 1985.

JAMESON, Fredric. *O inconsciente político*. São Paulo: Ática, 1992.

JASMIN, Marcelo. *Alexis de Tocqueville:* a historiografia como ciência da política. Rio de Janeiro: Access, 1997.

KLEIST, Heinrich von. *Teatro de marionetes*. Rio de Janeiro: Imprensa Nacional, 1952. (Cadernos de Cultura do Ministério da Educação e Saúde).

KOSELLECK, Reinhart. *Le futur passé:* contribution à la sémantique des temps historiques. Paris: École des Hautes Études en Sciences Sociales, 1990.

LESSA, Renato. *A invenção republicana*. São Paulo: Vértice/Iuperj, 1988.

LIMA, Luiz Costa. *Limites da voz:* Montaigne e Schlegel. Rio de Janeiro: Rocco, 1993.

LUKÁCS, Georges. *L'Ame et les formes*. Paris: Gallimard, 1974.

MAN, Paul de. *The rhetoric of romanticism*. New York: Columbia Univ. Press, 1984.

MANNHEIM, Karl. *Essays on sociology and social psychology*. London: Routledge & Kegan, 1959.

————. *Ideologia e utopia*. Rio de Janeiro: Guanabara, 1986.

MATSEN, Patricia P. et al. (Eds.). *Readings from classical rhetoric*. Carbondale: Southern Illinois Univ. Press, 1990.

MILL, John Stuart. *On liberty*. New York: Appleton-Century-Crofts, 1947.

MONTAIGNE, Michel Eyquem de. *Ensaios*. São Paulo: Abril Cultural, 1980. (Os Pensadores).

PICALUGA, Isabel F. *Partidos políticos e classes sociais:* a UDN na Guanabara. Rio de Janeiro: Vozes, 1980.

POCOCK, J. G. A. Conservative enlightenment and democratic revolutions: the American and French cases in British perspective. *Government and Opposition*, n. 24, Winter, 1989.

RAMOS, Alberto Guerreiro. *A crise do poder no Brasil*. Rio de Janeiro: Zahar, 1961.

RORTY, Richard. A trajetória do pragmatista. In: ECO, Umberto et al. *Interpretação e superinterpretação*. São Paulo: Martins Fontes, 1997.

SANTOS, Wanderley Guilherme dos. *Ordem burguesa e liberalismo político*. São Paulo: Duas Cidades, 1978.

―――. *Sessenta e quatro:* anatomia da crise. São Paulo: Vértice, 1986.

SCHMITT, Carl. *Political romanticism*. London: MIT Press, 1986.

―――. *O conceito do político*. Petrópolis: Vozes, 1992.

SENELLART, Michel. *Machivélisme et raison d'Etat*. Paris: PUF, 1989.

SKINNER, Quentin. *Maquiavelo*. Madrid: Alianza Editorial, 1981.

SOARES, Luiz Eduardo. *O rigor da indisciplina*. Rio de Janeiro: Relume-Dumará, 1994.

STOUT, Jeffrey. What is meaning of a text? *New Literary History*, n. 14, 1982.

TOCQUEVILLE, Alexis de. *O Antigo Regime e a Revolução*. Brasília: UnB, 1982.

―――. *Lembranças de 1848*. São Paulo: Cia. das Letras, 1991.

VAZ, Henrique C. de Lima. *Escritos de filosofia*. São Paulo: Loyola, 1988. v. 2.

VENÂNCIO FILHO, Alberto. *Das arcadas ao bacharelismo*. São Paulo: Perspectiva, 1977.

WEBER, Max. A política como vocação. In: GERTH, H. H.; MILLS, C. Wright (Orgs.). *Ensaios de sociologia*. Rio de Janeiro: Zahar, 1982.

Anexo — Cronologia de acontecimentos políticos e dos discursos e textos de Afonso Arinos citados

1945

▼ 21 de abril — Convenção da UDN: lançamento da candidatura Eduardo Gomes

▼ 7 de maio — Rendição da Alemanha: fim da II Guerra na Europa

▼ 9 de maio — Organização formal do PSD

▼ 15 de maio — Fundação do PTB

▼ 6 e 9 de agosto — Bombas atômicas no Japão

▼ 29 de outubro — Deposição de Getúlio

▼ 30 de outubro — José Linhares, presidente do STF, toma posse interinamente na Presidência da República

▼ 17 de novembro — Lançamento da candidatura de Iedo Fiúza pelo Partido Comunista Brasileiro (PCB)

▼ 2 de dezembro — Dutra vence as eleições com 55% da votação

1946

▼ 31 de janeiro — Posse de Dutra na Presidência da República

▼ 2 de fevereiro — Instalação da Assembléia Nacional Constituinte

▼ 20 de fevereiro — Greve em São Paulo: mais de 100 mil trabalhadores parados

▼ 12 de março — Discurso de Truman no Congresso norte-americano conclamando resistência à "subversão comunista". Gesta-se a Guerra Fria

▼ Maio — Cancelamento do registro eleitoral do PCB. Quatorze sindicatos sofrem intervenção do Ministério do Trabalho

▼ 1º de agosto — Protestos violentos em São Paulo contra alta do custo de vida e aumento das passagens de ônibus

▼ 18 de setembro — Promulgação da nova Constituição

▼ Outubro — Reestruturação no ministério de Dutra; UDN ganha força

1947

▼ Outubro — Brasil rompe relações diplomáticas com a URSS

▼ Novembro — "História econômica: Calógeras"

▼ Dezembro — "Democracia e partidos"

1948

▼ 10 de janeiro — Cassação dos mandatos dos parlamentares do PCB

▼ Março — IX Conferência Pan-Americana em Bogotá: OEA

▼ 19 de março — Dutra envia ao Congresso o projeto de lei do Plano Salte

▼ Junho — "Anotações sobre o presidencialismo brasileiro"

▼ Agosto — "Rodrigues Alves"

▼ 11 de novembro — Estabelecimento da Comissão Mista Brasil-EUA

1949

▼ Março — "Parecer do relator da Comissão Especial da Câmara dos Deputados, deputado Afonso Arinos de Melo Franco, sobre a Emenda Parlamentarista, de 29 de março de 1949"

▼ Agosto — "Joaquim Nabuco, advogado do Brasil"

▼ Setembro — "O humanismo de Nabuco"

▼ 14 de novembro — PTB da Paraíba lança a candidatura de Getúlio à presidência

1950

▼ 16 de maio — Eleições no Clube Militar: ascensão da corrente nacionalista

▼ Junho — "Bernardo Pereira de Vasconcelos"

▼ 15 de junho — Ademar de Barros, governador de São Paulo, adere publicamente à candidatura Vargas

▼ 5 de agosto — "Manifesto de agosto": Prestes conclama criação de um Exército Popular de Libertação Nacional

▼ 3 de outubro — Eleição presidencial: Getúlio Vargas é eleito

▼ 31 de outubro — UDN tenta impedir a posse de Vargas argumentando que a Constituição exigiria maioria absoluta para a eleição presidencial

1951

▼ 31 de janeiro — Getúlio toma posse. Anunciado o novo ministério

▼ 1º de maio — Getúlio discursa no estádio do Vasco e conclama os trabalhadores a se organizarem em sindicatos

▼ 12 de junho — Surgimento da *Última Hora*, de Samuel Wainer, com apoio de Getúlio

▼ 16 de junho — Instalação da Comissão Mista Brasil-EUA

▼ 19 de junho — Mensagem de Getúlio ao Congresso propondo a criação do Serviço Social Rural

▼ Setembro — "Reflexões sobre a Constituição"

▼ 8 de dezembro — Vargas propõe a criação da Petrobras

▼ 24 de dezembro — Aumento do salário mínimo

1952

▼ Janeiro — "Crise do direito e direito da crise"

▼ 4 de janeiro — Decreto limita remessa de lucros para o exterior

▼ 7 de fevereiro — Vargas propõe a criação do BNDE

▼ 15 de abril — Vargas anuncia estudos da reforma agrária

▼ 1º de maio — Vargas convoca trabalhadores a se prepararem para participar do governo

▼ 21 de maio — Nacionalistas perdem a eleição no Clube Militar

▼ 3 de outubro — Governo cria o Iapi e a Carteira de Acidentes do Trabalho

▼ 16 de outubro — Governo propõe novos benefícios para o trabalhador

▼ 7 de novembro — "Parecer do relator sobre a Emenda Constitucional nº 4-B/1952 (parlamentarismo)"

1953

▼ 7 de março — Vargas anuncia plano para problemas do Nordeste, incluindo a reforma agrária

▼ 15 de março — Em mensagem ao Congresso, Vargas critica elites e quadros políticos

▼ 26 de março — Maior greve do período em São Paulo: mais de 300 mil trabalhadores cruzam os braços

248 ▼ A Política Domesticada

▼ Abril — "Notas sobre o projeto de reforma administrativa"

▼ 8 de abril — 5º período de sessões da Cepal, em Petrópolis

▼ 17 de junho — Oswaldo Aranha, João Goulart e José Américo de Almeida são empossados no ministério

▼ 29 de junho — Aliomar Baleeiro, da UDN, pede o cancelamento do registro da *Última Hora*

▼ 3 de outubro — Vargas sanciona lei criando a Petrobras

▼ 20 de novembro — Governo submete ao Congresso projeto de Lei de Lucros Exorbitantes

▼ 21 de dezembro — Conferência dos Estados da Bacia do Paraná-Uruguai: Vargas propõe a criação da Eletrobrás

1954

▼ 5 de janeiro — Vargas assina Decreto nº 34.859, fazendo restrições ao capital internacional

▼ 2 de fevereiro — "Considerações sobre a entrevista do ministro da Justiça Tancredo Neves"

▼ 18 de fevereiro — Sociedade Rural Brasileira critica a iniciativa da sindicalização rural

▼ 20 de fevereiro – "Manifesto dos coronéis"

▼ 22 de fevereiro — Jango substituído no Ministério do Trabalho; Zenóbio da Costa assume Ministério da Guerra

▼ 4 de abril — João Neves da Fontoura acusa Vargas de negociar pacto com Argentina e Chile contra EUA

▼ 1º de maio — Em pronunciamento aos trabalhadores, Vargas anuncia aumento de 100% do salário mínimo

▼ 21 de maio — General Canrobert Pereira da Costa eleito presidente do Clube Militar

▼ 1º de agosto — Vargas é vaiado no Jóquei Clube

▼ 5 de agosto — Atentado da rua Toneleros. Morte de Rubens Vaz

▼ 6 de agosto — Enterro de Rubens Vaz. Instalação do Inquérito Policial Militar: "República do Galeão"

▼ 9 de agosto — "Em que país estamos nós"

▼ 13 de agosto — "Mas que é a verdade? — discurso pedindo a renúncia do presidente" Getúlio Vargas"

▼ 13 de agosto — Militares exigem apuração do atentado e punição dos responsáveis

▼ 14 de agosto — João Alcino confessa a autoria dos tiros contra Lacerda e Rubens Vaz

▼ 17 de agosto — Gregório Fortunato é levado ao Galeão

▼ 19 de agosto — Clube da Lanterna apela ao Ministério da Guerra para que Forças Armadas promovam renúncia de Vargas

▼ 22 de agosto — Militares exigem renúncia de Vargas

▼ 23 de agosto — "Censura radiofônica no país"

▼ 24 de agosto — Em reunião com ministros, Vargas concorda em tirar uma licença de 90 dias, negando-se, contudo, a renunciar definitivamente. Informado mais tarde de que o ministro Zenóbio da Costa concordara com seu afastamento em definitivo, Vargas suicida-se.

▼ 25 de agosto — Corpo de Vargas é transportado até o Aeroporto Santos Dumont, acompanhado por uma multidão. Café Filho assume a Presidência

▼ 30 de outubro — Eleições parciais para o Congresso

▼ 25 de novembro — PSD indica o nome de Juscelino para candidato a presidente

▼ 26 de novembro — Início da campanha de JK. Aliança PSD-PTB com Jango na vice-presidência

▼ 29 de dezembro — General Lott declara que Exército deverá manter posição legalista sem interferências na eleição

1955

▼ 25 de janeiro — "Resolução de Formosa" autoriza intervenção americana em Taiwan contra China comunista

▼ Março — "Os partidos políticos nacionais"

▼ 14 de maio — URSS e países do Leste europeu assinam o Pacto de Varsóvia

▼ 16 de junho — Perón é excomungado pelo papa Pio XII

▼ 25 de junho — Café Filho sanciona nova Lei Eleitoral

▼ 18 de julho — Conferência das quatro grandes potências (EUA, URSS, Grã-Bretanha e França) em Genebra: controle de arsenais atômicos

▼ 16 de setembro — Lacerda lê a "Carta Brandi" na televisão

A Política Domesticada

▼ 16 de setembro — Perón é deposto por militares na Argentina

▼ 3 de outubro — JK vence as eleições por pequena margem

▼ 21 de outubro — Manifesto de partidos (PSD, PSP, PRP, PTN e PST) clamando pelo respeito às instituições democráticas

▼ 1º de novembro — Discurso do coronel Bizarria Mamede no enterro do general Canrobert

▼ 3 de novembro — Café Filho afasta-se da Presidência por motivo de saúde. Carlos Luz assume

▼ 10 de novembro — General Lott pede demissão do Ministério da Guerra

▼ 11 de novembro — "Golpe da legalidade": Lott depõe Carlos Luz e aborta o golpe udenista. Nereu Ramos assume

▼ 25 de novembro — Nereu Ramos decreta estado de sítio por 30 dias

1956

▼ 23 de janeiro — Supremo Tribunal Eleitoral confirma eleição de JK

▼ 31 de janeiro — Juscelino toma posse

▼ Fevereiro — Criação do Conselho de Desenvolvimento

▼ 11 de fevereiro — Início da revolta de Jacareacanga

▼ 12 de fevereiro — Criação do Mercado Comum Europeu

▼ 14 de fevereiro — Início do XX Congresso do PCURSS no qual Krushchev denuncia os crimes estalinistas

▼ 27 de março — URSS propõe desarmamento progressivo

▼ 3 de abril — EUA propõem plano de desarmamento sob controle internacional

▼ 17 de julho — Encontro de Tito, Nasser e Nehru: "não-alinhados"

▼ 29 de agosto — Panamá reivindica soberania sobre o canal

▼ Setembro/outubro — "Poder Legislativo e política internacional"

▼ 19 de setembro — Lei nº 2.874: regula a transferência da capital federal e criação da Novacap

▼ 23 de outubro — Início da insurreição popular na Hungria

▼ 29 de outubro — Israel invade o Sinai com apoio francês

▼ 4 de novembro — Soviéticos invadem a Hungria

▼ 6 de novembro — Reeleição de Eisenhower

- ▼ 16 de novembro — "Pela liberdade de imprensa"

- ▼ 21 de novembro — Juarez Távora é preso por ter feito pronunciamento crítico a JK

- ▼ 14 de dezembro — Compra do porta-aviões *Minas Gerais*

1957

- ▼ 21 de janeiro — JK consente no estabelecimento de uma base americana em Fernando de Noronha

- ▼ Fevereiro — Início da construção de Brasília

- ▼ 23 de março — Tratados de Roma: criação da Comunidade Econômica Européia

- ▼ Junho — "Minha evolução para o parlamentarismo"

- ▼ Julho — Aumento de 60% do salário mínimo

- ▼ 22 de julho — Greve geral dos metalúrgicos do Rio

- ▼ 22 de agosto — Lott apresenta projeto para o voto do analfabeto

- ▼ 15 de outubro — Greve geral em São Paulo: 400 mil trabalhadores parados

- ▼ 11 de dezembro — Assembléia Geral da ONU aprova resolução sobre o direito de autodeterminação dos povos

- ▼ 19 de dezembro — Conselho Atlântico em Paris: concessão de armamento atômico a qualquer país-membro da Otan

1958

- ▼ 16 de março — Chega ao Rio missão do FMI estabelecendo as condições para novo empréstimo pedido por JK

- ▼ Abril — Secas no Nordeste: promulgação da Lei do Socorro aos Flagelados

- ▼ 15 de abril — I Conferência dos Estados Independentes da África

- ▼ 23 de abril — "A situação geral do país e considerações sobre a assistência ao Nordeste"

- ▼ 27 de abril — Viagem do vice-presidente Nixon à América Latina

- ▼ 30 de abril — "Sobre a Emenda Constitucional 3-A (parlamentarismo)"

- ▼ 21 de agosto — Ofensiva final da guerrilha de Castro em Cuba

- ▼ 10 de setembro — JK recebe medalha do Mérito Industrial da CNI

- ▼ 19 de novembro — "Reabertura da questão militar e as ameaças à oposição"

252 ▼ A Política Domesticada

▼ 24, 25 e 28 de novembro — Proclamação de novas repúblicas independentes na África

▼ 4 de dezembro — Proclamação de novas repúblicas independentes na África

1959

▼ 15 de fevereiro — Fidel Castro torna-se primeiro-ministro de Cuba

▼ 16 de abril — I Conferência Árabe de Petróleo no Cairo: criação de órgão de defesa dos interesses dos produtores

▼ 26 de maio — JK lança a Operação Pan-Americana. Jango acusa lucros excessivos das firmas estrangeiras como responsáveis por problemas econômicos brasileiros

▼ 28 de junho — Em discurso no Clube Militar, JK rompe com o FMI

▼ Julho — "Homenageando a data de 5 de julho"

▼ Outubro — "Noticiário da imprensa sobre o encontro que teve com o sr. Jânio Quadros"

▼ Novembro — "A Constituição de 1946"

▼ Dezembro — "Manifesto assinado por um 'Comando Revolucionário'"

▼ 3 de dezembro — Levante de Aragarças

▼ 10 de dezembro — Jânio Quadros se candidata à eleição presidencial de 1960

▼ 12 de dezembro — Lott indicado como candidato do PSD

▼ 15 de dezembro — JK sanciona lei que cria a Sudene

▼ 15 de dezembro — Krushchev nos EUA

1960

▼ 2 de fevereiro — De Gaulle recebe poderes especiais para solucionar crise na Argélia

▼ 4 de fevereiro — Acordo comercial entre Cuba e URSS

▼ 13 de fevereiro — Primeira bomba atômica francesa explode no Saara

▼ 20 de fevereiro — Eisenhower visita Brasília. UNE protesta contra sua presença no Rio

▼ 21 de abril — Inauguração de Brasília

▼ 21 de maio — Governo retoma diálogo com o FMI

▼ 14 de julho — OEA vota imposição de sanções econômicas à República Dominicana

- 7 de agosto — Nacionalização de bens norte-americanos em Cuba

- 17 de agosto — Conferência da OEA: "Declaração de São José" condena o regime cubano

- 20 de setembro — Abertura da XV Assembléia Geral da ONU com a presença de lideranças do Terceiro Mundo

- 28 de setembro — Cuba reconhece a China Popular

- 3 de outubro — Jânio vence as eleições presidenciais. Jango é eleito vice. Para o governo da Guanabara é eleito Carlos Lacerda, e para o de Minas Gerais, Magalhães Pinto

- 7 de novembro — John Kennedy eleito nos EUA

- 10 de novembro — Conferência Internacional de PCs em Moscou: ruptura entre China e URSS

- 14 de novembro — "Greve da paridade" dos trabalhadores de transportes marítimos e ferroviários que querem paridade com militares. A greve é encerrada com intervenção militar

- 23 de novembro — Congresso aprova a Lei da Paridade

1961

- Janeiro — "Octávio Mangabeira"

- 3 de janeiro — EUA rompem relações diplomáticas com Cuba

- 31 de janeiro — Jânio toma posse na Presidência da República

- Março — "As relações exteriores do Brasil"

- 13 de março — Criação da Aliança para o Progresso pelo presidente Kennedy

- 21 de março — Governo brasileiro restabelece relações diplomáticas formais com Hungria, Romênia e Bulgária; convite a Tito da Iugoslávia

- 17 de maio — FMI e o governo americano anunciam liberação de assistência financeira ao Brasil

- 17 de maio — "Depoimento perante a Comissão de Relações Exteriores da Câmara dos Deputados sobre sua atuação no Itamarati frente às relações com Cuba"

- 3 de junho — Entrevista de Viena: Kennedy e Krushchev discutem a situação de Berlim ocidental

- 19 de junho — Chegada de missão militar americana a Saigon, Vietnã do Sul

- Julho — "A amizade do Brasil com os Estados Unidos"

- 17 de julho — Missão Soviética visita o Brasil

254 ▼ A POLÍTICA DOMESTICADA

▼ 6 de agosto — Conferência Pan-americana de Punta del Este, Uruguai: Associação para o Desenvolvimento Econômico e Social da América Latina

▼ 13 de agosto — Início da construção do Muro de Berlim

▼ 18 de agosto — Jânio condecora Ernesto "Che" Guevara. Jango chefia missão diplomática na China Popular

▼ 25 de agosto — Renúncia de Jânio: o Congresso Nacional, em reunião extraordinária, acata o pedido de renúncia e dá posse a Ranieri Mazzilli, presidente da Câmara

▼ 27 de agosto — Brizola, governador do Rio Grande do Sul, declara que garantirá a posse de Jango

▼ 28 de agosto — General Machado Lopes, comandante do III Exército, se recusa a cumprir ordem de deposição de Brizola

▼ 30 de agosto — "Manifesto à nação" dos ministros militares contra a posse do vice João Goulart

▼ 30 de agosto — "Declaração de voto contra o impedimento de João Goulart e pela implementação do parlamentarismo"

▼ 1º de setembro — I Conferência dos Países não-alinhados em Belgrado, Iugoslávia

▼ 2 de setembro — Parlamentarismo adotado pelo Congresso através da Emenda Constitucional nº 4

▼ 5 de setembro — Jango chega a Brasília

▼ 7 de setembro — Jango toma posse sob o parlamentarismo

▼ 8 de setembro — O Congresso aprova o 1º Conselho de Ministros, presidido por Tancredo Neves

▼ Outubro — Greve geral dos bancários

▼ 18 de outubro — Decretado o estado de emergência no Vietnã do Sul

▼ Novembro — Fundação do Instituto de Pesquisas e Estudos Sociais

▼ Novembro/dezembro — "A política do Brasil na ordem contemporânea (16ª Assembléia Geral da ONU)"

▼ 20 de novembro — Liberação de empréstimo da Usaid para o Brasil

▼ 29 de novembro — Lei de Remessa de Lucros

▼ 29 de novembro — Brasil reata relações diplomáticas com a URSS

▼ 19 de dezembro — Assembléia Geral da ONU: política colonial portuguesa condenada

- 19 de dezembro — Fidel Castro se declara marxista-leninista e sugere integração de Cuba ao bloco socialista

1962

- 11 de janeiro — Empréstimo de US$15 milhões da Agência Interamericana de Desenvolvimento dos EUA liberado para o Brasil

- 22 de janeiro — Conferência da OEA em Punta del Este: Cuba excluída da organização. Brasil se abstém de votar

- Fevereiro — Câmara aprova voto de censura à atuação do ministro das Relações Exteriores, San Tiago Dantas, em Punta del Este

- Fevereiro — Brizola, governador do Rio Grande do Sul, expropria a subsidiária da ITT no estado

- 3 de fevereiro — Kennedy impõe embargo comercial a Cuba

- 14 de março — Conferência dos 18 em Genebra sobre desarmamento

- 18 e 19 de março — Fim da guerra entre a França e a Argélia

- 28 de março — Golpe na Argentina: Frondizi é deposto

- Abril — Jango visita o México

- 4 de abril — Jango se encontra com Kennedy: negociação de empresas norte-americanas que prestam serviços no Brasil

- 30 de maio — Criação da Comissão de Nacionalização das Empresas Concessionárias de Serviços Públicos

- Junho — Renúncia do gabinete do primeiro-ministro Tancredo Neves sob o pretexto da desincompatibilização para concorrência às eleições de outubro de 1962. Início da escalada americana no Vietnã

- Julho — Instituto Brasileiro de Ação Democrática une-se ao Ipes

- 2 de julho — Senador Auro de Moura Andrade nomeado primeiro-ministro

- 5 de julho — Jango divulga a carta de renúncia de Auro de Moura

- 5 de julho — Comando Geral da Greve decreta greve em todo o país

- 9 de julho — Conferência de países subdesenvolvidos no Cairo: reivindicação de assistência econômica aos países desenvolvidos

- 13 de julho — Nome de SanTiago Dantas para primeiro-ministro rejeitado pela Câmara

- 13 de julho — Gabinete presidido por Brochado da Rocha recebe voto de confiança

256 ▼ A Política Domesticada

▼ Agosto — IV Encontro Sindical Nacional: transformação do CGG em Comando Geral dos Trabalhadores (CGT)

▼ 1º de setembro — Acordo militar secreto entre URSS e Cuba: instalação de foguetes de porte médio

▼ 15 de setembro — CGT convoca greve geral pela antecipação do plebiscito sobre o sistema de governo, sanção da Lei de Remessa de Lucros e o aumento de 100% do salário mínimo. A greve é suspensa com base em promessa de atendimento das reivindicações pelo governo

▼ 15 de setembro — Congresso aprova antecipação do plebiscito

▼ 15 de setembro — Aprovação de Lei Antitruste

▼ 20 de setembro — Kennedy autorizado pelo Congresso dos EUA a tomar qualquer medida ante a instalação dos mísseis soviéticos em Cuba

▼ 25 de setembro — Proclamação da República Popular da Argélia

▼ 3 e 7 de outubro — Ademar de Barros, Ildo Meneghetti e Miguel Arraes são eleitos para os governos, respectivamente, de São Paulo, Rio Grande do Sul e Pernambuco. Ademar vence Jânio em São Paulo por 25 mil votos. Brizola eleito o deputado federal mais votado da Guanabara

▼ 21 de outubro — Instruções nºˢ 231 e 232 da Sumoc: investidores estrangeiros convocados a declarar seus investimentos

▼ 22 de outubro — Crise dos mísseis: EUA decretam bloqueio naval de Cuba

▼ 28 de outubro — Acordo entre URSS e EUA põe fim à crise

▼ 1º de novembro — Fidel apresenta os "cinco pontos" para a convivência com os EUA

▼ Dezembro — Senador Robert Kennedy visita o Brasil

▼ 31 de dezembro — Jango apresenta o Plano Trienal, elaborado por Celso Furtado e San Tiago Dantas

1963

▼ 1º de janeiro — Aumento do salário mínimo

▼ Janeiro — Governo regulamenta Lei de Remessa de Lucros

▼ 6 de janeiro — Plebiscito restabelece o presidencialismo

▼ 23 de janeiro — Jango assume os poderes presidenciais plenos

▼ 2 de março — Promulgação do Estatuto do Trabalhador Rural

- 25 de março — Acordo Dantas-Bell: empréstimo de US$398 milhões dos EUA para o Brasil

- Abril — Convenção da UDN em Curitiba: "Manifesto bossa-nova" a favor da reforma agrária. Defesa da intervenção do Exército e dos EUA na política brasileira

- 22 de abril — Governo anuncia a compra da American and Foreign Power Company

- Maio — Ministério da Fazenda aprova aumento de 70% para o funcionalismo

- Maio — Rejeição da "Emenda Bocaiúva" para a reforma agrária

- 28 de maio — Brizola ataca, através do rádio e da TV, negociações de San Tiago Dantas nos EUA

- 3 de junho — Morre o papa João XXIII, substituído por Paulo VI

- Julho — San Tiago Dantas renuncia ao ministério e é substituído por Carvalho Pinto

- Agosto — "A crise brasileira"

- 4 de agosto — "Coexistência interna"

- 5 de agosto — Tratado de Moscou: interdição de experiências nucleares de EUA, URSS e Inglaterra; França e China não aderem

- 7 de agosto — Estatuto da Terra derrotado por 164 votos a 69 no Congresso

- 11 de agosto — "Ordem e movimento"

- 18 de agosto — "Bases da coexistência"

- 29 de agosto — Mao condena ação americana no Vietnã

- Setembro — "José Bonifácio"

- 1º de setembro — "Corrupção, partidos e governo"

- 12 de setembro — Levante de sargentos da Marinha e da Aeronáutica sufocado em Brasília

- 2 de outubro — Segunda reforma agrária em Cuba

- 4 de outubro — Jango solicita ao Congresso a decretação de estado de sítio por 30 dias

- 6 de outubro — IV Exército ocupa Recife, reprimindo manifestação de camponeses

- 7 de outubro — Jango retira do Congresso a mensagem solicitando o estado de sítio

- 13 de outubro — "Comunismo: mito e realidade"

- 20 de outubro — "Reformas e Constituição"

258 ▾ A Política Domesticada

- 29 de outubro — Greve geral em São Paulo
- 3 de novembro — "A revolução brasileira — 1930"
- 10 de novembro — "A revolução brasileira — 1937"
- 17 de novembro — "A revolução brasileira — 1960"
- 22 de novembro — Kennedy assassinado em Dallas: Lyndon Johnson assume a Presidência dos EUA
- Dezembro — Governo emite decreto de revisão de concessões na indústria de mineração
- Dezembro — Fundação da Confederação dos Trabalhadores na Agricultura

1964

- 21 de janeiro — Assinatura de novo acordo comercial entre Cuba e URSS
- 23 de janeiro — Jango regulamenta a Lei nº 1.131, sobre o capital estrangeiro
- 19 de fevereiro — Jango anuncia reforma cambial
- Março — "Racismo e nacionalismo"
- 13 de março — Jango anuncia decretos nacionalizando refinarias de petróleo particulares e desapropriando terras às margens de rodovias e ferrovias federais
- 13 de março — Comício na Central do Brasil, organizado pela CGT em apoio a Jango
- 16 de março — CGT ameaça o Congresso em caso de não-aprovação de reformas encaminhadas por Jango
- 17 de março — Manifestação da Fiesp e de outras entidades empresariais contra o clima de agitação
- 19 de março — Marcha da Família com Deus pela Liberdade, em São Paulo
- 20 de março — Circular do general Castello Branco exorta os generais a agirem contra a "subversão"
- 26 de março – "Revolta dos Marinheiros"
- 30 de março — Jango fala aos sargentos no Automóvel Clube do Rio
- 31 de março — General Olympio Mourão Filho, do IV Regimento, de Minas, parte com suas tropas para o Rio. Inicia-se o golpe
- 1º de abril — Golpe militar depõe Jango. Rádios Mayrink Veiga e Nacional formam a "rede da legalidade"

- 2 de abril — Jango chega a Porto Alegre. Auro Moura declara vaga a Presidência da República. Ranieri Mazzilli, presidente da Câmara, empossado como presidente. Marcha da Família com Deus pela Liberdade, no Rio
- 4 de abril — Jango parte para o exílio no Uruguai
- 6 de abril — Castello Branco aceita sua indicação para a Presidência
- 9 de abril — Ato Institucional nº 1 promulgado pelos ministros militares
- 9 de abril — "Documento enviado aos líderes políticos e chefes militares propondo a concessão de plenos poderes ao Executivo pelo Congresso"
- 11 de abril — Vários militares são transferidos para a reserva
- 2 de maio — Brasil rompe relações com Cuba
- Julho/agosto — "O presidencialismo brasileiro"
- 15 de julho — São cassadas 337 pessoas, inclusive ex-presidentes e governadores
- Agosto — Nova Lei de Remessa de Lucros
- Outubro — Governo adquire a American and Foreign Power Company
- 14 de outubro — "Saudação, em nome do Congresso, ao general Charles De Gaulle"

1965

- 13 de janeiro — Brasil recebe US$125 milhões de crédito do FMI
- 19 de fevereiro — Assinados acordos com a Aliança para o Progresso
- 11 de março — Manifestação estudantil contra Castello na ilha do Fundão
- 13 de março — Manifesto de intelectuais pelo restabelecimento do estado de direito
- 17 de maio — Brasil aceita enviar tropas para a República Dominicana
- 3 de outubro — Eleições para os governos de 12 estados. Negrão de Lima e Israel Pinheiro vencem na Guanabara e em Minas Gerais, respectivamente
- 19 de outubro — Demissão em massa de professores da UnB
- 27 de outubro — Ato Institucional nº 2: bipartidarismo
- 27 de outubro — Discurso sobre o Ato Institucional nº 2
- 29 de outubro — Jânio intimado a depor no IPM do Iseb

1966

- 4 de janeiro — Lançada oficialmente a candidatura do general Costa e Silva à Presidência

260 ▼ A Política Domesticada

- ▼ 5 de fevereiro — Ato Institucional nº 3: eleições indiretas para governos estaduais

- ▼ 8 de fevereiro — Discurso sobre a Revolução de 1964 e sobre a restauração da ordem constitucional

- ▼ 3 de março — Discurso sobre a reforma constitucional

- ▼ 3 de setembro — Eleições indiretas para governos estaduais: Arena vence em 12 estados

- ▼ 15 de setembro — Manifestações estudantis contra o governo em todo o país

- ▼ 29 de setembro — Declaração de voto na eleição indireta para presidente da República — justificação de abstenção

- ▼ 3 de outubro — Costa e Silva ratificado pelo Congresso para a Presidência

- ▼ 19 de outubro — Decretado o recesso do Congresso por reação a cassações

- ▼ 15 de novembro — Eleições para os legislativos estaduais e federal

- ▼ 19 de novembro — Kubitschek e Lacerda lançam, em Lisboa, manifesto da Frente Ampla

- ▼ 22 de dezembro — Castello envia ao Congresso projeto para nova Lei de Imprensa

1967

- ▼ 8 de janeiro — Protesto de artistas e escritores, em São Paulo, contra a nova Lei de Imprensa

- ▼ 24 de janeiro — Promulgação da nova Constituição. MDB divulga manifesto exigindo sua revisão

- ▼ 9 de fevereiro — Sancionada nova Lei de Imprensa

- ▼ 15 de março — Posse de Costa e Silva e de Pedro Aleixo na Presidência e na vicepresidência da República

- 25 de março — Acordo Dantas-Bell: empréstimo de US$398 milhões dos EUA para o Brasil

- Abril — Convenção da UDN em Curitiba: "Manifesto bossa-nova" a favor da reforma agrária. Defesa da intervenção do Exército e dos EUA na política brasileira

- 22 de abril — Governo anuncia a compra da American and Foreign Power Company

- Maio — Ministério da Fazenda aprova aumento de 70% para o funcionalismo

- Maio — Rejeição da "Emenda Bocaiúva" para a reforma agrária

- 28 de maio — Brizola ataca, através do rádio e da TV, negociações de San Tiago Dantas nos EUA

- 3 de junho — Morre o papa João XXIII, substituído por Paulo VI

- Julho — San Tiago Dantas renuncia ao ministério e é substituído por Carvalho Pinto

- Agosto — "A crise brasileira"

- 4 de agosto — "Coexistência interna"

- 5 de agosto — Tratado de Moscou: interdição de experiências nucleares de EUA, URSS e Inglaterra; França e China não aderem

- 7 de agosto — Estatuto da Terra derrotado por 164 votos a 69 no Congresso

- 11 de agosto — "Ordem e movimento"

- 18 de agosto — "Bases da coexistência"

- 29 de agosto — Mao condena ação americana no Vietnã

- Setembro — "José Bonifácio"

- 1º de setembro — "Corrupção, partidos e governo"

- 12 de setembro — Levante de sargentos da Marinha e da Aeronáutica sufocado em Brasília

- 2 de outubro — Segunda reforma agrária em Cuba

- 4 de outubro — Jango solicita ao Congresso a decretação de estado de sítio por 30 dias

- 6 de outubro — IV Exército ocupa Recife, reprimindo manifestação de camponeses

- 7 de outubro — Jango retira do Congresso a mensagem solicitando o estado de sítio

- 13 de outubro — "Comunismo: mito e realidade"

- 20 de outubro — "Reformas e Constituição"

258 ▼ A POLÍTICA DOMESTICADA

▼ 29 de outubro — Greve geral em São Paulo

▼ 3 de novembro — "A revolução brasileira — 1930"

▼ 10 de novembro — "A revolução brasileira — 1937"

▼ 17 de novembro — "A revolução brasileira — 1960"

▼ 22 de novembro — Kennedy assassinado em Dallas: Lyndon Johnson assume a Presidência dos EUA

▼ Dezembro — Governo emite decreto de revisão de concessões na indústria de mineração

▼ Dezembro — Fundação da Confederação dos Trabalhadores na Agricultura

1964

▼ 21 de janeiro — Assinatura de novo acordo comercial entre Cuba e URSS

▼ 23 de janeiro — Jango regulamenta a Lei nº 1.131, sobre o capital estrangeiro

▼ 19 de fevereiro — Jango anuncia reforma cambial

▼ Março — "Racismo e nacionalismo"

▼ 13 de março — Jango anuncia decretos nacionalizando refinarias de petróleo particulares e desapropriando terras às margens de rodovias e ferrovias federais

▼ 13 de março — Comício na Central do Brasil, organizado pela CGT em apoio a Jango

▼ 16 de março — CGT ameaça o Congresso em caso de não-aprovação de reformas encaminhadas por Jango

▼ 17 de março — Manifestação da Fiesp e de outras entidades empresariais contra o clima de agitação

▼ 19 de março — Marcha da Família com Deus pela Liberdade, em São Paulo

▼ 20 de março — Circular do general Castello Branco exorta os generais a agirem contra a "subversão"

▼ 26 de março – "Revolta dos Marinheiros"

▼ 30 de março — Jango fala aos sargentos no Automóvel Clube do Rio

▼ 31 de março — General Olympio Mourão Filho, do IV Regimento, de Minas, parte com suas tropas para o Rio. Inicia-se o golpe

▼ 1º de abril — Golpe militar depõe Jango. Rádios Mayrink Veiga e Nacional formam a "rede da legalidade"